Noah Strycker

Vogelfrei

7 Kontinente
41 Länder
6042 Vogelarten –
meine große Reise

Übersetzung aus dem Englischen: Andreas Bredenfeld

EDEL
BOOKS

Inhalt

1

Am Ende der Welt

Der erste Vogel, den man am Neujahrstag sieht, ist ein Omen. Das behaupten jedenfalls viele abergläubische Vogelbeobachter. Der Neujahrsaberglaube ist erstaunlich treffsicher. Einmal schaute ich an einem 1. Januar nach dem Aufwachen aus dem Fenster und entdeckte draußen eine Schwarzkopfmeise, ein hübsches und freundliches Wesen, das man einfach gernhaben muss. Es war der Auftakt zu einem grandiosen Jahr. Im Jahr darauf war mein erster Vogel der Gemeine Star – ein missliebiger Eindringling aus Europa, der sich in Nordamerika breitmacht und mir nichts, dir nichts Hüttensängerküken tötet. Im Vergleich zum Jahr der Schwarzkopfmeise konnte man das Jahr des Stars so ziemlich vergessen.

Mit entsprechend mulmigen Gefühlen ließ ich am 1. Januar 2015 meinen Blick schweifen und stellte mir die bange Frage, welcher Vogel wohl diesmal die Marschroute für die folgenden 365 Tage vorgeben würde. Dass ein außergewöhnliches Jahr vor mir lag, war schon klar: Soeben hatte ich mein einziges geregeltes Arbeitsverhältnis beendet, mit meiner Freundin Schluss gemacht und meine Ersparnisse zusammengekratzt. Ich hatte meine gesamten Habseligkeiten in einen kleinen Rucksack gestopft und mich buchstäblich auf den Weg ans Ende der Welt gemacht. Punkt Mitternacht saß ich mit einer schottischen Historikerin, einer Pinguinforscherin und einer Geologin in einem warmen Whirlpool auf dem Oberdeck eines russischen Schiffes irgendwo in den eisigen Weiten der Antarktis, eine Sektflasche in jeder Hand und ein Fernglas um den Hals. Welcher Vogel würde wohl prophezeien, wo das alles hinführte?

Mit etwas Glück wäre es ein Pinguin. Ich hatte mir alle Mühe gegeben, dieses Neujahrsfest so einzufädeln, dass 2015 gleich nach dem obligatorischen Countdown und dem Zuprosten zum Jahr des Pinguins erklärt werden durfte, damit – karmatechnisch gesprochen – überhaupt nichts mehr schiefgehen konnte. Eine Woche zuvor hatte ich in

Los Angeles eine einsame Weihnacht auf dem Flughafenfußboden zugebracht, um von dort zum südlichsten Zipfel Argentiniens zu fliegen. Dann hatte ich dieses Schiff bestiegen und mich nach der Überfahrt durch die stürmische Drake-Passage für den entscheidenden Augenblick in Stellung gebracht, in dem das Schicksal den Startschuss zum besten Jahr meines Lebens und vielleicht sogar zum besten Jahr in der internationalen Birding-Geschichte geben würde.

Mein Plan war denkbar einfach. In den nächsten zwölf Monaten wollte ich auf meiner ultimativen Reise um die Welt 5000 Vogelarten sehen – also rund die Hälfte aller Vogelarten, die es auf dieser Erde gibt. Nach dem Auftakt in der Antarktis wollte ich vier Monate in Südamerika verbringen, dann in nördlicher Richtung Mittelamerika, die Karibik und Mexiko durchqueren, um im Mai wieder in den Vereinigten Staaten zu sein. Wenn alles glattlief, wollte ich anschließend nach Europa fliegen, einen großen Bogen durch Afrika machen, mich im Nahen Osten tummeln, im Zickzack weite Teile Asiens durchreisen und zum Schluss mit einem Insel-Hopping in Australien das nächste Neujahrsfest einläuten. In dem Zeitraum, in dem die Erde ein Mal die Sonne umrundet, würde ich ohne einen Tag Auszeit 41 Länder bereisen. Mir war klar, unter Vogelkundlern wurde über die Frage gestritten, ob es überhaupt möglich sei, in einem Kalenderjahr 5000 Arten aufzuspüren. Am Ende sollte die Reise sogar meine kühnsten Träume übertreffen. Doch hier und jetzt wusste ich vorerst nur, dass um Mitternacht die Uhr zu ticken begann.

Die flugfreudigsten Vielflieger der Welt bekommen keinen Platinstatus und auch keine Gratis-Upgrades. Sie haben nicht einmal einen Reisepass. Stunde um Stunde fliegen Millionen dieser Zuwanderer ohne Papiere über Staatsgrenzen hinweg, und niemand käme auf die Idee, sie mit Mauern an der Einreise zu hindern. Das wäre ja auch schlecht möglich. Vögel sind eben echte Weltbürger, die ganz nach Belieben kommen und gehen.

Vor einigen Jahren befassten sich zwei britische Forscher mit der Frage, wie viele Vögel auf der Erde leben. Diese weltweite Vogelvolkszählung ergab, dass zwischen 200 und 400 Milliarden gefiederte Freunde den Planeten mit uns teilen.

Das bedeutet, dass auf jeden Menschen von hier bis Timbuktu ungefähr 40 Vögel kommen. Vögel nehmen nahezu jeden Winkel unserer Erde in Beschlag, vom wilden Amazonas bis in den New Yorker Großstadtdschungel. Sie stoßen sogar dorthin vor, wo es anscheinend gar kein Leben gibt: Sowohl am Südpol als auch über dem Gipfel des Mount Everest traf man auf unerschrockene Vogelspezies. Hunderte Kilometer von der Küste entfernt gleiten sie über das offene Meer. 2015 wurden auf unserem Planeten 10.365 Vogelarten nachgewiesen. Diese Zahl vermittelt aber nur einen schwachen Eindruck von ihrer endlosen Vielfalt. Der kleinste Vogel, die kubanische Bienenelfe, findet bequem Platz auf dem Fußnagel des größten Vogels, des Afrikanischen Straußes.

Birding, also das Beobachten von Vögeln, ist in erster Linie eine Geisteshaltung und entsprechend schwer auf den Begriff zu bringen. Nach den Worten von Roger Tory Peterson, der allgemein als Vater der modernen Vogelbeobachtung gilt, haben Vögel für jeden Menschen eine andere Bedeutung. Mal sind sie eine Wissenschaft, mal eine Kunst und mal ein Sport. Es ist schwer, Birding in eine Schublade zu stecken, obwohl das schon viele versucht haben. Birding ist Jagen, Sammeln und Glücksspiel in einem. Niemand weiß genau zu sagen, ob es mehr eine Sucht, ein Freiheitsdrang oder einfach nur ein Spiel ist, mit dem sich Öko-Nerds die Zeit vertreiben.

Mein Interesse für die Vogelwelt erwachte im zarten Alter von zehn Jahren. Ich ging in die fünfte Klasse. Eines Tages brachte meine Lehrerin ein durchsichtiges Plastikvogelhäuschen mit und befestigte es mit Saugnäpfen am Klassenzimmerfenster. Als ich zwölf war, half mir mein Vater beim Bau eines Nistkastens für Blaukehl-Hüttensänger und nahm mich mit zu einem Birdwatching-Festival in Oregon. Schon bald schleppte ich halbverweste Hirschkadaver mit nach Hause, um Truthahngeier anzulocken, damit ich sie fotografieren konnte. Später schob ich den Collegebesuch auf, um in Panama Vogelnester zu untersuchen. Wenn mich jemand fragte, stellte ich mich als „Bird Man“ vor.

Von Anfang an gab mir die Beschäftigung mit Vögeln das Gefühl, etwas Sinnvolles zu tun. Wenn ich den Himmel beobachtete, begann ich die Welt mit anderen Augen zu sehen, ich ließ mich von meiner Neugier an Orte führen, die ich noch nicht kannte. Mit Mitte 20 verbrachte ich mehr als anderthalb Jahre im Zelt an allerlei entlegenen Enden der Welt. Zwischendurch war ich mit vogelkundlichen Forschungsprojekten und Expeditionen beschäftigt und gestand mir irgendwann ein, dass es auf dem eingeschlagenen Weg wohl kein Zurück mehr gab. Außerdem schwante mir allmählich, dass meine verbleibende Zeit auf Erden selbst dann nicht ausreichen würde, wenn ich mein ganzes restliches Leben so weitermachte – es gibt einfach zu viele Vögel und zu wenig Zeit.

Das Gefühl, dass die Zeit drängt, scheint allgegenwärtig. Psychologen nennen es „FOMO“ (Fear Of Missing Out) – die Angst, etwas zu verpassen. Naturschützer nennen es „Habitatverlust“ und Hollywood-Regisseure „Apokalypse“. Wenn wir unseren Kontakt mit der freien Natur betrachten, leben wir in einer spannenden Ära. Vor 100 Jahren beobachtete man Vögel, weil man hoffte, neue Spezies zu entdecken. Dieses goldene Zeitalter der ornithologischen Entdeckungen ist weitgehend vorbei. Von praktisch allen Vögeln gibt es inzwischen ausführliche wissenschaftliche Beschreibungen und ausgestopfte Musterexemplare in den Museen. Diejenigen, die sich heute für Birding interessieren, haben genau entgegengesetzte Beweggründe: Sie wollen in Zeiten, in denen weite Teile der Bevölkerung sich kaum mehr ins Freie wagen, die Natur *wieder*entdecken und feiern. Schmerzlicherweise ist ausgerechnet heute, wo rekordverdächtig viele Menschen ihnen Beachtung schenken, die Zukunft der Vögel ungewisser denn je. In einem nie dagewesenen Tempo wird unser Planet abgeholzt, planiert, umgepflügt, angebohrt, zugepflastert und erschlossen. Was das für Vögel, Menschen und den Rest der Natur bedeutet, ist heute noch gar nicht absehbar.

Das kann einen schon leicht entmutigen. Aber Birder sind eine ausgesprochen optimistische und handlungsorientierte Sorte Mensch. Sie wissen: Wenn du den ganzen Tag die Wände anstarrst, wirst du nicht viel zu sehen bekommen. Außerdem ist ihnen bewusst, dass sich manche Erfahrungen nicht digital nachbilden lassen. Eine echte Scharlachtangare zu beobachten, ist eine besondere Freude und etwas ganz anderes als der Blick auf einen roten Vogel auf dem Smartphone-Display, auch wenn das Foto noch so gut ist. Vögel sind die freiesten Geschöpfe der Welt, sie verbinden die entlegensten Winkel unserer Erde miteinander. Vögel lehren uns, dass Grenzen nur Linien sind, die irgendjemand in eine Landkarte eingezeichnet hat.

Kurz vor meinem 30. Geburtstag fasste ich einen kühnen Plan: Ich wollte den Planeten bereisen, die passioniertesten Birder der Welt kennenlernen, vielleicht einen nicht ganz ernst gemeinten Rekord aufstellen und eine einzigartige Momentaufnahme von der Erde machen – alles auf einen Schlag. Ich machte mich auf den Weg, um Vogel für Vogel die Welt zu erkunden.

Rund 100 Passagiere und 40 Besatzungsmitglieder hatten sich zu dieser Antarktis-Expedition eingefunden, für die mit dem Slogan „Neujahr bei den Kaisern und Königen" geworben wurde – eine Anspielung auf die beiden größten Pinguinarten der Welt, den Kaiser- und den Königspinguin. Wenn du dich anschickst, eine Weltreise zu machen, kannst du ruhig am Ende der Welt anfangen, dachte ich mir, und die Antarktis schien mir der ideale Auftakt für meinen Einjahrestrip.

Als offizieller Bordornithologe für den kanadischen Schiffsreiseanbieter One Ocean Expeditions hatte ich die Aufgabe, die Passagiere auf Pinguine und sonstige Fauna hinzuweisen, bis das Schiff eine Woche nach Neujahr nach Argentinien zurückkehren würde. Unser Schiff hieß *Akademik Ioffe* und war in sowjetischen Zeiten offenbar für ozeanografische Forschungen gebaut worden. Gerüchteweise hieß es allerdings, im Kalten Krieg habe die Sowjetunion damit amerikanische U-Boote ausgespäht. Die Reisegesellschaft bestand aus Ärzten, Rechtsanwältinnen, Geschäftsleuten, Technikfreaks und diversen gut betuchten Globetrottern aus Südafrika, Australien, den USA und allerlei Ländern in Europa. Für etwa jeden Dritten bestand der Sinn und Zweck der Reise darin, auf der persönlichen To-do-Liste den siebten Kontinent abzuhaken. Das Betreuerteam setzte sich aus jüngeren Leuten zusammen, die Freigeister waren wie ich und meist sehr gut bewandert auf ihrem Gebiet. Sie konnten gut und gerne längere Zeit an entlegenen Orten der Erde zubringen. Für mich war die Reise die 19. Polarexpedition in drei Jahren, und sie würde für eine Weile meine letzte sein.

Als es gegen Mitternacht ging, wehten aus der zwei Decks tiefer liegenden Schiffsbar einzelne Fetzen des Volksliedes „Auld Lang Syne“ zu uns nach oben, das im englischsprachigen Raum zum Jahreswechsel gesungen wird. Wir saßen indessen zu viert in dem Whirlpool und ließen uns einweichen. Die Geologin Casey, Master-Studentin an der New Yorker Stony Brook University, schüttelte eine Champagnerflasche und ließ den Korken wie eine Startschusspistole knallen. Der Flascheninhalt verteilte sich als eiskalter Schaum auf alle Anwesenden.

„Happy New Year”, schrien wir.

Ein paar Passagiere kletterten aus der Bar an Deck und machten Handy-Videos von uns. Wer – ich meine: welcher normale Mensch? – begrüßt das neue Jahr schon in einem Whirlpool in der Antarktis und lässt sich mit Schaumwein besprühen? Sorgsam schirmte ich mein Fernglas gegen die Champagnerdusche ab. Das Fernglas ließ sich kaum scharfstellen, ich hatte das Gefühl, die ganze Welt sei ins Wanken geraten. Vielleicht lag es an den Schiffsbewegungen oder am Champagner oder am allgemeinen Durcheinander oder an der Aussicht auf die viele Tausend Kilometer lange Reise ins Unbekannte, die mir bevorstand … Im Moment gab es jedenfalls keine Vögel zu sehen. Nicht einen einzigen. Dabei wollte ich jetzt doch unbedingt einen Pinguin erspähen.

Die schottische Historikerin, eine rothaarige Doktorandin namens Katie, schaute mich neugierig an. „Und? Siehst du irgendwas?”

Aus dem Whirlpool, den man strategisch günstig auf dem Oberdeck platziert hatte, bot sich uns in der Mitternachtssonne ein unvergleichlicher Ausblick. So weit das Auge reichte, war der Ozean gesprenkelt mit Tausenden eigentümlich geformten Eisbergen, die in allen möglichen Nuancen von Kobalt- über Saphir- bis Stahlblau glitzerten, während am Horizont ein schmaler Streifen leuchtend weißer Gletscherabbrüche das antarktische Festland markierte. Einer meiner Freunde, ein Künstler, verriet mir einmal eine Idee, zu der ihn ein ähnlicher Anblick inspiriert hatte: Man könnte doch, so überlegte er, ein paar Eisberge wie Skulpturen bearbeiten und damit die Passagiere vorbeifahrender Schiffe schocken. Stell dir vor, du fährst im Südpolarmeer mit dem Schiff an einem haushohen Micky-Maus-Eisblock vorbei. Aber der Freund musste zugeben, dass die menschliche Kreativität mit den gewaltigen Kräften der Natur nicht mitzuhalten imstande ist, zumal hier unten am Südpol. Ein Eisberg, der so lang ist wie ein Fußballfeld, wiegt eine Million Tonnen und damit in etwa genauso viel wie der gesamte Weizen, den Äthiopien in einem Jahr importiert. In den eisigen Wassern des Südpolarmeers habe ich sogar schon Eisberge gesehen, die mehrere Kilometer breit waren. Vor Jahren brach vom Ross-Schelfeis südlich von Neuseeland ein Brocken ab, der größer war als die gesamte Landfläche Jamaikas. Lange trieb der Brocken durchs Meer und brachte den Pinguin- und Schiffsverkehr durcheinander. In diesem Teil der Welt dürfte das Eis jahrzehntausendealt sein, und die sprichwörtliche Spitze des Eisbergs macht ja wirklich nur ungefähr ein Zehntel seiner Größe aus. Eisbergbeobachtung ist wie Vogelbeobachtung: Je mehr man darüber nachdenkt, umso unbedeutender kommt man sich vor, und erst allmählich realisiert man, wie viel unter der Oberfläche schlummert.

Die tief stehende Sonne tauchte die ganze Szenerie in ein gespenstisches Licht. In der Ferne konnte ich die Trinity-Insel erkennen, eine 24 Kilometer lange Fels- und Eisformation. Ich wusste, dass sich Esels- und Zügelpinguine (Letztere nennt man auch Kehlstreifpinguine) diese Insel als gut geschützten Nistplatz ausgesucht haben, aber aus der Entfernung konnte man die Tiere nicht erkennen. So nah an einer Brutkolonie machte ich mir aber doch Hoffnungen, den einen oder anderen streunenden Pinguin vorbeischwimmen zu sehen. Diese Tiere können ohne Weiteres Hunderte von Kilometern schwimmen und machen gerne auf Eisbergen Rast.

Aber nein … es war kein einziger Pinguin in Sicht. Obendrein wurde das Wasser in unserem Minipool allmählich kalt. Die Antarktis ist wirklich nicht der ideale Ort für Whirlpools im Freien, und unsere Wanne war den frostigen Temperaturen nicht auf Dauer gewachsen. Wenn wir uns nicht bald in die Sauna retteten, würden wir alle vier zu Eiszapfen erstarren.

„Zähle ich mit meiner Gänsehaut auch als Vogel?“, fragte Nicole, die junge Pinguinforscherin, bekam aber keine Antwort.

Wenn im Südsommer die Sonne rund um die Uhr strahlt und das Phytoplankton kräftig gedeihen lässt, ist das Südpolarmeer vielleicht der produktivste Lebensraum der Erde. Trotzdem zeigte sich nirgendwo ein Anzeichen von Leben, weder ein Walblas (so heißt die Atemfontäne des Wals) noch eine Robbe. Und so etwas nannte sich Pinguin-Land. Wo war denn der Pinguin, wenn man wirklich – ich meine: *wirklich* – einen brauchte?

Irgendjemand sagte: „Du bist der weltschlechteste Birder überhaupt! Wie willst du denn auf 5000 Vögel kommen, wenn du noch nicht mal Nummer eins auftreiben kannst?“

Casey stieg aus dem Whirlpool, Katie folgte ihr. Wasser schwappte über den Beckenrand und gefror auf dem Metallboden des Freidecks. Nicole verließ mich kurz danach ebenfalls. Ich blieb übrig, der selbst ernannte „Bird Man“, kurz vor ein Uhr morgens allein in einem halb gefüllten, halb gefrorenen Whirlpool in der Antarktis, und kein Pinguin war in Sicht.

Was tun? Vögel sind launische Geschöpfe. Ich griff mir ein Handtuch, folgte den anderen ins Warme und begrub meinen akribisch ausgetüftelten Plan, den ersten Vogel des Jahres von einem warmen Pool aus am Ende der Welt zu sichten. In den engen Fluren verkrümelten sich die Passagiere in ihre Kabinen. In der gedimmten Beleuchtung patrouillierte ein russischer Offizier in Uniform nüchtern auf der Brücke, während der kanadische Barkeeper den Wischlappen schwang. Nach einem langen und bewegten Abend kehrte Ruhe ein. Direkt im Anschluss an das Frühstück würde uns ein Abenteuer erwarten, ein Ausflug zu einer großen Pinguinkolonie. Dort bekam ich mit Sicherheit Tausende der befrackten Vögel zu Gesicht.

Zum Schlafengehen war ich noch zu aufgedreht. Nachdem die meisten Mitreisenden sich in ihre Kojen gerollt hatten, zog ich mir zwei lange Unterhosen übereinander an, dazu Wollsocken, eine Skihose, einen Fleece-Pullover, eine wasserfeste Daunenjacke, einen Fleece-Nackenwärmer, wasserdichte, isolierte Handschuhe, eine Wollmütze, wasserdichte Stiefel mit Fleece-Futter, griff mir mein Fernglas und begab mich nach draußen. Diesmal postierte ich mich aber nicht auf dem Oberdeck, obwohl es einen weiten Ausblick bot, sondern ging ganz nach hinten zum Achterdeck, von wo ich in das schäumende Kielwasser hinunterschauen konnte. Ich zwängte mich zwischen Ankerwinde, Bordkran, Taurollen und den festgezurrten, aufblasbaren Beibooten hindurch und lehnte mich an die Reling. Vor dem Wind schützte mich ein Metallcontainer, in dem der ganze Expeditionsmüll gesammelt wurde.

Hier war mein Lieblingsplatz auf dem Schiff. Auf einem 117 Meter langen Schiff mit 140 Leuten ist persönlicher Freiraum ein knappes Gut. Deshalb zog ich mich, wenn ich einen Augenblick lang für mich sein wollte, immer hierher zurück. Hinter dem Abfallcontainer traf man nie jemanden. Außerdem fliegen etliche Meeresvögel gern hinter Schiffen her. Häufig schon sah ich Vögel über dem Kielwasser hin- und herjagen. Manchmal kamen sie dabei dem Achterdeck zum Greifen nah. Jetzt war zwar gerade kein Vogel zu sehen, aber immerhin war das hier ein netter Aussichtspunkt.

Ob ich wirklich ein ganzes Jahr durchhalten konnte, auf Vogelsuche durch die Welt zu reisen? Ich war mir nicht sicher. Von heute bis Ende Dezember wollte ich nichts anderes tun. Dafür würde ich manches Weltwunder – von Machu Picchu in Peru bis zum Taj Mahal in Indien – links liegen lassen müssen, nur damit ich mich möglichst viele Stunden an die Vogelwelt heranpirschen konnte. War das nicht irgendwie ein bisschen sehr verschroben? Meine Freunde ziehen mich gerne damit auf, dass ich permanent Vögeln nachstelle, und ich gebe zu: Die Idee, sich eine Auszeit zu nehmen, hat etwas Befremdliches. Ganze 365 Tage lang vor dem Morgengrauen aufstehen, sich unter wildfremden Menschen bewegen und eine Reisestrapaze nach der anderen auf sich nehmen, das würde schon ein echter Belastungstest werden, etwa so, wie wenn ein Drogenabhängiger ein Jahr lang nur kokst. Entweder wird es ein Totalabsturz oder ein grandioser Höhenflug.

Es gab nur eine Möglichkeit herauszufinden, ob ich das durchstehe. Hochmotiviert war ich jedenfalls.

Meine Armbanduhr zeigte drei Uhr morgens. Plötzlich bewegte sich zwischen den Eisbergen etwas, keine 100 Meter entfernt. In dem schwachen Licht war es kaum auszumachen. Es sah aus wie ein dunkler Fleck, der im weiten Zickzack über die Wasserfläche glitt und dem Schiff allmählich näher kam.

Noch bevor ich durch das Fernglas guckte, wusste ich, was sich da näherte. Dieser Vogel flog mit unbewegten Flügeln und ließ sich trickreich von den Windströmungen tragen, die von den Wellen abgelenkt wurden; ab und zu machte er ein paar Flügelschläge, um die Richtung zu ändern, aber die meiste Zeit ließ er sich einfach durch die Luft gleiten. Er war so lang wie ein American Football und genauso prall. Sein mattschwarzer Kopf kontrastierte mit dem Blütenweiß an Bauch und Flügelunterseiten, sein Schwanz war dunkel. Das Auffälligste an diesem Vogel wurde für mich erst sichtbar, als er eine Kurve in meine Richtung flog und auf meine Augenhöhe herabstieß: die schwarz-weiß gescheckten Oberflügeldecken, die aussahen wie ein gestochen scharfes Bild im Stil des abstrakten Expressionismus.

Viele nennen diesen Vogel wegen seines klecksigen Aussehens „Pintado“, was so viel heißt wie „bemalt“. Mit richtigem Namen hieß das Tier, das ich gesichtet hatte, Kapsturmvogel – ein im Südpolarmeer recht weitverbreiteter Vogel, der auf abgeschiedenen Felsklippen nistet. Obgleich die Kapsturmvögel gelegentlich Magenöl aus ihrem Schnabel ausstoßen, wenn sie schlechte Laune haben, erwecken sie bei den meisten Menschen, die das Glück haben, ihnen zu begegnen, Bewunderung und Sympathie. Dieser zähe, eher kleine Meeresvogel, der um drei Uhr morgens versuchte, mit dem Schiffstempo mitzuhalten, war zwar kein Pinguin, aber er passte trotzdem perfekt. Der englische Name dieses graziösen Sturmvogels – „Petrel“ – wird mit dem heiligen Petrus in Verbindung gebracht, weil der übers Wasser wandeln konnte. Unter diesem ganz besonderen Segen legte das „Year of the Petrel“ einen verheißungsvollen Start hin.

2

Der DSP

Nach den *Recording Rules and Interpretations* der American Birding Association (ABA) dürfen Birder nur „lebende, wilde und nicht eingeengte Vögel“ offiziell in ihre Sichtungslisten aufnehmen. Das gilt für Weltlisten, Jahreslisten, Weltjahreslisten, Länderlisten, Bundesstaatlisten, Bezirkslisten, Monatslisten, Gartenlisten, Futterhauslisten, Listen von während der Fahrt gesichteten Vögeln und auch für alle sonstigen Listen. Mit anderen Worten: Tote Vögel zählen nicht, und in Zoos und Vogelgehegen die Liste mit exotischen Vogelarten vollzuschreiben, ist ebenso unzulässig. Jede Nennung eines Vogels, der „unter dem Einfluss der Gefangenschaft“ steht, ist absolut verpönt.

In dem Regelwerk finden sich noch einige andere Besonderheiten. Zum Beispiel sind Webcams für das Erstellen von Vogellisten tabu. Eier vor dem Schlüpfen zählen nicht und Hühner als Haustiere auch nicht (eine Ausnahme ist das in Asien lebende Bankivahuhn, bei dem es sich um den wild lebenden Vorfahren der heutigen Haus- und Hofhühner handelt). Einen verletzten Vogel darfst du in deine Liste aufnehmen, aber einen kerngesunden Hybridvogel nicht, denn es zählen nur Vögel, die die Merkmale einer anerkannten Spezies aufweisen. Sichtungen, bei denen man den Vogel nur gehört hat, sind unbedenklich, sofern der Listenschreiber „sich vergewissert“, dass er nicht einer Tonbandaufnahme aufgesessen ist, die jemand im Gebüsch abspielt, was wohl erstaunlich oft vorkommt.

Ansonsten kann jeder/jede seine/ihre Liste führen, wie er/sie will. Viele meinen, Birder müssten jede Sichtung gerichtsfest dokumentieren, aber das geht am Geist des Spiels vorbei. Alle beobachteten Vögel zu fotografieren, ist schon rein praktisch unmöglich. Häufig sind sie zu weit weg oder flattern zu schnell davon. Und überhaupt ist Birding Ehrensache.

Das heißt nicht, dass nicht schon der eine oder andere Trickbetrüger versucht hätte, die Fakten zu frisieren. Für solche Leute gibt es unter

Birdern sogar einen festen Begriff: Schummler werden „Stringer“ und das Manipulieren von Beobachtungslisten wird „Stringing“ genannt. In einem besonders krassen Fall kündigte mal ein Birder in Australien an, er wolle in seinem Heimatbundesstaat binnen eines Jahres so viele Vögel wie nur möglich zu Gesicht bekommen. In den ersten Monaten brachte er es auf eine imposante Sichtungsliste, richtete einen Blog ein und baute sich einen Stamm von Followern auf. Nach einem halben Jahr kam die Sache dem einen oder anderen Experten in der Region allmählich verdächtig vor. Und dann der Paukenschlag: Der Kerl wurde auf frischer Tat ertappt. Er hatte angeblich einen Fregattvogel gesichtet, eine tropische Art, die in dem betreffenden Teil Australiens nur selten vorkommt. Er hatte das Foto eines Fregattvogels im Flug vor blauem Himmel gepostet. Als herauskam, dass das Wetter an dem besagten Tag bewölkt war, knickte der Mann ein und gestand in einer langen, unterwürfigen E-Mail, in Wahrheit habe er das Tier bei einer Reise auf den Fidschi-Inseln abgelichtet. Zur Strafe für dieses krasse Stringing setzte ihn die Community auf die schwarze Liste. Die Moral von der Geschicht: Man kann seinen Ruf nur ein Mal ruinieren.

Dennoch sind Birding-Skandale deutlich seltener als zum Beispiel der Diademregenpfeifer. Betrugsversuche fliegen ziemlich schnell auf, und eigentlich gibt es auch gar keinen Grund zu schummeln. Wer erschwindelte Vögel in seine Liste aufnimmt, handelt wie jemand, der sein Tagebuch belügt. Warum sollte man das tun?

Wenn die Birding-Regularien verletzt werden, handelt es sich meist um geringfügige Verstöße. Für den Alltag hat die American Birding Association einen Ethik-Kodex für Birder, den *Code of Birding Ethics*, herausgegeben. Dieser fasst zusammen, wie man sich in freier Wildbahn anständig verhält, und orientiert sich dabei am gesunden Menschenverstand: Du sollst Vögel nicht unter Stress setzen, genügend Abstand zu Vogelnestern halten, privates Eigentum respektieren und deine Vogelhäuschen sauber halten. Der Ethik-Kodex legt Vogelbeobachtern nahe, „Anfängern in besonderer Weise Hilfestellung zu geben“ und „zum Schutz wichtiger Vogellebensräume beizutragen“.

Ein paar Grauzonen bleiben allerdings ungeregelt. Wenn du zum Beispiel ein Foto machst und auf dem Foto später einen Vogel entdeckst, den du vorher nicht bemerkt hast – darfst du diesen Vogel mitzählen? Oder angenommen, du stehst in unmittelbarer Nähe einer Staatsgrenze und sichtest einen Vogel auf der anderen Seite – darfst du diesen Vogel für ein Land verbuchen, das du nicht betreten hast? Solche und ähnliche Fragen stellen sich immer wieder, und nicht alle Birder beantworten sie gleich.

Wenn bestimmte Vögel nach den Regularien erlaubt sind, heißt das nicht automatisch, dass man sie auch mitzählen muss. Manche Birder verzeichnen nur Vögel, die sie höchstpersönlich zuerst erblickt haben, und lassen alle Vögel weg, die jemand anders zuerst gesichtet hat. Eine andere Fraktion nennt sich „NIB". Das steht für „No Introduced Birds" (keine eingeschleppten Vögel) und bedeutet, dass sie nichtheimische Arten ausklammern und ihre Listen somit möglichst „rein" halten. Mit dem heiklen Thema der eingeschleppten Vogelarten, bei dem es massenhaft Grauzonen gibt, befassen sich diverse offizielle Gremien. Zusammenfassend kann man sagen: Eingebürgerte Wildvögel sind legitim. Aber schon das Wort „eingebürgert" sorgt für Diskussionen. Selbst der Begriff „einheimisch" ist problematisch.

Die umstrittenste Regel in den *Recording Rules* der ABA ist Regel 4 Absatz B (Version 2014b), nach der auch Vögel zulässig sind, die man gehört, aber nicht gesehen hat. Ungeachtet dieser Regel erfassen viele Birder nur Sichtbeobachtungen und achten kaum auf Geräusche, die über das bekannte Sound-Arsenal hinausgehen. Vögel aufzuschreiben, die man nur gehört hat, kann schon ein bisschen wie Betrug wirken. Allerdings sind manche Arten, die mit dem Auge wahnsinnig schwer zu erkennen sind – etwa gut getarnte Eulen oder Rallen, die sich gern versteckt am Boden fortbewegen –, doch relativ leicht zu hören. Es spricht demnach alles dafür, sie auch dann mitzuzählen, wenn man sie nicht sieht.

Für mein World Big Year entschied ich, sowohl gesehene als auch gehörte Vögel mitzuzählen. Ich würde mich also an dieselben Standards halten wie der vorherige Einjahresweltrekordler, der ebenfalls Vögel auflistete, die er nur gehört hatte. Auch für die Vögel ist das besser. Wer nur lauscht, verhält sich rücksichtsvoller als jemand, der durch das Territorium eines Vogels stapft oder es in dem verzweifelten

Bemühen flutet, das Tier zu Gesicht zu bekommen. Einige Vogelarten kann man sowieso akustisch am besten wahrnehmen und würdigen. Man kann zum Beispiel mit Fug und Recht behaupten, dass man einen Schreipiha erst dann wirklich erlebt, wenn man seinen Ruf hört. Vogellaute sind genauso verlässlich wie optische Merkmale, und viele Arten mit eher trister Optik geben bezaubernde und unverwechselbare Gesänge von sich. In weitläufigen Gegenden wie in der Antarktis und in den chilenischen Anden hat man ja beste Sicht, aber zum Beispiel im Amazonasgebiet, wo sich die Vögel im Dschungeldickicht verstecken, gewinnt die Geräuschkulisse an Bedeutung. Bis zum Ende dieses Jahres würde ich ungefähr 5,5 Prozent der Vögel, auf die ich traf, – also eine von 18 Arten – allein nach Gehör erkennen.

Man mag es in diesen globalisierten Zeiten kaum glauben, aber es gibt nicht den *einen* fest vereinbarten Katalog aller Vogelarten dieser Erde. Stattdessen gibt es konkurrierende Auslegungen, bei denen die Amerikaner gegen den Rest der Welt stehen. In den USA verwenden die meisten Birder die *Clements Checklist*, die von Experten an der Cornell University regelmäßig aktualisiert wird und in meinem Reisejahr 2015 immerhin 10.365 lebende Vogelarten gelten ließ. Birder in Europa und anderen Teilen der Welt vertrauen eher auf den International Ornithological Congress (IOC), ein progressiv eingestelltes Gremium, das 2015 insgesamt 10.612 Arten anerkannte. Andere Länder, insbesondere die Niederlande und Brasilien, haben ihre eigenen, noch liberaleren Artenkataloge. Die Schwierigkeit ist, dass Vögel nicht immer fein säuberlich in eine Schublade passen und die Grenzen zwischen vielen Spezies fließend sind. Obendrein macht sich die Forschung seit geraumer Zeit daran, Vögel in aller Welt mit DNA-Analysen neu zu bestimmen. So wurden in den vergangenen Jahrzehnten Tausende sogenannte Splits angeregt – also die Teilung einer Art in zwei oder mehr Arten. Die Bedeutung des Begriffs „Spezies“ wurde enger gefasst. Da man irgendwelche Spielregeln braucht, entschied ich mich, in meinem Big Year mit der *Clements Checklist* zu arbeiten, also mit dem amerikanischen Standard. Hilfreich war dabei, dass die App eBird, mit der ich den Überblick über meine Beobachtungen behalte, ebenfalls auf dieser Artenliste aufbaut. Zusätzlich würde ich mir Notizen zu Unterarten machen, um meine Liste flexibel anpassen zu können. Vogellisten haben heutzutage mehr mit Software als mit Hardware zu tun, und ihre Pflege ist eine Aufgabe, bei der man nie zu einem Abschluss kommt.

Eine Woche nach Neujahr hielt ich in den zentralchilenischen Anden Ausschau nach einem sonderbaren Vogel namens Diademregenpfeifer. Zwei Birder aus Santiago de Chile, Fred Homer und Fernando Diaz Segovia, waren mitgekommen und halfen mir beim Suchen. Zu dritt wanden wir uns im Morgengrauen Serpentine für Serpentine ein überwältigendes Andental hinauf.

Monate zuvor hatte ich einen Freund in Arizona gefragt, ob er gute Birder in Chile kenne. Er gab mir die Kontaktdaten von Fabrice Schmitt, einem Franzosen, der nach einem Sabbatjahr in Südamerika nach Santiago übergesiedelt war und als Reiseleiter für Vogelbeobachtungstouren arbeitete. Fabrice antwortete prompt und schrieb mir, er werde leider in der Antarktis unterwegs sein, wenn ich in Chile ankäme, stellte aber freundlicherweise den Kontakt zu Fred her, der sogleich Feuer und Flamme war.

„Wir holen dich am Flughafen ab und brechen direkt auf", schrieb mir Fred per E-Mail, „und bringen dich anschließend mit qualmenden Reifen wieder zurück."

Fred holte noch Fernando mit ins Boot, einen jungen chilenischen Biologen, der uns am nächsten Morgen in aller Herrgottsfrühe abholte. So kam es, dass ein Freund von einem Freund von einem Freund von einem Freund – also jemand, den ich noch nie gesehen und mit dem ich noch nicht einmal gemailt hatte – mich mitnahm, um in der längsten Gebirgskette der Welt einen der rätselhaftesten Vögel überhaupt aufzuspüren.

Der Diademregenpfeifer ist ein ganz eigentümliches Geschöpf, das man nur in großer Höhe in Chile, Argentinien, Bolivien und Peru antrifft. Vogelbeobachter nennen ihn DSP – das ist die Abkürzung für seinen englischen Namen „Diademed Sandpiper-Plover". Er ist ein Küstenvogel, der nicht an der Küste lebt. Er ist offenbar mit den Regenpfeifern verwandt, hat aber eher das Profil eines Wasserläufers (daher der Bindestrich im englischen Namen). Es gibt keinen Vogel, der ihm besonders ähnlich sieht: Der DSP hat die Form und Größe eines Brötchens, einen untersetzten Körper, dicke gelbe Beine, einen abwärts geneigten Schnabel, einen dunkel rötlichen Nacken, eine fein gebänderte Unterseite und um den Kopf eine weiße, nach hinten verlaufende Zeichnung, die an ein Diadem erinnert. All das lässt den Vogel etwas verdutzt dreinschauen. Der Diademregenpfeifer sieht so aus, als würde es ihn nicht stören, dass man ihn anstarrt, aber als frage er sich, warum sich jemand diese Mühe macht.

Durch Zufall wird man ihm nicht über den Weg laufen, es sei denn, man verbringt wie Fernando einen beträchtlichen Teil seiner Freizeit damit, einsame Sumpfgebiete in den Anden zu durchstreifen. Seit einigen Jahren stellt Fernando dieser Vogelart nach und versucht, hinter ihr Geheimnis zu kommen. Im Rahmen eines Forschungsprojekts inspiziert er mögliche Lebensräume des Diademregenpfeifers. Aus irgendeinem Grund gibt es Sümpfe, in denen man mit Sicherheit auf den DSP trifft, und dann wieder andere Sümpfe, die exakt genauso aussehen und in denen er sich nie zeigt. Bislang ist noch niemand dahintergekommen, warum der Vogel so ausgesprochen wählerisch ist. Fernando fängt jeden Vogel einzeln ein und markiert ihn mit farbigen Ringen, damit er die Tiere aus der Ferne erkennen kann. Den Überblick über die vielen kleinen Diademregenpfeifer zu behalten, ist ungefähr so schwierig, wie beim Figurenarsenal einer Telenovela durchzublicken. Aber vielleicht lässt sich ja mithilfe der gesammelten Daten doch das eine oder andere Geheimnis dieses Vogels lüften.

Fernando fuhr mit uns also in seinem frisch gewaschenen SUV eine staubige Schotterpiste entlang, die über die Waldgrenze hinaus- und in ein steilwandiges Tal hineinführte. Die in den Fels gehauene Straße war stellenweise so eng, dass zwei Autos nicht aneinander vorbeikamen. Als uns hinter einer Kurve ein anderer Wagen entgegenkam, setzte Fernando knapp neben dem Abgrund zu einer breiteren Stelle zurück und klappte den Außenspiegel an, damit sich das entgegenkommende Fahrzeug vorbeizwängen konnte.

Während wir immer weiter bergauf fuhren, saß ich auf dem Beifahrersitz und ließ in Gedanken die letzte Woche Revue passieren. Nachdem ich mit Blick auf die Antarktische Halbinsel, Schaumwein und einen Kapsturmvogel ins neue Jahr gestartet war, war meine einjährige Vogelzählung eher schleppend angelaufen. Die antarktischen Vögel gingen mir schon bald aus, und am 3. Januar – gerade mal der dritte Tag meines Big Year – konnte ich keine einzige neue Vogelart auf die Liste setzen. Praktisch direkt nach dem Start leistete ich mir also schon den ersten Null-Vogel-Tag. In der Drake-Passage nahm die Vogelsuche dank der Albatrosse und anderer Meeresvögel Fahrt auf. Es folgte ein fantastischer Vormittag bei einer Kolonie charismatischer Südlicher Felsenpinguine auf den Falkland-Inseln. Doch als unser Schiff wieder im Hafen von Ushuaia, der südlichsten Stadt der Welt, unweit der Südspitze Argentiniens festmachte, hatte ich in den ersten sieben Tagen des Jahres erst 53 Vogelarten auf meiner Liste. Um bis Ende Dezember die 5000er-Marke zu erreichen, musste ich jeden Tag im Schnitt 13,7 neue Arten zu Gesicht bekommen, also in jeder Stunde bei Tageslicht ungefähr einen Vogel. Schon jetzt war ich im Hintertreffen.

Eine ganze Woche in der Antarktis war strategisch keine so gute Idee gewesen, weil es auf dem ganzen Kontinent nicht genügend Spezies gibt, um diesen Durchschnitt zu halten. Hätte ich die gleiche Zeit irgendwo in den Tropen eingeplant, wäre ich jetzt schon bei 200 oder 300 Vogelarten angelangt, hätte mein Soll überschritten und wäre mit einem Sprint statt mit einem lahmen Trab in meinen Marathon gestartet. Dafür hätte ich allerdings den kältesten, trockensten und windreichsten Kontinent mit seinen riesigen Adelie- und Zügelpinguinkolonien, Fontänen sprühenden Buckel- und Zwergwalen, unwirklich blauen Eisbergen und unfassbar dicken Eisschichten verpasst. Für mich persönlich machte die Antarktis gleich zu Beginn deutlich, dass es in diesem Jahr nicht nur um Zahlen ging. Eine Weltreise ohne Antarktis wäre weniger cool gewesen.

Und doch war ich beim Einlaufen in den Hafen entschlossen, einen Zahn zuzulegen. Ich fühlte mich unbeschwert und glücklich. Alles lag vor mir – Ungewisses, viele Chancen und ein unerschöpflicher Planet voller Vögel und Vogelfreunde. Die Sonne tauchte die Welt in ein erwartungsvolles Licht, und ich hatte das erhebende Gefühl, genau am richtigen Ort zu sein und genau das Richtige zu tun. Auf mich warteten mit Sicherheit allerhand Herausforderungen, aber ich war voller

Entdeckerdrang. Auch ein paar Sorgen beschäftigten mich. Jetzt fragte ich mich zum Beispiel, ob der einheimische Birder, mit dem ich verabredet war, auch wirklich auftauchen würde.

In den wenigen Stunden zwischen meiner Ankunft in Ushuaia und dem Flug nach Santiago de Chile wollte ich im nahe gelegenen Nationalpark Tierra del Fuego einige Vogelarten aufspüren, die es nur in Patagonien gibt. Monate zuvor hatte ich einen argentinischen Birder namens Esteban Daniels kontaktiert, der mir seine Hilfe zusagte – aber würde er sich jetzt, wo es so weit war, noch an mich erinnern? Ich verabschiedete mich hastig von der Schiffsbesatzung und dem Betreuerteam, schulterte meinen Rucksack und stieg über die Gangway hinunter in den Industriehafen von Ushuaia. Draußen vor der Sicherheitskontrolle des Hafengeländes wartete Esteban mit seinem Freund Rogelio „Roger“ Espinosa, der sich schon bald als eifriger Fotograf herausstellte. Als ich die beiden erblickte, war ich entzückt und erleichtert. Auf der mehrstündigen Tour, zu der Esteban, Roger und ich sogleich aufbrachen, legten wir erst einen Zwischenstopp an der örtlichen Abfalldeponie ein und fuhren anschließend zum Park, wo mein sehnlichster Wunsch für diesen Tag in Erfüllung ging: Wir fanden ein Magellanspecht-Paar. Diese rot-weiß-schwarzen Vögel sind die größten Spechte in Südamerika. Insgesamt entdeckten wir im Nationalpark 37 neue Vogelarten. Damit wuchs meine Bilanz auf stolze 91. Am Nachmittag ging es wieder zum Flughafen von Ushuaia.

Nach einem kurzen Flug passierte ich in Santiago eilig die Passkontrolle, ließ die Gepäckausgabe links liegen und hastete direkt zum Ausgang drei, wo absolut pünktlich und mit einem grünen Hut auf dem Kopf Fred Homer mich erwartete. So weit, so gut! Fred und ich übernachteten in seinem Haus in Santiago, bis Fernando uns frühmorgens abholte und wir uns voll Tatendrang auf die Suche nach dem Diademregenpfeifer machten.

Die Piste führte immer weiter bergauf, schlängelte sich in einem breiten Tal aus Gestein und Schotter an einem flachen Stausee entlang. Außer einer einsamen Andenmöwe, die träge ihre Runden drehte, war im ganzen Tal kein Vogel zu sehen.

„Als ich vor ein paar Jahren einmal hier war", erzählte Fred, „sah ich in einiger Entfernung etwas auf der Straße liegen. Beim Näherkommen erkannte ich: Es war eine Lkw-Hinterachse, die mittlerweile in die Straßendecke eingebacken war. Überall lagen Lkw-Teile verstreut. Der Lastwagen war wohl oberhalb über den Straßenrand hinausgekommen und am Boden in tausend Teile zerborsten."

Im oberen Abschnitt des Valle El Yeso, das von ocker- und umbrafarbenen Berggipfeln flankiert wird, erreichten wir das Ende der Vegetation. Der Himmel hier oben wirkte polarisiert, wie das tiefe Blau, das man durch eine Sonnenbrille sieht. Auf den Gipfeln hielten sich Schneefelder, quasi auf unserer Augenhöhe, und ich sah bläuliche, zerklüftete Gletscher, die über uns von steilen Abhängen herabhingen. Hier und da kamen wir an einem Schild mit der Aufschrift „Vía de Evacuación" (Fluchtweg) vorbei, auf dem eine freundliche Strichmännchenmutter mit ihrem Kind vor einem ausbrechenden Vulkan davonläuft.

An einer unbeschilderten Abzweigung in rund 3000 Meter Höhe bog Fernando in einen Seitenweg ab, der schließlich zwischen Felsbrocken endete. Wir stiegen aus und liefen ein Stück weiter bis zu dem einzigen grünen Flecken im ganzen Tal. Dort verlief sich ein Schmelzwasserbach in einem Sumpf mit schwammartigem Bewuchs, wie ein Teppich.

„Das ist das Reich des DSP", sagte Fernando und führte uns schnurstracks in das Moorgebiet hinein. In dieser rauen Landschaft nahm Fernando sich aus wie ein verwegener Biologe: Karohemd, Khaki-Kappe, Gletscherbrille mit Schläfenschutz, Arbeitshose, vor der Brust baumelndes Fernglas und ein wuscheliger Bart. Er war nicht viel älter als ich und teilte meine Vorliebe für das Arbeiten in entlegenem Gelände. Seinen Job als Landschaftsgärtner hatte er an den Nagel gehängt, um sich vollzeitlich der Vogelforschung zu widmen. Hier und jetzt war er in seinem Element und schaute sich aufmerksam um, ob sich irgendwo etwas bewegte.

Fred wanderte hinter uns durch den Sonnenschein, lächelte und genoss es einfach nur, dabei zu sein. Er war vor einigen Jahren als Pensionär nach einer Karriere im Finanzbusiness von Großbritannien nach

Chile übergesiedelt und hatte eine Firma für Vogelbeobachtungsreisen gegründet, damit er einen Vorwand hatte, mehr Zeit beim Birding zu verbringen. Über seinem Polohemd trug er eine graue Weste mit jeder Menge Taschen, dazu eine Pilotenbrille und einen breitkrempigen Hut mit geflochtenen Lederapplikationen. In seinem korrekt gestutzten Bart mischten sich 25 Prozent Schwarz und 75 Prozent Grau.

Als wir den Sumpf etwa zur Hälfte durchquert hatten, wäre ich fast auf das Zielobjekt unserer Suche getreten. Fernando zeigte mit dem Finger auf meine Füße, und ich sah gerade noch rechtzeitig den Diademregenpfeifer am Boden, der mich mit neugierigen Knopfaugen musterte. Er hatte absolut keine Angst, obwohl ein Lebewesen auf ihn zustolperte, das hundertmal so groß war wie er, und ich fragte mich, ob dieses Verhalten wohl etwas damit zu tun hatte, dass seine Population so klein ist. Wie viele Diademregenpfeifer es in dieser Gegend gibt, weiß niemand, aber insgesamt dürften über die halbe Länge Südamerikas verstreut rund 2000 Vögel dieser Art leben. Viele natürliche Feinde haben sie nicht. Sein Charisma verdankt der DSP denn auch der Tatsache, dass seine total gleichgültige Haltung bewusste Zutraulichkeit signalisiert.

Hinter einem Felsbrocken in der Nähe tauchte ein superniedliches, flaumiges Küken auf, und die beiden Vögel watschelten gemeinsam los, um mit ihren abwärts gebogenen Schnäbeln den Boden nach Käfern abzusuchen. Beide trugen grüne und rote Kunststoffringe am rechten Fuß. Das ausgewachsene Tier hatte am linken Fuß zusätzlich einen rot-gelben Ring. Fernando notierte die Farben und noch ein paar andere Daten zu seinem DSP-Projekt – und ich konnte die Art Nummer 123 in meine Big-Year-Liste eintragen.

Der Diademregenpfeifer wird als potenziell gefährdeter Vogel geführt. In den Hochanden wirken sich heimtückische Effekte wie zum Beispiel atmosphärische Störungen und der Klimawandel möglicherweise gravierend auf den Lebensraum des DSP aus, aber ohne ausreichende Datenbasis lässt sich darüber nichts Genaues sagen. Fernando hofft, mit weiteren Studien wiederkehrende Muster dokumentieren und so die Bemühungen um die Erhaltung dieser Art befördern zu können. Wir verweilten, bis die länger werdenden Schatten uns daran erinnerten, dass der Diademregenpfeifer zwar ein echter Star ist, aber auch nur als eine einzige Vogelart zählt.

„Es macht keinen Sinn, dir ein Bein auszureißen, um den seltensten und schönsten Vogel Chiles zu sehen", meinte Fred, „wenn du in der gleichen Zeit zehn ortsübliche und hässliche Arten auftreiben kannst, die du nur hier zu Gesicht bekommst."

Da hatte er natürlich recht. Wenn alle Vögel vor dem Schöpfer gleich sind, lohnt es sich nicht, allzu viel Zeit für einen einzelnen Vogel aufzubringen. Es ist der uralte Zielkonflikt: Du kannst entweder mit verengtem Blick in die Tiefe gehen oder mit oberflächlichem Blick in die Breite schweifen – sich auf alle Dimensionen gleichzeitig zu fokussieren, ist unmöglich. Drum warf ich einen Abschiedsblick auf den Diademregenpfeifer, und dann fuhren wir los, um viele unansehnliche chilenische Vögel zu finden.

Am späteren Abend saß ich mit Fred auf dessen Terrasse in einem grünen Vorort von Santiago. Fred tischte eine Schüssel Nudeln und frischen Salat auf und schenkte jedem von uns ein Glas Rotwein ein. Die letzten Sonnenstrahlen streiften die Wipfel eines Baumes neben der Terrasse. In Chile ist der Januar der heißeste Monat im Jahr. Die Nachmittagshitze hing noch in der Luft. Wir waren extra im Hellen zurückgekommen, weil wir den Rotschwanz-Pflanzenmäher sehen wollten, der sich manchmal zur Dämmerstunde in Freds Garten zeigt. Es war ein schöner Moment: Wir warteten auf den Vogel und lehnten uns dabei nach einem langen Tag im Gebirge entspannt zurück.

„Ich bin eigentlich kein seriöser Birder", gestand Fred. „Ich beobachte gerne Vögel, aber was für eine Art ich vor mir habe, ist mir eigentlich egal. Jedenfalls gelangst du mit deinem Projekt an bezaubernde Orte. Der heutige Tag war ein grandioses Beispiel dafür."

Das ist es auch, was mir daran gefällt. Birding ist immer ein Abenteuer, mit dem du beim Reisen einen Fokus hast, statt lauter Sehenswürdigkeiten anzustarren, bis du glasige Augen bekommst. Vogelsüchtig wurde Fred durch einen seiner Söhne, der schon sehr früh ein Interesse für die Vogelwelt entwickelte. Der Sohn wandte sich später anderem zu, aber Fred hat sich die Leidenschaft bis heute erhalten.

„Wie beim Staffellauf – mein Sohn übergab mir den Stab, und ich lief weiter“, lachte er.

Die letzten Sonnenstrahlen schwanden, und die Bäume verblassten. Nach der sengenden Hitze im staubigen Gebirge kühlte und erfrischte uns die Abendluft. Plötzlich bemerkte ich im Augenwinkel eine Bewegung.

„Reich mir mal mein Fernglas“, bat ich.

Selbst bei dieser schummrigen Beleuchtung gab es kein Vertun: kastanienbraune Brust und Federhaube, dunkle Wangen, weißer Flügelstreifen und Sägekante am Schnabel – ein Pflanzenmäher! So heißt der rundliche kleine Vogel, weil er gerne Blätter abzwickt und verspeist. Wie von Fred vorhergesagt, war er zur Dämmerstunde vorbeigekommen. Eine Minute lang beäugte er uns von oben, dann flatterte er zu seinem Schlafplatz davon. Ich freute mich sehr über diesen Kurzbesuch, zumal ich ihn mit Fred teilen konnte. Eigentlich kannten wir uns ja kaum, und doch fühlte ich mich mit ihm verbunden. Wir kosteten den Moment gründlich aus.

„Ein gepflegtes Glas Wein, ein leckeres Abendessen“, sagte Fred. „Genau so muss Birding sein!“

3

Cerro Negro

Nach meiner Landung im nordwestlichen Argentinien war der Ankunftsbereich des winzigen Flughafens von Jujuy (sprich: Hu-Hui) wie ausgestorben. Ich irrte mit meinem Rucksack und meinem Fernglas ein paar Minuten hin und her, ging nach draußen, setzte mich auf den Bordstein und wartete. Meine wenigen Mitpassagiere schlenderten zu ihren Autos, fuhren davon und ließen mich auf dem leeren Parkplatz zurück. Ob mich jemand abholte?

Meine Planung war diesmal ein bisschen unausgegoren. Ein lokaler Birder namens Freddy Burgos hatte mich eingeladen, in den nächsten vier Tagen mit ihm die Provinz zu erkunden, aber da Freddy kein Englisch sprach, hatte ich ihm in meinem unbeholfenen Spanisch geschrieben und die Lücken im Text mit Google Translate gestopft. Wenn ich es richtig verstanden hatte, schlug Freddy eine Campingreise vor, aber die Einzelheiten waren unklar geblieben. Vielleicht hatte ich seine Instruktionen nicht ganz verstanden – sollte ich ihn irgendwo treffen? Ich hatte keine Ahnung, wie er aussah und wo er wohnte, und besaß auch keine Telefonnummer von ihm. Zumindest war das Wetter gut: warm und sonnig. Über der Ziegelfassade des Flughafengebäudes zogen fluffige weiße Wolken dahin. Ideale Bedingungen zum Campen, sofern ich das mit der Campingreise richtig verstanden hatte.

Das neue Jahr war inzwischen 16 Tage alt. Ich hatte über 300 Arten auf meiner Vogelliste und war also mit Blick auf meine 5000er-Marke voll auf Kurs. Mit meiner Ankunft in Zentralargentinien zwei Tage zuvor hatte das Anwachsen meiner Liste im Tempo dramatisch zugelegt. In Buenos Aires hatte ich mich mit dem 31-jährigen Birder Marcelo Gavensky und seinem 28-jährigen Freund Martin Farina getroffen, der Hundetrainer und Student der Paläontologie war. Zu dritt waren wir ins sumpfige Weidehochland der Provinz Entre Ríos rund 200 Kilometer nördlich der Hauptstadt gebraust. Schon am ersten Tag hatten wir 146 Vogelarten entdeckt – mehr als ich an vier Tagen insgesamt in Chile gesehen hatte. 108 von ihnen standen noch nicht auf meiner Liste.

Das Weideland von Entre Ríos ist ungemein fruchtbar. Bei einer Tasse Mate-Tee erzählte Marcelo mir stolz von der Umweltschutzorganisation Alianza de Pastizal, die Farmbesitzer für eine nachhaltige Beweidung zu gewinnen versucht. Dahinter steht die Idee, dass Rinderfarmer auch mit weniger Kühen ihre Profite einfahren und gleichzeitig die Landschaft schonen, wenn sie mit den richtigen Methoden arbeiten. Zertifiziertes Bio-Rindfleisch lässt sich in Europa gewinnbringend verkaufen und findet auch in Argentinien immer mehr Abnehmer. Der Export nach Übersee ist ökologisch keine Ideallösung, aber gut bewirtschaftete *estancias* sind eine entscheidende Voraussetzung für den Habitatschutz in dieser Region, in der es keine ausgewiesenen Parks oder Schutzgebiete gibt. Auf den Feldern sahen wir Dutzende prähistorisch anmutende Halsband-Wehrvögel, ein paar langbeinige Maguaristörche und vereinzelte Rosalöffler in ihrem aberwitzigen Pink. Einmal stakste ein anderthalb Meter großer Nandu – die Antwort Südamerikas auf den Strauß – ganz nah an uns vorbei.

Nach diesem Kurztrip schlief ich ein paar Stunden auf dem Fußboden von Marcelos Einzimmerwohnung in Buenos Aires, wobei meine Füße in die Küche ragten und mein Kopf unter dem Esstisch lag. Dann sagte ich Zentralargentinien *adiós* und nahm einen Morgenflug in Richtung Nordwesten. Nun saß ich übernächtigt vor dem Flughafen Jujuy und fragte mich, ob Freddy vielleicht etwas zugestoßen war.

Gerade wollte ich ihm vom Handy aus eine E-Mail schicken, als ich einen kleinen Vogel bemerkte, der den Abflugbereich umschwirrte. Ich eilte hinüber, um ihn besser zu sehen. Das Tier hatte ein Gefieder in warmen Brauntönen und einen dunkelbraunen Kopf, im Flug schienen seine Flügel fuchsrot aufzuleuchten. Dieser Vogel stand definitiv noch nicht auf meiner Liste, aber was war es für einer? Er verhielt sich wie ein Fliegenschnäpper, hockte auf seinem Ausguck und versuchte, Insekten zu erhaschen. Ab und zu schwebte er auf Käferjagd am Dachsims entlang.

Ich schloss das E-Mail-Programm auf dem Handy und öffnete die Fotogalerie. Da alles dagegen gesprochen hatte, einen Zwei-Meter-Stapel schwergewichtiger Nachschlagewerke rund um die Welt zu schleppen, hatte ich vor der Abreise Dutzende von Bestimmungsbüchern und Naturführern sorgfältig eingescannt und auf meinem Smartphone gespeichert. In dem Ordner „Birds of Argentina“ scrollte ich durch lauter Illustrationen zum Tyrannen- bzw. Fliegenschnäpper-Kapitel. Ich wurde fündig: Mein Vogel Nummer 338 war der Schwalbentyrann, ein verbreiteter Bewohner der südamerikanischen Wälder, der offenbar auch eine Schwäche für Laternenmasten auf Flughafenparkplätzen hatte. Dieses Prachtexemplar flatterte 20 Minuten später noch herum, als ein weißer Pickup schnittig auf den Parkplatz fuhr und an der Bordsteinkante hielt. Vier junge Leute sprangen aus dem Wagen, kamen lachend und gestikulierend auf mich zu und streckten mir die Hand entgegen.

„Noah“, rief einer von ihnen, „*yo soy* Freddy!“

Er war ungefähr so groß wie ich und eher stämmig. Seine glatten rabenschwarzen Haare reichten über die Koteletten und bis in den Nacken. Der Spitzbart am Kinn eignete sich perfekt zum Darüberstreichen, was Freddy – wie ich bald feststellte – denn auch oft und gerne tat. Er trug ein langärmeliges Military-Hemd, eine schwarze Outdoorhose und Wanderschuhe. Sein auffälligstes Merkmal war sein Lächeln, das er offenbar nie abstellte.

Freddy hatte ein paar Freunde mitgebracht, die mich sogleich umringten. Spanische Sprachfetzen flogen mir um die Ohren. Sie baten um Entschuldigung für die verspätete Abholung, redeten etwas von Lebensmitteln und Proviant und stellten sich alle auf einmal vor: Claudia Martin, José Segovia und Fabri Gorleri. Ich war heilfroh, dass sie da waren, und angesichts dieser netten Begrüßung rundum beruhigt.

Ich warf mein Bündel auf die Ladefläche, auf der sich allerhand Zeug für eine Bergsteigerexpedition stapelte. Was Freddy in den kommenden vier Tagen wohl vorhatte? Zu fünft quetschen wir uns in die Doppelkabine des Pickups und brausten davon. Der Schwalbentyrann flatterte vor der Windschutzscheibe herum, um noch schnell ein Insekt aufzupicken, und ich zeigte von der Rückbank aus auf den Piepmatz.

„*Sí, sí*“, sagte Freddy, der gleichzeitig lenkte, navigierte und ein Auge auf unsere Sachen hatte, damit sie nicht aus dem Wagen geworfen wurden. „*Hirundinea ferruginea.*“

Ich schaute verdutzt. Dann begriff ich, dass er den wissenschaftlichen Namen des Vogels genannt hatte.

„Genau, ein Schwalbentyrann“, sagte ich. Alle schauten mich verdutzt an. Dass die englischen Vogelnamen – in diesem Fall „Cliff Flycatcher“ – ihnen nichts sagten, war nur natürlich. Aber die meisten Birder in Lateinamerika benutzen auch die spanischen Namen nicht, weil sie nicht vernünftig standardisiert sind. Stattdessen eignen sich spanischsprachige Birder die lateinischen Bezeichnungen an, mit denen sich Forscher auf der ganzen Welt verständigen. Das konnte ja interessant werden, wenn wir in freier Wildbahn einen Vogel nach dem anderen sichten würden.

Freddy fuhr schnurstracks aus der Stadt hinaus, und als wir die Zivilisation hinter uns gelassen hatten, bog der Pickup von der Landstraße ab und machte sich auf einer Schotterpiste an den Aufstieg in die üppig bewachsenen östlichen Andenausläufer. Nach und nach schnappte ich die eine oder andere Information auf. Freddy arbeitete als Biologe in Jujuy, seine Freundin Claudia war Botanikerin und interessierte sich für alles, was mit Natur zu tun hatte. José und Fabri studierten an einer Universität im Osten Argentiniens und hatten weit über 900 Kilometer im Bus zurückgelegt, um zu uns zu stoßen. Alle vier waren zwischen 23 und 34 Jahre alt, teilten die Begeisterung für die Vogelwelt und liebten Abenteuer.

Als Freddy meine erste E-Mail bekam, dachte er, das sei eine gute Gelegenheit für einen Trip zum Cerro Negro, ein selten besuchter Gebirgszug mit seltenen Vogelarten. Die Höhenlagen des Cerro Negro waren mit dem Auto nicht erreichbar. Wir würden also auf einem gewundenen Pfad mehr als 15 Kilometer wandern und dabei über 1000 Meter Höhenunterschied überwinden. Für unser Gepäck hatte Freddy drei Maultiere organisiert, damit wir vier Tage im Nebelwald der Yungas und im Grasland über der Baumgrenze verbringen und dort in Zelten übernachten konnten. Er versicherte uns, dass er reichlich Lebensmittel eingepackt hatte. Bei einem kurzen Zwischenstopp in einem Dorf stieg ein Fahrer zu, der den Pickup zurückbringen sollte. Am frühen Nachmittag erreichten wir den Ausgangspunkt unserer Wanderung. Die Piste endete an einem Fluss, der sich seinen Weg durch den dichten grünen Wald bahnte. Über dem Tal zeigten sich kahle Berggipfel.

Tatsächlich tauchten drei Maultiere mit ihrem Besitzer auf, einem *campesino* in Jeans und Gummistiefeln, der unsere Bündel an den Satteln festzurrte. Hoffentlich hatte Freddy einen zusätzlichen Schlafsack eingepackt, denn in großer Höhe würde mein Seidenschlafsack sicher nicht warm genug sein. Das Maultiergespann trottete voraus zum Lagerplatz, während Freddy, Claudia, José, Fabri und ich eine Stunde lang den Windungen des Flusses folgten. Die Sonne war hinter einer Wolkenschicht verschwunden, was allmählich ein bisschen besorgniserregend aussah, aber auf Schritt und Tritt tauchten neue Vögel in unserem Blickfeld auf.

„*Cypseloides rothschildi*“, rief Freddy, und ich sah einen zigarrengroßen Vogel mit sichelförmigen Flügeln über uns hinwegjagen. Er sah wie ein Segler aus, und ich scrollte durch das eingescannte Bestimmungsbuch auf meinem Handy, um die Entsprechung des wissenschaftlichen Namens zu finden. Aha! Rothschildsegler. Eine hübsche regionale Rarität und Jahresvogel Nummer 342.

„*Psittacara mitratus*“, sagte Fabri, was ich als Rotmaskensittich übersetzte. Noch ein Neuling auf der Liste.

„*Empidonomus varius!*“, rief Claudia.

Zeitgleich meldete José, der in die entgegengesetzte Richtung schaute: „*Progne elegans!*“

„*Sporophila lineola*“, kam von Freddy.

„Momentmomentmoment!“, rief ich und wollte sie bitten, mir etwas Zeit zu geben, damit ich jeden Vogelnamen nachschlagen konnte, aber das war zwecklos. Vögel bleiben bekanntlich nicht still sitzen, bis man sie identifiziert hat. Wenn wir auf eine große Vogelschar im Blätterdach stießen, tat ich mein Bestes, um die auf mich einprasselnden wissenschaftlichen Bezeichnungen von Vogelnamen wenigstens in ein Notizbuch zu kritzeln, damit ich sie später heraussuchen konnte. Fast alle Vögel in diesem Teil von Argentinien sah ich zum ersten Mal. Deshalb wusste ich sehr zu schätzen, dass meine einheimischen Experten mir beim Erkennen der flüchtigen Gesellen behilflich waren.

Für das Sturzbachentenpaar, das diesen Flussabschnitt okkupierte, brauchte ich keine Übersetzung. Da ich schon in Chile eine Sturzbachente gesehen hatte, stand diese Spezies bereits auf meiner Jahresliste, aber ich hielt ein paar Minuten inne und bestaunte, wie sich diese beiden Vögel im Wildwasser behaupteten. Wie bei den meisten Enten hatte das Männchen ein auffallend anderes Federkleid als das Weibchen – er schwarz und weiß mit rotem Schnabel, sie grau und orange. Mit ihren lang gestreckten, schlanken Körpern waren sie für das Leben im strömenden Gewässer perfekt ausgerüstet. Mühelos durchschwammen diese Enten die schäumenden Stromschnellen und arbeiteten sich mit den Füßen gegen die Flussrichtung voran. Offenbar machten sie gerade Jagd und suchten im Vorbeischwimmen die Unterseiten der Gesteinsbrocken nach Wasserinsekten ab.

Als ich flüchtig aufblickte, sah ich Freddy, wie er mit bis über die Knie hochgekrempelter Hose in den Strudel watete. Seine Wanderschuhe baumelten lose um seinen Hals. Er drehte sich zu mir um und winkte.

„*Vámanos!*"

Wenn wir noch im Hellen an unserem Zeltplatz ankommen wollten, mussten wir jetzt zu unserer Wanderung aufbrechen. Auf der anderen Seite des Flusses führte der Pfad in den Wald hinein. Eine Brücke gab es nicht.

Claudia, José, Fabri und ich zogen unsere Schuhe aus, stiegen ins Wasser und achteten sorgfältig auf jeden Schritt. Das Wasser war eiskalt, floss sehr schnell und reichte mir bis zum Oberschenkel. Knietiefes Wasser kann einen Menschen schon bei einer Fließgeschwindigkeit von sechs Stundenkilometern aus dem Gleichgewicht bringen, und wir brauchten nur auf einem der glitschigen Steine im Wasser ausrutschen, schon würden wir flussabwärts mitgerissen. Vorsichtshalber hatte ich den Inhalt meines Rucksacks in einen wasserdichten Müllbeutel gesteckt, aber die Vorstellung, durchnässt zu werden, bevor die Wanderung überhaupt angefangen hatte, behagte mir nicht.

Die Sturzbachenten schwammen gelassen vorbei, als würden sie auf einem spiegelglatten Teich dahinziehen. Dann hockten sie sich auf einen Felsblock zwischen zwei Wasserfällen und sahen zu, wie wir uns durch den Fluss kämpften, unsere Füße abtrockneten und die Schuhe wieder anzogen. Mittlerweile brauten sich schwere, dunkle Wolken zusammen und hüllten die Berggipfel ein. Ich dachte daran, dass ich erst vor wenigen Stunden in Jujuy gelandet war und noch gestern Nachmittag 1300 Kilometer entfernt mit Marcelo und Martin Vögel beobachtet hatte. Das Farmland von Buenos Aires verschwamm bereits zu einer fernen Erinnerung. Freddy zeigte auf eine Lücke zwischen den Bäumen. Dort begann der Aufstieg. Als wir den Wald betraten, rollte das Echo des ersten Donnergrollens durch das Tal.

Alleingänge und Alleinsein sind zwei ganz unterschiedliche Dinge. 2011 wanderte ich im Alleingang den über 4200 Kilometer langen Pacific Crest Trail entlang, der von Mexiko durch das Hinterland der amerikanischen Westküste bis nach Kanada führt, aber die meiste Zeit war ich zusammen mit anderen Wanderern unterwegs. Das ließ sich kaum vermeiden, denn Jahr für Jahr versuchen Hunderte, die gesamte Strecke zu erwandern, und rund 95 Prozent von ihnen wählen so wie ich die im Norden beginnende Variante, um dem fortschreitenden Sommer zu folgen. In den vier „Alleingangmonaten" auf dem Pacific Crest Trail sah ich jeden Tag mindestens einen Menschen; oft wanderten und zelteten wir zusammen.

Mein Big Year unternahm ich auch im Alleingang in dem Sinne, dass ich die Reise allein plante und niemand mit mir von Station zu Station zog. Auf Vogelsuche wollte ich hingegen nicht allein gehen. Mir war wichtig, in jedem Land vogelbegeisterte Gefährten dabeizuhaben. Klug geworden durch die Erfahrungen, die ich bei meinen Fernwanderungen gemacht hatte, reiste ich mit ultraleichtem Gepäck, einem 40-Liter-Expeditionsrucksack, und kontinuierlich von einem Kontinent zum nächsten, ohne Pausentage und ohne Umwege. Bei einer One-Way-Reise sparst du die Rückwege. Ich schaute also immer nach vorn und freute mich auf das Neuland, das vor mir lag. Andererseits konnte ich meine Reiseroute nicht auf die Jahreszeiten in den einzelnen Regionen des Globus abstimmen. Darum würde ich einige Zugvogel-Hotspots verpassen und andere Orte zur Unzeit – nämlich während des Monsuns – ansteuern.

Ich legte Grundregeln fest. Jeder Vogel, der auf die Liste kam, musste von mindestens einer weiteren Person gesehen werden. Das würde mich vor Vereinsamung bewahren und nebenbei dafür sorgen, dass es für jede Vogelsichtung einen Zeugen gab. Außerdem entschied ich, dass meine Begleiter immer Einheimische sein oder in dem Land leben sollten, in dem wir zusammen auf Vogelsuche gingen. Es wäre ein Leichtes gewesen, professionelle Guides von internationalen Reiseanbietern anzuheuern, aber das entsprach nicht meinen Vorstellungen. Zum einen hatte ich nicht das nötige Kleingeld, zum anderen wollte ich lieber mit Freunden unterwegs sein und nicht als Kunde. Kontakte zu Einheimischen wurden zu einem ganz wichtigen Teil meiner Strategie. So ergab sich auch die Couchsurfing-Variante der Tour.

Noch vor zehn Jahren wäre es schwierig gewesen, ein solches Konzept umzusetzen. Durch die technologische Entwicklung ist die Welt heute aber dermaßen geschrumpft, dass es inzwischen leichter ist, jemanden in einem anderen Land anzurufen, als die Aufmerksamkeit des Zimmergenossen zu gewinnen. Das Internet hat Birding revolutioniert: Aus der Freizeitbeschäftigung für die Erste Welt ist eine wirklich internationale Bewegung geworden. Wer will, findet im Internet alle möglichen Informationen und kann per Mailinglisten, Diskussionsgruppen und Foren mit Gleichgesinnten in Kontakt treten.

Einheimische Birder zu finden und Zeitpläne mit ihnen abzustimmen, war eine logistische Herausforderung der besonderen Art. Nachdem meine Reiseroute in groben Zügen feststand, machte ich mich daran, an jeder Station die besten Birder zu kontaktieren, und hoffte, dass sie bereit waren, für ein paar Tage meine Gastgeber zu sein. Zuerst fragte ich Freunde, die ich schon hatte; im zweiten Schritt fragte ich nach ihren Kontakten und so weiter. Manche mussten absagen, weil sie arbeiteten, aber von allen bekam ich begeisterte Rückmeldungen, wenn ich meine Idee erklärte. An Freddy war ich zum Beispiel geraten, weil ich mich zunächst an einen Birder namens Ignacio „Kini" Roesler von der Universität Buenos Aires gewandt hatte, der mir mitteilte, dass er im Januar mit einem Forschungsprojekt über den Goldscheiteltaucher beschäftigt sein werde, mich aber an seinen Freund Nacho Areta weiterleite. Nacho antwortete mir, er führe dann leider eine Studie zum Mississippiweih durch, gab mir aber Freddys E-Mail-Adresse.

Für manche Stationen nutzte ich die Website BirdingPal, auf der sich Birder als Gastgeber für durchreisende Vogelbeobachter eintragen. Hier findet man keine professionellen Guides, sondern wahre Gastfreundschaft und angenehme Gesellschaft. Das eigene Revier jemandem zu zeigen, der es nicht kennt, macht ja auch Spaß, und wenn die Rollen eines Tages getauscht werden, kann man sich für den erwiesenen Gefallen revanchieren.

Eine weitere wichtige Planungshilfe für mich war eBird, eine Online-Datenbank für Vogelsichtungen, die das Cornell Lab of Ornithology und die National Audubon Society 2002 ins Leben gerufen haben. Mit fast einer Milliarde Beobachtungen, die Hunderttausende Birder in aller Welt eingespeist haben, ist die Website ein unglaublich gutes Hilfsmittel, wenn man sich über die Verteilung und Erfassung von Vogelarten informieren will. Wissenschaftler verfolgen damit Wanderungsbewegungen und die Populationsentwicklung. Für meine Logistikplanung war eBird ein Segen. Mithilfe dieser Datenbank fand ich heraus, wo ich bestimmte Spezies antreffen dürfte, sie lieferte aktuelle Berichte und zeigte mir an, welche Birder in meinen Zielgebieten am aktivsten waren. Immer, wenn sich die Mundpropaganda-Methode erschöpft hatte, suchte ich in eBird nach Ansprechpartnern.

Couchsurfing klingt irgendwie bequem, aber diese Übernachtungsbesuche einzufädeln, kostete mich glatte fünf Monate Planung. Als ich von zu Hause aufbrach, wusste ich praktisch für jeden Tag des Jahres 2015, wo und bei wem ich übernachten würde. Die Birder-Liste enthielt Hunderte von Namen und wurde dadurch, dass ich meine Pläne unterwegs änderte und die Zeit voranschritt, immer länger.

Das Wissen der Einheimischen ist unersetzlich. Restaurants, Schleichwege, Sitten und Gebräuche, Sprache, Geheimtipps und die zahllosen Dinge, die nur Ortsansässige kennen. Indem ich mich Einheimischen anschloss, schaffte ich mühelos den Sprung vom Touristen zum Insider, und indem ich bei ihnen zu Hause wohnte und eben nicht in Ferienorten und Lodges, bekam ich eine Menge vom wirklichen Leben auf dieser Erde mit, ohne mein Bankkonto zu sprengen. Die

Kenntnisse der Einheimischen machten sich auch in Form von Vögeln bezahlt, die ich ansonsten nicht sehen würde. Aber ob das wirklich funktionierte, wusste ich anfangs nicht. Es würde sich auf der Reise erst herausstellen.

Viele meiner Kontaktpersonen hatten keine Erfahrung als Gästeführer. Sie kamen aus allen möglichen Berufszweigen, sprachen verschiedene Sprachen und variierten altersmäßig vom Teenager bis zum Mittsiebziger. Jeder machte sich offenbar ein etwas anderes Bild von meinem Vorhaben. Manche schrieben sofort zurück, von anderen bekam ich erst Monate später eine Antwort. In einigen Fällen hatte ich bis zur Landung im fremden Land nur eine Nachricht per Facebook oder eine WhatsApp in der Hand. Ich überwies Geld auf private Bankkonten im subsaharischen Afrika oder in Südostasien, um Birdern, mit denen ich noch nie telefoniert hatte und die meine Anfragen in kaum verständlichem Englisch oder in irgendeiner anderen Sprache beantworteten, die Kosten für geplante Trips in Nationalparks vorzuschießen. Verschiedentlich bekam ich kurze Panikattacken. Ob das wirklich eine gute Idee war? Alles, was ich tun konnte, war vertrauen.

Da hätte ich ja genauso gut mit den Sturzbachenten in den Fluss springen können, dachte ich, als wir uns den Pfad hochquälten. Es regnete in Strömen. Eine Zeitlang hielt ich mich verzweifelt an einem Regenschirm fest, aber das brachte überhaupt nichts. Die Tropfen prallten vom Boden ab, ein Windstoß stülpte den Schirm um, und regennasse Vegetation säumte den Weg wie die Rollbürsten in einer Autowaschanlage. Inzwischen war der Punkt erreicht, wo ich nicht mehr nasser werden konnte. Hätte ich meine Unterwäsche über einem Bierglas ausgewrungen, wäre das Glas locker voll geworden.

Mehr Grund zur Sorge bereitete uns allerdings die Elektrizität in der Luft. Freddy, Claudia, José, Fabri und ich waren in ein Gewitter hineingewandert. Nicht unter ein Gewitter, sondern *mitten hinein*. In der Atmosphäre knackte und knisterte es, während wir einen Bergrücken erklommen. Blitz und Donner wurden eins; in einer Wolkenlücke sah ich einen Blitz in das unter uns liegende Tal einschlagen. Dann schloss sich die Lücke wieder, und wir blieben in einer wirbelnden, horizontlosen Welt von Stroboskopleuchten, widerhallenden Erschütterungen und die Sinne verwirrenden Bewegungen zurück.

Der Regen drosch auf uns ein. Ich versuchte inzwischen gar nicht mehr, den Fuß auf festen Boden zu setzen. Der zerfurchte Pfad verwandelte sich in einen kleinen Wasserfall. Ich mühte mich gegen die Fließrichtung bergan und hoffte, dass die Müllbeuteleinlage in meinem Rucksack dafür sorgte, dass wenigstens ein paar Klamotten trocken blieben. Sobald ich den Kopf hob, peitschte Wind in meine Augen, drum hielt ich beim Gehen den Kopf gesenkt. Wasser rann von meiner Nasenspitze. Ich versuchte, nicht an die schätzungsweise 20.000 Menschen zu denken, die jedes Jahr von einem Blitz getroffen werden. Hinter einer Wegbiegung wäre ich fast mit Freddy zusammengestoßen, der stehen geblieben war. Er breitete die Arme aus, sah mit wild funkelnden Augen zum Himmel hoch und rief: *„Me gusta esta Cerro Negro!"* – So gefällt mir der Cerro Negro!

Ich konnte seinen Enthusiasmus nur bewundern.

Kurz bevor es dunkel wurde, erreichten wir in komplett zerfleddertem Zustand unseren Zeltplatz. Das Gewitter zog endlich ins Nachbartal hinüber und ließ zum Sonnenuntergang einen klaren Himmel und sich kräuselnde Nebelschwaden zurück. Der Maultiertreiber hatte unsere Ausrüstung auf einem Höhenrücken gestapelt. Wir fanden ein paar durchtränkte Abdeckplanen und Zelte, machten sie auf einer Grasfläche fest und fielen über das Abendessen her. Um fünf Leute vier Tage im Gebirge satt zu bekommen, hatte Freddy weiche Brötchen, Salzcracker, Corned Beef, Dosensardinen, Äpfel, Erdnüsse und Süßigkeiten eingepackt. Alles war vom Regen feucht. Unter den gegebenen Umständen glich es trotzdem einem Festschmaus. Zumindest Wasser war keine Mangelware. Wir tranken auf Händen und Knien direkt aus einem nahen Bach, bis Freddy eine Methode erfand, mit der wir aus einer Plastiktüte trinken konnten. Irgendwie hatte keiner von uns daran gedacht, eine Wasserflasche mitzunehmen.

Gott sei Dank hatte Freddy einen zusätzlichen Schlafsack für mich eingepackt. Nach einem knappen *buenas noches* legte ich mich früh aufs Ohr und freute mich auf den ersten guten Schlaf seit Tagen. In meinem Zelt öffnete ich meinen Rucksack, entknotete den Müllbeutel und stellte mit Entzücken fest, dass der Inhalt flauschig und trocken geblieben war. Ich schälte mir die nassen Kleider vom Leib, zog trockene an und schlief sofort ein. Die ganze Nacht bevölkerten sonderbare, nicht identifizierbare Vögel meine Träume.

Am Morgen wachte ich benommen auf und wusste im ersten Moment nicht, wo ich war. Ich steckte den Kopf aus dem Zelt und sah einen riesigen Andenkondor vorbeigleiten, der seinen Kopf hin- und herschwenkte. Stimmt, Argentinien. Die Gipfel ringsum waren mit frischem Schnee überzogen. Das Zelt roch nach Regen, das Gras roch nach Regen, die Bäume rochen nach Regen, die durchnässte Kleidung auf unserer Wäscheleine roch nach Regen, und der Ausblick war herrlich. Mit Bergregenwald überwachsene Hügelketten zogen sich, einander überlagernd, in alle Richtungen hin. Ich sah auf meine Armbanduhr, aber die Batterie war leer; auch mein Handy funktionierte nicht. Ich konnte die Uhrzeit also nur am Stand der Sonne ablesen, die so strahlend hinter dem Horizont hervorkam, wie ich es in meinem Leben noch nicht gesehen hatte.

Jetzt regten sich auch die anderen. Claudia schlenderte um den Zeltplatz herum und nutzte ihr botanisches Wissen für die Suche nach wilden Pfirsichen. Plötzlich schrie sie: „Oh!“

„*Que pasó?*“, rief José aus seinem Zelt.

„*Una culebra.*“ Claudia beugte sich vor, um ein Ding im Gras näher in Augenschein zu nehmen.

Ich quetschte mich in meine klatschnasse Hose, legte die trockene Schlafhose zusammen, zog eiskalte, feuchte Socken und Schuhe an und trottete hinüber, um zu sehen, was los war. Eine 30 Zentimeter lange Schlange mit einem regelmäßigen X-Muster auf dem Rücken hatte sich dort eingeringelt wie eine Brezel.

„Eine Lanzenotter“, stellte Claudia fest. Die Lanzenotter gehört zur Familie der Grubenottern, hochgiftige Bewohner Lateinamerikas. Claudia bedeutete mir, das Tier nicht zu berühren. Ich sah, keine zehn Meter von meinem Schlafplatz entfernt, eine attraktive kleine Schlange mit einem kantigen Dreieckskopf, die ein Pferd zur Strecke bringen konnte. Wir ließen sie gerne in Ruhe.

Kurz darauf verspeisten wir ganze Sardinen zum Frühstück. Während ich deren Wirbelsäule knackend zerkaute und das tropfende Öl abschleckte, beäugte uns von seinem nahen Ausguck ein Aplomadofalke. Freddy knabberte an einem Schokoriegel, strich sich durch seinen Spitzbart und erläuterte unseren Plan: Die nächsten beiden Tage würden wir *el pastizal*, das Grasland, durchwandern und bis auf 3500 Meter vorstoßen, um uns auf die Suche nach seltenen Vögeln mit verlockenden Namen wie Baerammerfink, Dornbuschcanastero und Graukehltapaculo zu machen. Anschließend würden wir zum Ausgangspunkt unserer Wanderung zurückkehren und uns dort am Nachmittag des nächsten Tages abholen lassen. Wenn wir Glück hatten, würde der vom Regen angeschwollene Fluss bis dahin wieder weniger Wasser führen, sodass wir zurückwaten könnten und nicht durch die Stromschnellen schwimmen müssten.

Das war wieder einer der Momente, in denen mir die Vorteile des Prinzips „Go Local" klar wurden. Mit einer organisierten Tour würde man niemals hierhin gelangen. Als ich später professionelle Guides nach Cerro Negro befragte, sagten sie, dass sie davon noch nie gehört hätten. Das Gebiet war zu schwer zu erreichen und kam deshalb als Touristenziel nicht infrage. Aber hier waren eben die besonderen Vögel, und genau deshalb hatte ich Freddy kontaktiert. Er kannte die hintersten Winkel der Provinz Jujuy besser als jeder Guide.

Mein System funktionierte! Ich konnte es kaum glauben. Das Jahr war schon zwei Wochen alt, und noch niemand hatte mich versetzt. Allmählich begriff ich, dass meine kontaktierten Birder dieses Projekt ebenso spannend fanden wie ich, dass sie tolle Pläne austüftelten und Gleichgesinnte mitbrachten. Genau darum geht es beim Birding. Menschen mit einer gemeinsamen Leidenschaft, teils aus ganz verschiedenen Erdteilen und vielleicht sogar ohne gemeinsame Sprache, kommen als Fremde zusammen, setzen sich ein gemeinsames Ziel und werden dickste Freunde. Als ich meine erste E-Mail an Freddy schickte, hätte ich mir nicht träumen lassen, dass wir jetzt zu fünft mit drei durchnässten Maultieren und einem Mordsausblick auf diesem Berg hier stehen würden.

Freddy zeigte sein breites Lächeln. Der Tag war jung, und wir hatten noch allerhand Vögel zu entdecken. „Okay, *vámanos*!" – Auf geht's!

4

Der Lauf der Geschichte

Ein Geschichtsbuch hätte ich als Kind sicher nicht in die Hand genommen, aber von Natur- und Abenteuergeschichten konnte ich nicht genug kriegen. Mit ungefähr drei Jahren bekam ich ein Bilderbuch geschenkt: *A Year of Birds.*

Ganz allgemein, finde ich, gibt es über Vögel ja ziemlich abgefahrene und gleichzeitig wundervolle Bücher, zum Beispiel *The Big Year, The Big Twitch, The Biggest Twitch, Kingbird Highway, Lost Among the Birds, Birding on Borrowed Time, Call Collect, Ask for Birdman, The Ardent Birder, Extreme Birder, The Feather Quest, Wild America, Return to Wild America, To See Every Bird on Earth* und so weiter und so fort.

Durch Vogelbücher habe ich verstanden, dass alles in historischen Zusammenhängen steht. Persönlichkeiten und Ereignisse entwickeln sich im Laufe der Zeit, eines führt zum anderen. Und schon ziemlich bald kommt man dahinter, dass man selbst auch ein Teil dieses Zeitstroms ist.

Historisch gesehen ging meine Leidenschaft für Vögel mit einem gesunden Fernweh einher. In den Lebensgeschichten der frühen Ornithologen spielten Heldentaten, die sich im Grunde aus spontanen Ideen ergaben, eine prominente Rolle. Das galt zum Beispiel für John James Audubon, der einfach Lust bekam, sich mit einer Flinte und einem Farbkasten im Gepäck auf die Spuren der Vogelwelt Nordamerikas zu begeben. Die ersten Jahre des 19. Jahrhunderts hatte er wegen nicht bezahlter Schulden aus einem gescheiterten Business im Gefängnis gesessen. Anschließend durchstreifte Audubon ein paar Jahre lang kreuz und quer den Kontinent, lebte von der Hand in den Mund, studierte (und erschoss) jeden Vogel, der ihm unterkam, und dokumentierte die Spezies mit großer Akribie in wunderschönen Illustrationen. Der daraus entstandene Porträtband *Birds of America* von 1827 bis 1838 bescherte ihm die ersehnte Anerkennung. Wirklich berühmt wurde Audubon aber wegen seiner verwegenen Geschichten von der amerikanischen Siedlungsgrenze, der Frontier. Damit wurde Audubon ein amerikanischer Held.

Audubon war beileibe nicht der erste reisende Vogelmaler. Der schottisch-amerikanische Künstler Alexander Wilson – für manche der „Vater der amerikanischen Ornithologie“ – gab schon 1808 bis 1814 neun Bände mit Vogeldarstellungen heraus, die er von seinen kühnen Reisen mitbrachte. Und noch einmal 80 Jahre vor Wilson bebilderte der englische Naturforscher Mark Catesby seine *Natural History of Carolina, Florida, and the Bahama Islands* mit 220 Bildtafeln von Vögeln und anderen Tieren. Es war die erste gedruckte Bestandsaufnahme der nordamerikanischen Flora und Fauna. Man versuche sich vorzustellen, wie es Catesby gegangen sein mag, als er im Frühjahr 1712 nach Virginia kam, um die folgenden sieben Jahre die englischen Kolonien nach Pflanzen und Tieren abzuklappern. Er illustrierte viele Arten, die noch nie ein europäischer Naturkundler zu Gesicht bekommen hatte.

Eine weit verbreitete Obsession – eher ein Sport als eine Kunst oder Wissenschaft – wurde das Beobachten von Vögeln Mitte des 20. Jahrhunderts. Ein Mann hat diesen Sport mehr als jeder andere Mensch bekannt und populär gemacht.

Er hieß Roger Tory Peterson. Mit ihm kam die eigentliche Geburtsstunde der modernen Vogelbeobachtung. Der Sohn eines schwedischen Einwanderers studierte an der Art Students League und an der National Academy of Design in New York. Dort besuchte er Mitte der 1920er Jahre auch Veranstaltungen der heute noch aktiven Linnaean Society, in der Amateurbiologen zusammenkommen und sich über Vögel austauschen. Bald schloss er sich einer Gruppe von jugendlichen Vogelverrückten an, die ihr eigenes Ding auf die Beine stellten, den Bronx County Bird Club.

Die besten Bestimmungsbücher der Wende vom 19. zum 20. Jahrhundert stammten von Chester Reed, der die aufkommende Naturkundebewegung mit bebilderten Vogelführern im Taschenformat versorgte. In seinem ersten Vogelführer *Bird Guide: Land Birds East of the Rockies* von 1905 beschrieb Reed fast 220 Arten, und jede Seite versah er mit einer farbigen Zeichnung. Ab sofort konnten Vogelbegeisterte eine tragbare und farbig bebilderte Bestimmungshilfe mit in die freie

Natur nehmen. Reed ist inzwischen weitgehend vergessen, aber seine Bedeutung ist gar nicht hoch genug einzuschätzen. Er schuf im Grunde den ersten modernen Vogelführer, den auch Roger Tory Peterson und die anderen Mitglieder der Linnaean Society und des Bronx County Bird Club in der Tasche hatten, als sie die Vogelwelt rund um New York erkundeten.

Nachdem Peterson 1931 seinen Abschluss an der Kunsthochschule gemacht hatte, begab er sich zur Vogelbestimmung ins Gelände – im Unterschied zu Audubon und anderen Ornithologen früherer Tage mit Fernglas und nicht mit Flinte. Zwischendurch arbeitete er, unter anderem inspiriert durch Reeds Vogelführer, beharrlich an seinem großen Projekt. 1934 veröffentlichte der 26-jährige Peterson dann jenes Buch, das die Vogelbeobachtung für immer verändern sollte.

A Field Guide to the Birds war etwas vollkommen Neues. Das Buch war so anders als alle bisherigen Bücher, dass mehrere Verlage das Manuskript ablehnten und auch der Verlag Houghton Mifflin, der das Wagnis schließlich einging, nur 2000 Exemplare drucken wollte. Der Vogelführer von Peterson enthielt Darstellungen sämtlicher Vögel des östlichen Nordamerikas. Verwandte Arten waren auf den Bildtafeln nebeneinander angeordnet und in unterschiedlichem Federkleid dargestellt. Charakteristische Merkmale wurden mit Pfeilen kenntlich gemacht. Anders als Audubons vierbändiges Werk *Birds of America* – jeder Band wog rund 27 Kilo – konnte man Petersons Führer mit ins Gelände nehmen, und anders als Reeds kleine Vogelführer war Petersons Buch vollständig und bildete mehrere Vögel pro Seite ab.

Als die erste Auflage von *A Field Guide to the Birds* nach einer Woche restlos vergriffen war, wusste Peterson, dass er ins Schwarze getroffen hatte. Bis das Buch seine volle Wirkung entfaltete, sollte es zwar noch dauern, Jahrzehnte später aber durfte Peterson die fünfte Auflage seines Werkes erleben, von dem bis dahin sieben Millionen Exemplare verkauft worden waren. Die Peterson-Naturführer decken von Vögeln bis zu Pilzen alles ab und sind die erfolgreichste Bestimmungsbuchreihe der Welt.

In vielerlei Hinsicht hat Peterson unsere Sicht auf die Natur verändert. Sein System der Bestimmungsmerkmale zeigt, dass es für jedes haarige Problem eine Lösung gibt, wenn man es nur genau genug analysiert. Der *Field Guide* vermittelte seiner Leserschaft nicht nur Wissen, sondern stand auch für einen revolutionären Perspektivwechsel. Dadurch, dass er zu jedem Vogel eine einfache Beschreibung mit charakteristischen Merkmalen lieferte, versetzte Peterson auch Laien in die Lage, komplizierte Vögel zu identifizieren. Die Vogelbeobachtung wurde massentauglich.

Seine Bücher machten Peterson berühmt. Und doch gab es da etwas, das in seinem Leben noch fehlte: die Abenteuerreise, die in den Kreisen seiner Vorgänger Tradition gewesen war. Peterson reiste viel, aber seine Arbeit ließ ihm nie längere Auszeiten. 1953 war es endlich so weit. Mit dem britischen Seevogelexperten James Fisher unternahm Peterson eine Reise quer durch Nordamerika. Die beiden bastelten sich eine 48.000 Kilometer lange Route zusammen, die von Neufundland bis zur Südspitze Floridas, am Golf von Mexiko entlang nach Südtexas und Mexiko, quer durch Arizona und dann die Pazifikküste nordwärts bis zum Bundesstaat Washington führte und mit einem Flug zu den Pribilof-Inseln in Alaska endete. Die beiden brachen im April auf und beendeten die Reise genau 100 Tage später im Juli. Aus Petersons Reisebeschreibung und Fishers Tagebucheinträgen entstand das Buch *Wild America*. Der Klassiker der frühen ökologischen Literatur enthielt faszinierende Beobachtungen nicht nur von Vögeln, sondern auch von Alligatoren, Seebären und dem Amerika der 1950er Jahre.

Wild America ritt auf der Welle der modernen Umweltbewegung, die in den 1950er Jahren durch die USA schwappte. Vögel spielten dabei eine wesentliche Rolle. Die beiden Naturforscher machten ihre Leserschaft mit Orten bekannt, von denen viele noch nie gehört hatten, und steigerten damit das Interesse an der Natur.

Ganz weit hinten im Buch findet sich eine interessante Fußnote von Peterson:

„Nebenbei, meine Jahresliste umfasste Ende 1953 insgesamt 572 Arten (weitere 65 mexikanische Vögel habe ich nicht mitgezählt)."

Ergänzung von Fisher: „Auf meiner Liste standen 536 Vögel plus 65 mexikanische Arten plus 117 weitere Arten, die ich in Europa gesichtet habe – insgesamt also 718."

Hier, im Kleingedruckten, stand sie schwarz auf weiß: die Herausforderung, die es anzunehmen galt.

Als Peterson und Fisher durch Nordamerika reisten, war ein anderer Herr Fisher – in diesem Fall Dean Fisher aus Michigan – auf dem Weg zu einem Kreuzer der US-Marine, der in den Pazifik auslaufen sollte. Dean Fisher war Vogelnarr und führte Buch über die Vögel, die er auf seinen Einsätzen im Ausland sah. Als er 1958 aus der Navy ausschied, hatte er an die 900 Vogelarten gesehen. Doch das war für ihn noch lange nicht das Ende der Fahnenstange.

1959 brach er mit einem Freund zu einem Abenteuer der besonderen Art auf. Die beiden fuhren von Kalifornien aus quer durch Mexiko, passierten Panama auf einem Frachter und reisten bis hinunter an die Südspitze Südamerikas. Dort verschifften sie ihr Fahrzeug nach Südafrika, durchquerten die Sahara, setzten nach Spanien über und fuhren quer durch Europa bis nach Indien. Anschließend trampten sie eine Weile durch Südostasien, stachen in südliche Richtung in See und reisten zum Abschluss quer durch Australiens Norden. Sie waren drei Jahre unterwegs.

Bei jeder Gelegenheit ging Fisher auf Vogelerkundung – in Parks, Sümpfen, Wäldern und Wüsten. Viele Spezies konnte er nicht identifizieren, weil es in den meisten Ländern noch keine Bestimmungsbücher gab, aber er machte sich ausführliche Notizen. Es konnte eine ganze Weile, manchmal sogar Jahre dauern, bis er herausfand, was er gesehen hatte. Am Ende kam er auf über 4000 Vogelarten. Über 3000 davon hatte er auf besagter Weltumrundung gesichtet. Allein im Jahr 1959 verzeichnete er 1665 Arten, eine bis dahin unerreichte Meisterleistung. Ohne es überhaupt darauf angelegt zu haben, war er der erfolgreichste „Bird Lister" seiner Zeit.

Etwa zeitgleich machten sich auch andere Hobbyornithologen auf den Weg in entlegene Winkel der Erde. Nach dem Zweiten Weltkrieg kam der Reiseverkehr und mit ihm der Tourismus in Schwung, es gab neue technische Möglichkeiten und die Menschen wurden immer mobiler. Als in den späten 1950ern regelmäßig Passagierflugzeuge in den Himmel starteten, verkürzte sich die Reisezeit für eine Atlantiküberquerung zum Beispiel von fünf Tagen per Schiff auf wenige Stunden per Flugzeug. Vogelliebhabern wurde zunehmend klar, wie viele Spezies eigentlich jenseits der eigenen Landesgrenzen auf sie warteten.

Einer dieser reisefreudigen Vogelkundler war der junge Peter Alden. Während seines Studiums an der University of Arizona verbrachte Alden Mitte der 1950er Jahre jedes Semester fünf Wochen als Reiseleiter im benachbarten Mexiko. Bei seinen Exkursionen ging es vor allem um die mexikanische Kultur, aber auch um Vögel. Nach seinem Examen baute er diesen Job aus. Für die Massachusetts Audubon Society leitete er mehrere Reisen zu exotischen Zielen. 1968 beobachtete er über 2000 Arten, ein neuer Jahresweltrekord. Alden leistete Pionierarbeit für den internationalen Vogelbeobachtungstourismus, der heute eine eigene Reisesparte darstellt.

Der wohl bedeutendste nichtamerikanische Birdwatcher war in diesen frühen Jahren der Brite Stuart Keith. Sein Faible für die Vogelwelt hatte er während des Studiums der klassischen Philologie in Oxford entdeckt. Inspiriert durch *Wild America* von Fisher und Peterson siedelte Keith 1955 von England nach Kalifornien über und nahm die Nordamerika-Jahresliste, das North American Big Year, ins Visier, die Roger Tory Peterson in jener schicksalhaften Fußnote erwähnt hatte. 1956 wurde Keith nicht nur 25 Jahre alt, sondern er reiste auch mit seinem Bruder durch die USA und Kanada und folgte dabei einer ähnlichen Route wie einst Peterson und Fisher. Er nahm sich allerdings mehr Zeit und bekam 594 Vogelarten zu Gesicht, ein neuer Nordamerika-Big-Year-Rekord.

Die meisten Ornithologen der Zeit gingen von rund 8600 Vogelarten weltweit aus. Keith fragte sich, wie viele dieser Vogelarten man in seinem Leben wohl mit eigenen Augen sehen könnte. Auf seinen Touren und in Gesprächen mit anderen Birdern wie Roger Tory Peterson und Peter Alden stellte er fest, dass die sich offenbar die gleiche Frage stellten.

Keith erkannte die Zeichen der Zeit. Er war 1968 einer der Gründer der American Birding Association und deren erster Vorsitzender. Zusammen mit seinem Freund Jim Tucker gab er die Zeitschrift *Birding* heraus. Der Verein widmete sich zwar in erster Linie der Vogelwelt

Nordamerikas, aber seine Mitglieder – im ersten Jahr waren es 115, bald 500 und heute rund 13.000 – kamen keineswegs nur aus den Vereinigten Staaten. In der Anfangsphase drehte sich in dem Verein alles um Vogellisten. Es war ein ziemlich exklusiver Club: Aufgenommen wurde nur, wer mindestens 500 Arten in Nordamerika oder 70 Prozent der Vögel in seinem Heimatbundesstaat gesichtet hatte. Anhand der aufgelisteten Gesamtzahlen, die die Mitglieder einschickten, wurde die Rangfolge festgelegt.

Zu Beginn der 1970er Jahre war Keith der weltweite Listenkönig. Sein nächstes Ziel war von wahrlich historischen Ausmaßen. Verschiedene vielreisende Vogelbeobachter, darunter auch Roger Tory Peterson, hatten sich vorgenommen, die Hälfte aller auf der Welt lebenden Vögel zu sehen, nach damaliger Datenlage also rund 4300 Arten, und Keith wollte der Erste sein, der diese Marke knackte. Er kämpfte sich durch die unwirtlichsten und entlegensten Winkel der Erde und erreichte sein Ziel offiziell 1973 mit 41 Jahren. (Auch Peterson schaffte 50 Prozent aller Vogelarten, allerdings erst Mitte der 1980er Jahre.) Keith wurde eine kleine Birding-Berühmtheit; das US-Magazin *People* feierte ihn als „Superstar".

In dem spannenden Artikel „*Birding Planet Earth: A World Overview*" in der Zeitschrift *Birding* beschrieb Keith seine Leidenschaft so: „Es war der aufregendste Moment in meiner Birding-Laufbahn, als ich die Hälfte tatsächlich geschafft hatte. Für unermüdliche, engagierte Welt-Birder, die erst ruhen, wenn sie einen Kiwi und einen Kasuar gesehen haben, für alle, die ein Mal einen Jabiru sehen wollen, sind 4300 Arten ein machbares Lebensziel. Ich habe dafür 26 Jahre gebraucht."

Keith wagte sogar eine Prognose für die Zukunft: „Ich schaffe 6000, und sei es erst, wenn ich im Rollstuhl sitze."

Später zeigte sich, dass er dieses Ziel sogar noch überschreiten würde. Er reiste weitere 30 Jahre, bis er Anfang 2003 auf einer Vogeltour auf der mikronesischen Insel Chuuk einem Schlaganfall erlag. Am Vortag hatte er mit Vogel Nummer 6600 seiner Lebensliste noch die Ponape-Erdtaube, auch Karolinentaube genannt, gesichtet.

In seinem Artikel sprach Keith auch die Idee einer einjährigen Birding-Weltreise an: „Das ist aber ein großes Thema und einen eigenen

Artikel wert. Darauf möchte ich hier nicht eingehen, sondern vielmehr Leserinnen und Leser einladen, monatsgenaue Routenvorschläge für eine solche Weltreise einzuschicken. Um über dieses Thema zu schreiben, wäre der amtierende Weltjahreslistenchampion Peter Alden geeignet, der schon mehrfach über 2000 gekommen ist. Wie sieht's aus, Peter? Schaffst du auch 3000?"

Diese Zeilen lösten etwas Besonderes in mir aus. Hier war, soweit ich weiß, zum ersten Mal in gedruckter Form ganz konkret die Rede von einem „World Big Year". Hier war sie, die Idee, ein ganzes Kalenderjahr um die Welt zu reisen und möglichst viele Vogelarten aufzuspüren.

Keith inspirierte mit diesem Artikel viele andere Vogelfreunde, brach aber nie selbst zu einem World Big Year auf, weil er nach eigenem Bekunden lieber ein bestimmtes Gebiet gründlich durcharbeitete.

Unter Vogelbeobachtern wurde nun die Frage diskutiert: Wie viele Vögel der Welt kann man in einem Jahr sehen, wenn man es wirklich darauf anlegt?

Viele Birder, die die frühen 1970er Jahre noch erlebt haben, blicken heute mit Wehmut auf die alten „goldenen" Zeiten zurück. Da kam vieles zusammen: Birdern wurde bewusst, dass sie Teil einer großen Gemeinschaft sind. Sie fingen an, Informationen im großen Stil untereinander auszutauschen. Regionalvereine wurden gegründet, man vernetzte sich, vieles war noch so neu, dass irgendwie jeder einen Beitrag zum ornithologischen Wissen leisten konnte.

„Birdwatching wandelte sich vom lokalen Hobby in ein Fieber, das den ganzen Kontinent erfasste", schrieb der amerikanische Birder Kenn Kaufman Jahre später im Rückblick. „Erst heute, mit dem Abstand von zwei Jahrzehnten, erkennen wir, welche grundlegenden Veränderungen sich damals vollzogen und welche weitreichenden Folgen das hatte … Das Birding des 21. Jahrhunderts ist ein Produkt der kurzen Zeitspanne zwischen 1970 und 1975."

Als Kaufman 1973 – langhaarig, High-School-Abbrecher – auf Vogelsuche durch die Vereinigten Staaten trampte und ein entsprechend ereignisreiches Jahr verlebte, war das unter anderem Petersons Buch

Wild America geschuldet. Das sogenannte North American Big Year, also ein Jahr lang auf Vogeltour durch Nordamerika, kam in Mode. Ted Parker brachte es 1971 auf 626 Vogelarten und stellte damit den bisherigen Rekordhalter Stuart Keith in den Schatten. Nur zwei Jahre später zogen Kaufman und der Pädagoge Floyd Murdoch aus, um wiederum Parker zu toppen. Es war das erste Mal, dass in einem Jahr zwei Birder antraten, um einen neuen Rekord aufzustellen. Damit kam ein neuer Aspekt ins Spiel: der Wettkampf.

Kaufmans 1997 erschienene Autobiografie *Kingbird Highway* zeugt von seiner Leidenschaft. Als Jugendlicher verbrachte er viele Nächte unter Brücken und schränkte sich so drastisch ein, dass er mit weniger als einem Dollar pro Tag auskam. Mit seiner Vogeltour fand sich Kaufman in einer wachsenden Community wieder, und Ende 1973 hatte er sich einen festen Platz erobert. Dass er mit 666 Arten einen neuen US-Rekord aufstellte, um noch im gleichen Jahr von Murdoch mit 669 Arten auf Platz zwei verwiesen zu werden, war für ihn so unwichtig, dass er die Gesamtzahlen nur als Nachtrag im Anhang seines Buches vermerkte.

Kingbird Highway hatte enormen Einfluss auf mich. Mit zwölf Jahren las ich es zum ersten Mal. Was für eine Geschichte! Hier war ein Typ, der nicht den ausgetretenen Pfaden folgte, ein Rebell, der sich auf Vogelsuche begab, egal, wohin das führte. Bücher sind so stark, dass *Wild America* den jungen Kaufman zu einer Birding-Revolution anregte, und Kaufmans *Kingbird Highway* bestärkte wiederum mich in meinen Träumen.

In den 1980er Jahren waren North American Big Years unter Hardcore-Birdern eine feste Institution. Eins wurde immer klarer: Der US-Rekord stand zur Disposition. James Vardaman, ein Geschäftsmann, witterte die Chance, Werbung für seinen Forstbetrieb zu machen. Er heuerte ein Team von Ornithologen an, die ihn ein Jahr lang durch Nordamerika führen sollten. Am Ende hatte er 699 Vogelarten auf der Liste und damit den Beweis geliefert, was ein „lausiger Birder, aber genialer Promoter“ zustande bringen konnte, wenn er genug Geld und Zeit investierte und sich Experten anvertraute. Auf seiner Reise legte Vardaman über 220.000 Kilometer zurück. Manchmal flog er

32.000 Kilometer extra, nur um einem vagabundierenden Vogel nachzujagen, der auf der anderen Seite des Kontinents gesichtet worden war. Seine Strategie hatte Vorbildcharakter für die späteren Rekordjäger, die deutlich über die 700-Arten-Marke drängten und im neuen Jahrtausend sogar 750 Vogelarten in einem Jahr anpeilten.

Dieses Extrem-Birding hatte wirklich nichts mehr mit dem Freizeitvergnügen von damals zu tun, als man einfach so durch die Wälder streifte, um zu sehen, was da flattert. Man hat schon all die gängigen Vögel auf der Liste, also jagt man einem seltenen, nicht sesshaften Vogel hinterher und schleudert dafür massenhaft CO2 in die Luft, was die Ausbeute auf dem Kontinent langfristig massiv schmälert.

Am Ende seines Buches *Call Collect, Ask for Birdman* schreibt Vardaman: „Ich würde mich gern an die Planung eines World Big Year machen. Aber wegen der Entfernungen und Tücken eines solchen Projekts wird die Planung mehrere Jahre in Anspruch nehmen, und die Ausführung des Plans wird weitere 365 Tage benötigen und wahrscheinlich schon beim heutigen Preisniveau 700.000 Dollar kosten. Deshalb kann ich den Versuch frühestens 1985 wagen. Falls ich den Plan nicht in die Tat umsetzen kann, trete ich ihn nur zu gern an jemand anderen ab. Ob 5000 zu schaffen sind?"

Weiß der Himmel, wie Vardaman auf seine Kostenschätzung kam – aus seinen 700.000 Dollar von 1980 hätte die Inflation bis zu meiner Weltreise über zwei Millionen Dollar gemacht –, aber immerhin dachte er in großen Dimensionen. Er reiste lange genug, um auf 2800 Arten netto zu kommen und 1984 einen neuen offiziellen Weltrekord aufzustellen; einen koordinierten internationalen Rekordversuch unternahm er nicht.

Der einzige Ornithologe dieser Generation, der auf eine höhere Jahreszahl kam, war James Clements. Der Einzelgänger schrieb *das* Standardwerk schlechthin über die Vögel dieser Welt. Für seine Dissertation an der California Western University erarbeitete Clements die Checkliste, die die meisten amerikanischen Birder (auch ich) benutzen und in der die Namen aller Vogelspezies auf Erden standardisiert werden. Später betrieb er eine Druckerei und konnte es sich erlauben, viel zu reisen. 1989 brach er mit dem Vorsatz auf, so viele Vögel wie möglich zu sehen. Mit der Big-Year-Idee warb er Spenden für das Los Angeles Museum of Natural History ein. Ende 1989 hatte Clements rund 426.000 Kilometer zurückgelegt und 3663 Vogelarten erfasst. In Westafrika wurde er festgenommen, weil er sich „unerlaubt" an einen Nashornvogel herangepirscht hatte. Clements brachte 50.000 Dollar für das Museum zusammen. Bis zu seinem Tod 2005 setzte er seine Vogelstudien im Ausland fort und hinterließ dem Cornell Lab of Ornithology die Aufgabe, seine Welt-Checkliste weiterzupflegen.

Heute ist James Clements als einer der passioniertesten Verfechter und Pioniere der Vogelbeobachtung in Erinnerung. Eine in Peru lebende Mückenfängerart heißt ihm zu Ehren *Polioptila clementsi.* Von seinem Big Year 1989 wissen allerdings nur die wenigsten. Der Rekord, den Clements damals aufstellte, blieb ganz unscheinbar fast 20 Jahre lang bestehen. Bis sich jemand ernsthaft anschickte, diesen Rekord zu brechen, erlebte das Birding insgesamt eine weltumspannende Revolution.

Ich war drei Jahre alt, als Clements die Welt umrundete, und gehöre zur Generation der Digital Natives, zu den sogenannten Millennials – den ersten Jahrgängen, die mit dem Internet groß und um die Jahrtausendwende erwachsen wurden. Kulturell unterscheiden wir Millennials uns erheblich von den Babyboomern und der Generation X: Wir sind progressiver, weniger religiös, besser ausgebildet, weniger familienorientiert, urbaner, weniger politisch, narzisstischer, weniger umweltbewusst und vor allem technologieabhängiger. Meine Generation lebt mit und von Computern und Smartphones, mit allen Vor- und Nachteilen. Wir sind Kinder des World Wide Web.

Wie erklärt sich vor diesem Hintergrund, dass Birding in den letzten Jahren immer mehr Menschen fasziniert? Wenn sich keiner mehr über die Umwelt Gedanken macht, würde man doch erwarten, dass das Interesse an Outdoor-Aktivitäten nachlässt. Stattdessen werden sie merkwürdigerweise immer beliebter. Am besten brachte das 2014 eine Schlagzeile der Männerzeitschrift *Esquire* auf den Punkt: „*Uh-Oh. Birdwatching Is About to Become Cool*" – Birdwatching wird gerade echt cool. Wenn kurz hintereinander Owen Wilson in dem Hollywoodfilm *Ein*

Jahr vogelfrei einen Birder spielt, Jonathan Franzen für den *New Yorker* einen langen sorgenvollen Artikel über Vögel schreibt und Rockstar Geddy Lee mit den Worten „Ob ihr's glaubt oder nicht – ich bin ein Birder" zitiert wird, ist da ganz offenkundig etwas in Bewegung.

Man könnte Birding für eine Gegenbewegung zur Technisierung halten oder vermuten, die Rückbesinnung auf die Natur entspringe einem tief verwurzelten Bedürfnis des Menschen. Mir gefällt der Gedanke, dass sich die Leute eine Outdoor-Therapie suchen, um ihren digitalen Lebensstil auszugleichen. Wahrscheinlich ist es aber genau umgekehrt: Die ganze Technologie und Vernetzung hat die Art und Weise verändert, wie man seine Freude an der Vogelwelt und der Natur ausleben kann, und sie hat neue Möglichkeiten eröffnet. Kurioserweise lassen wir uns ausgerechnet durch das Internet dazu inspirieren, raus in die Natur zu gehen.

Das Informationszeitalter hat auch die Kommunikation der Birder untereinander revolutioniert. Heute tauscht man sich über Plattformen und Foren wie BirdingPal, eBird und BirdForum aus. Aus einer Nischenbeschäftigung für wohlhabende Rentner ist eine internationale Bewegung geworden. Außerhalb der USA und Europas, in Ländern wie Brasilien, Indien und den Philippinen, entwickeln sich eigene Varianten und bereichern die Birding-Kultur. In China beispielsweise gilt Birding inzwischen als Kennzeichen sozialen Aufstiegs; Ferngläser und Spektive muss man sich schließlich leisten können, und obendrein braucht man genug Freizeit, wenn man Vögel beobachten will. Vor zehn Jahren gab es in ganz China so gut wie keine Birder, heute bilden sich an vielen Unis und in den meisten großen Städten Gruppen.

Gleichzeitig kann man sich dank der technologischen Entwicklung heute leichter über Vögel informieren. Digitalkameras machen das Identifizieren zum Kinderspiel, und Ferngläser sind mittlerweile so gut, dass sich die Hersteller schon Sorgen machen, ob ihre Kunden sich jemals wieder ein neues kaufen müssen. Bestimmungsbücher sind für fast jeden Ort der Welt zu haben, und immer häufiger sind sie als Apps fürs Smartphone verfügbar. Das Cornell Lab of Ornithology hat die App Merlin entwickelt, die mit einer Genauigkeit von 80 Prozent feststellen kann, welche Vogelart auf einem Handyfoto zu sehen ist. Eine andere App identifiziert Vogelgesang. Du hältst dein Handy hoch, und es verrät dir den Namen des unsichtbaren Sängers. Großartig.

Heute ist eine Weltreise ungefähr so schwierig oder leicht wie eine Reise durch die USA in den 1970er Jahren, als die erste Birdwatching-Revolution im Gange war.

2008 beschlossen die beiden britischen Birder Ruth Miller und Alan Davies, Clements' Rekord von 1989 zu toppen. In den 19 Jahren seit damals war viel passiert, und die beiden hielten den Zeitpunkt für gekommen, die Idee des World Big Year wiederzubeleben. Miller und Davies gingen mit großem Ernst zur Sache, sie planten etliche Einzelreisen, um so viele Vogelarten wie möglich sichten zu können. Sie verkauften ihr Haus, um das Ganze zu bezahlen. Am Ende des Jahres hatten sie gemeinsam 4341 Vogelarten in über 20 Ländern gesehen, Clements' Liste getoppt und gezeigt, was im neuen, vernetzten Zeitalter möglich ist.

Ich verfolgte ihren Weg genau und fahndete in ihrem Buch *The Biggest Twitch* nach Anhaltspunkten, wie man ihre Weltreiseroute strategisch optimieren könnte. Miller und Davies flogen nach jeder Reisestation nach Hause, reisten hin und her, ließen einige ganz wichtige Gebiete aus und hielten sich satte drei Monate in Europa auf, obwohl das der Kontinent mit den wenigsten Vogelarten ist. Mich beschäftigte die Frage, ob jemand ein noch größeres Big Year auf die Beine stellen könnte und wie man das angehen müsste.

In jenem Frühjahr machte ich meinen Collegeabschluss und peilte den einen oder anderen Forschungsaufenthalt an, um mich an entlegenen Orten in Vogelprojekten zu betätigen. Als die Weltwirtschaft zusammenbrach, durfte ich die Krise in einem mehr als tiefgekühlten Zelt in der Antarktis aussitzen, wo ich im Rahmen einer Langzeitstudie Pinguine mit GPS-Sendern ausstattete, um ihre Bewegungen zu verfolgen. Hätte mir damals jemand gesagt, dass ich mir ein paar Jahre später den Big-Year-Rekord vornehmen würde, hätte ich nur gelacht. Heute weiß ich, dass der Plan bereits in dieser Zeit in meinem Hinterkopf zu keimen begann.

5

Die Harpyie

Ende Januar begannen die Tage immer schneller zu vergehen. Sie verschwammen förmlich ineinander. Nachdem ich mich in Jujuy von Freddy und seinen *amigos* verabschiedet hatte, wollte ich im Eiltempo den Nordosten Argentiniens abklappern und dann drei Wochen lang die vogelreichsten Gegenden Brasiliens durchstreifen, immer Seite an Seite mit lokalen Kontaktpersonen.

In Argentinien leistete mir der wild entschlossene Birder Guy Cox Gesellschaft. Wir erkundeten in seinem frisch gekauften Chevy-Wohnmobil (Baujahr 1974) die Provinz Misiones. Wegen einer kaputten Antriebswelle, die erst einmal repariert werden musste, verzögerte sich unser Treffen. Somit hatte ich Gelegenheit, einen Abstecher einzulegen, und zwar zu den spektakulären, 2700 Meter breiten Iguazú-Wasserfällen und zu einer dort lebenden Art, den Rußseglern, die am Fels hinter dem herabstürzenden Wasser nisten. Im Anschluss zockelten Guy und ich über rote Schotterpisten ins nahe Waldschutzgebiet San Sebastián de la Selva, ein wenig bekanntes Juwel. Wir fanden uns alsbald von tropischen Vögeln umringt: Ameisenwürger, Ameisenranken, Ameisenfänger, Ameisendrosseln, Ameisenhirne, Ameisenpittas und Ameisentangare.

Endlich war ich in den Tropen, mit allem, was dazugehörte: erbarmungslose Hitze, hohe Luftfeuchtigkeit, stinkender Morast, farbenprächtige Aras, Lianen und Farnwedel aller Art, Springaffen … und Ameisen. Die nordöstlichste Ecke Argentiniens bildet die westliche Grenze eines feuchten und stickigen Dschungels, der Atlantischer Regenwald heißt und sich als schmales Band 4000 Kilometer an der Küste entlang bis in den Osten Brasiliens zieht. Nach Norden hin ist der Wald durch trockene Savannen vom Regenwald des Amazonasbeckens getrennt und hat deshalb eine reiche endemische Flora und Fauna zu bieten. Mehr als 150 Vogelarten, die im Atlantischen Regenwald leben, gibt es nur hier und nirgendwo sonst. Leider ist der Regenwald auch einer der am stärksten bedrohten Lebensräume der Welt. Der brasilianische Teil wurde nahezu komplett abgeholzt. Auf der argentinischen Seite wurde ein System von Reservaten eingerichtet, um den Wald zu schützen. Während früher nur vier Prozent des Atlantischen Regenwalds außerhalb von Brasilien lagen, liegt heute rund die Hälfte dessen, was noch übrig ist, in Argentinien.

Guy und ich pirschten durch den Dschungel und spähten und lauschten nach den hiesigen Spezialitäten. Dank Guys Ortskenntnis und seines unglaublich feinen Gehörs wurden wir oft fündig. Am 22. Januar sahen wir unter anderem einen blau-schwarz-grün-rot schillernden Surucuatrogon, der meinen ersten wichtigen Meilenstein setzte: Er war der 500. Vogel des Jahres. Jetzt fehlten mir nur noch 4500.

Ich nahm Abschied von Guy, fuhr im Taxi über die brasilianische Grenze und flog weiter nach São Paulo. Brasilien war strategisch eine ganz wichtige Reisestation, aber wegen eines Visastreits zwischen Brasilien und den USA war es für mich als Bürger der Vereinigten Staaten ein echtes Unterfangen, ins Land einzureisen. Für die meisten Länder bekam ich ein Visum online oder bei der Einreise. Wer als US-Bürger nach Brasilien einreisen will, muss sich hingegen im Voraus bei einem brasilianischen Konsulat ein Touristenvisum besorgen und dafür zu einem bestimmten Termin persönlich erscheinen, mit ausgefülltem Antragsformular, extra Foto, gültigem Pass, Kopie des Rückflugtickets und US-Postanweisung über den fälligen Betrag (Bargeld oder Schecks unerwünscht). Damit revanchierte sich die brasilianische Regierung für die 2001 von der US-Regierung beschlossene Verschärfung der Visaanforderungen für Brasilien und andere Länder. Von den vielen Visa, die ich mir für das Big Year besorgen musste, war das Visum für Brasilien mit Abstand am kompliziertesten zu bekommen und obendrein am teuersten. Schlussendlich kaufte ich mir einen zweiten Pass und bemühte die Spezialisten von VisaHQ, mir aus dem Chaos herauszuhelfen. Im Laufe des Jahres blätterte ich, nebenbei bemerkt, über 2000 Dollar nur für Einreisegenehmigungen hin.

In Brasilien tat ich mich für ein paar Birding-Tage mit Guto Carvalho zusammen. Der Birder und Filmproduzent hatte vor einigen Jahren seine Produktionsfirma verkauft, um sich besonderen Projekten und dem Vogelschutz zu widmen. Früher war er nach Hollywood und New York gependelt, hatte Special Effects für Filme und Werbespots entwickelt. Heute reist er durch Südamerika, hält Vorträge über Vögel, veranstaltet die alljährliche brasilianische Vogelmesse und weitere regionale Messen und veröffentlicht in seinem kleinen Verlag Natur- und Fotobücher. Vor Kurzem hatte er eine TV-Zeichentrickserie zum Thema Nachhaltigkeit abgeschlossen, und in wenigen Wochen wollte er in den Norden Brasiliens aufbrechen, um dort an einem Buch über die Vogelwelt im Amazonasgebiet zu arbeiten. Der harte Kern engagierter brasilianischer Birdwatcher und Naturschützer, zu dem auch Guto gehört, ist einer der Gründe, warum die Birding-Kultur in Brasilien so rasant wächst.

„Vor zehn Jahren gab es in Brasilien fast keine Birder", erzählte er mir, als wir kurz vor Mitternacht die Lichter São Paolos hinter uns ließen, „aber heute gibt es viele im ganzen Land." Guto und ich steuerten den Parque Estadual Intervales an, eines der letzten verbliebenen Gebiete des Atlantischen Regenwalds. Dort sahen wir mit tatkräftiger Unterstützung des Parkführers Luis Avelino, der die Vogelnamen auf Latein ausrief, über 120 Arten. Ein echter Ausnahmetag. Hinterher beim Abendessen kam mir zu Bewusstsein, dass hier ein denkbar heterogenes Trio zusammensaß: ein brasilianischer Filmproduzent (Guto), ein Parkführer (Luis) und ein 28-jähriger Vogelnarr aus Oregon (ich). Normalerweise wären wir uns niemals über den Weg gelaufen. Außerdem sprach Luis nur Portugiesisch. Und doch fanden wir über unser gemeinsames Interesse an Vögeln sofort einen Draht zueinander.

Guto übergab mich an René Santos, einen 34-jährigen Birder, der ebenfalls in São Paolo lebte und sich einen Spix-Ara auf die linke Schulter hatte tätowieren lassen. Auf den Reservereifen seines 17 Jahre alten Jeeps hatte er auf Portugiesisch den Spruch „Aussterben ist für immer" geschrieben. Der hochgewachsene und athletische René, der gern surft und die brasilianische Kampfkunst Capoeira beherrscht, fuhr mit mir die Küste hoch zur Insel Ilhabela, was so viel wie „schöne Insel" heißt. Dort durften wir im Haus eines Freundes wohnen und spazierten zum Abschluss der Etappe auf der Suche nach endemischen Vogelarten stundenlang durch schwüle Tieflandwälder. Der Anblick eines gefährdeten Fleckenbrustwürgerlings war fast so genussvoll wie das Açai-Eis mit Bananenscheiben und Honig, das wir danach feierlich verspeisten.

René setzte mich am Flughafen von São Paulo ab und wünschte mir alles Gute. Ich flog nordwärts und freute mich auf den Kulissenwechsel. Während des zehntägigen Trips durch die verschiedenen Gebiete des Atlantischen Regenwalds mit Guy, Guto und René hatte ich an zehn verschiedenen Orten geschlafen. Nachdem ich mich anderthalb Wochen durch den feuchten Dschungel gekämpft hatte, waren meine paar Anziehsachen vollgeschwitzt und mussten dringend in die Waschmaschine. Ich hatte noch nicht einmal die Energie aufgebracht, sie in der Dusche abzubrausen. Die vielen schnellen Ortswechsel, später Aufbruch, nächtliche Ankunft, Aufstehen im Dunkeln, Vogelpirsch in aller Herrgottsfrühe – das war enorm anstrengend und Schlafen wichtiger als saubere Wäsche. Trocken geworden wären die Sachen ohnehin nicht.

Die Reiseetappen legte ich meist auf den Nachmittag oder Abend, damit ich die kostbaren Morgenstunden zum Vogelbeobachten nutzen konnte. Ich hatte keine Ahnung, ob ich dieses Pensum auf Dauer durchhalten würde. Zum Schlafmangel kam hinzu, dass ich keine Zeit mehr für mich hatte. Immer wenn ich an einem neuen Ort ankam, traf ich dort auf einen startbereiten einheimischen Birder. Es kam mir vor wie der ständige Pferdewechsel beim Ponyexpress früherer Zeiten. Elf Monate hatte ich noch vor mir. Sollte ich meine Kräfte besser einteilen? Der große Vorteil beim Nonstop-Reisen ist, dass du dich immer wieder auf neue Eindrücke, Menschen und Vögel freuen kannst und jeder Wechsel dich aufs Neue beflügelt. Trotz einer gewissen Ermattung, die ich in den Tropen gespürt hatte, war ich doch froh, eine durchgehende Reise geplant zu haben. Ich genoss das hohe Tempo und wollte auch nicht, dass es nachließ. Man findet sich in eine Routine und vertraut zunehmend auf die Energie, die freigesetzt wird, sobald man Neuland betritt. Pausen würden den Flow unterbrechen, die Achterbahn stoppen. Lieber weiter so.

Nach fast einem Monat auf Achse lief auch alles fantastisch. Nichts von dem, was ich theoretisch befürchtet hatte, war eingetreten. Ich war nicht krank geworden. Es hatte keine Logistikkatastrophen gegeben. Keine Kontaktperson hatte mich versetzt. Und meine Vogelliste wuchs schneller, als ich zu hoffen gewagt hatte. Trotz des schleppenden Starts in der Antarktis hatte ich am 29. Januar 617 Vogelarten beisammen und lag damit deutlich über dem Tagesdurchschnitt, den ich brauchte, um bis Jahresende auf 5000 Arten zu kommen. Das Jahr war noch jung, ich spürte, wie das Big Year eine Eigendynamik entwickelte. Die Sonne schien die Welt in ein neues Licht zu tauchen, und nichts konnte mein Glück trüben. Schon möglich, dass es nicht von Dauer sein würde, aber bis hierhin war alles gut. Sehr gut sogar.

Bei meiner Landung im zentralbrasilianischen Cuiaba erreichten mich ganz unerwartet sehr aufregende Neuigkeiten.

Im weitläufigen Bundesstaat Mato Grosso, im tiefsten Zentralbrasilien unweit der Grenze zu Bolivien, gibt es ein wenig bekanntes Mittelgebirge namens Serra das Araras. Diese Gegend zwängt sich zwischen mächtige Nachbarn. Nördlich erstreckt sich das Amazonasgebiet mit dem größten Regenwald der Welt bis nach Guyana und in den Osten Ecuadors. Im Süden und Osten grenzt die Serra das Araras an den Cerrado, ein Binnenlandplateau, etwa so groß wie Grönland, mit tropischen Savannen und unendlichen Weiten, wie man sie auch in Ostafrika findet. Und westlich schließt sich das berühmte Pantanal an, ein saisonales Feuchtgebiet von der Größe Spaniens. Der Oberlauf des Río Paraguay fließt von der Serra das Araras herab und durchquert auf weit mehr als 2500 Kilometern die Niederungen des Pantanal bis nach Argentinien, mündet in den Paraná und plätschert dann gemächlich noch weitere 1280 Kilometer bis in den Atlantik nördlich von Buenos Aires.

Das westliche Zentralbrasilien ist weit ab vom Schuss. Die zwischen Amazonas, Cerrado und Pantanal eingezwängte Serra das Araras lassen die meisten ausländischen Reisenden links liegen. Ihre Steilwände sind kein spektakulärer Touristenmagnet, obwohl man hier in einer kleinen brasilianischen *pousada,* einer Art Privatpension, mit Spa und gemütlichen Zimmern eine angenehme Zeit neben weidendem Vieh und einer Kalksteinmine verbringen kann. Es ist brütend heiß und stickig, und die Fernstraße, die von der nächstgelegenen großen Stadt Cuiaba hierherführt, hat wegen des Schwerlastverkehrs so tiefe Spurrillen wie ein Trampelpfad von Pferdekarren.

Über diese Straße holperte ich in der Abenddämmerung mit dem jungen Vogelführer Giuliano Bernardon und seiner Schwester Bianca, die zu Besuch war und sonst als Biologin in der nordbrasilianischen Provinz Amazonas arbeitete. Die beiden hatten mich nachmittags nach meiner Landung in Cuiaba abgeholt. Kaum hatten wir die Stadtgrenze hinter uns, verlief die Straße so schnurgerade, wie nur ein Papagei fliegen kann. Die Landschaft war platt, platt und nochmals platt. Wir sahen Lkw, Lkw und nochmals Lkw. Alle paar Kilometer kamen wir an einem Reifenservice vorbei, angesichts der vielen Schlaglöcher im Asphalt offenbar ein lukratives Geschäft. Nach Sonnenuntergang fühlten wir uns wie in einem holprigen Tunnel: Die Scheinwerfer entgegenkommender Fahrzeuge blendeten, dazwischen versanken wir in tiefem Schwarz. Ich war erleichtert, als Giuliano in dem kleinen Städtchen Jangada hielt, um etwas zu Abend zu essen und ein paar Stunden zu schlafen. Ursprünglich hatten wir vorgehabt, direkt das Pantanal anzusteuern, aber als Giuliano mich am Flughafen abholte, hatte er sensationelle Nachrichten.

„In der Serra das Araras gibt es ein bewohntes Harpyien-Nest!", platzte er heraus, als wir über den Parkplatz zum Wagen gingen. „Das liegt zwar nicht unbedingt auf dem Weg, ist eher ein Abstecher, aber wir könnten morgen ganz früh dort sein."

Giuliano setzte sein breites Lächeln auf. Er berichtete, nach Aussage mehrerer Vogelbeobachter habe wenige Tage zuvor ein Weibchen in dem Nest gehockt. Wir hätten also gute Chancen, den schwer aufzuspürenden Greifvogel zu Gesicht zu bekommen. Auch wenn es für meine Big-Year-Liste nur eine von vielen Vogelarten sei, lohne es sich auf jeden Fall, einen Vormittag für die einmalige Gelegenheit zu investieren, den mächtigsten Raubvogel der westlichen Hemisphäre zu sehen.

Mit einer Flügelspannweite von bis zu zwei Metern und einem Gewicht von bis zu neun Kilogramm sieht die bis zu 90 Zentimeter große Harpyie aus wie ein Sherman-Panzer mit Düsenjägertragflächen. Frühe südamerikanische Forschungsreisende benannten den Vogel nach dem Mischwesen aus der griechischen Mythologie. Harpyien gelten darin als heißhungrige Bestien mit Vogelkörper und Frauengesicht, die Zeus ausschickt, um missliebige Menschen vom Erdboden verschwinden zu lassen. Der Vergleich ist absolut treffend. Harpyien machen am liebsten Jagd auf Affen und Faultiere, die sie ohne viel Federlesens von den Baumwipfeln pflücken. Sie können auch Spießhirsche und andere größere Regenwaldbewohner erbeuten, wenn sich die Gelegenheit ergibt. Zu diesem Zweck entwickelten sie im Laufe der Evolution gewaltige Krallen, länger als die eines Grizzlybären, und Beine, so dick wie ein Kinderhandgelenk. Wie bei den meisten Adlerarten sind Harpyien-Weibchen fast doppelt so groß wie Männchen.

Mit aufgestelltem Federschopf und dem schwarzen und weißen Gefieder sind diese Wesen ein überwältigender Anblick. Mühelos fegen die Kraftpakete mit 80 Stundenkilometer durch das dichte Baumkronendach und packen blitzschnell ihre Beute. Affen haben inzwischen das Loslassen gelernt. Sobald sie eine Harpyie im Anflug sehen, lassen sie sich ungeachtet der Risiken lieber wie ein Stein auf den Waldboden fallen, als dass der Raubvogel sie auf Baumkronenhöhe erwischt. Aber meist ist es schon zu spät. Harpyien sind Überraschungsangreifer und Tarnungsspezialisten, die für den Nahkampf im Dschungel bestens gerüstet sind. Sie sind die vollendeten Raubvögel.

Weil sie zum Leben und Brüten große und intakte Waldgebiete brauchen, sind Harpyien ziemlich selten. Ein Paar benötigt in der Regel ein Dutzend Quadratkilometer unberührten Regenwald, und die sind heutzutage nicht leicht zu finden. Die meisten angestammten Lebensräume der Harpyien vom Süden Mexikos bis in den Norden Argentiniens sind bedroht. In nennenswerter Zahl kommen Harpyien inzwischen nur noch in den ursprünglichsten Bereichen des Amazonasbeckens einschließlich Nordbrasiliens vor.

Doch selbst in den unberührtesten und entlegensten Wäldern ist es verteufelt schwer, eine Harpyie zu sichten. Sie gleiten lautlos durch das Blätterdach und fliegen nicht über den Wipfeln. Um dennoch eine Harpyie zu sehen, braucht es deshalb entweder extrem großes Glück oder man muss ihr unbemerkt am Nest auflauern.

Während wir an einem Straßenimbiss zwischen ausgehungerten Truckern getoastete Sandwiches verspeisten, erklärte Giuliano, das Harpyien-Nest in der Serra das Araras werde seit ungefähr 20 Jahren, also seit Mitte der 1990er Jahre, benutzt. Schon viele Vogelbeobachter hätten dort die erste frei lebende Harpyie ihres Lebens gesehen. Die Aufzucht der Jungen dauert zwei Jahre, und das Nest wird unregelmäßig genutzt. An verschiedenen Orten in Brasilien gebe es ein paar weitere Nester, aber die Vögel hielten sich nicht immer dort auf, und zur Zeit meines Besuchs war offenbar keines der anderen Nester bewohnt. Dieses hier war also meine einzige reelle Chance, den geradezu mythischen Vogel zu Gesicht zu bekommen.

Giuliano und Bianca quartierten uns in einem kleinen Hotel ein und ließen mich mit einem kurzen *Boa noite* in meinem Zimmer zurück. Um 4.45 Uhr sollte ich am nächsten Tag zur Harpyien-Pirsch abfahrbereit sein. Ich legte meinen Rucksack in einer Ecke ab, setzte mich aufs Bett und schaltete den Fernseher ein. Es gab nur eine Handvoll Sender, allesamt auf Portugiesisch, sodass ich nicht viel verstand. Während ich meinen Laptop auspackte, auf das Kopfkissen legte und das eine oder andere notierte, was sich heute zugetragen hatte, ließ ich im Hintergrund eine brasilianische Nachrichtensendung laufen.

Es war ein seltsames Gefühl, um die Welt zu reisen und trotzdem so losgelöst von ihr zu sein. Ohne dass ich irgendetwas davon mitbekommen hatte, war in der vergangenen Woche der jemenitische Präsident zurückgetreten, in Nigeria hatte es ein Massaker gegeben, Schweizer Banken hatten für Aufruhr auf den Finanzmärkten gesorgt, der US-Senat hatte die umstrittene Keystone-XL-Pipeline genehmigt, und in Westafrika grassierte das Ebola-Virus. Vor einem Monat noch hatte ich zu Hause Nachrichten aus aller Welt aufmerksamst verfolgt, schließlich würde ich bald dort sein, wo die Schlagzeilen entstanden. Die Wirklichkeit sah ganz anders aus: Hier, in diesem winzigen Nest, mitten in Brasilien, war das Nachrichtengetöse der Welt weit, weit weg. Jetzt, da ich tatsächlich den Planeten bereiste und mich jeden Tag enger mit seinem Vogelreichtum und den Einheimischen verband, schien sich das Mediengeschehen auf ein völlig anderes Universum zu beziehen, mit dem ich nichts zu tun hatte. Die Vogelsuche war so intensiv –

und durch das Bewusstsein, bald schon wieder weiterfahren zu müssen, noch mal intensiver –, dass sie allen Raum einnahm. Verwirrt sank ich in einen unruhigen Schlaf mit unruhigen Träumen.

Als einige Stunden später mein Wecker schrillte, brauchte es einen Moment, um zu realisieren, wo ich war. Harpyien! Ich griff nach meinem Rucksack, hastete hinaus in die Dunkelheit und traf draußen Giuliano und Bianca. Wir warfen unser Zeug in den Wagen und brachen voller Vorfreude zum Harpyien-Nest auf.

Der Verkehr um 4.45 Uhr floss so spärlich, dass wir flott vorankamen und kurz nach Sonnenaufgang in der Serra das Araras ankamen. Der zerfurchte Straßenbelag ging erst in Schotter und schließlich in Weidegras über. Vorsichtig suchte Giuliano zwischen Kühen und Kuhfladen einen Platz zum Parken und ging die letzten paar Hundert fußläufigen Meter voran.

Als die Sonne aufging, waren überall Vögel. Auf und über den Lichtungen und in den Waldstücken. Schriftarassaris, eine kleine Vogelart aus der Familie der Tukane, spielten im Laub Verstecken, während sich ein paar ausgelassene Gelbbrauenspechte gegenseitig um einen Baumstumpf herumjagten. Ein dunkel gefiederter Fledermausfalke, nicht größer als eine fliegende Bierflasche, strich über unsere Köpfe hinweg. Aus dem Dickicht drang das Geschwätz einiger Drosselzaunkönige zu uns, und ein Schwarzohrpapagei genoss die Aussicht von der Spitze eines hohen Baumes, dieweil aus der Ferne ein Brasilsperlingskauz rief. Fast alle Vögel, die wir hier sahen, standen noch nicht auf meiner Jahresliste, da heute ja mein erster Morgen in Zentralbrasilien war, aber sie alle gehörten gängigen Arten an, die ich in den folgenden Wochen noch verschiedentlich sehen würde. Hier und jetzt hatte ich aber nur ein Ziel und konnte meine Aufregung kaum bändigen.

Plötzlich standen wir vor einem riesigen Baum. Etwa auf Zweidrittelhöhe des Stammes erblickte ich in einer dreigliedrigen Astgabel ein Nest in VW-Bus-Größe, eine Konstruktion aus Stöcken, in der ich mich bequem hätte ausstrecken können – wenn denn dort nicht eine der wildesten Kreaturen der Welt wohnen würde. Die Harpyien hatten sich eine prächtige Festung in den Lüften gebaut. Ich schaute durch mein Fernglas, stellte es scharf und sah …

Nichts. Keine Harpyie.

Wir hatten offenbar die richtige Stelle gefunden, aber wo waren die Harpyien?

„Hmmm“, machte Giuliano, nachdem er das Nest eine Minute sorgfältig beäugt hatte. „Siehst du irgendwas, Bianca?“

„Nö“, gab sie zurück. „Nur das Nest und sonst nichts.“

Zu dritt starrten wir nach oben. Überall um uns herum zwitscherten und sangen Vögel, aber wir waren einzig und allein auf den einen Vogel fixiert, der ausgeflogen war.

„Letzte Woche waren sie noch hier“, versicherte Giuliano ratlos. „Eine Gruppe von Birdern war hier und hat erzählt, das Weibchen habe im Nest gehockt und das Männchen sei mit Nahrung angeflogen. Das Nest muss also bewohnt sein. Versuchen wir es mal aus einem anderen Blickwinkel. Vielleicht ist das Weibchen ja da und wir sehen es nur nicht, weil es tief im Nest hockt.“

Wir gingen um den Baum herum und hielten den gleichen Abstand, bis wir auf der anderen Seite ankamen. Keine Harpyie, auch wenn das Nest aus diesem neuen Blickwinkel schon für sich imposant genug war. Stell dir vor, du müsstest aus lauter Einzelteilen ein Baumhaus bauen, ohne die Arme zu benutzen! Was für eine Arbeit.

„Hmmm“, machte Giuliano noch einmal. „Sie müssen irgendwo in der Nähe sein. Am besten, wir warten eine Weile, ob eine der Harpyien auftaucht. Vielleicht besorgen sie gerade das Frühstück.“

Wenn einer dieser Vögel „das Frühstück“ besorgt, läuft das vermutlich auf einen Affenmord hinaus, eine unangenehme bis barbarische Vorstellung. Ob die Harpyien jemals einen Moment darüber nachdenken, was sie da tun?

Wir hockten uns auf einen umgestürzten Baumstamm und warteten. Giuliano und Bianca saßen im Partnerlook nebeneinander: pastellgrüne Hemden, Outdoorhosen, kniehohe Gummistiefel und Sonnenhüte. Giuliano als hauptberuflicher Vogelführer kannte diesen Ort gut und wirkte völlig tiefenentspannt. Er plauderte angeregt über Vögel, Kultur und Essen. Bianca war indes gerade erst aus dem Norden des Landes angereist, wo sie als Ornithologin im Amazonasregenwald arbeitete. Sie bekam jedes Mal leuchtende Augen, wenn irgendwo eine neue Vogelart auftauchte. Bruder und Schwester vermeldeten einen Vogel nach dem anderen, ich hatte meine liebe Mühe hinterherzukommen.

„Schuppenbauchtaube!“ Giuliano richtete sein Spektiv auf eine Baumspitze in einiger Entfernung, damit er den Vogel besser sehen konnte. In 30-facher Vergrößerung sah ich den roten Schnabel, den braunen Körper und das filigrane Muster an der Halspartie, das diesem Vogel seinen Namen gibt und wie eine Schlangenhaut anmutet.

„Da, ein Epaulettentrupial“, warf Bianca ein und zeigte auf einen pechschwarzen Vogel mit hellgelben Flecken an den Schultern. Wenige Minuten später beobachteten wir einen Rothalsspecht, einen der größten Spechte der Welt. Er arbeitete sich wie ein gefiederter Presslufthammer an einem toten Baum hoch. Später hörten wir sein Balztrommeln, immer zwei Trommelschläge hintereinander. Dann sahen wir einen kurzen Auftritt des Schwarzhalssaltators, zu erkennen an seinem orangefarbenen Schnabel und schwarzen Gesicht, und ich dachte, wie vorteilhaft es ist, wenn man in Überlappungszonen auf Vogelsuche geht. Der Specht ist ein echter Amazonasbewohner, während der Saltator meist nur im zentralbrasilianischen Cerrado vorkommt. Doch hier, wo beide Biome aufeinandertrafen, konnte man Vögel aus beiden Habitaten Seite an Seite sehen.

Während die Sonne in einen krass blauen Himmel aufstieg, erzählte Bianca mir von ihren Forschungen in der Provinz Amazonas, wo sie sich demnächst an eine Promotion über Amerikanische Scherenschnäbel machen wollte. Die sonderbaren Vögel erinnern an Seeschwalben, sie ziehen ihren verlängerten Unterschnabel durchs Wasser und schnappen im Flug Fische aus dem Wasser. Doch plötzlich verstummte Bianca und zeigte auf einen entfernten Baum. „Hey, was ist das da für ein weißer Fleck?“

Wir nahmen alle drei die Stelle, auf die sie zeigte, mit unseren Ferngläsern ins Visier und sahen auf einem Ast einen Vogel hocken, der ziemlich groß sein musste. Er hatte eine massige Raubvogelstatur und hängende Schultern. Er blickte grimmig drein und war gerade so weit entfernt, dass wir nur wenige Einzelheiten erkennen konnten. Giuliano stellte sein Spektiv scharf und lächelte dann.

„Das … ist … ein … Adler … “

Mein Herz machte einen Freudensprung. Ich beugte mich vor und starrte durch das Okular. Mein Blick wurde erwidert von einem großen Vogel mit böser Miene und schwarzem Rücken, blütenweißer Brust, ebenfalls weißem Kopf, gelben Augen, schwarzem Augenstreif und orangefarbenem Schnabel.

„... aber keine Harpyie", beendete Giuliano den Satz. „Das ist ein Elsteradler. Wir haben echt Glück! Die sind sehr selten und launenhaft. Für Elsteradler haben wir keine Neststandorte oder Beobachtungsstationen. Dass uns einer im Wald über den Weg läuft, ist ein echter Glücksfall."

Sollten wir uns nun wirklich besonders glücklich schätzen? Ich wusste nicht, ob ich vor Freude aus dem Häuschen oder enttäuscht sein sollte. Die Harpyie, fast doppelt so groß und zehn Mal so schwer, ließ sich nach wie vor nicht blicken. Unter anderen Umständen wäre dieser Elsteradler für mich das Highlight des Tages gewesen. Er war ein forsch wirkender Vogel mit markanten Konturen und starken Farbkontrasten. Ich studierte ihn lange und eingehend durch das Spektiv. Der Elsteradler macht Jagd auf alle möglichen Tiere, aber seine Hauptspeise sind kleinere Vögel. Deshalb muss er schnell und wendig sein. Unser Exemplar stellte irgendwann seine Schwanzfedern zu einem Fächer auf, ließ dabei kurz ein Streifenmuster zum Vorschein kommen und verschwand im Wald. Die Begegnung mit dem Elsteradler war, wie sich später herausstellte, tatsächlich eine Seltenheit: Im ganzen Rest des Jahres sah ich keinen zweiten.

Ich kam innerlich wieder zur Ruhe, hockte mich erneut auf den Baumstamm und wartete weiter auf die Harpyie. Eine Stunde verging. Das Gespräch erstarb. Die bereits bekannten Vögel – Arassaris, Spechte, Tauben – hüpften weiter um uns herum. Ich beobachtete und studierte sie, hielt aber gleichzeitig Ausschau nach dem überdimensionierten Greifvogel, auf den wir warteten. Vermutlich hielten auch die anderen Vögel die Augen offen, weil sie nicht wussten, ob und wann sie vielleicht Ziel eines Luftangriffs wurden. Für mich war das Ganze eine schöne Vormittagsveranstaltung, aber für die anderen Waldgeschöpfe war das Ausschauhalten nach den Adlern eine Existenzfrage.

Inzwischen waren schon zwei Stunden vergangen. Dann drei. Giuliano und Bianca wirkten ein bisschen nervös, und ich schaute unwillkürlich immer wieder auf meine Armbanduhr. Wie viel Zeit konnten wir guten Gewissens auf eine einzige Spezies verwenden, Harpyie hin oder her? Aus strategischer Sicht war es unsinnig, über eine Stunde auf einen einzelnen Vogel zu warten. Ich kam mir schäbig vor, weil ich solche Berechnungen anstellte; jedem war völlig klar, dass eine Harpyie überdurchschnittlichen Einsatz wert ist. Doch als wir uns allmählich der Vier-Stunden-Marke näherten und mein Magen Interesse an einem Mittagessen bekundete, begann ich mich zu fragen, welche Opfer wir noch bringen sollten, wenn der Ehrengast sich nicht bald blicken ließ.

In unserem Harpyien-Ausguck wurde mir wieder einmal klar, dass Birding, wie so viele andere Beschäftigungen – Kreuzworträtsel lösen, polizeiliche Ermittlungsarbeit, Raumfahrt –, ein Geduldspiel ist, unterbrochen von intensivsten Spannungsmomenten. Der Nervenkitzel packt dich völlig unerwartet und in unbekannter Dosierung. Wenn Vögel komplett berechenbar wären, würde eine Vogelsuche keinen Spaß machen. Das Warten ist Teil des Gesamtpakets. Je länger du wartest und hoffst, umso größer die Belohnung, sogar wenn diese Belohnung ausbleibt.

Einer der Gründe, warum Leute wie ich dem Birding verfallen, sind die Zufallsbelohnungen oder das, was der amerikanische Psychologe B. F. Skinner in den 1950er Jahre als „variables Belohnungsschema" beschrieb. In seinen berühmten Experimenten zur sogenannten Operanten Konditionierung hat Skinner demonstriert, dass man Mäusen beibringen kann, einen Hebel zu drücken, um an einen Leckerbissen zu kommen. Skinner konnte zeigen, dass die Mäuse viel versessener auf das Hebeldrücken werden, wenn sie mal mit einer großen, mal mit einer kleinen Futterportion und manchmal gar nicht belohnt werden. Diese Eigenheit ist auch beim Menschen zu beobachten. Paradoxerweise macht es weniger Spaß, jedes Mal eine Belohnung zu bekommen, als ab und zu den Jackpot zu knacken. Ein Paradebeispiel für diese „zufällige Verstärkung" sind Spielcasinos. Casinobetreiber überlegen sich genau, wie sie diese Funktionsweise unseres Gehirns ausnutzen können. Man stelle sich einen Spielautomaten vor, der jedes Mal, wenn du einen Dollar einwirfst, stoisch 90 Cent ausspuckt. Wo soll denn da der Spaßfaktor sein? Programmiert man den Spielautomaten aber so, dass er dann und wann mehr und manchmal gar nichts auswirft, ist das Spiel garantiert unwiderstehlich.

Beim Birding ist es genauso. Für jeden Spannungsmoment gibt es im Gehirn eine Ladung Dopamin. Das ist der Neurotransmitter, der Glücksempfindungen erzeugt. Dadurch werden die verschiedensten gewohnheitsbildenden Verhaltensweisen verstärkt. Untersuchungen haben gezeigt, je unerwarteter die Belohnung, umso mehr Dopamin wird ausgeschüttet, was im Zusammenhang mit Skinners variablem Belohnungsschema einleuchtet. Das ist aber noch nicht alles. Diese chemischen Stoffe werden oft schon in das System gepumpt, bevor sich die Belohnung tatsächlich einstellt. Das Dopamin macht sich also bereits auf den Weg, wenn wir eine Belohnung *erwarten*. Dieser halb angespannte Zustand sorgt dafür, dass wir neugierig und bei der Sache bleiben. Mit anderen Worten verdanken wir es der Chemie, dass uns die Vogelsuche ebenso viel Freude bereitet wie die Vogelentdeckung.

Auf diese Weise macht ein eigentlich irrationales Verhalten – vier Stunden in einem gottverlassenen brasilianischen Wald sitzen wegen einer einseitigen Verabredung mit einem in freier Wildbahn lebenden Vogel – dann doch Sinn. Während die Mittagsstunde Stück für Stück näher rückte, dachte ich die ganze Zeit: Wenn wir noch ein kleines bisschen länger hierbleiben, wird die Harpyie jeden Moment auftauchen.

Als die Harpyie kam, legte sie einen geräuschlosen Auftritt hin. Mit steifen Flügeln schwebte sie direkt über unseren Köpfen heran. Giuliano, Bianca und ich hatten soeben beschlossen, definitiv nur noch 15 Minuten zu warten und uns dann geschlagen zu geben.

„Wir müssen ja noch zum Pantanal“, sagte Giuliano so positiv wie möglich. „Es gibt jede Menge andere Vögel zu entdecken.“

Ich sah die Enttäuschung in seinen Augen wie ein Spiegelbild meiner eigenen Enttäuschung. Mag sein, dass eine Harpyie für mein Big Year genauso viel (oder wenig) zählte wie ein Sperling, aber der Gedanke, an einem so vielversprechenden Ort nach stundenlangem Warten einen so spektakulären Vogel zu verpassen, war echt schwer zu ertragen. Ich wollte einfach nicht wahrhaben, dass wir einen halben Tag für nichts und wieder nichts verplempert hatten. Und dann, als hätte es für den großen Auftritt auf diesen emotionalen Tiefpunkt gewartet, tauchte das mythische Wesen einfach auf, und alle Enttäuschung löste sich binnen einer Nanosekunde in Wohlgefallen auf.

Mein erster Gedanke war: Wow! Was für ein Riesenvogel! Die Harpyie bewegte sich im Sinkflug auf ihren Nistbaum zu, kam mit gespreizten Flügeln in der Luft zum Stehen, setzte sanft auf einem dicken Ast auf und zeigte uns den Rücken. Dann drehte sie den Kopf in unsere Richtung, fixierte uns durchdringend und wandte sich ab, sodass wir sie von unten betrachten konnten. Von vorn konnte ich die beiden gewaltigen Krallen bewundern, die etwas Pelziges festhielten.

„Sie hat sich was zu essen geholt", raunte ich. Giuliano richtete sein Spektiv auf die Krallen.

„Stimmt", gab er zurück. „Aber ich kann nicht genau erkennen, was es ist. Hier, schau mal durch."

Die Harpyie war so riesig, dass sie das Sichtfeld des Spektivs komplett ausfüllte. Bei dieser starken Vergrößerung konnte ich jede einzelne Feder erkennen. Ich sah ihr schwarzes Brustband, einen kronenähnlichen Federschopf, den Hakenschnabel und das schwarz-weiße Streifenmuster an Flügeln und Schwanzfedern. Farblich changierte die Harpyie zwischen Holzkohle, Asche und Tusche. Ihre Augen waren tiefschwarz und glanzlos. Größe und Gefieder ließen auf ein ausgewachsenes Männchen schließen. Im Verhältnis zu den Weibchen sind Harpyien-Männchen zwar relativ klein, aber natürlich trotzdem immer noch riesengroß. Insgesamt machte diese Harpyie den Eindruck, als sei mit ihr nicht zu spaßen.

Bei näherem Hinsehen erkannten wir, dass der Vogel ein Tier in den Krallen hielt, dessen langer, gestreifter Schwanz lose herunterhing.

„Was meinst du, was er da erbeutet hat?", fragte ich. Giuliano, Bianca und ich schauten jetzt abwechselnd durch das Spektiv.

Die ortsansässigen Affen hatten einfarbige Schwänze und schieden daher aus. Schließlich kamen wir zu dem Ergebnis, dass es sich um einen Nasenbär handeln müsse, ein in den amerikanischen Tropen weitverbreitetes, waschbärähnliches Tier. Das Schicksal dieses Nasenbären hier war besiegelt; er war bereits zum Teil verspeist worden. Vermutlich hatte das Harpyien-Männchen sein Mittagessen schon eingenommen, um jetzt die Reste mit seiner Gefährtin zu teilen. Doch wo war sie? Vielleicht selbst irgendwo auf Beutefang? Oder versteckte sie sich im Nest? Das Männchen war offensichtlich unsicher und schaute sich suchend um. Es machte keine Anstalten weiterzuessen. Still saß es da und wartete auf das Weibchen. Ironie des Schicksals, dachte ich. Erst warten wir vier Stunden auf den Auftritt dieses Raubvogels, und jetzt wartet er.

Für einen Vogel dieser Größe war die Harpyie sonderbar unauffällig. Wenn ich nicht mit eigenen Augen gesehen hätte, wie sie über unseren Köpfen herangeschossen war, hätte ich die schattenhafte, vom Blattwerk teilweise verdeckte Gestalt unter dem Laubdach leicht übersehen. Der halb verspeiste Nasenbär hatte bestimmt erst im letzten Moment realisiert, dass sein letztes Stündlein geschlagen hatte.

Nachdem aus den geplanten 15 Minuten eine ganze Stunde geworden war, sah es immer noch nicht danach aus, als würde sich das Männchen vom Fleck bewegen oder seine Gefährtin auftauchen. Widerwillig gab ich Giuliano sein Spektiv, damit er es einpacken konnte.

„Wir haben noch eine lange Fahrt vor uns und wollen uns noch ein paar andere Arten anschauen, bevor es dunkel wird."

Trotzdem zögerte ich. Mich von einem der seltensten und spektakulärsten Vögel der Welt einfach so abzuwenden, widerstrebte mir. Es kam mir vor, als hätte ich im Lotto gewonnen und würde achselzuckend das Glückslos zurückgeben. Wenn man ein Ungetüm nur lange genug anstarrt, kommt es einem irgendwann zahm vor. Ich wollte die Harpyie aber in ihrer ganzen Wildheit in Erinnerung behalten. Wir waren lange genug hier gewesen.

High von der Harpyie oder dem Dopamin kehrten Giuliano, Bianca und ich auf dem gleichen Weg, den wir gekommen waren, zum Auto zurück. Vor uns drei lag die Reise zum Pantanal und vor mir allein eine noch immer elfmonatige Reise um die Welt. Die Harpyie wurde Vogelart Nummer 657 auf meiner Liste, Stand 30. Januar.

6
Vollgas

In 4800 Meter Höhe ist der Sauerstoffgehalt der Luft ähnlich hoch wie auf Meeresspiegelhöhe, nämlich 21 Prozent. Aber der Luftdruck ist nur noch halb so hoch. Der niedrige Druck ist das, was unserem Organismus zu schaffen macht. Wenn du 4800 Meter über dem Meeresspiegel tief einatmest, bekommst du gerade einmal die Hälfte der gewohnten Sauerstoffmenge. Deshalb müssen Herz und Lungen doppelt so hart arbeiten, um den Organismus am Laufen zu halten.

Dieser Gedanke schoss durch mein von Sauerstoffmangel umnebeltes Hirn, als ich am Valentinstag und somit am 45. Tag meines Big Year vom Paso Ticlio auf die peruanische Landschaft hinabschaute. Der Hochgebirgspass liegt in den Anden östlich von Lima. Fast vegetationslose Gebirgskämme verliefen sich in der Ferne in roten, gelben und braunen Pastelltönen. Die Gletscher und hartnäckigen Schneefelder an den Gipfeln ringsum nahmen sich aus wie angeschmutzte Zuckergusskleckse, und der Himmel war unverschämt blau. Die ganze prächtige Szenerie schien mir die perfekte Kulisse für die Feierlichkeiten zum glücklichen Erreichen meiner 1000-Arten-Marke. Auf diesen ersten großen Meilenstein in meinem Big Year hatte ich Schritt für Schritt hingearbeitet, und der 1000. Schritt vollzog sich in Form eines flauschigen Streifenbauch-Tachurityrannen. Für die ersten 500 Vögel des Jahres hatte ich 22 Tage und für die nächsten 500 Vögel noch einmal 23 Tage gebraucht. Ich freute mich so sehr darüber, wie sich meine Liste mit immer mehr Vogelarten füllte, dass ich lachen musste. Offenbar ein bisschen zu heftig, denn Carlos Altamirano, den ich erst ein paar Stunden zuvor getroffen hatte, warf mir einen besorgten Blick zu.

„Alles gut bei dir?“, fragte der junge peruanische Birder.

„Könnte nicht besser sein“, strahlte ich.

In Wahrheit hatte ich Kopfschmerzen, und in meinem Magen rumorte es – typische Symptome einer leichten Höhenkrankheit. In großen Höhen pumpt der sauerstoffhungrige menschliche Körper mehr Blut ins Gehirn als sonst, um den Mangel auszugleichen. Die Gefäßerweiterung verursacht Kopfschmerzen. Das Blut wird aus dem Verdauungsapparat abgezogen, sodass der Magen nicht mehr effizient arbeitet. Meine Landung in Lima, das auf Meereshöhe liegt, war keine 24 Stunden her. Und 24 Stunden waren nicht annähernd genug, um mich an einen Höhenunterschied von fast fünf Kilometern zu akklimatisieren.

Noch nie in meinem Leben war ich so weit oben gewesen. Der Paso Ticlio liegt höher als die Gefilde, in denen sich Fallschirmspringer normalerweise aus dem Flugzeug fallen lassen und in denen Hubschrauber gefahrlos fliegen können. Würde man einen Felsblock von dieser Höhe hier fallen lassen, müsste er erst einmal einen halben Kilometer fallen, ehe er auf dem Gipfel des Mount Whitney auftrifft. Der ist immerhin der höchste Berg in den 48 Kernbundesstaaten der USA. Hier oben am Paso Ticlio befand ich mich mehr als doppelt so hoch über dem Meeresspiegel wie jedes beliebige Krümelchen Erde auf dem australischen Kontinent. Genauso fühlte ich mich auch.

Mir wurde exakt in dem Moment schwindelig, als Carlos zur Feier des Tages einen Schnappschuss von mir machte.

„Feliz Día de San Valentín", sagte er mit einem Schmunzeln.

Auf dem Foto sieht man mich lächelnd vor dem Andengebirge stehen, allein, die Füße schulterbreit auseinander, die Hände tief in den Taschen meiner schwarzen Daunenjacke vergraben. Meine Schuhe und meine Hose sind unverkennbar schmutzig, die Haare unordentlich, und das Fernglas baumelt lose um meinen Hals. Hinter mir schlängelt sich eine leere Straße um etliche Haarnadelkurven, um dann talwärts aus dem Blickfeld zu verschwinden. Das Foto zeigt jemanden, der 45 Tage lang nichts anderes gemacht hat, als Vögel zu beobachten, und der weiß, dass er auch die nächsten 320 Tage nichts anderes machen wird.

Welchen abgedrehten Verlauf die Dinge schon bald nehmen würden, wusste ich zu diesem Zeitpunkt nicht.

Als ich Monate zuvor die Logistik für Südamerika plante, hatte ich drei ganze Wochen für Peru vorgesehen. Immerhin ist das Land größer als Dänemark, Italien, die Schweiz, Portugal, Rumänien, die Niederlande,

Österreich, Ungarn und Polen zusammen. Für Birder ist Peru ein aufregendes Reiseziel. Hier gibt es alles, von menschenleeren Küstenwüsten über die schneebedeckten Anden bis zum Amazonas, und alles in Kombination mit verschiedensten Höhengradienten und tropischer Artenvielfalt. In Peru hat man rund 1900 Vogelarten gezählt, darunter fast 150 endemische Arten, also solche, die nur hier vorkommen. Im Vergleich zum Rest der Welt sind das überwältigende Zahlen. In den Vereinigten Staaten zum Beispiel leben auf einer Fläche, die acht Mal so groß ist wie Peru, nicht einmal halb so viele Arten.

Reisen nach Peru können gefährlich sein, vor allem wenn man die ausgetretenen Pfade verlässt. Beinahe alle ausländischen Besucher eilen schnurstracks nach Machu Picchu, der Inka-Stadt aus dem 15. Jahrhundert, inzwischen jedes Jahr von mehr als einer Million Touristen überrannt. Ich hätte durchaus Lust gehabt, mir die berühmten Ruinen anzuschauen, aber auf dieser Reise galt meine ganze Konzentration den Vögeln. Auf mich warteten Tangaren, denen ich durch den Nebelwald nachjagen wollte, Eulen, die es im Dschungel aufzuspüren galt, und Kolibris in den Andentälern, darunter ein ganz spezielles Exemplar, das auf den Namen „Wundersylphe" hört. Selbst drei Wochen würden kaum ausreichen, um die Vogelwelt Perus wenigstens ansatzweise kennenzulernen, die Schwierigkeiten, sich in diesem Land zu bewegen, nicht mitgedacht.

In den 1980er und 1990er Jahren probte die Kommunistische Partei Perus *Sendero Luminoso* (Leuchtender Pfad) den Guerilla-Aufstand, und das Land wurde von schweren wirtschaftlichen Turbulenzen und politischen Unruhen heimgesucht. Seitdem hat sich vieles zum Besseren gewendet. Trotzdem ist Peru bis heute ein weithin unerschlossenes Entwicklungsland. In keinem Staat der Erde außer vielleicht in Kolumbien wird mehr Kokain produziert als hier, mit allen Begleiterscheinungen, die der Drogenhandel mit sich bringt. Außerhalb der größeren Städte sind Straßen mit festem Belag ein Glücksfall. In manchen Regionen gibt es gar keine Straßen. Tief im peruanischen Amazonasgebiet leben noch heute indigene Völker verhältnismäßig unberührt von der Zivilisation, zum Beispiel die Mashco-Piro-Indianer in der Region Madre de Dios.

Da Vögel sich von Touristenspots eher fernhalten, brauchte ich wieder einen Einheimischen an meiner Seite, der mich durch diese komplizierte Landschaft leitete. Jemanden, der in Peru lebte und mit Kultur und Vogelwelt des Landes vertraut war. Ich kontaktierte verschiedene Guides, die für Ökotourveranstalter arbeiteten, aber die waren keine große Hilfe. Von manchen bekam ich gar keine Antwort. Schließlich wurde mir klar, dass nur ein Mann infrage kam: der vogelverrückte „Schwede von Peru", der mir als moderner Krieger, Post-Punk und internationale Birding-Legende beschrieben wurde, wenn ich gegenüber Freunden seinen Namen erwähnte.

Er hieß Gunnar.

Ich hatte allerhand Gerüchte über Gunnar Engblom gehört und wäre ihm sogar mehrfach fast begegnet, aber er war wie ein Geist, der plötzlich an Orten auftauchte und dann wieder nach Peru entschwand. Zwei Monate vor meinem Aufbruch zu dieser Reise war ich bei einem Birdwatching-Festival in Texas. Auf einer Party fragte mich jemand unvermittelt: „Hast du schon gehört, dass Gunnar Engblom heute hier aufgekreuzt ist und gleich in Gewahrsam genommen wurde?" Es wurde selbstverständlich davon ausgegangen, dass ich erstens wusste, wer Gunnar ist, und zweitens natürlich wissen wollte, dass er behördlicherseits in Gewahrsam genommen worden war. Ich verbuchte es unter belanglose Cocktailkonversation und vergaß die Episode, bis ich Monate später Gunnar zum ersten Mal begegnete. Als ich ihn nach dem Vorfall fragte, schweifte er vom Thema ab und erzählte irgendeine andere tolle Story, sodass ich bis heute keine Ahnung habe, was bei diesem Birdwatching-Festival in Texas passiert ist.

Manche Geschichten sind wahr, andere übertrieben, aber in Südamerika scheint irgendwie jeder Gunnar zu kennen. Seine erste Reise nach Peru unternahm der gebürtige Schwede als 30-jähriger Biologe im Jahr 1990, als die Inflation im Land über 12.000 Prozent kletterte. Danach kehrte er jedes Jahr für mehrere Monate nach Peru zurück, bis er sich 1998 dauerhaft in Lima niederließ. Schon bald verliebte er sich in die Vogelwelt des Landes, begab sich mit außerordentlichem Eifer auf Erkundungstouren, machte sich einen Namen als Entdecker neuer

Arten und erwarb sich den Ruf, in brenzligen Situationen beeindruckend furchtlos zu agieren.

In seinen frühen Jahren in Peru fuhr er, wenn man den lückenhaften Informationen glauben darf, einmal mit dem Linienbus über die Anden. An einem Checkpoint wurde er von bewaffneten Guerilla-Kämpfern aus dem Bus geholt. Das war kein Spaß. Erst kurz zuvor waren zwei britische Birder von *Sendero-Luminoso*-Kämpfern gefangen genommen und hingerichtet worden. Entführungen waren damals an der Tagesordnung. Am Straßenrand hockend erklärte Gunnar den Rebellen, er sei pleite und einfach nur auf Vogelbeobachtungstour.

„Sie zeigten auf mein Fernglas und forderten mich auf, es ihnen auszuhändigen“, erzählte er mir. „Aber das war ein richtig gutes Fernglas. Ich wollte es nicht hergeben und weigerte mich. Ich sagte ihnen, sie könnten stattdessen meine Kamera haben. Die war mehr oder weniger Schrott. Ich erzählte ihnen, das sei eine echt hochwertige Kamera, die ich ihnen als Unterstützer der gerechten Sache spenden würde.“

Nach einem ausführlichen Verhör waren die Guerillas angesichts dieses Schweden, der auf Spanisch mit starkem Akzent über Vögel schwadronierte, so perplex, dass sie ihn gehen ließen.

„Das Beste war“, so Gunnar, „dass ich an dem Tag ein Che-Guevara-T-Shirt anhatte.“ Der Marxist und Comandante der Kubanischen Revolution. „Stell dir das mal vor!“

Heutzutage gibt weniger die Guerilla Anlass zur Sorge als vielmehr das gute alte Verkehrschaos, dem Gunnar mit routinierter Gelassenheit begegnet, wenn er Birder durch das Land führt. Streiks, gestrandete Reisende, Autounfälle und Naturkatastrophen gehören in Peru zum Alltag, aber Gunnar ist kein Paniktyp. Er stellt für jeden Geldbeutel jede beliebige Reise zusammen und verdient heute seine Brötchen damit, dass er individuelle Reisepläne für Vogelexpeditionen ausarbeitet.

Auf die E-Mail, in der ich meine Mission erläuterte, antwortete Gunnar postwendend und begeistert: „Du hast dir genau den Richtigen ausgesucht. Solche Herausforderungen liebe ich. Ich freue mich, dass ich mit von der Partie sein darf. Für die meisten Leute ist Zeit Geld. Für Birder ist Zeit doppelt so wertvoll wie Geld. Für deine Peru-Etappe kannst du auf mich zählen!“

Er hielt Wort und entwarf für meinen Wunschzeitraum und mein knappes Budget einen Reiseplan, der jede Ecke von Peru abdeckte. Wie ambitioniert diese Reiseroute war, wurde mir erst später klar. Gunnar wollte aus unseren 21 Reisetagen in seiner Wahlheimat das Maximum herausholen und zeichnete überall auf der Landkarte endemische Vögel ein. Das war keine normale Tour, sondern eine Großraumfahndung. Auf den meisten Etappen wollte er mich persönlich begleiten. Außerdem würden wir uns in jeder Region mit lokalen Experten treffen. Gunnar konnte einen amerikanischen Birder aus Kalifornien, Glenn Sibbald, Umweltwissenschaftler aus Sacramento, dafür gewinnen, die gesamten drei Wochen mitzureisen. Dass Glenn uns begleitete, die Kosten sich dadurch auf mehrere Schultern verteilten und er positive Stimmung verbreitete, erwies sich als ein Riesenplus. Gunnar hatte einen tollen Plan geschmiedet.

Nachdem ich Brasilien hinter mir gelassen hatte – die denkwürdige Harpyien-Begegnung mit Giuliano und Bianca im Pantanal, weitere zehn Tage mit anderen Birdern im nordbrasilianischen Belém und in Itacare im Osten Zentralbrasiliens –, landete ich in Lima mit hohen Erwartungen. Bei meiner Ankunft bekam ich eine kurze Nachricht von Gunnar: „Bin gerade zurück von einer erfolgreichen und desaströsen Tagestour. Jede Menge tolle Vögel. Wir treffen uns um 17 Uhr in der Schlucht von Santa Eulalia.“

Er hatte einen Birder-Kollegen und einen Fahrer beauftragt, mich abzuholen, was die beiden auch gewissenhaft erledigten. Mit einem Pappschild erwarteten sie mich am Flughafen. Wir drehten eine erste Birding-Runde durch das Stadtgebiet von Lima und fuhren dann aus der Stadt hinaus. Als wir uns am Nachmittag über eine einspurige Serpentine nach der anderen zum 4800 Meter hohen Paso Ticlio hinaufschraubten, wurde mein Kopf mit zunehmender Höhe immer matschiger, und ich begann mich zu fragen, worauf ich mich da eigentlich eingelassen hatte.

Wie versprochen wartete Gunnar an einer Tankstelle auf uns. Nach einigem Platztauschen und Umladen hüpfte er auf den Fahrersitz unseres Vans. Carlos, der mich soeben über den Paso Ticlio begleitet hatte, saß jetzt auf dem Beifahrersitz, während ich mir mit dem einige Tage zuvor eingetroffenen Glenn die Rückbank teilte. Zu viert fuhren wir los.

Ich war froh, dass wir nach diesem zum großen Teil auf Passhöhe verbrachten Tag tiefer gelegene Gebiete ansteuerten, wobei die Bezeichnung „tiefer gelegen" relativ war. Gunnars Planung sah vor, dass wir an den ersten Reisetagen das zentralperuanische Hochland unsicher machten und uns einige besonders wichtige endemische Vögel vornahmen. Auf 4800 Meter würden wir zwar nicht noch einmal vorstoßen, aber die Andentäler in dieser Region waren bekanntermaßen von widerstandsfähigen Bewohnern bevölkert, die große Höhen gewohnt waren. In manchen Nächten würden wir auf knapp 4000 Metern schlafen. Mein Kopf tat mir immer noch weh. Hoffentlich würde sich mein Körper rasch akklimatisieren.

Ich hatte nicht viel Zeit, mir vor der Weiterfahrt meinen neuen Gefährten näher anzusehen. Gunnar war über 50 und immer noch sehnig wie ein Langstreckenläufer. Er trainierte denn auch für den Marathon in Boston, der einige Monate später stattfand und bei dem er eine ambitionierte Zeit erreichen wollte. Er strotzte vor Energie. Mit dem leicht ergrauten Dreitagebart, der Lücke zwischen den Schneidezähnen und der Baseballkappe mit aufgesticktem Schriftzug „MORE BIRDS" war er mir auf Anhieb sympathisch.

„Ich erkläre euch jetzt mal, was wir vorhaben", sagte er, während sich der Van zwischen langsam kriechenden Lastwagen, Fußgängern, Nutztieren und Schlaglöchern auf einer Straße ohne Leitplanke am Abgrund entlangschlängelte. „Wir sind auf dem Weg nach Andamarca und zur Schwarzbrillen-Buschammer – eine extrem endemische Spezies, die 1999 zum ersten Mal wissenschaftlich beschrieben wurde und nur in einem kleinen Teil der Kordilleren in Zentralperu vorkommt. Die Chancen, dass wir eine sehen, sind gut, aber Andamarca ist nicht um die Ecke." Er hielt inne und schaute auf seine Armbanduhr. „Ich glaube, wir können es gerade so schaffen, wenn wir bis in die Nacht hinein fahren, im Van übernachten und bei Sonnenaufgang aufstehen."

Carlos, Glenn und ich nickten. Einen Versuch war es auf jeden Fall wert. Nirgendwo sonst würde ich eine Schwarzbrillen-Buschammer zu Gesicht bekommen.

Gunnar hatte an den beiden Tagen zuvor mit einer Birding-Gruppe offenbar tolle Vögel gesichtet, aber leider war das Exkursionsfahrzeug bei dem Versuch, auf einer entlegenen Straße einen Erdrutsch zu überqueren, im Matsch stecken geblieben.

„Die Stelle war so eng, dass wir an der Felsseite die Tür nicht aufbekamen, und auf der anderen Seite ging es senkrecht runter", erzählte Gunnar. „Wir brauchten eine ganze Weile, bis wir da rauskamen, und haben viel Zeit verloren. Aber keine Angst, diese Straße probieren wir heute nicht aus."

Stattdessen nahmen wir einen Abzweig ins obere Valle Andamarca und rumpelten über eine unbefestigte Straße, die man aus der Felsflanke herausgehauen hatte. Gunnar, der die Strecke gut kannte, chauffierte uns mit dem Bleifuß auf dem Gaspedal und nicht zu bremsendem Enthusiasmus in Richtung Etappenziel. Als die Sonne sank, wurde klar, dass wir bis zum Buschammer-Beobachtungsposten noch einen weiten Weg vor uns hatten. Es wurde dunkel. Dichter Nebel legte sich auf die Landschaft und ließ alles in schwarzem Nieselregen verschwinden. Die Straße wand sich ohne Warnschilder durch schärfste Kurven und führte uns immer noch weiter ins Gebirge. Die dramatische Szenerie im Dunkeln und der gähnende Abgrund auf der Talseite wirkten auf mich surreal. Kein anderes Auto war hier unterwegs, und nach einer Weile hatte ich auch den letzten Rest Orientierung verloren. Stundenlang fuhren wir durch die Nacht, bis mir die Augen zufielen. Die Gespräche im Auto verebbten, ich sank in meinen Gurt.

Kurz nach Mitternacht verkündete Gunnar endlich: „Okay, wir sind da. Das Buschammer-Revier." Wir waren in einem Tal mit steil aufragenden, nebelwaldbedeckten Bergflanken angelangt, aber im Scheinwerferlicht sah ich nur Schlamm und Nebelnässe. Als Gunnar an einer breiten Stelle der Straße behutsam parkte und den Motor abstellte, begann es leicht zu regnen. Es gab weder Licht noch Sterne. Stattdessen nichts als Nebelschwaden und das mulmige Gefühl, dass die Welt ein paar Schritte von unseren Rädern entfernt in einem bodenlosen Abgrund endete. Wir klappten alle vier unsere Sitze so weit wie möglich nach hinten, machten die Augen zu und fielen nach einem langen, langen Tag in den Schlaf.

Ein paar Stunden später wurde ich vom Geräusch des Regens wach, der beständig auf das Fahrzeugdach trommelte. Draußen schälte sich ein stahlgrauer Himmel aus dem Dämmer, und die Kälte kroch unter meine mehrlagige Kleidung. Gunnar, Carlos, Glenn und ich hatten uns eingerollt und erwachten in verrenkten Positionen, stöhnten und räkelten uns.

„Sagt mal, können wir die Heizung ein bisschen anmachen?", fragte Glenn. „Es ist eiskalt hier drin."

Gunnar knurrte auf seinem Fahrersitz, tastete nach dem Schlüssel und steckte ihn ins Zündschloss. Nichts geschah.

„Tja", machte er nach einigen Sekunden des Schweigens. „Kann sein, dass unsere Batterie am Ende ist." Er unternahm noch ein paar Versuche, aber der störrische Van wollte nicht anspringen.

„Na gut", sagte Gunnar unbekümmert. „Dann gehen wir jetzt erst mal zu den Buschammern und kümmern uns später um die Batterie. In der Morgendämmerung sind die Chancen, die Vögel aufzuspüren, am besten, und draußen wird es schon hell. Also los!"

Alle krochen aus dem engen Van und standen erst einmal eine Minute im Regen. Wir streckten uns und ließen den weiten Blick in die Andenlandschaft auf uns wirken. Erst jetzt im Morgendämmer sah ich, wo wir uns eigentlich befanden. Wir hatten neben einer Sturzrinne geparkt, aus der sich ein Wasserfall über die Straße ergoss, um dann abrupt über eine Felskante zu verschwinden. Der Hang war mit üppigem, feuchtem Wald bewachsen, und durch eine Nebellücke konnte ich weit unter uns am Talboden verstreute Bauernhöfe erkennen. Überall tropfte Regenwasser ab, das inzwischen in Strömen vom Himmel fiel.

Auf der Liste von BirdLife International wird die Schwarzbrillen-Buschammer als gefährdete Art geführt, weil ihr Verbreitungsgebiet so winzig klein und ihr Lebensraum bedroht ist. Die Population dieses Vogels, der überhaupt nur an fünf Einzelorten gesichtet wurde, ist offenbar im Schrumpfen begriffen. Der Vogel ist hübsch anzusehen, ungefähr so groß wie eine Kartoffel, grau und schwarz mit einem orangefarbenen Hinterkopf. Bei näherem Hinsehen kann man einen weißen, schnurrbartartigen Streifen und die schwarzen Flecken um beide Augen erkennen, denen die Schwarzbrillen-Buschammer ihren Namen verdankt. Am liebsten lebt sie in feuchten Wäldern zwischen 2500 und 3400 Höhenmetern, in denen es hier und da eine Lichtung gibt. Sie ist nicht besonders schüchtern, bleibt aber trotzdem gern in Deckung, scharrt auf dem Boden oder sitzt im Gebüsch und ist entsprechend schwer aufzustöbern.

Gunnar und Carlos gingen langsam voraus, immer die Straße entlang, und hielten Ausschau, ob sich irgendwo etwas bewegte. Ein paar Weißkopf-Wasseramseln suchten unter dem Wasserfall nach Insekten, ließen sich mit ihren drallen Körpern in den Strom fallen, um sich ihre Beute zu schnappen. Mennigohr-Bergtangaren, blut- und tintenfarbiges Gefieder mit saphirblauen Farbtupfern, schossen wie eine elektrostatische Entladung über die Lichtung hinweg. Verschiedene Kolibri-Arten – Samtbauchkolibri, Veilchenbrust-Andenkolibri, Smaragdkehl-Glanzschwänzchen, Amethystsonnennymphe, Veilchenohr und der Rostrote Andenkolibri, der im Englischen den schönen Namen „Shining Sunbeam" trägt – umschwirrten die bunten Blumen und Blüten. Auf ihrem schillernden Gefieder glänzten winzige Wassertropfen.

Es dauerte eine Stunde, bis wir die Buschammern aufspürten. Ich war mittlerweile durchnässt und fröstelte. Endlich zeigte Carlos mit dem Finger auf ein paar Exemplare, die mit zerzausten und verfilzten Federn im Gebüsch hockten und netterweise die Bestimmungsmerkmale erkennen ließen. Nach einer Minute verschwanden sie wieder im Wald. Uns blieb nichts, als uns mit nassen Händen abzuklatschen und auf diese stumme Weise Nummer 1027 zu feiern. Ich war auf jeden Fall froh, dass wir den weiten Weg nicht umsonst gemacht hatten.

Schon bald danach wandten wir die Aufmerksamkeit unserem Van zu, der mit leerer Batterie zwischen Felswand und Wasserfall stand. Um den Van anzuschieben und dadurch zum Laufen zu bekommen, war nicht genug Platz. Was tun?

Just in dem Moment kam ein weißer Kleinwagen um die Kurve und steuerte durch Regen und Schmodder langsam auf uns zu. Seit dem Vortag hatten wir kein einziges Fahrzeug gesehen. Gunnar winkte und näherte sich dem Auto, sprach einen Augenblick mit dem Fahrer, machte dann den Daumen hoch und lächelte uns zu.

„Die Leute helfen uns."

Der weiße Pkw hielt hinter unserem Van, und der Fahrer, ein 1,50-Meter-Mann mit freundlicher Ausstrahlung, stieg aus. Der Rest der Familie blieb angesichts des strömenden Regens im Auto sitzen. Wie in einer Sardinenbüchse saßen mindestens sieben Leute in dem Kleinwagen, die Körper gegen die Fenster gedrückt, aber sie warteten ruhig und geduldig und schauten uns mit runden, neugierigen Augen an.

Der Mann hatte zwar kein Starthilfekabel, aber einen Schraubenzieher. Mit dem baute er unsere Batterie aus. Dann baute er die Batterie aus seinem Auto aus, das er weiterlaufen ließ, und vertauschte die Batterien. Das Kalkül ging auf. Unser Van sprang sogleich an, und seine kleine Limousine konnte die leere Batterie aufladen. Der Mann machte sich nicht einmal die Mühe, die Batterien wieder zurückzutauschen. „Die sind ja beide gleich groß", meinte er – und fuhr mit seiner Familie von dannen. Wir blieben verdutzt zurück und fragten uns, was wir ohne ihn gemacht hätten.

Die Großzügigkeit dieses Mannes, von dem ich bis heute nicht weiß, wie er heißt, bewegte mich. Auf meiner einjährigen Reise würden mir immer wieder völlig Fremde aus heiklen Situationen heraushelfen. Warum taten sie das? Ich könnte ein Verbrecher sein. Aber sie sahen, dass da jemand Hilfe brauchte, nahmen sich Zeit und gaben ihr Bestes, um eine leere Autobatterie auszutauschen, einen Van aus dem Matsch zu schieben oder mir etwas zum Essen, eine Mitfahrgelegenheit oder eine Übernachtungsmöglichkeit anzubieten. Solche Akte der Freundlichkeit von fremden Menschen verblüfften mich, sie gaben mir Auftrieb und ließen mich demütig werden. Immer wieder erwies sich mein bloßes „Danke" als viel zu schwach für meine tief empfundene Dankbarkeit.

Gunnar nahm den Fahrersitz wieder in Beschlag.

„Okay, die Buschammer haben wir", sagte er. „Weiter geht's!"

Der Batterietausch hatte uns nicht einmal eine Stunde gekostet. Wir waren zwar bis auf die Knochen durchnässt, aber bester Dinge. Wir verließen das Valle Andamarca, überquerten eine exponierte Flanke der Anden, während es aus einem grauen Himmel immer weiter regnete. Überall schwirrten Vögel durch die Luft.

Zwei Tage später erreichten Gunnar, Glenn und ich Huánuco, eine Stadt mit fast 200.000 Einwohnern im östlichen Zentralperu. Von hier aus fuhr Carlos mit dem Bus in nördlicher Richtung nach Hause zurück, um einige Tage später in einer Gegend, die näher an seiner Heimatregion lag, wieder zu uns zu stoßen. Huánuco steht im Ruf, eine entzückende Stadt aus der Kolonialzeit zu sein. Der peruanische Fremdenverkehrsverband nennt Huánuco „die in Dschungel gehüllte Seele der Anden". Doch für urbane Kurzweil blieb keine Zeit. Um 23 Uhr kamen wir nach einer langen Fahrt über einige der gefährlichsten Straßen der Welt an, und um halb drei in der Nacht, so verkündete Gunnar, würden wir wieder abfahren.

Vor der Morgendämmerung aufzustehen, war ich ja gewohnt, aber halb drei war dann doch eine Nummer zu heftig, zumal die letzten Nächte sehr schlafarm gewesen waren.

„Reicht nicht halb vier?", fragte ich leicht gereizt.

Er schaute verständnisvoll, ließ aber nicht mit sich reden.

„Morgen machen wir uns auf die Suche nach der Goldrücken-Bergtangare. Da müssen wir bei Tagesanbruch im Elfenwald sein. Die Straße dahin ist einigermaßen heikel, sodass wir mindestens zwei Stunden brauchen."

Das war ein unschlagbares Argument. Die seltene Bergtangare musste ich einfach sehen. Wir checkten also in einem heruntergekommenen Hotel ein, um ein paar Stunden auszuruhen, und stellten unsere Wecker auf eine abstruse Uhrzeit.

Als Glenn und ich zur verabredeten Zeit die Treppe hinunterwankten, saß Gunnar mit dem aufgeklappten Laptop vor sich in der Lobby und nutzte das hoteleigene WLAN, um ein paar Last-Minute-Buchungen vorzunehmen.

„Ich habe für heute Nachmittag einen Rückflug nach Lima für uns gebucht“, teilte er mit. „So haben wir genug Zeit für die Bergtangare und können unterwegs Extrastopps einlegen, um noch andere Vögel zu sehen.“

Ich rieb mir den Schlaf aus den Augen und dachte: Dieser Typ ist nicht normal. Bucht auch noch um zwei Uhr nachts Flüge für den gleichen Tag. Wie macht der das bloß?

In stiller Vorfreude fuhren wir los und gelangten durch die schummrigen Straßen von Huánuco zu einem steilen Fahrweg, der in Serpentinen aus der Stadt hinausführte. Der Weg wand sich an Kartoffeläckern und offenen Weiden vorbei in die Höhe und wurde zusehends schlechter. In absoluter Finsternis musste Gunnar herabgestürzten Felsbrocken, ausgewaschenen Wasserrinnen und plötzlichen Absenkungen ausweichen. Glenn und ich saßen in stoischer Ergebenheit auf unseren Sitzen, wurden kräftig durchgerüttelt und fügten uns in unser Schicksal. Wer in Peru – zumal nachts – im Auto unterwegs ist, legt sich am besten eine leidenschaftslose Einstellung zu, die sich irgendwo zwischen Gottvertrauen und Apathie bewegt.

Ich versuchte, nicht an die Statistik zu denken. Grob geschätzt ist die Wahrscheinlichkeit, in Peru bei einem Verkehrsunfall ums Leben zu kommen, zehn Mal höher als in den USA. Auf der Website TripAdvisor heißt es dazu: „In Peru Auto zu fahren, ist keine gute Idee. Man sollte es als Extremsport betrachten. Die Faustregel lautet: Je größer du bist, umso weniger hältst du dich an die Regeln.“

Das US-Außenministerium rät offiziell davon ab, in Peru Auto zu fahren, insbesondere nachts bzw. rund um die Uhr allein auf Landstraßen. Auch die britische Botschaft warnt: „Das Verkehrsverhalten in Peru ist mangelhaft. Stoppschilder und Verkehrsampeln werden häufig missachtet. Es wird links und rechts überholt. Auf Fußgänger oder entgegenkommenden Verkehr wird kaum Rücksicht genommen. Fast täglich kommt es zu Unfällen mit Verletzten oder Toten.“

Schlechte Straßen sind ein unvermeidliches Risiko, wenn man in Entwicklungsländern unterwegs ist oder versucht, zu entlegenen Orten vorzudringen, um Vögel zu beobachten. Ich wusste nur zu gut, wie gefährlich es ist, sich auf solchen Straßen zu bewegen. Etliche prominente Birderinnen und Birder sind bei Verkehrsunfällen umgekommen. Eine von ihnen war Phoebe Snetsinger. Sie hat als Erste 8000 auf dieser Welt lebende Vogelarten gesehen. Ihre Lebensliste endete jäh, als ihr Auto 1999 auf einer Schnellstraße in Madagaskar von der Fahrbahn abkam. Autounfälle sind weltweit die Haupttodesursache von Reisenden, sie rangieren weit vor Terroranschlägen, Flugzeugabstürzen und Epidemien. Das US-Außenministerium führt darüber sorgfältig Buch. Demnach werden mehr als ein Drittel aller Amerikanerinnen und Amerikaner, die im Ausland ihr Leben lassen, Opfer eines Autounfalls, Zug- oder Bootsunglücks. Weltweit betrachtet passieren über 90 Prozent aller Unfälle in schwach- und mittelentwickelten Ländern, in denen es an Infrastruktur und Sicherheitsstandards hapert. Statistisch gesehen ist Autofahren, zumal nachts und übernächtigt in Peru, also das Gefährlichste, was du überhaupt tun kannst.

Den einen oder anderen Unfall hatte ich hier schon gesehen. Am Harpyie-Tag hatte sich auf einer Fernstraße in Zentralbrasilien ein Tanklaster quergestellt, war umgekippt und in die Luft geflogen. Die Stelle, wo sich dieser Unfall ereignete, hatten wir noch am Vormittag passiert. Als wir wenige Stunden später zum zweiten Mal dort vorbeikamen, sahen wir das ausgebrannte Wrack, das den Verkehr in beide Richtungen blockierte. Der Fahrer war offenbar genau zu der Zeit, als wir uns am Anblick der Harpyie erfreuten, am Steuer eingenickt. „Wir müssen nur noch die Leiche bergen", informierte uns ein Helfer mit orangefarbener Weste. „Dann können wir den Lkw von der Fahrbahn schieben."

Es hilft nichts, lange über solche Unfälle nachzudenken. Deshalb zwang ich mich auf langen Fahrten zur Gelassenheit. Tief in meinem Innern blieben Verkehrsunfälle aber meine größte Angst, und ein paar Monate später sollte sie in Tansania nur allzu real werden. Viel dagegen ausrichten konnte ich ohnehin nicht, außer in den diversen Fahrzeugen meiner Touren aus irgendeiner Ritze den schon lange verwaisten Sicherheitsgurt hervorzukramen. Das Leben ist immer riskant. Wenn ich auf der Straße unterwegs war, versuchte ich, die Fahrt zu genießen.

Nach dem mehrstündigen Serpentinenaufstieg kündigte Gunnar triumphierend an, dass wir bald den höchsten Punkt unserer Fahrt erreichen würden – gerade zur rechten Zeit, denn am östlichen Horizont zeigten sich die ersten Dämmerstreifen. Die Straße hatte sich in eine steinige, in den Fels gehauene und verschlammte Huckelpiste verwandelt, die eigentlich nur für Zweiräder breit genug war. Auf einem Gebirgsjoch weitete sie sich schließlich zu einer ebenen Matschfläche, direkt unterhalb eines wunderschönen Elfen- und Nebelwaldes. Gunnar setzte zu einem Wendemanöver auf engstem Raum an, um den Van bergab zu parken. Plötzlich gerieten die Räder ins Rutschen, drehten durch und gruben sich in den Boden ein. Wir waren am Ziel und steckten fest.

Glenn sprang aus dem Wagen, um die Situation zu begutachten. Als er das Heck des Vans inspizierte, hörte ich ihn rufen:

„Oh, wir haben offenbar was verloren."

Gunnar machte zögernd den Motor aus. Im schwachen Dämmerlicht sah ich Glenn als Schattenbild hinter dem Wagen stehen. Ich ging zu ihm und wich dabei sorgfältig den tiefsten Matschlöchern aus. Glenn zeigte wortlos dorthin, wo einmal die Heckstoßstange gewesen war. Sie war weg. Ein herauskragender Felsen musste sie während unserer Fahrt durch die Finsternis abgerissen haben.

Kein Wunder, dass die meisten Birder, die diesen Ort aufsuchen, die letzten acht Kilometer lieber zu Fuß gehen, dachte ich. Aber das wäre in unserem Fall nicht gegangen. Wir hätten es dann nicht rechtzeitig hierher geschafft.

„Na gut, auf dem Weg nach unten halten wir die Augen offen. Vielleicht finden wir die Stoßstange wieder." Gunnar kratzte sich am Kopf. „Und aus dem Matsch schieben wir den Wagen, wenn es richtig hell ist. Lasst uns jetzt nach den Vögeln schauen."

Ohne lange Diskussionen schnappten wir uns die Ferngläser und machten uns zu dritt an den kurzen Aufstieg zum Wald. Jetzt war ich froh, dass wir so früh aufgestanden waren. Wir mussten erst einmal die Tangaren finden, dann den Wagen aus dem Matsch befreien und uns rechtzeitig auf den Rückweg aus dem Gebirge machen, um in Huánuco den Nachmittagsflug zu erreichen. Dank Gunnars Vorgabe, um halb drei aufzubrechen, hatten wir für all das genug Zeit.

Goldrücken-Bergtangaren wurden bisher nur an einigen wenigen Orten in Zentralperu gesichtet, und zwar in Höhenlagen weit oben in der östlichen Kordillere. Nicht allein wegen seiner Seltenheit ist dieser Vogel ein echter Knüller. Er ist eine Farbsymphonie: kräftiges Gelb und Schwarz, leuchtend blaue Scheitelfeder und feine rote Striche. Von den Einheimischen wird er „Ave de Oro" genannt – goldener Vogel. Wenn man eine gute Sicht auf ihn hat, kann man ihn mit keinem anderen Vogel verwechseln. Da er in so entlegenen Gefilden lebt, haben allerdings nur wenige Vogelbeobachter das Glück, ihn zu Gesicht zu bekommen, und ich war nun einer dieser Glücklichen.

Auch die Geschichte der Goldrücken-Bergtangare ist interessant. Der Erste, der sie für wissenschaftliche Zwecke beschrieben hat, war Ted Parker, der legendäre Spezialist für Vögel der Neotropen, der angeblich mehr Vogellaute kannte als irgendein anderer Mensch. Parkers Bericht über die Sichtung der Goldrücken-Bergtangare auf seiner allerersten Südamerikareise wurde Jahrzehnte später auf der Grundlage seiner handschriftlichen Notizen veröffentlicht, eine echt fesselnde Lektüre. Er erklomm den gleichen Berg, auf dem wir uns gerade befanden, zu Fuß und mit Campingausrüstung. Er brauchte drei Tage, bis er den Vogel endlich sah, und schrieb hinterher: „Im frühen Morgenlicht ergaben die kräftigen Farben – Gold, Blau und ein samtiges Schwarz – vor dem mit Flechten bewachsenen Geäst ein Bild, das mich immer begleiten wird." Diese Entdeckung war eine von Parkers ersten und nachhaltigsten ornithologischen Leistungen. Er starb 1993 in Ecuador im Rahmen einer Vogelstudie bei einem Flugzeugunglück.

Ich wandelte hier also auf Parkers Spuren …

Während Gunnar, Glenn und ich bis auf eine Höhe von 3500 Metern durch den Nebelwald wanderten, spürte ich sehr körperlich die dünne Luft. Der kühle Nebel hob sich, und mit dem Tageslicht wurden auch die Vögel aktiv.

Nach und nach wurde unsere Sichtungsliste länger. Ein Kolibri namens Schwarzkopf-Glanzschwänzchen, der seinen changierenden grün-violetten Kehlfleck funkeln ließ, flog summend um die niedrigen Pflanzen neben dem Pfad. Schmätzertyrannen, kaum größer als Tischtennisbälle, lärmten im freiliegenden Geäst, und Gunnar entdeckte einen lethargischen, dunkelgrün-schwarz gemusterten Bindenkotinga (auch Bindenschmuckvogel genannt), der unauffällig im Blätterdach saß. Dann rauschte ein Schwarm kleiner Piepmätze durchs Bild, und die Taktzahl erhöhte sich: Perlstachelschwänze und Krach schlagende Bonapartewaldsänger gesellten sich zu einer glänzenden Goldbandtangare, die ausschließlich in Peru vorkommt. Ein paar winzige und glanzlose braune Vögel im Unterholz hätte ich fast übersehen. Die rätselhaften und absolut lokalen Parduscos werden auch Brauntangaren genannt. Sie kommen ausschließlich in diesem peruanischen Hochlandgebiet vor und bilden eine eigene Gattung.

All das war fantastisch. Die frische Luft, unbekannte Vögel, die wunderschöne Landschaft. Auch wenn wir keine Goldrücken-Bergtangare auftreiben würden: Einfach nur hier zu sein, war schon die Mühe wert. Hier oben auf der östlichen Kordillere, im diesigen Nebelwald, war das Chaos peruanischer Städte ganz weit weg.

Der Fußweg erreichte einen Grat und führte auf der anderen Seite in steilen Serpentinen wieder abwärts. Gunnar bog im rechten Winkel vom Pfad ab und bahnte sich beherzt einen Weg querfeldein durch eine Wiese, um auf der gleichen Höhe zu bleiben, bis wir zu einer vereinzelten und vom Wind verformten Gruppe knorriger Bäume gelangten. Die Vegetation hier knapp unter der Baumgrenze war unter der Einwirkung des rauen Wetters verkümmert, daher der Name „Elfenwald“. Dies war das Reich der Goldrücken-Bergtangare. Gunnar, Glenn und ich machten es uns bequem, denn nun hieß es Warten.

Ich hatte mich darauf eingestellt, länger auf der Lauer zu liegen, aber heute Morgen entschieden die Birding-Götter zu unseren Gunsten. Ich stand noch keine zehn Minuten schweigend mit Blick auf die Baumgruppe, als Gunnar flüsterte: „Da, direkt unter dir! In dem großen Baum auf drei Uhr!“

Tatsächlich, im Blattwerk bewegte sich etwas und hüpfte aus der Deckung. Schon mit bloßem Auge konnte ich den schwarz-gelben Körper sehr gut erkennen, aber durch das Fernglas war der Anblick einfach umwerfend. Ich sah den blauen Scheitel des Vogels und sogar die dünnen roten Striche an der Unterseite, als er auf Futtersuche von Ast zu Ast hüpfte. Einmal kam er so nah an uns heran, dass ich ein

Foto machen konnte. Wir beobachteten den Vogel mehrere Minuten lang in absoluter Stille, und jeder genoss das Erlebnis auf seine eigene Weise. Für mich war die Begegnung mit der Goldrücken-Bergtangare (Spezies Nummer 1112) eines der schönsten Erlebnisse des Jahres, weil sie so selten und so schön war und in einer so fantastischen Umgebung lebte.

Wir verweilten noch etwas und sichteten weitere lokale Vögel, bevor wir uns zum Aufbruch entschlossen. Wie immer konnte ich die Uhr praktisch ticken hören. Wenn wir am Abend in Lima sein wollten, mussten wir uns ranhalten. Es wäre schön, dachte ich, eines Tages noch einmal hierherzukommen, mit richtig Zeit zum Erkunden und Entspannen. Dieser Gedanke tauchte auf der Reise allmählich immer öfter auf.

Drei Wochen sind eine kriminell kurze Zeit, wenn man in Peru Vögel beobachten will. Wegen des knappen Zeitbudgets stand ich an jeder Station unter Strom und hetzte stets von einem Ort zum nächsten. Vielleicht würde ich mich ja noch daran gewöhnen. Immerhin hatte ich den nördlichen Teil des Landes, den Amazonas, die Bosque de Arena Blanca – Wälder auf weißem Sand – in der Nähe von Iquitos sowie den Südosten noch vor mir, vom Rest Südamerikas und der weiten Welt ganz zu schweigen.

Zuerst einmal mussten wir allerdings unseren Wagen befreien. Als wir eine Stunde später dorthin zurückkamen, setzte sich Gunnar hoffnungsfroh auf den Fahrersitz, während Glenn und ich uns ans stoßstangenlose Heck stellten, um den Wagen anzuschieben.

„Hoffentlich werden wir jetzt nicht komplett mit Matsch bespritzt", meinte ich. „Sonst machen wir uns am Flughafen nachher unbeliebt."

Doch als Gunnar den Schlüssel im Zündschloss drehte, sprang der Motor gar nicht erst an. Er lehnte sich grinsend aus dem Fenster.

„Leute, ich fürchte, die Batterie ist schon wieder leer."

Es musste sich irgendein Problem mit der Elektrik eingeschlichen haben, das dem Wagen die Energie abzapfte. Das war beunruhigend, zumal auf einem entlegenen Andengipfel.

Ich ging an der Beifahrerseite entlang und bemerkte noch etwas anderes: Beide Reifen an der rechten Seite waren platt! Vorne und hinten entwich aus kleinen Löchern, die durch spitze Steine entstanden sein mussten, pfeifend die Luft. Und wir hatten nur einen Ersatzreifen dabei.

„Ich glaube, wir kommen hier nicht weg.“

Wir hielten einen Moment inne und führten uns die Situation vor Augen. Wir steckten also am Ende der Welt im Matsch fest, ohne Stoßstange, mit leerer Batterie und zwei platten Reifen, und in ein paar Stunden ging unser Flug.

Und jetzt?

„Wir gehen zu Fuß“, entschied Gunnar.

Wir drei sammelten unser Zeug ein. Ich schulterte meinen Rucksack, Glenn schleppte einen unhandlichen Koffer, und Gunnar hatte zwei Taschen, eine in jeder Hand. Wir machten uns forschen Schrittes auf den Weg bergab, ohne zu wissen, was da komme.

Immerhin bekamen wir weitere Vögel zu sehen. Wir hielten an, um einen Weißstrichelcanastero zu bewundern, der singend auf einem Grasbüschel saß und mit seinem braun-weiß gestreiften Gefieder farblich mit dem Umfeld verschmolz. Ein Stück weiter beobachtete uns ein Rotschopfkotinga und schaute uns hinterher. Mich trieb unterdessen die Sorge um, dass wir einen ganzen Tag brauchen würden, wenn wir keine Hilfe auftrieben und den gesamten Fahrweg bis unten zu Fuß zurücklegen müssten. Unseren Flug von Huánuco würden wir dann auf jeden Fall verpassen. Ich dachte die ganze Zeit nur an die vergeudeten Stunden, den verpassten Flug und die Vögel, die mir entgingen.

„Vielleicht finden wir ja unsere Stoßstange wieder“, sagte Glenn vor sich hin.

Erst jetzt bei Tageslicht sah ich, wie schlecht diese Straße war, die wir im Dunkeln hochgefahren waren. Angesichts der scharfkantigen Felsstücke und Schlaglöcher auf dem Weg wurde einem schon als Fußgänger angst und bang. Wir konnten uns glücklich schätzen, dass wir es bis ganz nach oben geschafft und die Goldrücken-Bergtangare zu sehen bekommen hatten, bevor der Schlamassel anfing.

Nach ein paar Kilometern ohne Anzeichen von Zivilisation erblickten wir hinter einer Wegbiegung ein gutes Dutzend Quechua-Bauern, die im Schatten saßen und als Mittagsmahl Kartoffeln verspeisten. Es waren viele Kinder darunter. Sie schauten uns genauso an, wie man eben drei Gringos anschaut, die mit Fluggepäck auf einen zumarschieren – wie einen Meteoriten, der in ihren Kartoffelacker einschlägt.

Gunnar verlor keine Zeit.

Er sagte „*Hola*“ und ging geradewegs auf die Gruppe zu.

„*Alguien quiere una naranja?*“ – Wollt ihr eine Orange?

Er stellte seine Taschen auf dem Boden ab und öffnete den Reißverschluss der einen Tasche. Sie war bis obenhin mit frischen, reifen Orangen vollgestopft. Gunnar begann, sie zu verteilen. In den Gesichtern der Kinder wich die Überraschung der Begeisterung. Was da vom Himmel gefallen war, war kein Meteorit, sondern ein Obststand.

„Gunnar, hattest du vor, diese Orangen bis nach Huánuco mitzuschleppen?“, fragte Glenn ungläubig.

Vor ein paar Tagen hatten wir einen riesigen Beutel Orangen an einem Stand am Straßenrand gekauft und uns gefragt, was Gunnar mit den ganzen Früchten anfangen wollte. Es waren bestimmt zehn oder elf Kilo, die konnten wir gar nicht allein aufessen.

„Man kann eben nie wissen, wozu so ein paar Orangen gut sein können“, sagte Gunnar zufrieden.

Die Bauern luden uns ein, mit ihnen Mittag zu essen. Wir setzten uns hin und aßen gekochte Kartoffeln und Orangen, während sie uns anstarrten, sich gegenseitig etwas zuflüsterten und kicherten. Ich malte mir aus, dass unser Besuch ihnen noch lange Gesprächsstoff bieten würde. Die Kartoffeln waren übrigens köstlich.

Nach einer Weile erläuterte Gunnar unsere missliche Lage und zeigte auf ein paar Dirt Bikes, die in der Nähe abgestellt waren. Ob uns damit wohl jemand ins Tal bringen könnte? Die Frage wurde zuerst mit einer weiteren Runde Gekicher quittiert, aber gleich darauf erklärten sich drei Jungs bereit, uns so weit zu fahren, bis wir in ein Taxi steigen könnten. Unsere Taschen wurden sorgsam auf den Dirt Bikes verschnürt, und jeweils zwei Personen teilten sich einen Sattel.

Mein Chauffeur war ein schweigsamer 17-jähriger Rolando, der sieben Geschwister hatte und direkt neben einem Kartoffelacker wohnte. Beim Fahren saßen wir eng zusammen, Unterleib an Unterleib. Auf einem Dirt Bike gibt es eben keine Privatsphäre. In Peru rauschten häufig vier oder fünf Personen auf einem einzigen (!) Motorrad an einem vorbei. Ich war unsicher, wie die landesüblichen Umgangsformen waren. Fände er es komisch, wenn ich seine Taille umfasste, oder sollte ich mich lieber an seinen Schultern festhalten? Oder noch anders? Schließlich hielt ich mich zu beiden Seiten meiner Oberschenkel am Sitz fest und versuchte, mich nicht zu stark in die Kurven zu legen.

Rolando fragte mich höflich, was ich in dieser Gegend wolle, und ich versuchte, ihm in meinem gebrochenen Spanisch zu erklären, dass ich ein ganzes Jahr lang um die Welt reiste, um mir Vögel anzugucken. Ich erzählte ihm, das sei ein großes Vorhaben, mit dem ich einen Weltrekord aufstellen wolle. Ich liebe Vögel – *Me encantan los aves*. „Vögel sind etwas Tolles", fügte ich noch erläuternd hinzu.

Eisernes Schweigen.

Bisweilen – und das schien sich hier einmal mehr zu bestätigen – war meine Unternehmung so weit weg von der Lebenswelt meines jeweiligen Gegenübers, dass ich es einfach nicht begreiflich machen konnte. Gerade auf dem Land habe ich das immer wieder erlebt. Ein paar Wochen später zum Beispiel versuchte ich, einer jungen Einheimischen meine Reise zu erläutern, und erzählte ihr, dass ich zu Neujahr in der Antarktis gestartet war. Nach ein paar Sekunden stellte sie die ernst gemeinte Gegenfrage: „Ist das in Guatemala-Stadt?" Das kann allerdings überall passieren, und nicht immer ist es sinnvoll, meine ganze Geschichte zu erzählen. Kurz bevor ich zu meinem Big Year aufbrach, ging ich an einem Mittwoch in einen ganz normalen Frisiersalon, um mir ein letztes Mal in den USA die Haare schneiden zu lassen. Der Friseur fragte mich freundlich, ob ich morgen einen freien Tag hätte. Was sollte ich antworten? Dass ich demnächst zu einer zwanghaften Vogelbeobachtungsweltreise durch 41 Länder aufbrechen würde und dass deswegen sämtliche störende Behaarung entfernt werden müsse? Ich antwortete einfach nur: „Genau. Ich hab da was zu erledigen."

Im Tal stiegen wir von den Bikes ab und bedankten uns mit einem *muchas gracias*, während Gunnar den Jungs für ihre Hilfe ein paar peruanische Sols gab. Sie brausten davon und schienen froh, dass sie wieder nach Hause fahren konnten. Dann bestellte Gunnar per Handy ein Taxi und beschrieb der Person am anderen Ende der Leitung, welche Schotterpiste der Fahrer nehmen musste. Darauf rief er irgendeinen armen Teufel an, der sich auf den Weg machen und sich um unseren lädierten Wagen kümmern sollte, den wir zurückgelassen hatten. Wenig später saßen wir dann auch schon im Taxi auf dem Weg zum winzigen Flugplatz von Huánuco und kamen gerade noch rechtzeitig, um den Nachmittagsflug zu erwischen, der uns zurück nach Lima bringen sollte.

Als wir müde, verstaubt, verschwitzt und hungrig den Check-in-Schalter erreichten, der übrigens im Freien stand, gab es dort einige Verwirrung. Mir war nicht klar, warum die Dame am Schalter uns unsere Bordkarten nicht geben wollte. Sie redete so schnell, dass ich nicht verstand, worum es ging. Erst als sich Gunnar einschaltete, der in widrigen Situationen ja stets die Ruhe bewahrte, begriff ich, was los war.

„Unser Flug wurde storniert", sagte er. „Das Flugzeug hat es heute nicht hierher geschafft. Wir hätten genauso gut im Gebirge bleiben können."

Und dann wurde ich krank. Es geschah ein paar Tage nach unserem Abenteuer im Hochland. Wegen der Flugstornierung mussten wir in einem Hotel übernachten, in dem es keinen Strom gab, um tags darauf zehn Stunden im Auto nach Lima zu fahren, wo Glenn und ich exakt 18 Minuten vor dem Start unseres Anschlussflugs nach Chiclayo am Aeropuerto Internacional Jorge Chávez eintrafen. Wir sprinteten durch die Sicherheitskontrolle, schafften es im letzten Moment und ließen uns tief in unsere Sitze fallen, um uns nicht den erzürnten Blicken der anderen Passagiere auszusetzen. Gunnar blieb in Lima. Er wollte uns am nächsten Tag hinterherfliegen, und Carlos, der Birder vom Paso Ticlio, wollte Glenn und mich treffen, wenn wir hoch im Norden landeten.

Geplant war theoretisch Folgendes: Carlos, Glenn und ich wollten den artenreichen Norden Perus mit seinen mehreren Hundert Vogelarten auf einer ambitionierten West-Ost-Route durchqueren. Bei den meisten organisierten Birdwatching-Reisen nimmt man sich für diese Route etwa zwei Wochen Zeit. Wir hatten für alles sechs Tage eingeplant. Es blieb also wenig Spielraum für potenzielle Störungen oder Fehlentscheidungen. Auf einigen Etappen würde Gunnar uns begleiten. Wir hatten sogar einen Chauffeur, Julio Benites, dem die langen Arbeitstage nichts ausmachten und der Mahlzeiten in freier Wildbahn zubereiten konnte.

Einige Jahre zuvor war ich schon einmal in dieser Region gewesen. Ich kannte also die Vögel und die Stellen, wo sie zu finden waren, und bewegte mich somit zum ersten Mal seit Argentinien wieder auf vertrautem Terrain. Am meisten hatte ich es hier auf die Wundersylphe abgesehen, den spektakulären Kolibri mit eigentümlichen Steuerfedern, der nur in einem einzigen abgeschiedenen Tal zu finden ist. Ich hatte die Hoffnung, meine Liste mit vielen weiteren Vogelarten füllen zu können, da wir jeden Tag in komplett neuen Gefilden unterwegs sein würden.

Das Ganze ließ sich auch gut an. Am ersten Tag in Nordperu kamen 37 neue Spezies hinzu, darunter ein paar schöne tumbesische Vögel, die also in der trockenen Küstenebene zu Hause sind, die teils zu Peru und teils zu Ecuador gehört und Tumbes heißt. Im Chaparri-Reservat, einem Naturschutzgebiet östlich von Chiclayo, das von einem Zusammenschluss engagierter Privatleute betrieben wird, war der einheimische Birder Juan Julca so freundlich, uns Stolzmannammern, Gelbstirntyrannen und einen elegant anmutenden Schmuckbandvogel zu zeigen, die durch die buschreichen Wälder huschten. Am gleichen Abend begaben wir uns noch lange im Dunkeln mit Scheinwerfern auf die Suche nach Buscheulen und Ecuadornachtschwalben.

Vor dem Schlafengehen fiel es mir schwer, meinen täglichen Blog-Eintrag zu schreiben. Das war eine Aufgabe, die ich selbst nach einem noch so langen Tag nie vernachlässigte. „Bald bekomme ich schlafmangelbedingte Halluzinationen“, notierte ich. „Ob ich halluzinierend vielleicht noch mehr Vögel sehe?“

Ich war jetzt schon eine ganze Woche in Peru, hatte nicht einmal vier Stunden pro Nacht geschlafen und keine Chance, das Schlafdefizit abzubauen. Gunnars Programm hatte uns mächtig geschlaucht, weil er uns in der zur Verfügung stehenden Zeit so viele Vogelarten wie nur irgend möglich zeigen wollte. Diesen Einsatz wusste ich sehr zu schätzen. Ich fragte mich nur, wie lange ich dieses strapaziöse Programm noch durchhalten würde. Physisch war ich auf dem absteigenden Ast, und das beeinträchtigte auch meine Konzentrationsfähigkeit.

Immer häufiger nickte ich zwischendrin ein, sogar wenn ich irgendwo aufrecht saß.

Am nächsten Tag machte ich schlapp.

Wahrscheinlich musste es so kommen. Carlos, Glenn, Julio und ich waren auf einer Landstraße unterwegs und legten an einer Raststelle, Abra Porcuya, eine Picknickpause ein. Von der Raststelle führte ein bequemer Weg zu einem bewaldeten Bergausläufer. Obwohl es ein warmer und sonniger Tag war, fing ich plötzlich zu zittern an. Ich bekam Halsweh und hatte das mulmige Gefühl, mich übergeben zu müssen, wenn ich mich nicht sofort hinsetzte.

Carlos hatte einen Piuratyrannen gesichtet, und ich wollte mein Fernglas eben hochheben, aber meine Arme waren zu zittrig. Ich kniete mich am Straßenrand hin und versuchte, meinen flauen Magen zu ignorieren.

„Ich glaube, ich kann mich nicht mehr auf den Beinen halten", murmelte ich.

Glenn schlug vor, die Nachmittagsplanung zu vergessen und direkt die nächste Stadt anzusteuern: Jaén. Zuerst protestierte ich, aber es hatte keinen Sinn. Mein Körper erzwang sich sein Recht. Ich hatte Fieber. Julio holte den Van, damit ich einsteigen konnte. Ich klappte meinen Sitz zurück, und schweigend setzten wir unsere Fahrt fort.

Normalerweise hätte die Fahrt zwei Stunden dauern sollen, aber auf halber Strecke staute sich der Verkehr. Offenbar gab es im weiteren Verlauf irgendein Hindernis. Julio fackelte nicht lange: Er fuhr auf die Gegenspur und zischte über anderthalb Kilometer an den anderen Autos vorbei, die im Stau standen, bis wir die Unfallstelle erreicht hatten. In einer unübersichtlichen Kurve war ein Bus mit einem Traktor kollidiert.

„Ich habe einen Kranken an Bord und bringe ihn ins Krankenhaus!", schrie Julio den Leuten zu, die den Verkehr regelten (bei Licht betrachtet fuhren wir in ein Hotel).

Kaum war der umgekippte Traktor geborgen, ließen wir den Stau hinter uns und bretterten auf einer himmlisch leeren Straße weiter.

Auf den nächsten Kilometern fiel mein Blick auf zwei großflächige Plakate am Straßenrand, die die Gesundheitsbehörde von Jaén aufgestellt hatte. In großen Lettern, eines Horrorfilms würdig, stand da: *„Cuidado … ¡El Dengue es Mortal!"* – Vorsicht, Dengue-Fieber ist tödlich! Abgebildet war ein Moskito auf einem knallroten Blutstropfen.

Wenn du dir gerade ein mysteriöses Fieber eingefangen hast, entfalten solche Plakate ihre Wirkung. Ich hing auf meinem Sitz und fragte mich, ob ich Dengue-Fieber hatte. Zu den häufigen Symptomen zählen heftige Gelenkschmerzen, darum wird Dengue auch als Knochenbrecherfieber bezeichnet. In tropischen Gebieten weltweit und speziell in Süd- und Mittelamerika ist diese Krankheit ein ernstes Problem. Jedes Jahr werden Hunderte von Millionen von Menschen durch Moskitos mit Dengue infiziert. Die Fallzahlen steigen. Deswegen zog ich selbst an ganz heißen und schwülen Tagen lange Kleidung an, die ich vorher mit moskitoabweisendem Pyrethrin besprühte.

Dengue war nur eine von etlichen Tropenkrankheiten, über die ich mich vor meiner Abreise schlaugemacht hatte. Am Chikungunya-Virus, das ebenfalls durch Moskitos übertragen wird und 2013 nach Nord- und Südamerika eingeschleppt wurde, hatten sich bis Ende 2014 in der Karibik-Region mehr als eine Million Menschen infiziert. Ebenso wie Dengue äußert sich Chikungunya meist als schmerzhaftes Fieber. Eine spezielle Behandlung oder Impfung gibt es nicht. An Malaria sterben jedes Jahr eine Million Menschen, die meisten davon in Afrika. Deshalb packte ich eine Ladung Antimalaria-Pillen ein, die ich im Verlauf meiner Weltreise zur Prophylaxe einnahm. Leishmaniose ist etwas richtig Gruseliges. Auslöser der Krankheit ist ein fleischfressender Parasit, der von Sandfliegen verbreitet wird. Ich kenne jemanden, der wegen Leishmaniose eine große offene Wunde hatte, nicht schön. Die Chagas-Krankheit kann zehn bis 30 Jahre nach der Übertragung durch eine winzige blutsaugende Raubwanze zu plötzlichem Herzversagen führen. Über acht Millionen Menschen dürften sich inzwischen mit Chagas infiziert haben, obwohl die meisten Amerikanerinnen und Amerikaner noch nie etwas von dieser Krankheit gehört haben. Vom Ausbruch der Ebola-Epidemie in Westafrika 2014/2015 waren insgesamt knapp 30.000 Menschen betroffen (11.000 Todesfälle) – eine vergleichsweise niedrige Zahl. Aber auch Ebola beunruhigte mich, denn in wenigen Monaten würde ich ja in Afrika sein.

Immerhin konnte ich davon ausgehen, dass ich kein Gelbfieber hatte, dagegen hatte ich mich impfen lassen. Tetanus, Diphtherie und Keuchhusten – alles potenziell lebensbedrohliche bakterielle Erkrankungen – konnte ich auch ausschließen, weil ich mir als Schutz gegen diese drei Krankheiten eine sogenannte TdaP-Impfung gegönnt hatte. Zusätzlich hatte ich eine Polio-Auffrischungsimpfung erhalten und mich gegen Grippe und Hepatitis A impfen lassen – all das bei einem einzigen entsetzlichen Arztbesuch, der wegen meiner angeborenen Blut-, Injektions- und Verletzungsphobie damit endete, dass ich in eine tiefe Ohnmacht fiel.

Wenn man weit weg von zu Hause ist, kann man bei Krankheitsanzeichen schon mal in Panik geraten. Ich tat mein Bestes, um ruhig zu bleiben. Die Wahrscheinlichkeit, ernsthaft erkrankt zu sein, war trotz allem gering im Vergleich zu vielen anderen Dingen, die schieflaufen konnten. Ich hatte einfach Grippe und nicht „grippeähnliche Symptome".

Als wir Jaén erreichten, klingelte Carlos' Handy. Es war Gunnar. Er rief von Lima aus an und erkundigte sich, wie es bei uns lief. Er hatte eigentlich vorgehabt, noch an diesem Nachmittag per Flugzeug zu uns zu stoßen, aber wegen des dichten Verkehrs seinen Flug verpasst. Er werde am nächsten Tag kommen.

Carlos reichte mir das Handy weiter.

„Hi, Gunnar. Mir geht's gar nicht gut", sagte ich.

„Ist es sehr schlimm?", fragte er. „Halluzinierst du schon Rotkopf-Baumspäher?"

„Nein", antwortete ich. „Ich muss mich jetzt echt hinlegen."

„Ach, das gehört einfach dazu", meinte er philosophisch. „Du hast immer noch genug Zeit, um heute Nachmittag ein paar Vögel um Jaén herum zu suchen. Ich kenne da eine tolle Stelle. Geh mal zum Rio Utcubamba … "

„Gunnar, ich kann jetzt nicht so viel reden." Plötzlich fühlte ich mich sehr benommen.

Ich gab Carlos sein Handy zurück.

„Du solltest dich ausruhen", sagte der mit besorgter Miene. „Bist du sicher, dass du nicht ins Krankenhaus willst? Du siehst leichenblass aus."

„Ich muss mich nur ein bisschen hinlegen. Danach geht es mir bestimmt wieder gut.“

Wir checkten im Hotel ein. Ich gönnte mir den Luxus eines Einzelzimmers mit Klimaanlage.

„Ich will euch mit meinem Gehuste nicht den Schlaf rauben“, erklärte ich. In Wahrheit ging es mir vor allem darum, einfach mal für mich zu sein. Auch wenn ich mich bemühte, tapfer zu sein, bemitleidete ich mich allmählich genüsslich selbst.

Kaum hatte ich die Zimmertür hinter mir zugemacht, regelte ich die Klimaanlage auf höchste Stufe, rollte mich in der Bettmitte wie ein Embryo ein, machte die Augen zu und versuchte das Gefühl auszublenden, ich sei von einem Müllauto überrollt worden. Der Schüttelfrost kam in Wellen, alles vom Kopf bis zu den Füßen tat weh. Auch die Emotionen brachen sich Bahn – ich hatte auf einmal elendes Heimweh, fühlte mich schrecklich allein und hatte Angst. Mehrmals krabbelte ich auf allen vieren ins Badezimmer, schaffte es aber nicht, mich zu übergeben. Das Bettzeug war schweißnass, sodass ich unter einem feuchten Bettdeckenberg unkontrolliert vor mich hin zitterte. Dazu kamen Schuldgefühle, weil es mir so elend ging, denn wer seinen Traum lebt, soll schließlich glücklich sein. Die Stunden vergingen quälend langsam.

Mein Fieber blieb mir bis tief in die Nacht erhalten. Carlos und Glenn schauten verschiedentlich zur Zimmertür herein. Ansonsten lag ich stundenlang reglos da und badete in finsteren Gedanken. Seit Anfang des Jahres war ich mit Volldampf unterwegs. Fast jeden Tag früh auf den Beinen und spätnachts ins Bett. Mein Körper war am Limit. Wenige Tage zuvor hatten Glenn und ich noch darüber gesprochen.

„Viele glauben, so eine Unternehmung sei ein Sprint“, hatte er gesagt. „Aber keiner kann ein Jahr am Stück sprinten. Das wäre völlig verrückt. Dein World Big Year ist eher eine Art Dauerlauf. Ein Megamarathon, der so lang und anstrengend ist, dass du es nur ins Ziel schaffst, wenn du das Ganze portionsweise angehst. Du darfst nicht zu früh deine Leistungsgrenze erreichen, sondern musst das Tempo regulieren.“

Jetzt, wo ich in den Seilen hing und die Decke anstarrte, merkte ich, dass Glenn den Nagel auf den Kopf getroffen hatte. Ich war in den vergangenen Jahren mehrere Marathons gelaufen und wusste deswegen genau, wie wichtig es ist, die Kräfte einzuteilen. Profiläufer steigern das Tempo im Laufe des Rennens, das heißt, sie laufen die zweite Hälfte schneller als die erste. Nur mit diesen sogenannten negativen Splits stellt man Weltrekorde auf der Langstrecke auf. Bei diesem Big Year verhielt es sich wahrscheinlich nicht anders. Wenn ich in den ersten Monaten zu viel Energie aufwandte, etablierte ich ein Tempo, das nicht durchzuhalten war. Es war erst Februar. Von den 42,195 Marathonkilometern hatte ich, wenn man es umrechnet, sozusagen erst 6,437 Kilometer zurückgelegt. Trotzdem spürte ich schon jetzt die Erschöpfung. Vielleicht war die Grippe das Signal, kürzerzutreten.

Auch wenn ich energetisch an einem Tiefpunkt angelangt war, leuchtete am Horizont ein positiver Gedanke auf: Ich war mir absolut sicher, dass ich nicht aufgeben wollte. Meine größte Sorge war von Anfang an gewesen, dass ich mir meine Lieblingsbeschäftigung durch mein Projekt vergällen könnte. Jetzt labte sich mein durchhängendes Gemüt an der Erkenntnis, dass sich dieses Problem nicht stellte, im Gegenteil. Ich musste einfach nur daran glauben, dass sich mein Körper nicht unterkriegen ließ.

Am nächsten Morgen taumelte ich mit einsatzbereitem Fernglas in die Hotellobby. An der Rezeption stand Carlos und schaute mich verdutzt an.

„Was läufst du denn hier rum? Du siehst schrecklich aus."

„Ja, aber es wird mir viel besser gehen, wenn ich heute ein paar Vögel zu Gesicht kriege."

Ich hatte schmerzhafte 18 Stunden zu Bett gelegen und seit mehr als 24 Stunden nichts gegessen, aber das Fieber war abgeklungen, und ich konnte aufstehen, ohne mich übergeben zu müssen. Da konnte ich genauso gut birden gehen.

Carlos versuchte, mir das auszureden. Da kam Gunnar zur Tür herein. Offenbar hatte er einen späten Abendflug ab Lima erwischt und war in der Nacht eingetroffen.

„Startklar?“, fragte er grinsend.

„Auf zur Wundersylphe!“, gab ich zurück.

Wir verließen Jaén – froh, wieder unterwegs zu sein.

Die Wundersylphen-Gegend lag zwei Tagesreisen weiter östlich. Als wir dort ankamen, fühlte ich mich schon wieder fit genug für Waldwanderungen. Ich hatte zwar einen trockenen Husten, der mir die Rippen zu brechen drohte, aber den bekämpfte ich mit Azithromycin. Wenn ich nur so weit funktionierte, dass ich auf Vogeltour gehen konnte.

Am späten Nachmittag erreichten wir in der Nähe von Pomacochas im Valle Utcubamba – dem einzigen Tal, in dem man sich sicher sein kann, Wundersylphen zu finden – das Naturschutzgebiet Huembo und stellten unser Auto auf dem Parkplatz ab. Huembo ist eine Erfolgsgeschichte des Artenschutzes. Ein 39 Hektar großes Gebiet haben die American Bird Conservancy und die peruanische Naturschutzorganisation Asociacion Ecosistemas Andinos unter Einbeziehung der einheimischen Bevölkerung in eine Landschaftsschutzzone umgewandelt. Eine Plantage, auf der Kaffee im Schattenanbau kultiviert wird, liefert ein Zubrot zu den Eintrittsgeldern und trägt so dazu bei, das Gebiet vor der Abholzung zu retten. Es wird darauf geachtet, dass stets mehrere Futterspender mit Nektar für die Kolibris gefüllt sind. Außerdem gibt es Sitzbänke, auf denen Vogelfreunde auf den Auftritt des Stars warten können.

Und er lohnt das Warten. Auch ohne seine bizarren Steuerfedern wäre das Wundersylphen-Männchen unverwechselbar: Es ist winzig klein, blickt streng drein und hat eine violette Federhaube sowie eine schwarze Mittellinie am Bauch. Aber was diesen Vogel am stärksten von allen anderen unterscheidet und ihn zum spektakulärsten Kolibri der Welt macht, sind seine Schwanzfedern. (Da praktisch alle 342 Kolibriarten dieser Welt umwerfend schön sind, sollte man mit Superlativen sparsam umgehen, aber für die Wundersylphe mache ich eine Ausnahme.)

Wundersylphen sind ein Unikum in der Vogelwelt, denn sie besitzen nur vier einzelne Schwanzfedern. Das steife, spitze Federpaar in der Mitte wird flankiert von zwei aberwitzig verlängerten, gebogenen

Steuerfedern, die sich kreuzen und zur Spitze hin in runden, blau leuchtenden Flaggen auslaufen. Es hat den Anschein, als würden hinter dem Vogelrumpf zwei Schmetterlinge herflattern, die sich eigenständig bewegen. Wenn es in Wallung gerät, kann das Wundersylphen-Männchen diese Steuerfedern wie Peitschen über seinem Kopf hin- und herschlagen. Mit diesem irren Balzverhalten werden die Federenden zu Signalflaggen, um Weibchen anzulocken. Außerhalb der Paarungszeit trägt der Vogel seinen sonderbaren Federschmuck wie ein Miniatur-Pfau mit sichtlichem Stolz. Aber Worte allein reichen nicht. Am besten gibt man bei YouTube den Suchbegriff „marvelous spatuletail" ein, so heißt die Wundersylphe auf Englisch. Wie die Goldrücken-Bergtangare ist dieser Vogel atemberaubend schön und sehr selten – eine unschlagbare Kombination. Wundersylphen leben nur am Osthang eines abgeschiedenen Tals in Nordperu und kommen nur in geringer Anzahl vor. Der Bestand ist vermutlich rückläufig. Inzwischen, so schätzt man, gibt es weniger als 1000 Exemplare.

Im Naturschutzgebiet Huembo setzten Gunnar, Carlos, Glenn und ich uns auf eine Bank und beobachteten dutzendweise Kolibris, die zehn verschiedenen Arten angehörten und wie Bienen um einige mit Zuckerwasser gefüllte Futterspender herumschwirrten. Der Anblick war faszinierend.

„Ein Bronzeandenkolibri", sagte Gunnar, als ein ungewöhnlich glanzloser Kolibri heranschoss.

„Eine Himmelssylphe!" Carlos zeigte gestikulierend auf einen Kolibri mit schillernden Schwanzfedern, die länger waren als sein Rumpf.

„Und da, eine Elfe", sagte ich. Der Kolibri flog wie eine Hummel. „Vielleicht eine Weißbauchelfe?"

„Sí", bestätigte Carlos. „Stimmt genau."

Es umschwirrten uns so viele Kolibris, dass sie unsere ganze Aufmerksamkeit in Beschlag nahmen. Zum ersten Mal seit drei Tagen hatte ich meine Grippe komplett vergessen. Diese Kolibris wirkten so gut wie eine Ladung Antikörper.

Es ist schon verrückt, was wir für unsere Leidenschaften tun und was unsere Leidenschaften für uns tun. Zu Hause würde ich womöglich noch flachliegen, aber hier im fernen Peru ergaben die frische Gebirgsluft, nette Gefährten und ein echter Vogelansturm eine heilende Kombination. Und dabei hatte sich der eigentliche Star noch gar nicht gezeigt.

Ich wurde allmählich unruhig, ob er zu unserem Rendezvous überhaupt erscheinen würde, doch da tauchte aus dem Nichts plötzlich ein Wundersylphen-Männchen auf und ließ sich kurz auf einem Zweig nieder, um die Lage zu sondieren. Dann drängte es mit Macht zum Futterspender, um sich seine Portion Zuckerwasser zu sichern. Seine Schwanzflaggen wippten und schwebten wie eine zweifache erbsengroße Hubschraubereskorte. Sein bunt schillernder Kopf und seine Kehlflecken streuten das Licht in Form von grünen und violetten Neonstrahlen zurück. Wer so klein und schnell ist, braucht vor Raubtieren sowieso keine große Angst haben, aber dieser Vogel hier führte sich auf, als würde der Wald ihm gehören.

„Mann, oh Mann." Glenn schüttelte den Kopf. „Was für ein irrer Vogel."

Es lässt sich nicht mit Worten ausdrücken, was mich in diesem Moment durchströmte: Euphorie, Transzendenz und das Gefühl, dass sich alles ineinanderfügt. Ich war in Ekstase, gedankenverloren und vollgepumpt mit Adrenalin. Der Kolibri war überwältigend, seine Anziehungskraft war meiner Sehnsucht ebenso zu verdanken wie seiner Schönheit. Ich hatte diesen Vogel über so viele Jahre hinweg in Büchern und Zeitschriften studiert, dass er mir jetzt, wo ich ihn als dreidimensionales Wesen sah, beinahe unwirklich erschien.

Die Anbindung des Menschen an die Natur hat etwas Metaphysisches, und jeder Mensch hat seine eigene Schnittstelle mit ihr. Für mich war die Wundersylphe an jenem Nachmittag weit mehr als ein einzelner Vogel. Er war die vogelgewordene Quintessenz meiner Peru-Etappe – das komplette Rohmaterial eines ganzen Landes, komprimiert in einem einzigen leuchtenden Diamanten.

In den zwei Wochen, die ich im Anschluss noch mit Gunnar und der übrigen Crew verbrachte, erlebten wir weitere Abenteuer und Pannen. Im Nationalpark Manú überlebten wir gleich zwei größere Erdrutsche, einen Getriebeschaden, einen weiteren platten Reifen und einen abhanden gekommenen Führerschein an einem einzigen Tag, wir mussten uns zweimal aus dem Matsch schleppen lassen, bevor die Straße durch einen Landarbeiterstreik vollends blockiert wurde. Im Amazonasgebiet ließen wir sintflutartige Regenfälle über uns ergehen, im Hochland wurden wir von den Folgen eines Busunglücks in Mitleidenschaft gezogen, und einmal verirrten wir uns bei Einbruch der Dunkelheit kurzzeitig im Wald. Ich holte mir eine bakterielle Lungenentzündung, die trotz zweier Antibiotikaserien wochenlang anhielt, und schlief nach wie vor nie genug.

Just in dem Moment, als wir dachten: Das war's jetzt aber, wurde Gunnar in einem Taxi an einer roten Ampel überfallen und seiner gesamten Ausrüstung beraubt. Er hatte uns gerade am Flughafen abgesetzt.

„Auf einmal gab es einen Höllenkrach, und die Rückbank war mit Scherben übersät", erzählte er mir später. „Bevor mir klar wurde, was da vor sich ging, griff ein Mann durchs Fenster und schnappte sich meinen Rucksack. Ich war fassungslos."

Gunnar verlor in einem einzigen Moment seine beiden Kameras samt Teleobjektiv, Laptop, iPad und GPS-Gerät. Katastrophal war, dass mit dem Laptop auch die Fotos der letzten drei Jahre futsch waren. Es tat mir unendlich leid für Gunnar. Was für ein schreckliches Ende unserer drei wilden Wochen.

John O'Neill, ein großer Ornithologe und Künstler, der Anfang der 1960er Jahre in Peru mehr als ein Dutzend Vogelarten entdeckte, sagte einmal: „In Peru geht man am besten immer davon aus, dass die Dinge nicht so laufen wie erhofft, und freut sich dann, wenn sie es doch tun." Das ist wohl der Preis für eine Reise durch ein so raues und wunderschönes Land.

Auch Gunnar hatte diese Lektion nach etlichen Jahren in Peru gelernt. „Ich rege mich nicht mehr auf. Früher oder später renkt sich alles wieder ein. Hauptsache, du bleibst flexibel."

Für alle Verschleißerscheinungen, die wir in Peru hinnehmen mussten, entschädigte uns das Land reichlich mit seiner Vogelwelt. Als unsere 21 Tage vorüber waren, hatte ich 784 peruanische Vogelarten gesehen und damit mehr, als ich in irgendeinem anderen Land auf meiner Reise sehen würde. 488 davon waren neu auf meiner Liste, und 242 sah ich nur hier und in keinem anderen Land. Ich verließ Peru mit 1468 Vögeln auf meiner Jahresliste. Ohne die große Hilfsbereitschaft der Peruaner und ohne Gunnar Engbloms unerschütterliche Genialität wäre das nicht möglich gewesen.

7

Der Friedensengel

Am späten Abend wartete ich in Lima am weitläufigen Jorge Chavez International Airport auf meinen Flug nach Ecuador. Mir fiel wieder ein, was Gunnar ein paar Tage zuvor erzählt hatte: Ein junger Birder aus den Niederlanden plane für 2016 ein Big Year rund um die Welt. Gunnar schaute gespannt, wie ich reagierte. Ich hörte zum ersten Mal davon, denn die Planung für mein Big Year und die Reise selbst nahmen mich voll in Beschlag. Als ich beim Warten am Gate einen Moment Ruhe hatte, kramte ich meinen Laptop heraus und recherchierte im Netz.

Ja, da plante ein gewisser Arjan Dwarshuis aus Amsterdam für das kommende Jahr eine Birding-Weltreise. Er war vier Monate jünger als ich und hatte auf seiner Website eine Landkarte mit der geplanten Reiseroute gepostet, die durch rund 20 Länder führte. In Afrika und den USA wollte er lange Strecken im Auto zurücklegen, und offensichtlich hatte er Freunde und Verwandte, die an verschiedenen Stationen zu ihm stoßen wollten. Das klang ganz nett, auch wenn er es mit der gewählten Route nach meiner Einschätzung nicht schaffen konnte, sein 5000-Arten-Ziel zu erreichen. Ich hoffte, dass wir uns eines Tages mal über den Weg laufen würden. Wir waren ja sehr artverwandt.

Dass irgendwann irgendjemand antreten würde, um meinen geplanten Rekord einzustellen, davon war ich ausgegangen, ob dieser Jemand nun Arjan Dwarshuis oder anders hieß. Für mich war das Ziel, 5000 Vogelarten zu sichten, mehr die spielerische Seite meines Big Year. Das eigentliche Abenteuer bestand darin, den unterschiedlichsten Menschen zu begegnen, spannende Orte kennenzulernen und unterwegs viel zu erleben. Drei Monate nach dem Start verschwendete ich sowieso nicht viele Gedanken an den möglichen Weltrekord, von dem ich noch Tausende von Vögeln und neun Monate entfernt war. Trotzdem irritierte mich die Vorstellung, dass genau in dem Moment, in dem ich mit meinem Big Year fertig sein wollte, ein anderer Birder zu einer Welttour aufbrechen und meinen Rekord womöglich schon einstellen würde. Ob mein Projekt ihm den entscheidenden Anstoß gegeben hatte? Profitieren würde er von meinen Erfolgen und Fehlschlägen auf jeden Fall, denn er konnte sie als Blaupause nutzen, um noch mehr Vögel zu schaffen.

Leicht genervt klappte ich meinen Laptop zu. Dann stieg ich, genervt von meinem Genervtsein – hatte ich da etwa ein Konkurrenzding laufen? –, in den Flieger nach Ecuador und vergaß die Geschichte vorerst.

Ah, Ecuador: Land der Inkas und der gegrillten Meerschweinchen! Land mit der höchstgelegenen Hauptstadt der Welt, mit dem Ort, der – vom Erdmittelpunkt aus gemessen – am weitesten in das Weltall hinausragt, und mit der größten Biodiversität des gesamten Planeten Erde. Und all das auf einer Fläche kleiner als der US-Bundesstaat Colorado.

Für Vögel ist Ecuador ein tropisches Paradies. Praktisch alle Habitatformen sind vertreten, von der Küstenwüste über die schneegekrönten Berggipfel bis zum Amazonasbecken. Mehr als 1700 Vogelarten wurden in dem Land bislang registriert, das sind 16 Prozent des weltweiten Artenbestandes auf nicht einmal 0,0006 Prozent der weltweiten Landfläche. Für Vogelbeobachter nicht minder verlockend sind die Rahmenbedingungen, denn anders als die Nachbarländer Peru oder Kolumbien hat Ecuador eine lange Naturschutztradition. Die politische Situation ist relativ stabil, die Lage relativ sicher, es gibt eine relativ gute Infrastruktur, und das Land lässt sich wegen seiner überschaubaren Größe bequem und effizient bereisen. Für alle, die in der kürzest möglichen Zeit möglichst viele Vögel sehen wollen, ist Ecuador ohne Zweifel ein ideales Reiseziel.

Die Naturvielfalt hat für dieses kleine südamerikanische Land einen extrem hohen Stellenwert. Sie wurde sogar in der Verfassung verankert. Ecuador ist das einzige Land der Welt, das die Natur als sogenanntes Rechtssubjekt anerkennt. Dahinter steht die Überzeugung, dass Ökosysteme genau wie Menschen unveräußerliche Rechte haben. „Mutter Erde oder *Pachamama*, in der das Leben sich fortpflanzt und verwirklicht, hat Anspruch darauf, dass ihr Existenzrecht in vollem Umfang geachtet wird“, heißt es in Artikel 71 der Verfassung. Das entspricht dem ecuadorianischen Lebensmodell des *buen vivir,* das der Harmonie unter den Menschen und dem Einklang von Mensch und Natur einen höheren Wert beimisst als materieller Entwicklung.

Verabschiedet wurde diese Verfassung 2008, nachdem der Wirtschaftswissenschaftler Rafael Correa 2006 mit einem populären sozialistischen Wahlbündnis für das Präsidentenamt kandidiert und die Wahl gewonnen hatte. Die Verfassung hinderte Correa nicht daran, 2013 über 31.000 Quadratkilometer Amazonas-Regenwald an chinesische Ölfirmen meistbietend zu verticken und das Verkaufsverbot von Haifischflossen zu kippen. Ich bin ihm einmal zufällig begegnet. Das war im Herbst 2006 auf den Galapagos-Inseln, wo ich gerade im Rahmen eines Auslandsprogramms an der Uni studierte. Er sagte zu mir: „Früher habe ich an dieser Uni gelehrt, aber jetzt bin ich der gewählte Präsident!“ Bis heute ist Correa der einzige Staatspräsident, dem ich persönlich begegnet bin, was auch immer das heißen mag.

Nach der atemlosen und intensiven Peru-Etappe empfand ich Quito auf Anhieb als sympathisch und vertraut. In früheren Jahren verbrachte ich auf drei verschiedenen Reisen insgesamt rund acht Monate in Ecuador, mehr als in jedem anderen Land außerhalb der USA. Jetzt freute ich mich auf das Wiedersehen mit dem einen oder anderen Lieblingsort und wohlvertrauten Vögeln.

Es tat gut, an einem Ort anzukommen, wo ich mich von den Tausend unbekannten Details des alltäglichen Lebens nicht überfordert fühlte. In Peru musste ich mich dauernd auf neue Etappenziele einstellen, ich hatte oft den Eindruck, wie ein Besucher durch ein großes Museum zu hasten. Zwei Monate nach Reiseantritt beschlich mich manchmal die Sorge, meine Entdeckerfreude könnte sich im Laufe der Zeit verlieren. Neues zu entdecken, ist erst mal ein gutes Gefühl. Aber die Grundvoraussetzung dafür ist, dass du ein gewisses Maß an Ahnungslosigkeit vor dir herträgst – und monatelang ahnungslos zu sein, macht keinen Spaß. Wenn du zu schnell bist, läufst du Gefahr, an der Oberfläche zu bleiben. Ich aber wollte gerade in die Tiefe gehen, alles aufsaugen, mich weiterentwickeln. Zeit ist ein Luxus, den man sich nicht leisten kann, wenn man einem Rekord hinterherhetzt. Deswegen kam ich mir manchmal wie ein blinder Rennfahrer vor. Das beste Mittel gegen Übereilung war,

Vertrautes, Bekanntes um sich zu haben. In Ecuador konnte ich mich endlich innerlich zurücklehnen und auf die echten Highlights konzentrieren.

Um zwei Uhr in der Nacht setzte mein Flieger am Mariscal Sucre International Airport auf. Bei Morgengrauen war ich schon im kühlen, diesigen Nebelwald hoch oben im Naturschutzgebiet Yanacocha. Das kannte ich von meiner ersten Südamerikareise, die ich 2005 mit einer Gruppe junger Birder aus den USA unternommen hatte. 2006 war ich wieder in Ecuador gewesen, im Rahmen des erwähnten Auslandsstudiums. Bei meinem dritten Ecuador-Aufenthalt 2012 war ich eine Saison lang in der abgelegenen Tiputini Biodiversity Station im Amazonasgebiet damit beschäftigt gewesen, mit den Mitteln der Radiotelemetrie Rindenpickern nachzustellen.

Diesmal war kein Galapagos-Besuch vorgesehen, der Weg war einfach zu weit für ein paar Vogelarten. Stattdessen plante ich Kurztrips in die artenreichsten Gegenden des Landes: die Nebelwälder im Nordwesten, die Andenabhänge und das Amazonastiefland. In diesen Regionen könnte man ein ganzes Leben zubringen und hätte immer noch nicht alle Vogelarten gesehen. Etwas mehr als eine Woche Zeit war eingeplant.

Manuel und ich wanderten gemächlich den Pfad im Yanacocha entlang, genossen die kühle Luft in 3300 Metern Höhe und das Vogelgewimmel im Wald. Die Kolibris stahlen den anderen Vögeln wieder mal die Schau, allen voran der Schwertschnabelkolibri. Ein Exemplar dieser legendären Art sahen wir im Nebel auf einem Ast hocken. Zwar hatte ich in Peru schon einen Artgenossen gesehen, trotzdem gönnte ich mir ein paar Minuten, um dieses wunderbare Wesen in Ruhe zu bestaunen, das sich mit einem ebenso staunenden Blick revanchierte. Damit er in bestimmten hängenden, röhrenförmigen Blüten bis zum Blütenboden vordringt, hat der Schwertschnabelkolibri einen so langen, schwertförmigen Schnabel, dass er sich mit seinen Füßen putzen muss und zum Ausruhen den Kopf senkrecht nach oben hält wie ein Akrobat, der auf der Nasenspitze einen Speer balanciert. Er ist der einzige Vogel mit einem Schnabel, der länger ist als sein Rumpf. Ich hielt diese unverwechselbare Silhouette auf ein paar Fotos fest. Weitere Kolibris, darunter ein schillernder Goldbrust-Höschenkolibri (Nummer 1478) und ein umwerfendes kleines Weißspitzen-Glanzschwänzchen (Nummer 1479), lockten uns immer tiefer ins Revier.

Im Gehen debattierten Manuel – Brille, Dreitagebart, Karohemd, Mantel – und ich leidenschaftlich über Naturschutz. Manuel war gebürtiger Ecuadorianer, hatte in Edinburgh Wissenschaftskommunikation studiert und war nach dem Studium nach Quito zurückgekehrt, um Ornithologen durchs Land zu führen und im Ökotourismus zu arbeiten. Er war nur wenige Jahre älter als ich und hatte Birding ebenfalls zu seinem Beruf gemacht. Das war in seinen Augen ein sehr wirkungsvolles Instrument für nachhaltige Entwicklung. Manuel gehört zu der neuen Generation lateinamerikanischer Umweltschützer. Beruflich ist das ein steiniger Weg. Aber gerade Ecuador bietet mit seinen Naturschätzen und dem in der Verfassung verankerten Bekenntnis zur Umwelt dafür bessere Chancen als andere Länder. Und Manuel ist einer von vielen, die diese Chancen nutzen.

„Hast du schon mal von Ángel Paz gehört?“, fragte ich Manuel, während aus der Ferne ein Andenzwergkauz rief.

Manuel blieb stehen und sah mich an, als wäre meine Frage quasi eine Zumutung.

„Natürlich. Jeder Birder in Ecuador kennt Ángel Paz.“

Vor ein paar Jahren tauchten Berichte von einem Mann in Ecuador auf, dem etwas ganz Unwahrscheinliches gelungen war: Er hatte angeblich eine Methode gefunden, mit der man Ameisenpittas anlocken kann. Ameisenpittas sind eine der scheuesten und besonders schwer aufzuspürenden Vogelfamilien in der sogenannten Neuen Welt. Systematiker lassen rund 50 Ameisenpitta-Arten gelten, die ausschließlich in Süd- und Mittelamerika leben. Alle haben einen rundlichen Körper, lange Beine, einen kurzen Schwanz und eine aufrechte Haltung, sehen aus wie Eier auf Stelzen und leben versteckt. Meistens halten sich Ameisenpittas in dichter Vegetation auf und suchen am Boden hüpfend nach Insekten. Wer einen Ameisenpitta zu Gesicht bekommen will, sollte zunächst auf seinen Ruf lauschen und dann versuchen, ihn zu orten. Bei Birdern sind Ameisenpittas gleichermaßen beliebt und gefürchtet.

Das größte Familienmitglied ist der rätselhafte Riesenameisenpitta, der 28 Zentimeter groß werden und bis zu 300 Gramm auf die Waage bringen kann. Trotz seiner Größe ist der Riesenameisenpitta entsetzlich schwer aufzuspüren. Er lebt ausschließlich in unberührten Nebelwäldern mit dichtem Unterholz und wurde nur an wenigen Stellen in Ecuador und Kolumbien gesichtet. Niemand weiß genau, wie groß seine Population ist (Schätzungen gehen von einigen Tausend Exemplaren aus), wie lange sein Nistzyklus dauert und wovon er sich ernährt. Wer das Glück hat, einen Blick auf ihn zu erhaschen, bekommt einen spektakulären Vogel zu sehen: lachsorangefarbener Bauch mit dünnen schwarzen Stricheln, bläulicher Scheitel, lange Beine und große wässrige, pechschwarze Augen.

Der erste Mensch, der sich mit einem Riesenameisenpitta angefreundet hat, ist Ángel Paz. Sein Name bedeutet wörtlich „Friedensengel", und so ungewöhnlich wie sein Name ist auch seine Geschichte. In einem früheren Leben arbeitete Ángel als Holzfäller im nordwestlichen Ecuador. Sein Vater hatte an einem Abhang der Anden ein wunderschönes Stück Nebelwald gekauft, und Ángel ging in diesen Wald und warf die Kettensäge an.

„Je schneller du die Bäume fällst, umso mehr verdienst du", erzählte er mir nicht ohne Stolz. „Ich war früher einer der schnellsten Holzfäller in dieser Gegend."

In dem Waldgebiet hatte ein leicht zu beobachtender Vogel seinen Balzplatz oder, wie wir Ornithologen sagen, sein „Lek". Der legendäre Andenklippenvogel ist neonorange, hat schwarze Flügel und einen flauschigen Federkamm. Jeden Morgen treffen sich die Vögel am Lek, damit die Weibchen die ausgefeilten Balzrituale und das prächtige Gefieder der Männchen begutachten können. Vor zehn Jahren hatte jemand Ángel auf die Idee gebracht, dass er von Touristen, die diese Vögel sehen wollen, Eintrittsgeld verlangen könnte. Ángel legte einen Pfad zum Balzplatz an, und tatsächlich zahlten die Leute bereitwillig Eintritt für das Spektakel. So beschloss Ángel, in diesem Teil des Waldes die Bäume stehen zu lassen.

Als Ángel eines Tages mit einer Gruppe von Vogelbeobachtern den Pfad entlangging, hüpfte plötzlich ein dralles Geschöpf aus dem

Unterholz und sah die Waldbesucher mit seinen dunklen Augen an. Die waren prompt aus dem Häuschen.

„Das ist ein Riesenameisenpitta“, riefen sie.

Nachdem sich alle wieder beruhigt hatten, klärten sie Ángel auf: „Vergiss den Andenklippenvogel. Wenn du Birdern diesen Vogel zeigst, zahlen sie dir das Doppelte.“

Gesehen hatte Ángel den Vogel schon früher, aber er hatte ihn nicht besonders beachtet. Dabei war der Vogel ihm mitunter sogar hinterhergehüpft, wenn er Bäume fällte. Vermutlich lockten ihn Insektenlarven dabei. Scheu war das Tier nicht, auch wenn es sich meist in der Nähe des schützenden Buschwerks hielt. Ángel gab ihm den Namen Maria, in Lateinamerika ein beliebter Kosename für kleine Vögel. Er begann Maria systematisch nachzuschleichen, um ihre Lebensgewohnheiten und Verhaltensweisen zu ergründen.

Er bot dem Vogel Nahrung an, war sich aber anfangs nicht sicher, was Maria überhaupt mochte. Zuerst probierte er es mit Spaghetti und Fleisch, das war nicht nach Marias Geschmack. Daraufhin suchte er Würmer, und siehe da: Der Vogel schlang sie förmlich herunter. Fortan brachte Ángel jeden Morgen frische Würmer an immer dieselbe Stelle. Später trainierte er Maria darauf, sich zu zeigen, wenn er sie rief.

Damals hätten die meisten Vogelkenner über die Idee, einen wild lebenden Riesenameisenpitta mit der Hand zu füttern, schallend gelacht. In der Vogelliteratur wird stets (und zu Recht) das verschlossene und scheue Naturell dieser Spezies betont. Völlig absurd der Gedanke, dass man einen Ameisenpitta an Handfütterung gewöhnen könnte. Ángel las aber keine Vogelliteratur. Er war Holzfäller und witterte einfach nur die Chance, sich etwas dazuzuverdienen. Rückblickend war es dann doch nicht so abwegig, einen Ameisenpitta anzufüttern, denn es war schon bekannt, dass sie sich an die Fersen großer Säugetiere heften, vermutlich um ebenfalls aufgescheuchte Insekten zu ergattern.

Als sich die Sache herumsprach, strömten begeisterte Birder herbei, und Marias Ruhm verbreitete sich wie ein Lauffeuer.

Bald standen bei Ángel so viele Besucher auf der Matte, dass er die Holzwirtschaft an den Nagel hängte, Brombeerfelder anlegte und seine Zeit mit Vögeln und Vogelbeobachtern zubrachte. Es war viel besser, wenn er den Wald stehen ließ, statt ihn abzuholzen. Solange die Vögel dablieben, waren ihm die Eintrittsgelder garantiert. Nach und nach lernte er auch die anderen Vogelarten in seinem Revier kennen und wie man sie den Besuchern am besten präsentierte. Er richtete Obststationen und Futterstellen für Kolibris ein, legte neue Pfade an und erschien jeden Morgen pünktlich zum Fütterungs-Rendezvous mit Maria.

Vier Tage vor meiner Ankunft bei Ángel hatte ich mich in Yanacocha von Manuel verabschiedet und war mit einem anderen ecuadorianischen Birder unterwegs. Edison Buenaño und ich hatten uns nach einem kurzen Abstecher in den Osten des Landes zusammengetan, wo ich ein paar Sonderlinge im Amazonasgebiet aufgespürt und erhebliche Regenmengen abbekommen hatte. Als wir vor Ángels Haus im Nebelwald parkten, blickte ich voller Vorfreude einem vermutlich herausragenden Vormittag entgegen.

Ángel kam aus dem Haus und begrüßte uns warmherzig: „*Bienvenidos a Refugio Paz de las Aves.*“

Ohne lange Vorreden machten wir uns direkt auf den Weg in den Wald. Zuerst führte Ángel uns dorthin, wo alles begonnen hatte: zum Lek des Andenklippenvogels. Ich hatte solche Vögel zwar schon einmal gesehen, aber die Gelegenheit, ihre Balzrituale aus der Nähe zu erleben, konnte ich mir auf keinen Fall entgehen lassen. Es war kurz nach der Morgendämmerung. Still und leise folgten wir Ángel zu der Stelle, wo sich die Andenklippenvogel-Männchen in Positur warfen, hüpften, hin- und herwippten und sich verrenkten in einem faszinierenden Zusammenspiel von Farbe, Bewegung und Geräuschen. Die Luft war von Grunz- und Kreischlauten erfüllt. Ich staunte, dass diese Vögel offenbar über viele Jahre hinweg immer zu exakt demselben Baum zurückkehren. Andenklippenvögel sind polygam. Die farbenprächtigen Männchen buhlen um die Aufmerksamkeit durchreisender Weibchen, und nach der Paarung fliegen die Weibchen davon, um allein ein Nest zu bauen und ihre Küken großzuziehen. Die Vögel nutzen Leks wie diesen hier über Generationen hinweg, solange sie dort ungestört bleiben.

Nach ein paar Minuten wurde mir auf einmal bewusst, dass ich mit den Vögeln allein war. Ich rührte mich nicht vom Fleck und beobachtete die Andenklippenvögel, die jetzt alle Register zogen. Ein Männchen hockte mir gegenüber, schnappte mit seinem Schnabel, schlug mit den Flügeln, wölbte seinen Rücken, verneigte sich tief, krächzte, bewegte seinen Kopf ruckartig hin und her, machte ein paar liegestützähnliche Bewegungen und krähte mich an. Im gedämpften Licht leuchtete sein signalorangefarbenes Gefieder aus dem Unterholz hervor wie eine unförmige, flauschige Glühbirne. Jede neue Balzrunde läutete er mit einem Ploppgeräusch ein. Ich fühlte mich sehr geschmeichelt, aber nach wenigen Sekunden begriff ich, dass dieser Vogel sich mehr erhoffte. Ein kastanienbraunes Weibchen saß unauffällig im Laubgewirr und verfolgte das Geschehen mit großer Aufmerksamkeit. Nicht weit entfernt tanzten zwei andere Männchen und versuchten anscheinend, sich gegenseitig zu übertreffen. Wenn ein Weibchen Gefallen am Gebotenen findet, landet es neben einem Männchen und pickt seinen Hals, als würde es ihm einen flüchtigen Kuss geben. Die Paarung findet direkt an Ort und Stelle statt. Auf dieses Weibchen schien aber keines der Männchen Eindruck gemacht zu haben. Eine Minute später flog es von dannen.

Exakt zeitgleich hörte ich Edison raunen: „Psst! Noah! Hier drüben!“

Ich drehte mich um und sah Edison in einer üppig bewachsenen Klamm stehen und gestikulieren.

„Komm ganz leise her!“

Ich überließ die Klippenvögel sich selbst und ging auf Zehenspitzen zu Edison hinunter. Dabei versuchte ich, nicht auf dem glitschigen Boden und der klatschnassen Vegetation auszurutschen. Jetzt erkannte ich auch Ángel, der hinter Edison stand und gebannt zu Boden starrte.

„Kein Ameisenpitta“, flüsterte Edison, „aber schau dir das an! Ángel füttert eine Schwarzrückenwachtel-Familie!“

Tatsächlich pickten da mehrere stämmige, grapefruitgroße Vögel am Boden direkt vor Ángels Füßen herum. Er warf etwas in ihre Richtung, und einer der Vögel schlang es sogleich hinunter.

„Das war ein Bananenstückchen“, sagte Edison. „Würmer mögen diese Wachteln nicht.“

Ángel sah auf und lächelte zu uns herüber.

„Sí, sí, sí", antwortete ich und konnte mein Glück kaum fassen.

Genau wie die Ameisenpittas sind Zahnwachteln über die Maßen zugeknöpft. Niemals hätte ich damit gerechnet, hier eine Zahnwachtel zu sehen, doch offensichtlich hatte Ángel seine Handfütterungsaktivitäten ausgeweitet. Das bescherte mir einen erfreulichen Bonus für mein Big Year.

„Okay", sagte Edison. Er übersetzte für Ángel, der kein Englisch sprach. „Wir müssen noch zu Maria. Das hier war nur das Aufwärmprogramm."

Wir nahmen jetzt einen anderen Pfad, es ging in Serpentinen steil bergauf. Der Pfad war mit feuchten Blättern bedeckt, aber Ángel hatte ihn gut angelegt, an Steigungen abgeflacht und an den steilsten Passagen Stufen eingearbeitet. Wir gingen durch feuchtes Dickicht wie durch einen Tunnel. Kaum ein Lichtstrahl drang hierher vor. Der Wald tropfte vor Nebelnässe. Außer verhaltenen Vogelrufen aus der Ferne war nichts zu hören.

Eine Nebelwaldwanderung ist ein stilles Erlebnis, wie ein Spaziergang durch eine frisch verschneite Landschaft. Das Blattwerk verschluckt die Geräusche, umschließt dich wie eine Umarmung und dämpft jedes Wort. Als wir uns der Stelle näherten, wo wir auf den Ameisenpitta treffen sollten, sagte niemand von uns mehr ein Wort. Ich hörte nur noch meinen eigenen Atem und war überrascht über die tiefe Ruhe, die hier herrschte.

Ángel bedeutete uns, oberhalb einer Serpentine im fast undurchdringlichen Unterholz stehen zu bleiben. Auf einmal formte er seine Hände zu einem Trichter, atmete tief ein und rief, so laut er konnte: *„MARIA! MARIA! VENGA VENGA VENGA!"*

Ich war auf diesen Lockruf so wenig gefasst, dass mir die Tragweite dieses Augenblicks beinahe entgangen wäre. Wenige Sekunden später hüpfte seelenruhig ein untersetzter Vogel aus dem Dickicht, blieb ein, zwei Meter vor uns auf dem Pfad stehen und legte erwartungsvoll den Kopf schief.

„Hola, Maria", sagte Ángel erfreut.

„Der berühmte Riesenameisenpitta", verkündete Edison wie ein Sportreporter.

„Krass!“, war alles, was ich sagen konnte.

Ángel holte eine Dose aus seiner Tasche, langte hinein und hielt einen saftigen Regenwurm zwischen den Fingern, den er dem Vogel fachmännisch vor die Füße schnipste. Maria starrte uns einen Augenblick lang mit großen schwarzen Augen an, beugte sich nach unten, pickte den Wurm auf und schluckte ihn mit einem Happs herunter.

Ángel schnipste Maria noch ein paar weitere Würmer herüber, die sie mit gleicher emotionsloser Effizienz verspeiste. Der Vogel war so nah, dass ich seine Krallennägel, den winzigen Haken an der Schnabelspitze und die struppigen, orangefarbenen Federn am Stirnansatz erkennen konnte. Er sah furchtlos und erwartungsfroh, vielleicht sogar ein bisschen neugierig aus, obwohl es mir schwerfiel, überhaupt einen Ausdruck in seine schattenhaften Augen hineinzuinterpretieren. Wer wusste schon, was dieser Vogel über uns dachte? Sobald die Würmer verspeist waren, war die Show zu Ende. Maria warf uns noch einen Abschiedsblick zu, hüpfte zurück in die Botanik – und weg war sie.

„Das war unglaublich!“

In zwei Minuten hatte ich Dutzende Fotos von Maria gemacht: wie sie auf dem Pfad posierte, im Dreiviertelprofil mit halb angezogenem Bein wie ein Model, das seine Schokoladenseite zur Schau stellt. So nah war ich einem Ameisenpitta noch nie gekommen, und dann gehörte Maria auch noch zur seltensten Art dieser Vogelfamilie. Dass auch dieser Vogel wieder nur als eine Spezies von vielen auf meiner Jahresliste zählte (Nummer 1607), kam mir unfair vor.

„*Gracias,* Ángel.“ Ich wusste nicht, was ich sonst hätte sagen sollen.

„Nana, wir sind aber noch nicht fertig“, sagte Edison wissend.

Nachdem unser Tête-à-Tête mit der Prominenz vorbei war, wanderten wir auf dem gleichen Pfad weiter und ließen uns von Ángel kurz nacheinander fünf weitere Ameisenpitta-Arten zeigen: Rostkappen-, Gelbbrust-, Ockerbrust-, Grauscheitel- und Bart-Ameisenpitta. Der Erste hüpfte eilig hervor, weil er genau wie Maria auf Würmer scharf war. Der Grauscheitel-Ameisenpitta war zu schüchtern und traute sich nicht näher heran – er war vermutlich noch in der Ausbildung. Der Bart-Ameisenpitta hatte wohl schon gefrühstückt und zog es vor, auf einem Ast zu hocken und ein Lied für uns zu singen.

Für mich war das alles so, als würde ich wie im Traum in einem himmlischen Wald aus Wolken wandeln, mit einem Engel namens Ángel, der aus den Büschen links und rechts des Weges seltene, farbenprächtige Vögel herbeilockt. Auf dem Weg zu dem herzhaften Abschiedsfrühstück, das Ángels Frau für uns bereitete, dachte ich: Vielleicht ist es auch ein Märchen, Ángel als Waldprinz, der mit den scheuesten Tieren zu reden versteht. So sah es zumindest aus, als er auf dem Rückweg beiläufig auf eine Leierschwanz-Nachtschwalbe, zwei Andennachtschwalben auf einem Ast, eine Rostbrust-Ameisendrossel und einen Gelbbauchpiha zeigte.

Einigen seiner Lieblingsvögel hat Ángel Namen gegeben. Außer Maria gibt es den Rostkappen-Ameisenpitta Andrea, den Gelbbrust-Ameisenpitta Esmeralda und den Ockerbrust-Ameisenpitta Shakira, ein winziges Wesen, das die seltsame Angewohnheit hat, mit der Brust zu zucken.

Mehr als 2000 Vogelbeobachter besuchen Ángel jedes Jahr. Bei unserem Besuch hatte Ángel soeben ein schönes neues Haus mit Gästezimmern fertiggebaut. Vom Balkon kann man den Blick fast über das gesamte Anwesen schweifen lassen: im Vordergrund die Brombeerfelder, im Hintergrund das dichte grüne Laubdach des Nebelwalds, der sich bis zum Horizont erstreckt.

Ángels fantastische Geschichte ist eines der gelungensten Beispiele für Naturschutz im Kleinen, das ich je erlebt habe. Die Idee mit der Wurmfütterung hat übrigens Nachahmer gefunden. In den vergangenen Jahren wurden auch in Kolumbien, Peru und anderen Ländern in Südamerika Ameisenpitta-Aktionen auf die Beine gestellt. Die Einnahmen aus dem Ökotourismus fließen in den Erhalt lokaler Lebensräume.

Ángel hat es nicht nötig, die Werbetrommel zu rühren. Er ist so gut ausgelastet, dass man nur mit Voranmeldung an einer Tagestour teilnehmen kann. Aber auch wenn kein zahlender Gast da ist, geht Ángel Paz jeden Morgen mit einer Dose voller Würmer in den Wald, formt seine Hände zu einem Trichter und begrüßt den Vogel, der sein Leben veränderte.

„Maria! Maria! Venga venga venga!“

8
In freiem Flug

Ende März, Anfang April überkam mich ein rastloser Drang, nordwärts zu fliegen. Millionen von Zugvögeln in den Neotropen – Habichte, Wasserläufer, Grasmücken, Kernbeißer, Tangaren, Pirole – brachen jetzt zu ihrer großen alljährlichen Wanderung zur anderen Erdhalbkugel auf. Ich konnte förmlich spüren, wie eilig sie es hatten, dem Frühling zu folgen.

Ornithologen haben für den Wandertrieb der Vögel einen Fachbegriff: Zugunruhe. Die deutsche Wortfügung aus „Zug" und „Unruhe" wird in akademischen Kreisen international verwendet und kommt insbesondere in etwas abseitigen wissenschaftlichen Abhandlungen wie zum Beispiel dem Fachartikel *„Zugunruhe Activity in Castrated Bramblings"* (Das Zugunruheverhalten kastrierter Bergfinken) vor, der 1961 in der Zeitschrift *IBIS* erschien. Forscher haben unter kontrollierten Bedingungen nachgewiesen, dass Singvögel im Käfig in die gleiche Himmelsrichtung zu hüpfen, zu flattern und zu springen versuchen, in die sie davonzögen, wenn sie in Freiheit lebten. Vögel werden in der Zugzeit sichtlich unruhig, sie ändern ihr Schlaf- und Bewegungsverhalten. Mit anderen Worten: Vögel sind aufs Ziehen programmiert.

Poetisch betrachtet, ist der Frühling die Zeit der Erneuerung. Der Winter wird von der Verheißung einer helleren Zeit davongespült. Im Frühling drängen die Vögel gen Norden und bewegen sich dabei doppelt so schnell fort wie auf der Rückreise im Herbst, so, als könnten sie es nicht erwarten, im Sommer anzukommen. Zugvögel aller Arten machen sich aus denselben Gründen, nämlich Revierfindung, Partnersuche und Nahrung, auf den Weg. Evolutionär gesprochen, lösen sie mit solchen Langstreckenreisen das Ticket für ein besseres Leben.

Der Vogelzug ist eines der großen Wunder dieser Welt. Er beschäftigte die Menschen schon zu Homers Zeiten, der einst schrieb, Kraniche würden deswegen verschwinden, weil sie am anderen Ende der

Welt gegen Pygmäen kämpften. Aristoteles glaubte unter anderem, Rotschwänze würden sich zur Winterszeit in Rotkehlchen verwandeln. Dass tatsächlich mehr als die Hälfte aller nordamerikanischen Vögel zwei Langstreckenflüge pro Jahr hinlegen, mutet noch fantastischer an als diese Geschichten aus der Antike, wie uns Vögel überhaupt immer wieder aufs Neue verblüffen. Wie sich der Vogelzug herausgebildet hat, kann die Forschung immer noch nicht mit Gewissheit sagen. Flogen Vögel zuerst aus gemäßigten Breiten südwärts, oder zogen tropische Arten nach Norden? Dabei haben die modernen Verfolgungstechniken unser Wissen darüber, wie Vögel so weit auseinanderliegende Teile der Erde überwinden, revolutioniert. Vor Kurzem haben Wissenschaftler zum Beispiel entdeckt, dass Pfuhlschnepfen, die in Alaska brüten, im Direktflug zu ihren Winterquartieren in Neuseeland ziehen und die 12.000 Kilometer in nur neun Tagen absolvieren – ohne einen einzigen Zwischenstopp.

Jetzt, da der Frühling auf der Nordhalbkugel Einzug hielt, war es auch für mich an der Zeit, weiterzuziehen. In den ersten Monaten des Jahres hatte ich mich ausschließlich in Südamerika bewegt, von Argentinien bis nach Kolumbien. Nun spürte ich die magnetische Kraft der Zugunruhe. Am 13. April, nach 103 Tagen und 1977 Vogelarten in Südamerika, verließ ich diesen Kontinent in Richtung Norden und zog dabei einen Kondensstreifen hinter mir her.

Mittelamerika ist geografisch ungefähr das, was bei der Sanduhr die Engstelle, das Nadelöhr zwischen oberem und unterem Glas ist, es saugt die fliegenden Vögel wie ein Trichter ein, und ich wurde mit hineingesogen.

An Rast war nicht zu denken. Drei Wochen lang war ich mit einer tollen Truppe einheimischer Birder auf den Spuren der Vögel Kolumbiens unterwegs gewesen, schob dann fünf Tage mit einem genialen Guide namens Guido Berguido in Panama ein, wo ich mit einem Azurnaschvogel-Männchen die 2000er-Marke antippte. Nach einem Tagesausflug nach Jamaika, wo ich mit befreundeten Ornithologen endemische Vögel sichtete, landete ich in Costa Rica, um in der Hauptstadt San José die lokalen Birder Roy Orozco und Johan Fernandez zu treffen. Hier bot sich die Riesenchance, eine ganze Reihe mittelamerikanischer Vogelarten zu Gesicht zu bekommen. Ich freute mich darauf, mit meinen neuen Gefährten das Land zu erkunden.

Roy hatte ich über BirdingPal kennengelernt. Als ich ihn fragte, ob er vielleicht Lust hätte, mit mir eine Woche in Costa Rica zu verbringen, war er begeistert. In der gleichen Nachricht skizzierte er in groben Zügen schon eine mögliche Reiseroute. Ein vogelbesessener Freund, Johan, wollte mit von der Partie sein.

„Wir können es ganz flexibel angehen", schrieb Roy, „und immer einfach dort übernachten, wo wir am Abend landen. Statt Zimmer im Voraus zu buchen, steuern wir in den verschiedenen Städten Herbergen an, in denen wir zu dritt für rund 30 Dollar übernachten. Jeden Tag planen wir jeweils beim Mittagessen die nächste Etappe und orientieren uns dabei nur an einer groben Marschroute. Was denkst du?"

Der Plan passte mir perfekt ins Konzept. In Costa Rica, das zwischen Atlantik und Pazifik und zwischen Nord- und Südamerika liegt, überschneiden sich die Verbreitungsgebiete. Innerhalb eines Tages kann man hier Trockenwälder, kühle Gebirgshöhen und tropischen Dschungel aufsuchen. Im Frühling und Herbst strömen massenweise Langstreckenzieher durch das Land und verstärken die einheimischen Populationen. Viele Vögel aus dem Norden verbringen hier den Winter. Ungefähr 900 Spezies wurden in Costa Rica registriert – eine beeindruckende Vielfalt für ein Land, das nicht einmal halb so groß wie Tennessee ist.

Davon abgesehen ist Costa Rica ein ganz besonders schönes Reiseziel für Naturfreunde. Ich hatte mich schon vor Jahren in dieses Land verliebt, als ich einige Monate in Vogelschutzwarten der Costa Rica Bird Observatories Vögel beringte. Die Einheimischen, die sich selbst *ticos* nennen, sind freundlich und entspannt, ihr Standardgruß lautet *pura vida.* Das bedeutet „pures Leben" und ist nicht nur eine Begrüßungsformel, sondern eine Lebenseinstellung.

Kein Land in Lateinamerika und vielleicht kein Land der Erde legt sich so ins Zeug für ein umweltfreundliches Image wie Costa Rica. Nach einem verheerenden Bürgerkrieg schaffte Costa Rica 1949 per Verfassung die Armee ab und investierte die Ausgaben statt ins Militär fortan in Gesundheitswesen, Bildung und Umweltschutz. Dieser kühne Schritt läutete einen enormen wirtschaftlichen Aufschwung ein, und inzwischen hat das Land bei den Gesundheits- und Bildungsindikatoren im lateinamerikanischen Vergleich die Nase vorn. Die Lebenserwartung ist mittlerweile sogar höher als in den Vereinigten Staaten. Seit Jahren sonnen sich die Bürgerinnen und Bürger Costa Ricas auf Platz eins des Happy Planet Index und der World Database of Happiness. Fast 25 Prozent des Landes sind Naturschutzgebiete und Nationalparks (das ist der höchste Schutzgebietsanteil weltweit). In Costa Rica gibt es auch mehr Bäume pro Kopf und Quadratkilometer als in jedem anderen Land der Welt. Dank vieler Neuanpflanzungen und anderer Maßnahmen gegen die Entwaldung, zum Teil durch eine Benzinsteuer finanziert, ist in den vergangenen 30 Jahren die Waldfläche unglaublich angewachsen, ja sie hat sich seit den 1980er Jahren mehr als verdoppelt. Die Regierung hat sich zum Ziel gesetzt, erstes CO_2-neutrales Land der Welt zu werden. 2015 hatte Costa Rica dieses Ziel bereits zu 81 Prozent erreicht.

Zusammen mit einem Teller *gallo pinto* (gebratene Bohnen mit Reis) und einem Schuss Salsa Lizano (typisch costa-ricanische Soße) fügt sich all das zu einer einzigartigen Mischung zusammen. Kein Wunder, dass der Tourismus Costa Ricas größter Außenhandelsposten ist, der mehr einbringt als alle Kaffee-, Bananen- und Ananasexporte zusammen. 2015 besuchten 2,5 Millionen Ausländer das Land. Damit kommt ein Tourist auf zwei Einwohner. Mehr als die Hälfte des Fremdenverkehrs entfällt auf den Ökotourismus. Die Nationalparks sind also eine feste Größe in Costa Ricas moderner Volkswirtschaft – eine Win-win-Situation für die Wirtschaft und für den Naturschutz.

Roy, Johan und ich ließen die Hauptstadt sogleich hinter uns. Roy hatte sich den Berg Cerro de la Muerte ausgeguckt, wo er sich mit uns in einem abgelegenen Gebirgszug, der Cordillera de Talamanca, auf die Suche nach Hochlandvögeln begeben wollte. Cerro de la Muerte heißt übersetzt „Todesberg“. Vor dem Bau der Panamericana, die hierzulande Carretera Interamericana heißt, mussten Durchreisende einen gefährlichen Pass überqueren. Trotz dieses Namens zeigt sich die Gegend äußerst lebendig: Dutzende endemischer Vögel schwirren im Talamanca-Hochland umher, vom Feuerkehlkolibri bis zur Streifenwinterammer, und dank des Cerro de la Muerte ist es nicht schwer, zu diesen Vögeln vorzustoßen.

Während der Autofahrt lernte ich meine neuen Freunde näher kennen. Der 35-jährige Roy stammte ursprünglich aus Quesada im Norden von Costa Rica und war diplomierter Natur-Reiseführer. Johan war 31, hatte Umwelt- und Ressourcenmanagement studiert und seine Vogelleidenschaft bei seiner Arbeit als Guide entdeckt. Beide lebten mit ihrer Familie in der Nähe des Manuel-Antonio-Nationalparks am Pazifik und zeigten Besuchern mit großer Freude die einheimische Vogelwelt.

„Meinst du, dass wir einen Quetzal zu Gesicht bekommen?“, fragte ich.

Johan lachte.

„Alle sind scharf auf den Quetzal“, sagte er. „Ja, am Cerro de la Muerte stehen die Chancen gut.“

„Sehr gut. Ich kann ja schließlich nicht nach Costa Rica fahren, ohne einen Quetzal zu sehen.“

Die Landschaft wurde grüner und steiler, während sich die Straße in üppige Waldgebiete hocharbeitete. Die Luft wurde merklich kühler. Bei einem Aufstieg um 300 Höhenmeter sinkt die Temperatur um mehr als 1,5 Grad; steigt man 1500 Meter höher, ist es schon 7,5 bis zehn Grad kälter. Dementsprechend hüllte uns, als wir in 3350 Metern Höhe die Abzweigung zum Cerro de la Muerte erreichten, ein kalter Nieselregen ein.

Wir hatten vom Stadtzentrum von San José hierher gerade mal anderthalb Stunden gebraucht und waren in eine vollkommen andere Welt vorgestoßen. Wie viele Städter sich wohl hierher verirrten? Auf meinen Reisen bin ich immer wieder erstaunt, wie leicht man aus vielen Großstädten in grandiose Natur gelangt und wie wenige Menschen diese Möglichkeit nutzen. Hier lief uns kaum eine Menschenseele über den Weg.

Roy dirigierte uns auf eine Nebenstrecke, die uns, so hoffte er, zu einem Bergzaunkönig führen würde. Das zierliche Mitglied der Zaunkönig-Familie lebt im Verborgenen weit oben in den Bergen im Osten Costa Ricas und im Westen Panamas. Wir hielten an einer breiten Stelle an und stiegen aus. Frische feuchtkühle Luft stieg uns in die Nase.

Aus dem Nebelwald war das Zwitschern von Vögeln zu hören, die sich aber nicht zeigten. Es erwies sich im weiteren Verlauf als ziemlich schwierig, in dieser dichten Vegetation überhaupt einen Vogel ausfindig zu machen, aber nach und nach lockten wir ein paar Exemplare aus der Deckung. Eine neugierige, pechschwarze Gelbschenkel-Buschammer (Nummer 2180) ließ an ihren Oberschenkeln die neongelben Federn aufblitzen, die wie winzige, flauschige Shorts aussahen, und suchte schleunigst wieder Deckung. Ein Gelbflanken-Seidenschnäpperpaar (Nummer 2182) flatterte in den gleichen Farben wie die Buschammer durch das Blätterdach. Ganz in unserer Nähe hockte eine klitzekleine Vulkanelfe (Nummer 2189) wie ein Schmuckstein auf einer blühenden Bromelie und reflektierte mit ihrem violetten Kehlgefieder das Licht. Ein Juwelier würde diesen Kolibri vielleicht auf zwölf Karat taxieren – ein kostbarer Edelstein, eines gekrönten Hauptes würdig. Wir kriegten ihn kostenlos.

Johan rief immer wieder die Namen von Vögeln aus, die er gerade sichtete, und schritt zügig voran. Sein Fernglas, das von einem Schultergurt herabhing, baumelte fast auf Gürtelhöhe. Wenn er lächelte, kniff er seine Augen so zusammen, dass sie ebenfalls wie winzige lächelnde Münder aussahen. Sein ganzes Wesen strahlte Fröhlichkeit aus.

Roy war ruhiger, planvoller und nachdenklicher. Er blieb häufig stehen, um sich irgendein winziges Detail an einem Frosch oder Blatt genau anzusehen, und war immer überaus geduldig. Er schien alle Tierarten im Wald zu kennen, nicht nur die Namen, sondern auch ihren jeweiligen Platz im großen Ganzen der Natur. Mir fiel auf, dass Roy langsam ging und oft Pausen einlegte. Das Atmen fiel ihm schwerer, als angesichts der Höhe zu erwarten war, aber er sagte nichts dazu.

Johan machte binnen Minuten den Bergzaunkönig ausfindig und lenkte unseren Blick auf einen munteren braunen Vogel, der im Unterholz herumturnte. Bei näherem Hinsehen erkannte man seinen Stummelschwanz, den zimtbraunen Rücken und den unverwechselbaren weißen Augenstreif, der diesen Zaunkönig von dem verbreiteteren Fahlstreif-Zaunkönig aus niedrigeren Lagen unterscheidet. Er war putzig anzusehen. Roy und ich beobachteten ihn einige Minuten lang schweigend, bis ich im Augenwinkel ganz kurz etwas Grünes wahrnahm.

„Wartet, ich muss mal eben etwas nachschauen“, sagte ich und begab mich an die Stelle, wo ich die Bewegung wahrgenommen hatte.

Ich hätte schwören können, dass ich ganz kurz einen anderen, vermutlich hellgrünen Vogel gesehen hatte. Hinter der nächsten Wegbiegung arbeitete sich ein lärmender Schwarm Weißbrauen-Buschtangaren durch das Blattwerk der Bäume, aber auf diese häufig vorkommenden Vögel achtete ich nicht weiter. Ich spürte beinahe instinktiv, dass es hier irgendwo etwas Ungewöhnliches zu entdecken gab, und ließ mit gespannter Erwartung meinen Blick durch den Wald schweifen. Der Buschtangaren-Schwarm verschwand nach ein paar Minuten. Ich fragte mich, wer hier ganz in der Nähe herumschlich. Johan und Roy waren mittlerweile vorausgegangen, und ich sollte wohl nicht zu weit zurückfallen und womöglich eine Attraktion verpassen.

Ich hielt vor Spannung den Atem an. Da löste sich plötzlich in Zeitlupe wie eine Fata Morgana ein grün glitzerndes Etwas aus seiner ebenso grünen Umgebung und flatterte auf einen freiliegenden Ast vor mir. Vor der Landung flog der Vogel eine Kurve, sodass ich alles perfekt sehen konnte: den scharlachroten Bauch, die schwarzen Flügel mit ihren weißen Unterseiten und den kleinen gelben Schnabel. Ansonsten war das Tier smaragd- und jadegrün und schimmerte in dem trüben Licht zart metallisch. Den Kopf krönte eine dünne Federhaube, und über die Flügel hingen wie berüschte Ärmel lange grüne Federn herab. Am auffälligsten war die fast einen Meter lange Oberschwanzdecke, die wie eine weiche hellgrüne Schleppe herabbaumelte.

„Hier ist ein Quetzal!“

Roy und Johan kamen herbei. Diesen Vogel kann man zwar in Costa Rica kaum verfehlen, aber sie freuten sich trotzdem.

Der Quetzal ist der berühmteste Vogel Mittelamerikas und von Westpanama bis Südmexiko zu finden. Er kommt nicht wirklich selten vor, aber wer einen Quetzal sehen will, muss sich schon ins Gebirge auf 1500 bis 3000 Meter bemühen, wo der Vogel in ausgewachsenen Wäldern mit vielen fruchttragenden Bäumen lebt. Das Männchen bietet einen spektakulären Anblick. „Alles in allem der schönste Vogel, den ich je gesehen habe“, schrieb einst der legendäre Ornithologe Alexander Skutch. Der Quetzal wurde von den Azteken und Mayas verehrt.

Sie brachten ihn mit dem Schlangengott Quetzalcoatl in Verbindung. Heute ist er Guatemalas Nationalvogel und auch der Namensgeber der guatemaltekischen Währung Quetzal. In ganz Mittelamerika trifft man ihn an. Da wegen der gut erreichbaren Nationalparks so viele Touristen nach Costa Rica kommen, wurde der Quetzal in besonderer Weise zum Markenzeichen der costa-ricanischen Hochwälder.

Ich schaute zu, wie der Quetzal eine kurze Strecke flog und im Hohlraum eines Baumes verschwand. Eine Sekunde später tauchte der Kopf wieder auf und spähte nach uns, während die ganze Zeit die Schwanzspitze aus der Öffnung hing.

„Er nistet da drin", meinte ich.

„Ja, es scheint so", nickte Johan.

Roy betrachtete die Szene schweigend. Er hatte diesen Vogel lange studiert und kannte ihn gut.

„Dann muss das Weibchen auch in der Nähe sein", sagte er. „Beide bebrüten die Eier gemeinsam, meistens ein Ei oder zwei Eier pro Nest. Kann sein, dass das Weibchen gerade wilde Avocados sammelt."

Wenige Minuten später verschwand der Kopf des Quetzals im Baumloch, sodass nur noch sein Schwanzende zu sehen war.

„Die Schwanzfedern sind so lang, dass sie sie um sich herumwickeln und das Ende aus dem Eingang heraushängen lassen müssen", erklärte Roy. „Sonst kann es sein, dass die Federn Schaden nehmen."

Ich fragte mich, wie es sich wohl anfühlt, so ein Anhängsel hinter sich herzuschleppen – einen Extra-Körperteil, der ständig im Weg ist und andererseits das Leben interessanter und schöner macht? Ob der Quetzal sich manchmal wünscht, er könnte seine Schwanzfedern abwerfen und ein ganz normaler Vogel sein?

Roy schien meine Gedanken zu erraten. Jeder von uns schleppt natürlich seine eigene Last, auch wenn sie nicht immer so offensichtlich ist wie die Schwanzfedern des Quetzals.

An diesem Abend klappte ich in unserem Hostel meinen Laptop auf, um trotz der schlappen WLAN-Verbindung meine zwischenzeitlich aufgelaufenen E-Mails zu checken. Vor allem wollte ich die Verabredung mit meinem einheimischen Ansprechpartner in Guatemala bestätigen, wo ich in wenigen Tagen eintreffen würde.

Mittlerweile hatte ich Routine, auch unterwegs vernetzt zu sein. Am aufwendigsten war die Pflege meines Blogs *Birding Without Borders*. Ich verfasste täglich einen neuen Eintrag und schickte mit den kümmerlichsten Internetverbindungen der Welt den Redakteuren der National Audubon Society den Text und ausgewählte Fotos. Die veröffentlichten diese Updates auf ihrer Website Audubon.org und posteten jeden Eintrag so schnell wie möglich, dazu eine aktualisierte Artenliste, eine Karte meiner Reiseroute und weitere Fotos. Nach einem langen, anstrengenden Birding-Tag noch einen Blog-Eintrag zu schreiben, war wirklich nicht ohne, aber diese Anbindung an die Welt war wichtig. Meistens fand ich auch irgendwo ein brauchbares WLAN – im Hotel, am Flughafen, in Restaurants oder an Tankstellen.

Per E-Mail, SMS, WhatsApp, Facebook und Skype, meist über mein Handy mit einem internationalen Sprach- und Datentarif, hielt ich Kontakt mit meinen nächsten Birding-Partnern, aber auch mit meiner Familie und meinen Freunden. Selbst wenn ich mich an gottverlassenen Orten herumtrieb, kam ich auf dem Weg von einem Beobachtungsposten zum nächsten immer wieder durch zivilisiertes Gebiet und ging nie komplett in der Wildnis verloren.

Dennoch war ich, je länger die Reise dauerte, umso froher, dass ich die meisten Absprachen vor meiner Abreise getroffen hatte, denn alles unterwegs zu planen und zu koordinieren, wäre ein Ding der Unmöglichkeit gewesen. Als ich Anfang Januar meine Reise antrat, hatte ich für jedes Land eine Liste mit Daten, Reiseplänen und den Ansprechpartnern vor Ort dabei, und dazu einen ausführlichen Flugplan sowie einen Stapel Flugtickets, die ich mit Unterstützung der Agentur Air-Treks gebucht hatte, ein Spezialist für Weltreisen. Das eine oder andere Detail würde sich unterwegs noch ändern, und eine gewisse Flexibilität blieb auch gewahrt, aber dank der Vorausplanung konnte ich mich ohne Logistikstress auf die Vogelbeobachtung konzentrieren.

Nach Möglichkeit meldete ich mich im Voraus immer noch einmal bei den Birdern am nächsten Zielort, damit alles sofort losgehen konnte, sobald ich ankam. Das war allerdings nicht immer möglich. Manche Kontaktpersonen waren ebenso viel unterwegs wie ich. Andere hatten nicht immer eine Internetverbindung und beantworteten meine Mails erst Wochen später. Der eine oder andere Birder musste aus persönlichen Gründen seine Zusage wieder zurückziehen, aber damit rechnete ich. Ich war immer wieder baff, wie reibungslos alles klappte und dass die Kontaktpersonen wirklich zur verabredeten Zeit am verabredeten Ort waren.

Bei meinem Kontakt in Guatemala beschlich mich allerdings das Gefühl, dass etwas nicht stimmte. Ich hatte eine ganze Weile nichts von ihm gehört, dabei war es bis zu meiner Ankunft nur noch eine Woche. Sonderlich beunruhigt war ich nicht, denn ich kannte ihn als einen der besten Guides in Guatemala, der häufig Reisende durchs Land begleitete. Monate zuvor hatten wir bis ins Detail eine Reiseroute besprochen, die uns auch nach Tikal und ins Hochland führen sollte, und ich freute mich auf unsere fünf gemeinsamen Tage.

Er hieß Hugo Enríquez. Auf die Begegnung mit Hugo war ich deswegen gespannt, weil ich ihn 2011 für die Zeitschrift *Birding* interviewt hatte, die ich mit herausgebe. Die Anregung zu dem Interview kam damals vom Hauptherausgeber Ted Floyd, der Hugo auf einer Reise durch Guatemala kennengelernt hatte.

Das Interview führten wir damals per E-Mail. Es entstand ein mehrseitiger Beitrag, in dem Hugo über seine Erfahrungen mit dem Vogelschutz in seinem Land berichtete und auf Tourismus, Wissenschaft und Forschung, aber auch auf den Habitatverlust des bedrohten Quetzals einging. Der Beitrag war etwas Besonderes, weil es in der Zeitschrift hauptsächlich um Nordamerika geht. Dieser junge, fachlich hochversierte Birder berichtete aus einem Land, in dem Vogelbeobachtung noch in den Kinderschuhen steckte.

Seit dieser Zeit hatte ich das Gefühl, Hugo gut zu kennen, obwohl ich ihm nie persönlich begegnet war. Als sich vier Jahre später abzeichnete, dass ich in meinem Big Year auch in Guatemala Station machen würde, stand er daher ganz oben auf meiner Favoritenliste.

„Mit dir zusammen auf Birding-Tour zu gehen, wäre grandios", hatte er postwendend geantwortet. „Lass mich wissen, was du alles brauchst."

Ein paar E-Mails gingen hin und her, und schon hatte Hugo einen Plan für uns entworfen: Wir wollten nach Tikal fliegen, dort einen Tag auf Vogelpirsch gehen, um anschließend ein paar Reviere im Hochland mit wichtigen endemischen Vogelarten abzuklappern und anschließend nach Guatemala-Stadt zurückzufahren. Die Chancen standen gut, dass wir dabei einen Zapfenguan – ein besonders schwer zu findender und optisch höchst merkwürdiger Vogel Mittelamerikas – und nebenbei zauberhafte Landschaften zu sehen bekommen würden. Ich sagte Hugo fest zu, buchte Flugtickets nach Guatemala und klärte noch weitere Dinge vorab. Endlich lernte ich Hugo persönlich kennen.

So etwas kommt in der Birding-Community oft vor. Du baust per Internet Kontakte in der ganzen Welt auf, und manchmal vergehen Jahre, bis man sich persönlich begegnet.

In diesem Fall drängte inzwischen die Zeit. Schon in wenigen Tagen sollten wir uns treffen, aber ich hatte monatelang nichts von Hugo gehört. Ich schickte ihm eine Nachricht: „Bitte schreib mir, wie wir uns finden, wenn ich ankomme."

Die anhaltende Funkstille beunruhigte mich, sodass ich versuchte, auf anderem Wege Kontakt zu Hugo aufzunehmen. Ich öffnete ein neues Browserfenster und gab seinen Namen bei Google ein.

Es dauerte eine gute Minute, bis ich begriff, was ich da las. Als erstes Suchergebnis wurde ein aktueller Post aus dem Blog *10,000 Birds* angezeigt, der Vogelfreaks mit Nachrichten versorgt. Der Post trug die Überschrift *„Requiem for a Bird Guide"*.

„Oh, mein Gott", entfuhr es mir. Roy und Johan schauten zu mir herüber.

Ich las laut vor: „Ein herausragender Vogel-Guide ist von uns gegangen. Hugo Haroldo Enríquez Toledo erlag den Verletzungen eines Verkehrsunfalls."

Ich konnte die Nachricht nicht erfassen. Alles in mir und um mich herum schien plötzlich stillzustehen. Nähere Details waren dem Artikel nicht zu entnehmen. Es hieß nur, Hugo hinterlasse eine Frau und einen sechs Monate alten Sohn und der Unfall sei vor einigen Monaten passiert. Allmählich sickerte die Nachricht in mein Bewusstsein. Wieso hatte ich davon nichts mitbekommen?

„War das der Typ, mit dem du in Guatemala birden gehen wolltest?“, fragte Johan und schaute mir über die Schulter.

„Ja“, sagte ich einsilbig. „Ich kannte ihn gut, aber nur per Mail.“

Roy, Johan und ich starrten uns an und wussten nicht, was wir sagen sollten. Die beiden hatten Hugo nicht gekannt. Auf eine merkwürdige Weise fühlte ich mich peinlich berührt, als mir klar wurde, dass der Mann, dem ich wegen einer Tour in der kommenden Woche auf die Nerven ging, vor Monaten ums Leben gekommen war. Ich war so absorbiert gewesen von den südamerikanischen Vögeln, dass ich keine Nachrichten verfolgt hatte.

Wenn ein Mensch unerwartet stirbt, kann er sich nicht von jedem Freund und Bekannten einzeln verabschieden. Die Familie informiert den engen Kreis, und von da an verflüchtigt sich die Nachricht wie eine Pfütze an einem heißen Tag: Sie versickert im Boden und verdunstet, bis nur noch die Erinnerung übrig bleibt.

In dieser Nacht konnte ich nicht schlafen. Die Nachricht von Hugos Unfall war ein Schock. Dass sie mich so spät erreichte, machte die Sache nur noch schlimmer. Ich machte mir auch große Sorgen wegen meiner nächsten Etappe. Was wäre eigentlich gewesen, wenn ich seinen Namen nicht gegoogelt hätte? Und was ging eigentlich sonst noch alles an mir vorbei? Ich hatte mir vorgenommen, auf meiner einjährigen Vogelweltreise das normale Leben auf Eis zu legen, in der Annahme, dass alles andere warten könne. War das wirklich so?

Birding ist für mich ein untrennbarer Teil des Lebens. Ich weiß, dass Hugo das genauso sah, denn als ich ihn für die Zeitschrift interviewte, hatte ich ihn unter anderem gefragt, was einen idealen Birder ausmache. „Der beste Vogel-Guide ist ein Freund, ein Gefährte und ein guter Partner im Gelände“, war seine Antwort. „Jemand, der viel Geduld und die Gabe besitzt, sich zu freuen.“

Diese Worte sind ein gutes Lebensmotto. Hugo war ein freundlicher, großzügiger und leidenschaftlicher Erdenbürger gewesen. Ich bedaure, dass ich die Chance verpasst habe, ihn persönlich kennenzulernen. Sein Tod machte mir bewusst, wie schnell das Leben zu Ende sein kann und wie knapp und kostbar unsere Tage auf Erden sind. Wenn der Tod eines Freundes überhaupt etwas Positives bewirken kann, dann dass wir die Menschen um uns herum wieder neu zu schätzen lernen – und uns umso fester vornehmen, jeden Tag bewusst mit Geduld und Freude anzugehen.

Roy weckte mich am nächsten Morgen in aller Frühe für ein ganz besonderes Vogelspektakel.

„Komm, wir ziehen los. Johan will heute ausschlafen, aber du und ich, wir haben vor dem Frühstück schon etwas vor."

Wir drei waren im Rancho Naturalista abgestiegen, einer der ältesten und bekanntesten Birding Lodges in Costa Rica. Dort waren wir am Vorabend zu später Stunde angekommen, nachdem wir die Flanken des nahe gelegenen Vulkans mehrere Stunden nach nachtaktiven Vögeln abgesucht hatten. Dabei hatte sich im Lichtkegel von Johans Scheinwerfer eine wunderschöne Nacktbein-Kreischeule gezeigt. Als wir in der Lodge nach einem kurzen Abendessen ins Bett gingen, war es schon nach ein Uhr.

Ich kämpfte mich tapfer aus dem Bett und folgte Roy erneut in die Dunkelheit. Es dämmerte noch nicht.

Wir brauchten nicht weit zu gehen. Kaum 100 Meter von unserer Unterkunft entfernt, zeigte Roy auf etwas, das aussah wie eine Plakatwand mitten im Wald. Rundherum standen Bänke. Bei näherem Hinsehen erkannte ich, dass dort ein weißes Stück Stoff hing, aufgespannt auf einen Holzrahmen und mit einem Schutzdach darüber. Zu beiden Seiten wurde der Stoff von grellweißen Scheinwerfern beleuchtet.

„Was ist das denn? Eine Infotafel?", fragte ich. „Da steht doch gar nichts drauf."

Roy schmunzelte.

„Das ist eine Mottenfalle. Das Licht lockt sie an."

Auf dem Stoff tummelten sich tatsächlich jede Menge Insekten: Bienen, Wespen, Fliegen, Käfer und andere Nachtschwärmer krochen auf der weißen Fläche herum. Eine echte Horrorshow. In dem Gewimmel fanden sich Motten in allen Größen, Formen, Mustern und Farben. Einige von ihnen waren so groß wie meine Hand. Manche waren prachtvoll und aufwendig gemustert wie extravagante Schmetterlinge. Von den schönsten Exemplaren machte ich Fotos. Die Vielfalt der Motten war immens. Einige erinnerten an Dornen und Blätter, andere leuchteten grün und blau, und wieder andere sahen mit ihren riesigen, ausladenden Antennen wie kleine Außerirdische aus.

Wir waren wegen einer Mottensammlung so unmenschlich früh wieder aufgestanden?

Die meisten Arten hier waren farblos oder braun und sahen wie Käfer aus. Gut möglich, dass sie noch niemand wissenschaftlich beschrieben hatte. Es gibt auf der Welt 10.365 Vogelarten und fast 20.000 Schmetterlingsarten, aber Motten sind ein Fass ohne Boden. Forscher schätzen, dass es weltweit 160.000 Spezies gibt, von denen bis heute viele noch nicht einmal einen Namen haben. Um eine Motte zu identifizieren, muss man in der Regel unter dem Mikroskop ihre Geschlechtsorgane untersuchen und mithilfe des sogenannten Barcoding ihre mitochondriale DNA analysieren. Selbst dann lassen sich manche Arten nicht auseinanderhalten. Mottenforscher sind dementsprechend ein ganz eigener Menschenschlag.

„Warte ab“, sagte Roy, der offenbar meine Gedanken erraten hatte. „Die Vorstellung hat noch nicht angefangen.“

Wir setzten uns auf eine Bank und warteten auf den Anbruch der Dämmerung. Als nach und nach der schwarze Himmel grauer und heller wurde, begannen sich im umliegenden Wald die Vögel zu regen. In der Ferne krächzte ein Fischertukan, dann ließ ein Schuppenbrust-Zaunkönig seine abgefahrenen Töne hören. Als genug Licht ins Unterholz drang, um Formen und Bewegungen auszumachen, merkte ich, dass überall um uns herum Vögel auftauchten. Damit wurde das ganze Arrangement auf einmal plausibel.

Roy grinste.

„Eine etwas andere Vogelfütterungsstation.“

Mit dem Sonnenaufgang begann der Festschmaus. Zwei stattliche Rotkehl-Ameisentangaren schossen im Tiefflug herbei und schnappten sich jeweils eine fette Motte, verzogen sich damit an einen sicheren Rückzugsort und zerlegten ihr Frühstück nach Plan. Anschließend griff sich ein Waldzaunkönig, der höchstens so groß war wie ein Golfball, eine braune Motte. Ein Kanadawaldsänger mit weißem Augenring wirkte mit seinen abgehackten Bewegungen wie ein einziges Nervenbündel. Er pickte ein Insekt auf, das nahe bei den Scheinwerfern saß, und flog davon.

Als ein Braunhäher auftauchte, suchten die anderen Vögel das Weite. Der Häher näherte sich dem aufgespannten Tuch, besah sich die Speisekarte und wählte die größte und schönste Motte aus.

Oh nein, nicht die, dachte ich unwillkürlich – es war eine der hübschen Motten, die ich vorhin fotografiert hatte. Aber der Häher hatte Hunger. Er packte das faustgroße Insekt mit einer Kralle, drückte es an einen Ast und riss ihm mit dem Schnabel die Flügel ab, die wie bunte Granatsplitter zu Boden segelten. Mit einem Bissen konnte er die große Motte nicht verspeisen. Er genoss sie häppchenweise.

Ich schaute gebannt zu, wie die Vögel warteten, bis ein jeder an der Reihe war. Ein braun gestreifter Goldbürzel-Attilatyrann mit diabolisch roten Augen und furchterregendem Schnabel zerpflückte ein Insekt, dass die Schuppen in alle Richtungen flogen. Ein Birkenschnäppertyrann erwischte ein anderes Insekt im Flug, und ich dachte daran, dass dieser nicht einmal 15 Gramm schwere Vogel demnächst mehrere Tausend Kilometer zurücklegen würde, um sich in den borealen Wäldern Kanadas zu paaren und dort zu nisten. Um diese Reise zu bestehen, musste er sich jedes Mikrogramm Fett anfuttern, dessen er habhaft werden konnte.

Roy beobachtete die Szenerie sehr konzentriert. Ich fragte ihn, ob er nach etwas Bestimmtem Ausschau halte.

„Ja“, erwiderte er langsam, aber bevor er mehr sagen konnte, leuchteten seine Augen auf. „Da!“ Er zeigte unter die Mottenfutterstelle. „Siehst du diesen kleinen Tyrann? Ich meine nicht den Birkenschnäppertyrann … Da! Jetzt ist er gerade auf den Ast gehüpft. Hast du gesehen?“

Ich stellte mein Fernglas scharf und sah einen rundlichen kleinen Vogel mit grauem Kopf, kurzem Schnabel und ockerfarbenem Bauch.

„Ja“, sagte ich. „Jetzt sehe ich ihn auch.“

Roy war glücklich.

„Ein Salvintyrann“, sagte er. „Sehr schön! Auf den habe ich heute Morgen am meisten gehofft. Ein Vogel mit sehr kleinem Verbreitungsgebiet.“

Wie die anderen kleineren Vögel wartete der Salvintyrann ab, bis die größeren fertig gespeist hatten. Er hockte still im Schatten und war dadurch für uns hervorragend zu beobachten. Dann schoss er zu dem weißen Tuch herüber, schnappte sich eine Motte und verschwand im Wald.

„Er kommt fast jeden Morgen", sagte Roy, „aber so richtig Verlass ist darauf nicht. Manchmal schläft er aus, wie Johan heute. Zum Glück hatte er Hunger. Komm, lass uns jetzt auch frühstücken gehen."

Nach unserem frühmorgendlichen Aktivitätsschub fiel das Energielevel plötzlich ab. Roy und ich schlurften über die Terrasse der Lodge und trafen dort auf Johan. Das Frühstück wurde auf einem bunt gestreiften Tischtuch serviert: frisch gepresster Orangensaft, Pfannkuchen mit Erdbeersirup, ein Obstteller, Spiegeleier, Kaffee und Brot. Während des Frühstücks behielt ich die Zuckerwasserspender im Blick, die rings um die Terrasse angebracht waren und von Kolibris förmlich überrannt wurden. Weißnackenkolibris, Grünbrustmangokolibris und Braunschwanzamazilien. Ob man nun lieber Insekten, Pfannkuchen oder Nektar zu sich nimmt, frühstücken muss jeder.

Lisa Erb, die seit Jahren das Rancho Naturalista betreibt, gesellte sich zu uns. Sie war über mein Big Year voll im Bilde.

„Habt ihr den Salvintyrann erwischt?", fragte sie.

„Ja!", antworteten Roy und ich wie aus einem Munde.

Lisa strahlte. „Sehr gut. Wir können später vielleicht auf Sonnenrallen-Suche gehen, aber lasst uns erst mal essen. Alles frisch und hier aus der Gegend."

Ich freute mich, Lisa kennenzulernen. Ihre Eltern hatten Mitte der 1980er Jahre diese Lodge eröffnet, seitdem war der Ort eine feste Institution der costa-ricanischen Birding-Szene. Das Energiebündel Lisa – lange blonde Haare und Cowboystiefel – ist ständig in Bewegung. Wenn sie nicht gerade über Vögel plaudert, schwärmt sie von Pferden, Kochen und Events in der Umgebung.

„Hast du eigentlich schon Roys Gemälde gesehen?", fragte Lisa.

„Nein. Davon hat er mir gar nichts erzählt."

Ich schaute zu Roy hinüber, der verlegen lächelte.

„Wir haben zwei Bilder von ihm." Lisa stand auf und führte mich in den Hauptraum der Lodge.

„Das hier ist ein Königsgeier", präsentierte sie stolz, „und da drüben siehst du ein Scharlachara-Paar."

Die beiden gerahmten Bilder waren hyperrealistische Ölgemälde auf Leinwand.

„Ich hatte keine Ahnung, dass Roy malt!"

Der Königsgeier war in hockender Stellung mit abgewandtem Kopf dargestellt und spreizte seine Flügel, um die Sonnenwärme aufzufangen, während die Scharlacharas im nebligen Wald zu sehen waren. Die Einzelheiten waren nahezu fotografisch genau wiedergegeben.

„Er malt Vögel, Wildtiere und costa-ricanische Motive", erklärte Lisa. „Diese beiden Bilder mögen wir sehr."

Dann entschuldigte sich Lisa, und ich kehrte zu Johan und Roy an den Frühstückstisch zurück. Wir hatten es nicht eilig, diese Oase der Entspannung zu verlassen. Lisa hatte hier wirklich einen kleinen Garten Eden geschaffen.

„Woher kannst du denn so malen, Roy? Die Bilder sind ja unglaublich."

„*Gracias*", sagte Roy. „Ich habe immer schon gern gezeichnet."

Johan warf mir einen Blick zu, aber er sagte nichts weiter. Wir drei gönnten uns den Luxus, noch eine halbe Stunde sitzen zu bleiben und den Moment zu genießen, ohne viel Worte zu machen.

In diesem Jahr lernte ich solche Augenblicke, in denen die Welt zum Stillstand kommt, immer mehr zu würdigen. Je voller der Kalender ist, umso schneller vergeht die Zeit. Wenn ich an das Champagnerschlürfen auf dem Schiff in der Antarktis dachte, kam es mir so vor, als wäre es erst gestern gewesen; dabei war inzwischen fast ein Drittel des Jahres um. Keine Sekunde vergaß ich, dass die Zeit lief – und dass ich jeden Tag im Schnitt 13,7 neue Arten auf meine Liste bekommen musste, um bis Ende des Jahres auf 5000 Vögel zu kommen. Je mehr ich mich ins Zeug legte, umso mehr beschleunigte sich das Tempo, als würde ich ständig im Fast-Forward-Modus leben. Hin und wieder musste ich doch die Pause-Taste drücken.

„Komm, Noah, wir gehen runter zur Kolibri-Badestelle", schlug Johan vor, „bevor Lisa uns die Sonnenralle zeigt."

„Kolibri-Badestelle? Klingt gut."

„Es ist nur ein kurzer Fußweg. Vielleicht sehen wir unterwegs auch noch andere Vögel. Roy, kommst du mit?“

„Ich warte hier auf euch.“

Johan lächelte, erhob sich, nahm sein Fernglas und ging voraus in den Wald. Ich nahm das letzte Stück Pfannkuchen in die Hand und folgte ihm neugierig. An der inzwischen leergepickten Mottenfalle vorbei führte der Pfad in Serpentinen durch dichten Wald und dann steil bergab in eine Klamm.

„An manchen Tagen nehmen die Kolibris gerne ein Bad in dem Bach da unten“, erklärte Johan. „Das ist eine gute Stelle, wenn man viele verschiedene Arten sehen will, ohne sich weit von der Lodge zu entfernen.“

Er ging langsam voran, lauschte auf Geraschel und Vogellaute.

Wir blieben stehen und beobachteten eingehend eine Goldschnabel-Buschammer, ein sehr auffällig aussehender Vogel, der sich möglichst im Verborgenen hält: schwarzer Kopf mit weißem Hals und Augenstreif, olivgrüner Rücken, hellgelbe Schultern, grauer Bauch und ein neonorangefarbener Schnabel, dem er seinen Namen verdankt. Er scharrte ganz leise im Laub. Ich hätte ihn niemals bemerkt, wenn er sich nicht bewegt hätte.

„Sag mal, Johan, Roy scheint häufig Probleme beim Atmen zu haben. Weißt du, warum?“

„Dir ist bestimmt aufgefallen, dass er sehr dünn ist, oder?“, fragte Johan zurück. „Roy hat in den letzten Jahren einiges durchgemacht.“

Wir beobachteten, wie die Buschammer sich ein kleines Insekt schnappte.

„Es ist jetzt zehn Jahre her, dass bei Roy Krebs festgestellt wurde. Eine bestimmte Form von Leukämie. Er hat ihn bekämpft, aber jetzt nur noch 50 Prozent seines Lungenvolumens. Deshalb bewegt er sich langsam und tut sich auch diesen steilen Pfad hier nicht an.“

„Da war er Mitte 20, als das passiert ist“, überlegte ich.

„Genau“, sagte Johan. „Kaum zu glauben, oder? Das hat ihn natürlich stark geprägt. Nach der Diagnose hat er sich zwei Jahre lang nur ganz wenig bewegt. Damals hat Roy angefangen, im großen Stil zu malen. Inzwischen kann er auch als Guide arbeiten, wenn er es ruhig angehen lässt."

Mir war schon aufgefallen, dass sich Roy nicht nur für Vögel, sondern für die Natur als Ganzes interessierte. Den meisten Birdern geht es darum, Arten zu bestimmen, Roys Blick reichte weiter. Er malte nicht nur Vögel, sondern auch Frösche, Fische, Ameisen, Schmetterlinge, Schlangen, Kaimane, Faultiere, Affen, Jaguare, Blumen, Bäume und Landschaften. Er malte auch Menschen. Seine Bilder waren positiv, farbenfroh, sie fingen das Leben in Costa Rica, das pulsierende *pura vida,* in seiner ganzen Fülle ein.

Am Ende des Pfades standen Bänke, von denen man auf einen schattigen Bach mit verschiedenen seichten Becken schaute.

„Das ist die Kolibri-Badestelle", sagte Johan. „In der Regel kommen die Kolibris am Nachmittag hierher, vielleicht um das klebrige Zuckerwasser abzuwaschen."

Wir saßen eine Minute lang auf der Bank. Nichts regte sich. Dann tauchte über einem der Bachbecken wie ein winziges Trugbild eine Kronennymphe auf. Sie schwebte nur wenige Zentimeter über dem Wasser. Am ganzen Körper glitzerte sie blauviolett und grün. Nach kurzem Zögern tauchte sie einmal ins Wasser, dann ein zweites Mal, ehe sie davonschwirrte.

Das ganze Bad dauerte nur wenige Sekunden und fand mehr in der Luft als im Wasser statt. Es hatte etwas Magisches, als hätten wir eine selbstvergessene Fee überrascht. Ich fragte mich, wie viele Menschen auf dieser Welt wohl schon einmal einem Kolibri beim Baden zugeschaut haben. Wir wanderten zur Lodge zurück. Lisa erschien und sah auf ihre Uhr.

„Gebt mir eine Minute, dann gehe ich mit euch zu einem Beobachtungsplatz und zeige euch noch ein paar Vögel, auch die Sonnenralle. Dauert nicht lang. Ihr müsst ja bald aufbrechen." Während Lisa ihren Schlüsselbund holte, kramte ich mein Handy aus der Tasche und nutzte das WLAN der Lodge noch einmal, um meine E-Mails zu checken. Ich fand eine Nachricht von John Cahill, einem Birder in Guatemala. Ich wusste von ihm nur, dass er als Kind mit seiner Familie nach Guatemala ausgewandert war. Mit seinen 19 Jahren war er schon so vogelbesessen, dass er die High School geschmissen und 2014 sein eigenes Guatemala-Big-Year absolviert hatte. Dabei listete er stolze 651 Arten auf, obwohl er in dem Jahr insgesamt nur 20 Tage in freier Wildbahn unterwegs gewesen war.

Er schrieb: „Wie läuft dein Big Year? Planst du auch eine Etappe in Guatemala? Ich würde dir gern ein paar Vögel in unserer Region zeigen, damit du den 5000 etwas näher kommst."

Während ich Johns E-Mail las, bekam ich eine Gänsehaut. Es war keinen Tag her, dass ich von Hugos tödlichem Verkehrsunfall erfahren hatte und deswegen dachte, ohne lokalen Kontakt durch Guatemala reisen zu müssen. John konnte doch gar nichts davon wissen. Hier hatte ich auf einmal einen Plan B.

Mit Roy und Johan als treuen Gefährten an meiner Seite erkundete ich noch mehrere Tage die reiche Vogelwelt Costa Ricas. Als es an der Zeit war, *adiós* zu sagen, hatte ich in diesem Land 413 Arten gesehen – 158 hatten noch nicht auf meiner Jahresliste gestanden. Das ergab einen unglaublichen Tagesdurchschnitt von 22,5 Neuvögeln. Ich war bei über 2265 Arten angelangt. Bevor ich auch nur einen Fuß auf nordamerikanischen Boden gesetzt hatte, hatte ich bereits die Hälfte aller Vögel der ganzen westlichen Hemisphäre gesehen.

Es folgten fünf Tage mit John in Guatemala, die wie im Flug vergingen. Wir waren vor allem im Hochland unterwegs, entdeckten weitere Quetzals und wurden Zeugen eines Vulkanausbruchs. Wie das Leben selbst ging auch das Big Year seinen Gang, während Millionen von Vögeln nordwärts zogen wie jedes Jahr, in freiem Flug Richtung Frühling.

Als ich ein paar Monate später durch Europa reiste, schickte mir Roy eine Nachricht. Gerade war er von einer Reise mit Freunden aus den Tapón del Darién in Ostpanama zurückgekommen, um dort nistende Harpyien zu beobachten. Die Gruppe bekam nicht nur die Harpyien zu Gesicht, sondern auch einen nistenden Schopfadler – ein noch seltenerer Raubvogel, den ich leider verpasst hatte. Roy war völlig happy.

Ein Jahr darauf kam Roys zweite Tochter zur Welt. Dann wurde erneut Krebs bei ihm festgestellt. Auch eine achtstündige Operation half nicht. Lisa Erb informierte mich über seinen Tod.

„Wir alle hier in Costa Rica sind sehr traurig, dass wir einen so großartigen Naturliebhaber, Guide, Künstler und Freund verloren haben“, schrieb sie. „Seine Frau hat mir erzählt, dass die Reise mir dir etwas ganz Besonderes für ihn war.“

Lisa schickte mir ein Foto von uns dreien: Roy, Johan und mir. Wir stehen auf der Terrasse im Rancho Naturalista und lächeln in die Kamera. Auf dem Bild hat Roy ein T-Shirt an, auf dem steht „Caution: This person may talk about birds at any moment“. Da rückten meine Tage mit Roy in Costa Rica wieder ganz nah heran.

Tragödie und Segen gehen im Leben oft Hand in Hand. Wo Tod ist, ist auch Leben. In demselben Monat, in dem ich von Roys Tod erfuhr, bekam ich eine E-Mail von Johan, in der er mir überschwänglich mitteilte, dass er bald zum zweiten Mal Vater werden würde.

„Ich grüße dich, mein Freund“, schrieb er mir. „Ich will dir nur kurz erzählen, dass meine Frau Lauren schwanger ist. Es wird ein Junge, und wir werden ihn Noah nennen. Noah Felipe Fernandez Roman.“

„Herzlichen Glückwunsch“, schrieb ich zurück. „Wie seid ihr bloß auf Noah gekommen?“

„Dein Name hat uns gefallen. Und wenn ihn eines Tages mal jemand fragt, warum er so heißt, kann er eine tolle Geschichte erzählen.“

9

Zu Hause

Nach fünf beglückenden Monaten in Süd- und Mittelamerika ließ ich allmählich den Gedanken zu, dass ich bis Jahresende die anvisierte 5000er-Marke womöglich nicht nur erreichen, sondern sogar beträchtlich überschreiten könnte. Es war Mai. Start und Ziel meiner Reise waren jetzt ungefähr gleich weit entfernt. Mein Tagesdurchschnitt lag bei 19,5 Vogelarten und damit deutlich über den 13,7 Arten, die ich für das Erreichen meines Ziels brauchte.

Als ich Mittelamerika verließ und meinen Nordwärtszug nach Mexiko fortsetzte, wollte ich jedoch nicht weiter über Zahlen nachdenken.

In Mexiko verbrachte ich zwei Wochen. Im südlichen Bundesstaat Oaxaca traf ich zunächst Eric Antonio Martínez, einen aufgeweckten Mexikaner, der früher Kreuzfahrttouristen die lokale Vogelwelt gezeigt hatte. Er machte mich mit atemberaubenden endemischen Arten und nicht minder atemberaubenden endemischen Gaumenfreuden bekannt, zum Beispiel mit der köstlichen regionalen Spezialität *Mole negro* aus Schokolade, Sesam, Paprika und Gewürzen.

Eines Nachmittags standen Eric und ich auf den erhabenen Ruinen der uralten mesoamerikanischen Stadt Monte Albán. Sie liegt auf einem künstlich abgeflachten Hügel oberhalb von Oaxaca. Wir beobachteten einen Schiefervireo. Die Pyramiden warfen die Rufe von Felsenzaunkönigen als Echo zurück. Ob diese Vögel auch die Menschenopfer vor 2000 Jahren mit ihrem Gesang begleitet hatten?

An der Pazifikküste in Mazatlán, weiter nördlich, gesellte sich dann ein mit Eric befreundeter Birder zu uns. René Valdes hatte sich einen interessanten Plan für uns ausgedacht: Wir sollten, statt in einem Ferienort herumzulungern, in dem es mehr Bikinis als Vögel zu sehen gab, quer durch Mexikos Norden reisen. Dann könnte ich von Monterrey aus in die USA fliegen und hätte gute Chancen, unterwegs Vogelarten des nordöstlichen Mexiko kennenzulernen. Noch vor wenigen Jahren hätten wir uns dafür durch nahezu undurchdringliches Gelände kämpfen müssen, doch neuerdings gab es wohl eine gut ausgebaute Schnellstraße durchs Gebirge. René wollte herausfinden, welches Birding-Potenzial diese neue Verbindung bot.

Wer früher von Mazatlán nach Durango oder umgekehrt fahren wollte, musste dem *Espinazo del Diablo* (Rückgrat des Teufels) die Stirn bieten. Die unfallträchtige, kurvenreiche Straße aus den 1940er Jahren führt über den unwirtlichen Gebirgszug der Sierra Madre. Tief unten in den sogenannten Barrancas – Schluchten, die aufgrund ihrer Topografie und dichten Wälder vom Rest der Welt abgeschnitten sind – geben Wildnis und Gesetzlosigkeit den Ton an. Drogenkartelle aus den Bundesstaaten Sinaloa und Durango kontrollieren die Region weitgehend.

Mit der Fertigstellung der 2,2 Milliarden Dollar teuren Fernstraße Ende 2013 wurde das „Rückgrat des Teufels" maßgeblich gezähmt. Die gleiche Strecke, für die man früher eine strapaziöse Acht-Stunden-Reise auf sich nehmen musste, bringt man jetzt in zweieinhalb Stunden hinter sich. Dabei flitzt man durch 62 Tunnel und über 135 Brücken. Die Trasse gehört zu den imposantesten ingenieurtechnischen Leistungen eines Landes, das sich mit Technik schon seit den Zeiten des Pyramidenbaus ziemlich gut auskennt. Mit einer konstanten Steigung von fünf Prozent führt die neue vierspurige Straße meist recht brachial durch eine unglaublich wilde Canyon-Landschaft. Auf einem 72 Kilometer langen Streckenabschnitt geht es fast 18 Kilometer durch Tunnel in massivem Fels. Das Highlight der Strecke ist der Puente Baluarte, eine Schrägseilbrücke, die in schwindelnden 400 Metern Höhe über dem Talgrund die Bundesstaaten Sinaloa und Durango miteinander verbindet. Sie ist die derzeit höchste Brücke der Welt und so hoch, dass das Empire State Building locker darunter passen würde und sogar noch ein bisschen Luft nach oben hätte. Allein mit dem Bau dieser Brücke waren mehr als 1000 Bauarbeiter mehrere Jahre beschäftigt.

René und ich reisten am 16. Mai von Mazatlán ab und fuhren ohne Verkehrsgewühl, Zeitverlust und Schlaglöcher in die Sierra Madre hinein. Geräuschlos glitten wir über den absolut ebenen Straßenbelag, eine vollkommen neue Erfahrung nach der monatelangen Holperei über die Pisten des ländlichen Südamerikas. Als wir die ersten Gebirgsausläufer erreichten, schien die Straße vom Boden abzuheben, nur selten verlief sie auf Bodenniveau. Ich hatte das Gefühl, wie ein Vogel im Sink-, Steig- oder Kurvenflug an den Hindernissen vorbeizufliegen.

René erzählte mir, dass kurz nach Eröffnung dieser Schnellstraße die Kupferkabel in den Tunneln zum größten Teil geklaut worden waren, sodass an strategisch wichtigen Punkten Security postiert werden musste. Auch die Bundespolizei, die sich bis dahin nur selten in der Gegend hatte blicken lassen, fuhr nun regelmäßig Streife. Seit Jahren ist diese Bergregion ein Drogenparadies, in dem unkontrolliert Marihuana und Schlafmohn angebaut werden. In Durango bekriegen sich die rivalisierenden Kartelle Sinaloa und Los Zetas, und die Stadt Durango City galt wegen der hohen Mordrate eine Zeit lang als eine der zehn gefährlichsten Städte der Welt. Von der neuen Schnellstraße versprach sich die mexikanische Regierung nicht nur einen Zeitgewinn für Pendler, sondern auch einen Entwicklungsschub für die Region, auf dass der lange Arm des Gesetzes künftig auch diese schwer zu bändigende Gegend erreiche.

Wir legten verschiedentlich Zwischenstopps ein, um auf Vogelsuche zu gehen, ohne genau zu wissen, welche Arten uns erwarteten.

„Für Birder ist das hier absolutes Neuland“, erklärte René.

Wir parkten am Puente Baluarte, gingen einen Kiesweg entlang und sahen zwei Soldatenaras zu, die elegant durch die Schlucht glitten. Ihre langen grünen Körper wirkten angesichts der Brücke, die sich hoch und weit über den Abgrund spannte, wie winzige Punkte. Ein Mohrenbussard ließ sich in einer nahen Aufwindzone in die Höhe tragen, und im Dickicht sang vergnügt ein Buntwangen-Zaunkönig.

An einer anderen Stelle erkundeten wir einen Buschwald zu Fuß. Hinter einer Wegbiegung standen plötzlich zwei Männer mit Gewehren vor uns.

Was wir hier zu suchen hätten? René sprach kurz mit ihnen, dann gingen sie ihrer Wege. Offenbar hatten wir die beiden Männer bei der Wilderei erwischt. Wenige Minuten später hörten wir aus verschiedenen Richtungen Schüsse, einer schien direkt von einem nahen Baum zu kommen. Was zum Teufel war hier nur los? Weit und breit war niemand zu sehen.

Mir wurde mulmig zumute. Doch dann kamen wir hinter des Rätsels Lösung: An besagtem Baum rankte sich eine Kletterpflanze mit Früchten empor, die mit Luft gefüllt waren und in der Mittagshitze explodierten. Jedes Mal, wenn eine Frucht aufplatzte, ertönte ein lauter Knall wie von einem Pistolenschuss!

Am späten Nachmittag kamen wir in Durango an. In dieser staubigen Cowboy-Stadt würden John Wayne und Clark Gable vermutlich niemandem auffallen. Die Zeit reichte noch für einen kleinen Vogelausflug in die umliegenden Hügel. René wollte vor allem eine Streifenammer finden, die nur in Mexiko anzutreffen ist. Wir bekamen tatsächlich ein paar Exemplare zu sehen, außerdem alte nordamerikanische Bekannte wie Eichelspechte, Blaukehlhüttensänger und Lerchenstärlinge. Als es dunkel wurde, standen nur noch ein paar nachtaktive Vögel auf unserer To-do-Liste.

Die Streifenammer war Nummer 2499 auf meiner Liste. Jetzt fehlte noch eine einzige Vogelart, und dann hatte ich tatsächlich die ersten 2500 Arten geschafft, bevor ich auch nur meine USA-Etappe begonnen hatte. Während mir diese freudigen Gedanken durch den Kopf flogen und ich mit meiner LED-Taschenlampe in den finsteren mexikanischen Wald hineinleuchtete, sah ich plötzlich am Boden Augen rot aufleuchten.

Wenn man nachts mit der Taschenlampe nach Tieren sucht, achten Profis vor allem auf dieses Augenleuchten. Es ist ein Effekt des sogenannten *Tapetum lucidum,* einer reflektierenden Gewebeschicht hinter der Netzhaut bestimmter Wirbeltiere. Sie ermöglicht den Tieren eine höhere Lichtausbeute in der Dämmerung oder bei Nacht. Das Gewebe ist, wenn es angeleuchtet wird, sehr gut zu sehen, die Farbe variiert dabei je nach Tier. Bei Katzen und Hunden schimmert sie grün, bei Pferden und Kühen blau, bei Fischen weiß und bei Kojoten, Nagetieren und Vögeln rot. (Primaten und auch Menschen haben kein *Tapetum lucidum*, der Rote-Augen-Effekt bei Blitzlichtaufnahmen ist lediglich eine Reflexion der Blutgefäße, die sich in der Rückwand des Augapfels befinden.)

„René, schau mal."

„Ja, das ist wahrscheinlich eine Nachtschwalbenart", sagte er.

Wir schlichen beide noch näher an das rote Leuchten heran. Ich konnte die Umrisse eines Vogels ausmachen, der auf der kahlen Erde saß. Er zeigte die typische Nachtschwalbenform: gedrungen, klobiger Kopf am einen und kurzer Schwanz am anderen Ende.

Nachtschwalben bilden die Vogelfamilie Caprimulgidae, von der es in sechs Erdteilen rund 100 verschiedene Arten gibt. Alle sind nachtaktiv, ernähren sich von Insekten, sind wundersam gemusterte Bodenbrüter und mitunter frustrierend schwer aufzuspüren. Manche nennen Nachtschwalben auch „Ziegenmelker", weil nach einer alten Mär diese Vögel nachts die Milch von Ziegen stehlen (wieder ein von Aristoteles verbreiteter Mythos, der später von Plinius auch noch aufgegriffen wurde). Im Norden Mexikos leben verschiedene Nachtschwalbenarten. Um herauszufinden, zu welcher Art unser Exemplar gehörte, brauchten wir eine gute Sicht auf die Bestimmungsmerkmale.

René und ich knieten uns hin und krochen näher an den Vogel heran, der reglos am Boden saß. Ich hielt den Strahl der Taschenlampe auf ihn gerichtet und versuchte, das Gefiedermuster zu erkennen. Die Nachtschwalbe war von gedrungener Gestalt, hatte einen Hauch Weiß an der Halspartie, schwärzliche Wangen, eine gelbbraune Flügelzeichnung, aber die dominierende Farbe war wie bei fast allen Nachtschwalben braun.

Ich schoss ein unscharfes Foto, krabbelte näher, machte noch ein Foto und krabbelte noch näher. Es war nicht zu erkennen, ob wir es mit einer Braunhals-Nachtschwalbe oder der ähnlich aussehenden Winternachtschwalbe zu tun hatten. Ich zog mein Smartphone aus der Tasche, öffnete eine App mit einem mexikanischen Vogelführer und verglich die beiden Abbildungen mit dem Vogel, der da vor uns saß.

„Er sieht komplett braun aus", stellte ich fest. „Ich kann am Nacken nichts Orangefarbenes erkennen."

„Aha", machte René unschlüssig. „Eine Braunhals-Nachtschwalbe müsste am Hals eine Färbung haben. Vielleicht ist die farbige Stelle ja von Federn verdeckt."

Ich arbeitete mich jetzt stückchenweise voran, bis der Schnabel des Vogels nur noch 30 Zentimeter von meiner Nasenspitze entfernt war. Das Tier machte keine Anstalten davonzufliegen. Offenbar war es vom Strahl der Taschenlampe hypnotisiert. Ich hatte einmal gehört, dass man Nachtschwalben mit Licht in eine Art Schlafzustand versetzen konnte, aber ausprobiert hatte ich das noch nie. Ganz langsam streckte ich meine linke Hand aus, hielt den Atem an und strich sachte über die Kopffedern, während der Vogel weiter reglos sitzen blieb, ohne auch nur mit den Augen zu zwinkern.

Vielleicht war auf meinen Fotos genug zu erkennen, um den Vogel im Nachhinein zu identifizieren. Aber es gab noch eine andere Möglichkeit. Behutsam schloss ich meine Finger um den warmen Körper des Vogels. Diese Technik hatte ich hundertfach bei Forschungsprojekten in diversen Ländern und bei allen möglichen Vogelarten angewandt. Der Vogelkopf steckte zwischen meinem Zeige- und Mittelfinger, während sein Rumpf bequem in meiner gehöhlten Hand ruhte, gut geschützt vor abrupten Bewegungen und vor Verletzungsgefahren. Der Vogel sträubte sich nicht, als ich ihn anhob. Es fühlte sich so an, als würde ich einen flauschigen Tennisball vom Boden aufheben.

René beugte sich vor, um den Vogel in allen Einzelheiten zu studieren. Mit meiner freien rechten Hand spreizte ich vorsichtig den Flügel und die Schwanzfedern und inspizierte die Unterdeckfedern. Ich konnte mit meinen Fingern seinen Herzschlag spüren.

„Definitiv eine Winternachtschwalbe“, stellte René fest. „Die Zeichnung an Hals, Federn und Schwanz ist eindeutig.“

Ich schaute zu ihm auf und lächelte.

„Damit haben wir's“, verkündete ich. „Der 2500. Vogel!“

Ein paar Sekunden lang nahm ich die Nachtschwalbe in Augenschein und genoss das seltene Privileg, einer so faszinierenden Spezies so hautnah zu begegnen. Die Winternachtschwalbe ist der einzige Vogel weltweit, der über längere Zeit in Starre verfallen kann. Verschiedentlich konnte nachgewiesen werden, dass sie im Winter mehrere Monate in einem katatonischen Zustand verharrt, dem Winterschlaf ähnlich. Vielleicht erklärte das die außergewöhnliche Unbeweglichkeit dieses Vogels.

Ich lockerte meine Finger, um die Nachtschwalbe freizulassen. Einen Moment lang balancierte sie auf meiner Handfläche. Als ich die Taschenlampe ausschaltete, spürte ich sie, während ihre Augen sich wieder an die Dunkelheit gewöhnten. Nach einer Minute schien der Vogel aus der Trance zu erwachen. Mit seinen kleinen Füßen kratzte er meine Haut, und dann spreizte er die Flügel und verschwand leise in der Nacht.

Zwei Tage später, am 18. Mai, landete ich in Houston, Texas, mit zotteligem Haar, T-Shirt-Bräune und einer dicken Staubschicht aus Mexiko auf den Klamotten. Jetzt ist meine Lateinamerika-Etappe um, schoss mir durch den Kopf. Ich reichte meinen Reisepass dem Einwanderungsbeamten, der die Seiten mit den vielen Ein- und Ausreisestempeln durchblätterte: Antarktika, Falkland-Inseln, Argentinien, Chile, Brasilien, Peru, Ecuador, Kolumbien, Panama, Jamaika, Costa Rica, Guatemala, Mexiko.

„Ziemlich viel unterwegs, was?", grummelte er. „Was haben Sie in all diesen Ländern gemacht?"

„Vögel beobachtet", sagte ich in der Hoffnung, dass er mich einfach durchwinken würde.

„Aha", sagte er, ohne aufzusehen.

In letzter Zeit hatte ich die Erfahrung gemacht, dass ein zerzauster, männlicher Alleinreisender mit Rucksack und vollgestempeltem Reisepass bei der Einreisekontrolle tendenziell skeptisch beäugt wird. Deshalb hatte ich an meiner Geschichte gefeilt. Interessant war: Je abwegiger sie sich anhörte, umso glaubhafter war sie offenbar. Statt „Ich bin Tourist" oder „Ich habe Freunde besucht" sagte ich schlicht und einfach die Wahrheit. Dass da jemand einen neuen Weltrekord im Birdwatching aufstellen wollte, dazu fiel den Grenzbeamten meist keine Anschlussfrage mehr ein.

Diese Lektion hatte ich in Jamaika gelernt. Dort wurde ich das einzige Mal auf meiner Welttour bei der Einreise zurückgewiesen. Auf dem Einreiseformular hatte ich als Beruf „Schriftsteller" eingetragen. Als der Beamte meine Angaben überflog, ging die Fragerei gleich los.

„Was für eine Sorte Schriftsteller sind Sie denn?"

„Ich schreibe Bücher", sagte ich.

„Und was für Bücher?", hakte er nach.

„Bücher über Vögel", sagte ich.

„Was für Vögel? Kann ich mal eines Ihrer Bücher sehen?"

„Alle möglichen Vögel. Ich schreibe über alle möglichen Vögel. Leider habe ich kein Buch dabei, tut mir leid."

„Und was machen Sie in Jamaika?"

„Ich suche nach jamaikanischen Vögeln."

Der Mann wurde immer argwöhnischer und betete einen ganzen Fragenkatalog herunter, bis er irgendwann mit dem Finger auf die Zeile ganz unten auf dem Blatt klopfte.

„Sie haben keine einheimische Adresse angegeben", sagte er.

„Das liegt daran, dass ein Freund mich abholt und ich nicht weiß, wo wir übernachten werden", erklärte ich.

„Sie müssen eine einheimische Adresse haben. Sie können hier nicht durch, mein Herr. Treten Sie beiseite. Der Nächste, bitte!"

Dass ich so brüsk aus der Schlange geschubst und mir die Einreise nach Jamaika verweigert wurde, war unfassbar. Ich lief kopflos umher, während meine Mitpassagiere allesamt erfolgreich die Kontrolle passierten. Da fiel mir das Werbeplakat eines Luxushotels ins Auge. Kurzerhand trug ich die Hoteladresse in mein Formular ein. Dann strich ich das Wort „Schriftsteller" durch und schrieb „Bird Man" dahinter.

Als ich mich dem Schalter ein weiteres Mal näherte, stand dort noch derselbe Beamte. Er schien mich nicht wiederzuerkennen. Statt Fragen zu stellen, lächelte er, überflog mein Formular und legte es in die Ablage.

„Ich wünsche Ihnen einen schönen Aufenthalt!"

Und ich ging schnurstracks durch die Sperre.

Okay, das war also das Erfolgsrezept. Du musst einfach nur alle Formularfelder ausfüllen, und je wilder deine Antworten sind, umso besser. Nach der Jamaika-Lektion gab ich bei der Einreise also grundsätzlich als Beruf „Bird Man" und willkürliche Hoteladressen an – gern teure Fünf-Sterne-Etablissements. Niemand fragte mehr nach.

Der US-Beamte in Houston machte da keine Ausnahme. Er klappte meinen Reisepass zu und schob ihn forsch zu mir herüber.

„Welcome home!“

Es war ein schönes Gefühl, zu Hause zu sein. Anderthalb Wochen in meinem Heimatland lagen jetzt vor mir, ich würde sogar ein paar Nächte im eigenen Bett schlafen. Als ich an der Gepäckausgabe vorbei in den warmen texanischen Nachmittag ging, spürte ich, wie ich mich entspannte.

In den fünf Monaten in Lateinamerika hatte ich beständig das Gefühl gehabt, auf der Hut sein zu müssen. Vorne stand immer die Logistik, im Hinterkopf war ich jeden Moment darauf gefasst, dass irgendetwas schiefgeht. Da ich mich an den meisten Orten nicht auskannte, gab es täglich viele kleine Entscheidungen zu treffen, über die ich zu Hause gar nicht nachdachte: Wo ist die nächste Steckdose? Kann man seine Zahnbürste unter dem Wasserhahn abspülen? Was esse ich zum Frühstück? Wie verstelle ich den Duschkopf so, dass ich keinen Stromschlag kriege? In der Summe halten dich diese Problemchen auf Trab. Routine ist unmöglich.

Ich war mir ständig bewusst – auch unbewusst –, wie weit ich real und im übertragenen Sinn von zu Hause entfernt war. Wer die Ferne erkundet, braucht eine Basis, zu der er zurückkehren kann. So verlockend ein Nomadenleben auch sein mag, wir alle sehnen uns doch nach einem vertrauten Platz.

Wie sehr ich meine Heimat vermisst hatte, merkte ich, als ich am Flughafen unter einem Schild mit der Aufschrift „Welcome to the USA“ hindurchging. Das machte mich ungemein glücklich. Was mich bewegte, war weniger Patriotismus als das Gefühl, auf vertrautem Terrain zu sein. Mir war sogar egal, dass ich in Texas war, das ich ja im Grunde auch nicht kannte. Draußen vor dem Flughafengebäude in Houston schaute ich mir die großen Autos, die englischsprachigen Schilder, die Steakhäuser, die Tankstellen und sogar die Anhalter an und hatte dabei das überschwängliche Gefühl, nach einer langen Zeit in der Wildnis nach Hause zu kommen. Die USA zu besuchen war so aufregend, wie vor ein paar Monaten dieses Land zu verlassen.

Viel Zeit zum Herunterschalten blieb allerdings wieder einmal nicht. Der Grenzübertritt war auch hier der Auftakt zu einer neuen Etappe – zu einem Sprint durch die USA und Europa mit wenigen Pausen. In den nächsten drei Wochen wollte ich im Schnitt alle zweieinhalb Tage in ein Flugzeug steigen.

Als ich meine Reiseroute zusammenstellte, plante ich die Nordamerika- und Europa-Etappe bewusst als Durchgalopp. Es lohnte sich einfach nicht, mehr Zeit zu investieren. Kurioserweise gibt es auf den drei Kontinenten mit den meisten Birdern die wenigsten Vögel: In den USA, Europa und Australien sind jeweils nicht einmal halb so viele Vogelarten vertreten wie in Südamerika, Asien oder Afrika. Die Artenvielfalt konzentriert sich in den Tropen, und natürlich fokussierte ich mich auf die artenreichsten Gebiete. Außerdem machte es allein die Infrastruktur in den Industrieländern möglich, schnell von A nach B zu kommen und einen Vogel nach dem nächsten abzuhaken. Für die USA und Europa musste man wirklich nicht viel Zeit einplanen.

Meine USA-Etappe war entsprechend kurz, aber vergnüglich. Nach zwei Tagen in Texas plante ich zwei Tage im Südosten Arizonas, zwei Tage in Südkalifornien, einige Tage daheim in Oregon und einen Tag in New York, um dann für den Rest des Jahres auf die östliche Welthalbkugel zu fliegen. Die treibende Kraft meines Reiseplans waren die 5000. Ich hatte ganz konkrete Wunschvögel im Sinn, und sie wollte ich schnell und leichtfüßig auf meine Liste bekommen.

Am Flughafen in Houston holte mich Michael Retter ab, ein Freund, der vor Kurzem nach Dallas gezogen war und mich gern auf meiner zweitägigen Tour begleitete. Wir stiegen in sein Auto, während um uns herum das Nachmittagslicht allmählich abnahm.

„Wir haben gerade noch genug Zeit, um vor der Dunkelheit einen tollen Vogel zu sehen. Hast du heute Morgen zufällig eine Mexikoammer gesehen?"

„Na klar", sagte ich. „In der Nähe von Monterrey."

„Prima", sagte Michael. „Ich glaube nämlich nicht, dass es schon mal irgendjemanden gab, der an ein und demselben Tag eine Mexikoammer, die nur im Nordosten Mexikos vorkommt, und einen Kokardenspecht gesehen hat. Das wäre doch ein netter Coup!"

Michael erzählte, dass er etwas zu früh in Houston angekommen war und deshalb in der Nähe des Flughafens einen Kiefernwald erkundet hatte. Dabei war er auf einen Kokardenspecht gestoßen. Die bedrohte Art ist im Südosten der USA zu Hause. Dies war für mich also vermutlich die einzige Chance, einen Kokardenspecht zu sehen.

Auf der Fahrt gab mir Michael einen groben Überblick über die von ihm angedachte Texas-Route: Zuerst würden wir die Kiefernwälder nach Arten wie diesem Specht durchforsten und dann den mittleren Teil der Golfküste nach wichtigen Küstenvögeln absuchen, anschließend ins zentraltexanische Hügelland fahren, um zwei endemische Brüter, den Schwarzkopfvireo und den Goldwangenwaldsänger, aufzuspüren, dann vielleicht zur Südspitze des Bundesstaats und alle noch offenen Vogelwünsche erledigen. Das war ein strammes Programm für zwei Tage. Aber auf den Freeways hier in Texas durfte man 85 Meilen pro Stunde fahren, und Michael war entschlossen, wenn nötig die ganze Nacht durchzufahren.

„Super", strahlte ich. „Genau so machen wir's!"

Texas ist ein großartiges Birding-Revier mit erprobten Hotspots. Wir brauchten nur diese Hotspots abgrasen, um alle Arten ausfindig zu machen. Die Liste der Vögel, die ich hier unbedingt sehen wollte, war allerdings ein bisschen ungewöhnlich, wie Michael schnell mitkriegte. Die meisten Vögel, die in Texas normalerweise von Interesse sind, hatte ich schon gesehen: entweder mexikanische Spezies, die es nur selten über die Grenze schaffen (und denen ich schon in Mexiko begegnet war), oder Langstreckenwanderer, die sich im Frühjahr entlang der Küste versammeln (und die ich schon in ihren mittelamerikanischen Winterquartieren gesehen hatte). Auf meinem Zettel standen schlichte, einheimische Vögel: Blauhäher, Indianermeisen, Carolinazaunkönige und andere Gartenbewohner. Die „Raritäten" hatte ich schon verbucht – nämlich dort, wo sie weit verbreitet sind.

Eine Ausnahme war der Kokardenspecht, der überhaupt nirgendwo weit verbreitet ist. Diese Spechtart ist bei der Wahl ihres Wohnorts sehr pingelig. Kokardenspechte zimmern ihre Nisthöhlen nur in die Stämme lebendiger, ausgewachsener Sumpfpinien in verstreuten Savannenwaldgebieten zwischen Texas und North und South Carolina.

So passt er sich nicht gerade leicht an Landschaftsveränderungen an. Seine Brutplätze werden intensiv betreut und überwacht, um die Populationen zu schützen.

Michaels Spechtbeobachtungsstelle war nur zehn Autominuten vom Flughafen entfernt. Als wir ankamen, ging gerade die Sonne unter.

„Diese Vögel gehen früh ins Bett und klettern dann in ihre Baumhöhle. Hoffentlich sind wir nicht zu spät dran."

Er zeigte auf einen Baum mit einem auffälligen weißen Strich am Stammansatz.

„Die Brutplätze der Kokardenspechte sind leicht zu finden, weil sie meistens markiert sind. So sind sie besser zu überwachen."

Wir blieben keine 100 Meter von dem Baum entfernt stehen und warteten schweigend. Wir hatten Glück und erwischten genau den richtigen Zeitpunkt: Unmittelbar nach Sonnenuntergang kam ein Vogel angeflogen, landete auf dem Baum und meldete sich mit einem lauten *Quiiek* zur Stelle.

Der Specht war klein – kaum mehr als 20 Zentimeter vom Schnabel bis zum Schwanz – und am ganzen Körper schwarz-weiß gemustert. Dank seiner strahlend weißen Wangen konnte man ihn leicht von anderen schwarz-weißen Kleinspechten wie dem Dunen- und dem Haarspecht unterscheiden. Der Kokardenspecht kletterte senkrecht am Baumstamm hoch und näherte sich mit ruckhaften Bewegungen dem Eingang seiner Höhle. In der Ferne hörte ich einen oder zwei weitere Spechte, die sich mit quiekenden Lauten unterhielten. Das Ungewöhnliche am Kokardenspecht ist, dass er in Gruppen zusammenlebt, die sich in einem Revier auf mehrere Schlafplätze verteilen. Vermutlich wünschten sich die beiden Spechte nach einem langen Tag, an dem sie mit ihren Köpfen auf Kiefernstämme eingehackt hatten, gegenseitig eine gute Nacht.

Mit einem Ruck verschwand der Specht in seiner Höhle. Für ein paar Sekunden tauchte sein Kopf noch einmal auf, als wollte er vor dem Schlafengehen ein letztes Mal nach dem Rechten sehen, und zog sich dann ins Bauminnere zurück.

„Das war's", stellte Michael fest. „Komm, wir haben noch einen ziemlichen Weg vor uns heute Abend."

Seufzend machte ich kehrt und folgte ihm zum Parkplatz. Der Specht war zu Hause, ich war mal wieder auf der Durchreise.

Als ich endlich daheim eintraf, kam ich trotzdem nicht zur Ruhe. Es sollte eigentlich meine einzige Erholungspause in meinem Big Year sein, wenigstens für ein paar Tage. Ich stellte es mir ganz schön vor.

Aber es gab viel zu erledigen: Haare schneiden, meinen zweiten Reisepass mit den Visa für Afrika und Asien einpacken, neues Smartphone kaufen, neue Batterie für meine Armbanduhr besorgen, neue Schuhe kaufen, Klamotten austauschen, meine Ausrüstung mit Moskitoschutzmittel einsprühen und die selbst gebackenen Chocolate-Chip-Cookies meiner Mutter genießen. Das dauerte alles zusammen einen halben Tag. Ich war so gewohnt, jede Sekunde den Vögeln zu widmen, dass ich schon am nächsten Tag ein befreundetes Ehepaar anrief, Dan und Anne Heyerly, und die beiden fragte, ob sie Lust auf eine Vogeltour hätten.

Die Heyerlys kenne ich, seit ich zwölf bin. Damals ging ich zu den Treffen des Southern Willamette Ornithological Club in Eugene. Dan ist mittlerweile pensioniert; Anne arbeitet als Apothekerin. Die beiden hatten sich in dem Club kennengelernt und später geheiratet. Als Teenager nahmen sie mich oft mit zu Exkursionen ins Umland. Heute fahren sie gerne sehr weit weg in den Urlaub, zum Beispiel nach Indien oder Marokko, um dort im Partnerlook auf Hardcore-Birdingtouren an ihrer gemeinsamen Vogelliste zu arbeiten. Sie verfolgten natürlich aufmerksam meinen Reise-Blog.

„Welche Vögel fehlen dir denn noch?", fragte Dan ohne lange Vorrede.

„Glaubst du, dass du bis Ende des Jahres 6000 Arten schaffst?", fragte Anne gleich hinterher.

Sie hatte selbst hin und her gerechnet und hielt es für sehr gut möglich.

Ich hatte schon eine Liste meiner Wunschvögel in der Hand und kalkulierte damit, in meinem Heimatbundesstaat vielleicht 50 Arten sichten zu können. Endlich konnte ich einmal die Rolle des einheimischen Experten übernehmen und die Routen planen.

„Ich könnte noch ein paar Küstenvögel wie die Bergente und die Höckersamtente gebrauchen“, sagte ich, „und es wäre schön, wenn ich einen Gelbschopflund finden würde, denn den werde ich nirgendwo sonst auftreiben. Und was das Endergebnis angeht – ja, 6000 könnten tatsächlich drin sein.“

Wir beschlossen, uns den mittleren Küstenabschnitt von Oregon vorzunehmen, wo es seit langer Zeit eine Lundenkolonie gab. Dort konnte man nahezu todsicher diese charismatischen Vögel beobachten. Von Eugene nach Newport, einer kleinen Stadt an der Felsenküste des Pazifischen Ozeans, fuhr man zwei Stunden. Von dort aus wollten wir uns nordwärts zu den Lunden vorarbeiten.

Unterwegs erzählte ich Dan und Anne von meinen letzten Stationen in Arizona und Kalifornien. In Arizona hatten meine beiden Freunde John Yerger und Scott Olmstead aus Tucson alles unternommen, um aus zwei Tagen so gut wie jede erdenkliche Vogelart herauszuholen, und sich sogar in den berühmten California Gulch vorgewagt, einen entlegenen Canyon an der Grenze zu Mexiko, um dort eine Fünfstreifenammer aufzuspüren. Dan und Anne nickten – im California Gulch waren sie natürlich auch schon gewesen. In Los Angeles verbrachte ich anschließend zwei verrückte Tage mit einer bunten Truppe. Dazu zählten der auf Asteroiden spezialisierte NASA-Physiker Lance Benner, der Chef eines Non-Profit-Unternehmens, Dave Bell, und der zwölfjährige Super-Birder Dessi Sieburth, den die American Birding Association gerade zum „Young Birder of the Year“ gekürt hatte. Diesen jährlichen Wettbewerb hatte ich als Jugendlicher auch einmal gewonnen. Bei allen Unterschieden, die es zwischen uns gab, verband uns die gemeinsame Leidenschaft für Vögel. Am Abend blieben wir lange auf und unterhielten uns über fast nichts anderes.

Im Verlauf meines Big Year erlangte ich im bescheidenen Rahmen eine gewisse Prominenz, also ich meine, in Birder-Kreisen. Inzwischen sprachen mich Leute an Hotspots darauf an. Das war schon ganz lustig, so gefeiert zu werden, aber manchmal war es auch anstrengend.

Dan, Anne und ich verbrachten einen unbeschwerten Tag an der Küste von Oregon. Wir suchten verschiedene wunderschöne Plätze auf, die ich seit Kindesbeinen kannte. Mit ihnen fühle ich mich sehr verbunden. Die Landschaft erstrahlte im Sonnenlicht. Kaum ein Windzug strich über das Wasser. Frische grüne Wälder zogen sich an unberührten Sandstränden entlang, wo Robben und Otter in den glitzernden Wellen herumtollten.

Wir hatten einen jener idyllischen Sommertage erwischt, die typisch für Oregon sind. Monatelang hatte ich immer wieder neue fantastische Landschaften gesehen, jetzt stand ich vor den Naturschätzen meiner Heimat und stellte fest, dass die grandiose Küste von Oregon mit jeder anderen Landschaft mithalten konnte.

Außerhalb des geruhsamen Küstenorts Pacific City parkten Dan, Anne und ich das Auto. Wir stellten unsere Spektive auf dem Strand auf und richteten sie auf einen Felsen vor der Küste, den Haystack Rock. Gelbschopflunde sehen mit ihren sehr großen orangefarbenen Schnäbeln und gelben Federn am Hinterkopf aus wie tollpatschige Clowns. Sie nisten in Felsspalten oder in Höhlen unter Steinen, wo sie im Sommer in der Sonne hocken und ihre Flugkünste vorführen. Jahr für Jahr beziehen die Paare die gleichen Höhlen.

Während wir dort in der Nachmittagssonne standen, dachte ich an all die Orte der letzten Monate, von der Antarktis bis zu den Andengipfeln, vom Amazonas bis zur mexikanischen Wildnis. Hier zu stehen, wo mir die Vögel vertraut und mich liebe Freunde begleiteten, machte mich glücklich. Ich wusste: Wenn dieses Jahr zu Ende ist, werde ich mich auf meine Heimkehr freuen.

„Da!“, rief Anne am Spektiv. „Er fliegt im Uhrzeigersinn um die Felsrückseite herum.“

Dan und ich nahmen den rechten Brandungspfeiler in den Blick, wo tatsächlich ein schwarzer Vogel mit leuchtend orangefarbenem Schnabel ins Blickfeld schoss. Dieser Gelbschopflund, Nummer 2701, flatterte mit steifen, paddelförmigen Flügeln so heftig, als könnte er sich nur mit Mühe in der Luft halten. Unter Wasser verwandeln sich diese Flügel in Schwimmflossen. Lunde sind die elegantesten Schwimmer im ganzen Vogelreich, aber in der Luft wirken sie so ungelenk, dass man sich das Lachen kaum verkneifen kann.

In dem Moment stieg hinter dem Gelbschopflund eine Wasserfontäne auf und einen Atemzug lang tauchte vor der sinkenden Sonne ein Wal auf.

10

Verpasste Anschlüsse

Ich hätte wissen müssen, dass sich das größte Flugchaos meines Big Year in den USA ereignen würde. Da flog ich monatelang ohne Probleme mit zweifelhaften Airlines durch Lateinamerika und ausgerechnet in New York wendete sich das Blatt. Dort durfte ich dank United Airlines erleben, wie sich die neun Höllenkreise eines Reisenden anfühlen.

Es schien, als wollte man mich partout nicht aus dem Land lassen. Mein erster Flug vom Ithaca Tompkins Regional Airport hatte Verspätung und fiel dann ganz aus, weil die Crew nicht zum Dienst erschien. Statt mich auf einen späteren Flug umzubuchen, steckte der Ticket Agent mich in ein Taxi, das mich zu einem anderen Flughafen beförderte. Dort wartete ich den Rest des Nachmittags, nur um am Ende zu erfahren, dass sich auch der Ersatzflug wegen eines Unwetters verspätete und schließlich ebenfalls gestrichen wurde. Entnervt stieg ich in einen Greyhound-Bus nach New York City, wo ich um zwei Uhr nachts im strömenden Regen eintraf. Ich nahm in einem Hotel in Manhattan eine Mütze Schlaf. Am nächsten Tag schaffte ich es tatsächlich abzuheben – mit 27 Stunden Zeitverlust. Das war, gemessen an einer Lebensspanne, ein unendlich kurzer Zeitraum, aber unter den gegebenen Bedingungen eine halbe Ewigkeit.

Das alles schien United Airlines nicht im Geringsten zu tangieren. Wusste man dort nicht, dass Zeit ein kostbares Gut ist? Ich war mittlerweile zum Sklaven meiner Uhr geworden und vor Wut außer mir. Ausgerechnet die Fluggesellschaft, die sich rühmt, die meisten Flüge zu den meisten Zielen weltweit anzubieten, hatte mir überhaupt keinen Flug zu gar keinem Ziel angeboten und mir damit den zweiten vogellosen Tag dieses Jahres eingebrockt.

Immerhin war der Tag zuvor gut gelaufen. Nachdem ich das heimatliche Oregon verlassen hatte, landete ich in Ithaca und traf dort Tim Lenz, der als Programmierer für eBird arbeitete. Mithilfe dieser Website des Cornell Lab of Ornithology erfasste ich die Sichtungen in meinem Big Year. In seiner Freizeit betreibt Tim natürlich Birding, quasi bis zur Besinnungslosigkeit. Er wusste, wo die Vogelarten zu finden waren, die ich in New York suchte, schließlich hatte er sie alle in eBird katalogisiert. Er war ein drahtiger Typ ungefähr in meinem Alter und sehr gewissenhaft.

Wir waren gerade dabei, in der Nähe des Cayuga Lake häufig vorkommende Vögel wie Prärieläufer und Dunkelenten zu beobachten, als Tim eine WhatsApp-Nachricht erhielt.

„Wahnsinn“, entfuhr es ihm. „Da meldet jemand gerade, dass ein Brauner Pelikan über den See fliegt. Und das im Großraum New York. Den müssen wir sehen!“

Ich zuckte. „Äh, Tim, Braune Pelikane habe ich letzte Woche zu Tausenden am Pazifik gesehen, wo sie auch hingehören. Ich brauche keinen Braunen Pelikan mehr für die Jahresliste. Heute brauche ich Dunkelenten, denn die kann ich nur noch heute sehen …“

Tim schaute mich entgeistert an. In dieser Situation war nicht automatisch klar, was mehr Gewicht hatte: eine in New York megaseltene Spezies für Tims Life List oder ein Allerweltsvogel für meine Big Year List.

„Aber ein Brauner Pelikan!“, protestierte er. „Ist dir klar, was für eine Rarität das ist? Das kommt vielleicht nie wieder vor!“

Ich konnte Tim ja verstehen. Wenn in Oregon ein seltener Vogel gesichtet wird, mache ich mich auch sofort auf die Socken. So ist das eben beim Birding: Du musst die Gelegenheit nutzen, denn vielleicht kommt sie kein zweites Mal. Trotzdem durchkreuzte der Pelikan jetzt völlig meine Pläne.

„Lass uns beides machen“, schlug ich vor. „Wir fahren erst dem Pelikan hinter und suchen dann ein paar Dunkelenten.“

„So machen wir’s.“

Er wendete mitten auf dem Highway, und schon brausten wir in neuer Mission in Richtung Cayuga Lake.

Während der Fahrt glühte Tims Handy fast von den vielen WhatsApp-Nachrichten anderer Birder, die dem Pelikan auf den Fersen waren. Da sich in Ithaca die Cornell University und das dazugehörige Lab of Ornithology befinden, wimmelt es in der Stadt nur so vor Ornithologen. Per Instant Message wurde jede neue Sichtung in Echtzeit gemeldet. Irgendjemand sah den Pelikan südwärts am See entlangfliegen; ein anderer meldete, der Vogel sei jetzt schon ein paar Kilometer weiter. Das Tier zog offensichtlich ziellos seine Bahnen um den über 60 Kilometer langen See und fragte sich wahrscheinlich, an welcher Stelle es vom Ozean abgekommen war. Sicher ahnte es nicht im Geringsten, dass sein Erscheinen so viel Aufmerksamkeit erregte.

Mit einem „Ping“ ging eine Nachricht von Marshall Iliff und Tom Schulenberg ein, zwei Birdern der Cornell University. Sie rieten uns, zu einem Jachtclub am Seeufer zu fahren. Sie selbst hatten sich ein Stück seeaufwärts postiert und den Pelikan soeben über ihren Köpfen vorbeifliegen sehen.

„Wenn er geradeaus weiterfliegt, dürfte er da in ein paar Minuten vorbeikommen.“

Tim brauste zum Segelboothafen. Wir rannten auf den Steg und suchten den Himmel ab. Vom Pelikan keine Spur. Wie schnell fliegt so ein Brauner Pelikan? Während wir dastanden, versuchten wir uns an hypothetischen Geschwindigkeits- und Entfernungsberechnungen, bis Tim plötzlich einen Punkt am Horizont sichtete.

Langer Schnabel, plumpe Gestalt und prähistorisch anmutende Flügel bewiesen uns schon von Weitem, dass wir das Zielobjekt gefunden hatten. Als sich der Pelikan näherte, richteten wir unsere Kameras wie Flugabwehrkanonen himmelwärts. Der Vogel flog schwerfällig wie ein Bomber direkt über uns hinweg und ließ sich bildfüllend ablichten.

Tim war aus dem Häuschen.

„Ich fass es nicht. Ein Brauner Pelikan am Cayuga Lake.“

Eine Minute später war der Spuk vorbei. Der Strom der WhatsApp-Meldungen riss nicht ab. Der Vogel wurde über dem Bauernmarkt gesichtet, dann rannte ein Cornell-Student aus dem Seminarraum, um einen Blick auf ihn zu erhaschen.

„Für die Campus-Liste ist das ein toller Eintrag“, sagte Tim mit fachkundiger Miene.

Später fanden wir auch die Dunkelenten, um mich zufriedenzustellen, aber der Pelikan ging mir nicht aus dem Kopf. Die allermeisten Big Years sind in erster Linie eine Raritätenjagd. Wenn man sein Big

Year zum Beispiel auf den Bundesstaat New York beschränkt, sind hier seltene Vogelarten wie dieser Braune Pelikan ein Muss. Da das Beobachtungsgebiet an den Bundesstaatgrenzen aufhört, legst du dich automatisch auf den Reaktionsmodus fest und ziehst sofort los, um einen Vogel zu sehen, der sich verflogen hat. Gegen diese Birding-Variante ist nichts zu sagen. Manche kritisieren daran, dass bei diesem Ansatz mit der Zeit immer weniger herauskommt. Denn sobald man alle gängigen Vögel im Zielgebiet gesehen hat, wird es zusehends aufwendiger, neue Arten aufzutreiben.

Einer solchen Raritätenjagd entgeht man am einfachsten, indem man sich den ganzen Planeten vornimmt. Du fährst dorthin, wo die jeweiligen Vögel heimisch sind, statt zu warten, dass ein Irrgast plötzlich vor deiner Haustür sitzt. Die Welt ist die einzige Größenordnung, in der Raritätenjagden nicht belohnt werden. Mir gefiel der Gedanke, dass ich durch die Verknüpfung von globalem Denken und lokalem Birding dazu beitrug, das Big Year neu zu erfinden.

Aber nun musste ich erst einmal überhaupt aus New York herauskommen. Weltumspannende Denkansätze funktionieren nicht, wenn man gar nicht in die Welt hinausgelassen wird.

Beim Warten auf meinen Abflug sah ich angespannt auf die Uhr. Mein nächster geplanter Stopp – Island – schmolz immer mehr in sich zusammen. Als dann irgendwann durchs Flugzeugfenster New York immer kleiner wurde, war ich völlig frustriert. Statt der mit Freude erwarteten anderthalb Tage in Island blieben mir nur mehr ein paar Stündchen – und das auch noch nachts. Durch meine neue Flugverbindung landete ich nämlich um Mitternacht in Reykjavik und musste um sieben Uhr morgens weiterfliegen.

Da schoss mir ein Gedanke durch den Kopf: Wir hatten Juni, und im hohen Norden geht die Sonne im Sommer gar nicht richtig unter. In Island würde es überhaupt nicht dunkel werden! Ich konnte theoretisch also doch ein klitzekleines bisschen auf Vogeltour gehen.

Ich schickte eine Nachricht an Yann Kolbeinsson, mit dem ich mich in Reykjavik verabredet hatte.

Wer zu einem World Big Year aufbricht, braucht jede Menge Bestimmungsbücher. Die sind natürlich viel zu schwer, um sie alle einzupacken. Diesen Bücherturm habe ich komplett eingescannt, um ihn als digitales Nachschlagewerk dabeizuhaben. © Bob Keefer

OBEN: Strategisch gesehen war die Antarktis-Etappe nicht sinnvoll, denn dort gibt es vergleichsweise wenige Vogelarten. Aber bei meinem Big Year ging es nicht nur um die Zahlenausbeute. Welcher Birder will schon den kältesten Kontinent der Erde auslassen und auf diese freundlichen Eselspinguine verzichten? © Noah Strycker

UNTEN: Wer den ganzen Planeten bereist, kann getrost am Ende der Welt starten. Zu Beginn des Jahres war ich als Bordornithologe in der Antarktis unterwegs, streckenweise auch mit dem Schlauchboot. © Noah Strycker

OBEN: In Argentinien erwiesen sich Maultiere als ideale Reisegefährten bei der Suche nach Aplomadofalken, Baerammerfinken, Dornbuschcanasteros, Graukehltapaculos und anderen unglaublichen Vogelarten im hintersten Winkel der Provinz Jujuy. © Noah Strycker

MITTE LINKS: Der kräftigste Greifvogel der westlichen Hemisphäre ist die seltene Harpyie, die im südamerikanischen Regenwald lebt. Das schier endlose Warten an ihrem Nest in Brasilien wurde belohnt und am Ende erhaschte ich tatsächlich einen Blick auf den spektakulären 90 Zentimeter großen Raubvogel mit einer Flügelspannweite von zwei Metern. © Noah Strycker

UNTEN LINKS: Nach einer Autopanne im zentralperuanischen Hochland halfen uns Quechua-Bauern aus der Patsche. Der 17-jährige Rolando fuhr mich auf seinem Dirt Bike ins Tal. © Noah Strycker

OBEN: Auf meiner Reise ging es oft hoch hinaus, aber einsame Spitze war der rund 4800 Meter hohe Paso Ticlio in Peru - ab Meeresniveau in weniger als 24 Stunden. Für die Vogelwelt nahm ich den Anflug von Höhenkrankheit gern in Kauf. © Noah Strycker

MITTE RECHTS: Sintflutartige Regenfälle, Erdrutsche, Überschwemmungen, Verkehrsunfälle und Autopannen gehörten auch zu meinem Big Year. In Peru blieb unser verdreckter Van mit zwei platten Reifen, leerer Batterie und fehlender Stoßstange in einer gottverlassenen Gegend liegen. Ein Unglück kommt selten allein. © Noah Strycker

UNTEN RECHTS: Riesen-Ameisenpittas sind äußerst scheu. Doch dem Holzfäller Ángel Paz aus Ecuador gelang es, einen Vogel, dem er den Namen Maria gab, so zu dressieren, dass er sich auf Zuruf zeigte. © Noah Strycker

OBEN: In meinem Big Year reiste ich per Flugzeug, Auto, Taxi, Bus, Motorrad, Quad, Jeepney, Nachtzug, Hochgeschwindigkeitszug, Schiff, Schnellboot, Fähre, Schlauchboot, Außenborder-Kanu, Floß, Fahrrad und zu Fuß. Mit Abstand das ausgefallenste Vehikel war die Moto-Draisine „La Brujita" („Kleine Hexe") in Kolumbien, mit der wir über stillgelegte Bahngleise sausten.© Noah Strycker

MITTE LINKS: Ein magischer Moment unweit von Durango in Mexiko: Diese Winternachtschwalbe, Vogelart Nummer 2500 auf meiner Liste, posierte für ein paar Nahaufnahmen. © Noah Strycker

UNTEN: Der Sommer in Island liefert Tageslicht rund um die Uhr und damit die Chance zum 24-Stunden-Birding. Ein besonders guter Blick auf Schwäne, Enten, Gänse und andere Wasservögel bot sich am Amtssitz des isländischen Präsidenten. © Noah Strycker

OBEN: Der passionierte Birder Kalu Afasi genießt die Vogelperspektive auf einem Baumwipfelpfad im ghanaischen Kakum-Nationalpark. Das Wegesystem in schwindelnder Höhe hat den ansonsten undurchdringlichen Wald in eine Öko-Attraktion erster Güte verwandelt.

MITTE RECHTS: Dem Safari-Reisenden laufen mitunter auch große Vögel über den Weg. Dieser Südliche Hornrabe hält kurzzeitig den Verkehr im südafrikanischen Kruger-Nationalpark auf.

UNTEN: Die Vögel waren in meinem Big Year nicht die einzige tierische Attraktion. In der Serengeti im Norden Tansanias stahl ihnen dieses Löwenrudel die Schau.

OBEN: Dieses Ceylonfroschmaul-Pärchen sieht aus wie ein Plüschtierknäuel oder ein Haufen toter Blätter. Sie verhalfen mir zum Weltrekord – Vogelart Nummer 4342! © Noah Strycker

MITTE LINKS: Besonders freute mich, dass ich den Weltrekord im rekordversessenen Indien erbrachte. Bischof Kuriakose Mor Eusebius zelebrierte dieses Ereignis mit einem Selfie in vollem Ornat. © Noah Strycker

UNTEN LINKS: Dieser Schneekranich kam vom Kurs ab und landete auf einem Acker in Taiwan. Dort richtete er sich ein Jahr lang häuslich ein und avancierte zur Berühmtheit, inklusive staatlich finanziertem Wachpersonal. © Noah Strycker

OBEN LINKS: Der Kasuar ist nach Strauß und Emu der drittgrößte Vogel der Welt. Das martialisch aussehende Tier zog im Wald unweit des australischen Cairns zwei Küken groß. © Noah Strycker

OBEN RECHTS: Eine lebende Goldeule hatte seit Mitte der 1980er-Jahre niemand mehr gesehen, 2015 wurde dann dieses Exemplar auf einer Ölpalmenplantage der melanesischen Insel Neubritannien gesichtet. © Noah Strycker

MITTE RECHTS: Der letzte Vogel meines Jahres war eine Maskeneule in der nordostindischen Provinz Assam, abgelichtet am 31. Dezember 2015 kurz vor Mitternacht. So entstand das vielleicht erste Foto einer wild lebenden Maskeneule in Indien. © Noah Strycker

UNTEN RECHTS: Nach zehn Monaten feierte ich auf der Philippinen-Insel Mindanao mit dem Goldkronen-Mistelfresser meine 5000ste Vogelart, und meine lokalen Birding-Begleiter feierten mit. © Noah Strycker

„Hallo Yann, ich komme voraussichtlich um Mitternacht an. Mir ist klar, dass das keine ideale Zeit für eine Birding-Runde ist, aber bist du für eine Nachtexkursion zu haben? Wenn nicht, nehme ich mir für ein paar Stunden ein Taxi."

Yann antwortete prompt. „Ich bin da, wenn du landest, und dann holen wir das Maximum raus."

Genauso geschah es. Wenige Stunden später landete ich in Reykjavik und sah Yann im stimmungsvollen Licht der tiefstehenden Mitternachtssonne auf mich warten. In seinem Pickup steuerten wir die Tundra außerhalb der Stadt an.

Als ich ihm dafür dankte, dass er mich zu so später Stunde abholte, winkte er nur ab. Erst später erfuhr ich, dass Yann in Nordisland wohnte, fünf Stunden im Auto gesessen hatte, um mich in Reykjavik aufzulesen, mit mir die Nacht auf Vogelpirsch zugebracht hatte, dann wieder fünf Stunden zurück nach Hause gefahren und anschließend zur Arbeit gegangen war.

„Das war's wert. Ich freue mich, dass ich dir bei deinem Big Year helfen konnte", schrieb er später.

Die Landschaft war baumlos, vulkanisch und nahezu unbewohnt. Yann wusste genau, wo wir suchen mussten. Wir hielten an mehreren Stellen entlang der Felsküste, an der Polarmöwen und Küstenseeschwalben über unzählige Eiderenten hinwegschwebten. Gegen drei Uhr nachts wanderten wir zu einer Klippe, auf der sich eine Seevogelkolonie befand. Dort sichteten wir unter anderem eine Dickschnabellumme und mit einer großen Portion Glück einen Papageitaucher – das Pendant zum Gelbschopflund in Oregon. Der Papageitaucher kauerte auf einem Felsvorsprung vor seiner Nistspalte, und sein knallbunter Schnabel leuchtete wie ein Signalfeuer.

Ich hätte gern gewusst, wie diese arktischen Vögel in der nie endenden Helligkeit des Sommers Schlaf finden. Anscheinend blieben sie die ganze Zeit wach oder machten nur dann und wann ein Nickerchen. Manche Seevögel hockten auf den Felsen und schlummerten vor sich hin, während andere ungeachtet der Uhrzeit mit großem Elan umherflogen.

Als sich der Stundenzeiger meiner Armbanduhr auf die Fünf zubewegte, nahmen Yann und ich uns ein weitläufiges Sumpfgebiet am Rand von Reykjavik vor, wo sich Unmengen von Pfeifenten, Singschwänen und anderen Wasservögeln versammelten. Dieser Ort war ungemein vogelreich und grün. Im Hintergrund stand ein weißes Gebäude von imposanter Größe ganz allein in der wattähnlichen Landschaft.

„Der Amtssitz des Präsidenten", erklärte Yann.

Diese Gartenliste kann sich bestimmt sehen lassen, dachte ich.

Hinter einem Wolkenschleier stieg die Sonne wieder höher und ließ einen neuen Tag beginnen. Hier, am 64. Breitengrad, hatte ich den nördlichsten Punkt meiner Jahresreise erreicht. Von nun an würde es stetig gen Süden gehen. Ich hatte nach wie vor einen langen Weg vor mir und würde noch vielen Menschen und Vögeln begegnen. Das kurze Intermezzo in Island kam mir später wie ein Traum vor, ein Streiflicht zwischen Nordamerika und Europa.

Als mich Yann kurz vor meinem Weiterflug nach Norwegen wieder am Flughafen absetzte, hatte er mir in weniger als sieben Stunden 36 neue Vogelarten gezeigt. Es waren allesamt in Island weitverbreitete Arten, die andernorts als Raritäten gelten. Damit war wieder einmal bewiesen: Du kannst lange warten, bis die Vögel zu dir nach Hause kommen; sportlicher und logischer ist es, dorthin zu gehen, wo die Vögel sind.

Dank Yanns Hilfe schlug mein Zeitverlust nicht allzu sehr zu Buche. Am 160. Tag des Jahres hatte ich respektable 2786 Vogelarten beisammen. Ich stieg in die Icelandair-Maschine ein. Das Stimmungslicht in der Passagierkabine ließ mich an Nordlichter denken, die Executive-Sitze hießen „Saga Class", und das Kabinenpersonal war ausnahmslos blond. Ich sank dankbar in meinen Sitz. Während die karge isländische Landschaft unter mir verschwand, machte ich die Augen zu, stellte mir den von Enten umringten Präsidenten in seinem Palast vor und ließ mich vom Schlaf sanft südostwärts tragen.

Das zweite und letzte nennenswerte Airline-Chaos in diesem Jahr ereignete sich zwischen Spanien und Westafrika. Meine Birding-Tour durch Europa war wie geplant kurz gewesen. In Norwegen hatte ich meinen Freund Bjørn Olav Tveit getroffen, den Autor von *A Birdwatcher's Guide to Norway.* Wir hatten uns vor ein paar Jahren in Oregon kennengelernt.

In der Türkei war ich unweit des Berges Nemrut (Nemrut Dağı) mit dem enthusiastischen jungen Birder Emin Yoğurtçuoğlu im Schatten gigantischer Statuen unterwegs, die mich an die Osterinseln erinnerten. Hier trug ich die 3000. Vogelart in die Liste ein: einen Brachpieper. Und in Spanien vermittelte Gorka Gorospe mir einen Eindruck vom Vogelreichtum seines Landes und schenkte mir ein witziges Big-Year-T-Shirt. Inzwischen hatte ich Süd-, Mittel- und Nordamerika sowie Europa ebenso in der Tasche wie drei Fünftel der anvisierten 5000 Vogelarten. Alles lief wie am Schnürchen.

Auf dem Weg nach Afrika allerdings lief ziemlich viel schief. Ich wollte für meinen gebuchten Flug nach Ghana einchecken, da stellte sich heraus, dass der schon am Vortag abgeflogen war. Den Rest des Nachmittags feilschte und schacherte ich so lange mit den verschiedensten Airline-Mitarbeitern, bis ich durch eine wilde Kombination von Einzelflügen über Deutschland und Äthiopien von Spanien nach Ghana gelangen konnte. Schön war das nicht, aber ich kam ans Ziel.

Die Routenänderung erwies sich nicht als pure Zeitverschwendung. Der ärgerliche fünfstündige Stopp in Frankfurt am Main brachte mich auf die Idee, dort ein paar Vögel gutzumachen, statt am Flughafen die Beine hochzulegen. Ich klappte meinen Laptop auf und gab bei Facebook in die Suchleiste „Meine Freunde in Frankfurt" ein. Einer der Namen, die angezeigt wurden, war Peter Kaestner.

In Birder-Kreisen ist Peter Kaestner weltweit bekannt. Über 30 Jahre lang hatte er in mehr als einem Dutzend besonders vogelreicher Länder für das US-Außenministerium gearbeitet, unter anderem in Namibia, Kolumbien, Malaysia, Guatemala, Ägypten, Papua-Neuguinea, Brasilien, Indien, auf den Salomonen und in Afghanistan. Wenn man in einem Menschenleben möglichst viele Vögel beobachten will, ist diese Strategie unschlagbar. Mitte der 1980er Jahre hatte Peter von jeder Vogelfamilie der Welt mindestens einen Vertreter gesehen – das war vor ihm noch niemandem gelungen. Er hatte mal zu einem bestimmten Zeitpunkt die zweitlängste Life List der Welt und behauptet sich mit mehr als 8500 Arten bis heute in den Top Ten. Es wurde sogar ein Vogel nach ihm benannt: der Kaestner-Ameisenpitta, den ich noch im April in Kolumbien gehört hatte und dessen wissenschaftlicher Name *Grallaria kaestneri* lautet.

Ich kannte Peter nicht persönlich (auch wenn Facebook ihn als Freund vorgeschlagen hatte) und wusste nicht, dass er gerade in Deutschland eine Abteilung des US-Generalkonsulats leitete. Das wäre natürlich extrem spannend, ausgerechnet ihn zu treffen. Bevor ich in den Flieger nach Frankfurt stieg, schickte ich ihm eine kurze Nachricht, ohne wirklich mit einer Antwort zu rechnen. Als ich wenige Stunden später in Deutschland landete und mein Smartphone einschaltete, sah ich seine SMS: „Wir warten draußen."

Überrascht rannte ich aus dem Terminal und traf auf Peter, der zusammen mit seiner Frau Kimberly direkt von der Arbeit gekommen war, in Anzug und Laufschuhen. Wir gingen zum Auto.

„Wie viel Zeit haben wir?", fragte Peter beim Ausparken.

„Nur ein paar Stunden. Ich weiß, es ist ziemlich ambitioniert, in dieser kurzen Zeit im Großraum Frankfurt einen Vogel aufzutreiben, den ich nicht schon gesehen habe. Ich glaube, der einzige sinnvolle Zielvogel hier ist der Grauspecht. Der ist mir bisher noch nirgendwo untergekommen."

Peter besprach sich mit Kimberly. „Wir können es in einem Waldstück hier in der Nähe versuchen."

Eine Stunde lang durchstreiften wir einen waldähnlichen Park, in dem sich aber jetzt am Nachmittag wenig tat. Die frische Luft war trotzdem wohltuend, und es war schön, mich mit Peter und Kimberly zu unterhalten. Sie hatten meine Reiseroute tatsächlich mitverfolgt.

„Ich freue mich sehr, dass wir uns kennenlernen", sagte Peter, „denn über ein World Big Year habe ich immer wieder nachgedacht. Ernsthaft verfolgt habe ich den Gedanken aber nie. – Ich fürchte, mit dem Specht werden wir kein Glück haben. Gibt es nicht noch einen anderen Vogel, den wir suchen könnten?"

„Na ja", überlegte ich, „gibt es schon, aber es lohnt sich fast nicht, sich dafür auf den Weg zu machen."

„Um welchen Vogel geht es denn?“

„Ihr werdet lachen“, sagte ich, „aber eine Nilgans habe ich dieses Jahr noch nicht gesehen. Und hier soll es eine wildlebende Population geben. Stimmt das?“

Peter nickte.

„Das stimmt“, sagte er. „Nilgänse sind überall in der Innenstadt. Wenn die Nilgans dir einen vogellosen Tag erspart, dann nichts wie hin.“

Und so begaben wir uns zur Gänsejagd in die Frankfurter Altstadt. Die Nilgans hat sich in Deutschland schon vor Jahren etabliert, theoretisch konnte ich sie also mitzählen, obwohl sie nicht in Europa heimisch ist. Für manche Birder zählen solche eingeschleppten Populationen nicht, und natürlich würde ich in Afrika auch bald jede Menge wildlebende Nilgänse zu Gesicht bekommen. Trotzdem hatte es etwas Verlockendes, eine Nilgans in Frankfurt zu sichten.

Die Nilgänse waren absurd leicht zu finden. Wir sahen sie durch eine städtische Grünanlage am Mainufer watscheln.

„Hässliche Vögel“, meinte Peter, „aber bitte schön – da sind sie!“

Wir nahmen uns Zeit für einen kleinen Stadtspaziergang. Wir sahen den Kaiserdom, den berühmten Römer und eine Monet-Ausstellung. Und morgen früh sollte ich südlich der Sahara aufwachen. Unvorstellbar.

Ein Selfie auf die Schnelle vor dem Dom war der Schlusspunkt meiner Europa-Etappe. Zurück am Flughafen wünschten Peter und Kimberly mir alles Gute. Eine Gans und zwei neue echte Freunde – das blieb von meinem Spontanaufenthalt in Deutschland.

Und jetzt war ich endlich auf dem Weg nach Afrika.

11

Kalu

Praktisch niemand bereist Westafrika während der Regenzeit, und das aus gutem Grund. In der Woche vor meiner Ankunft in Ghanas hektischer Hauptstadt Accra waren dort bei schweren Unwettern über 150 Menschen umgekommen. Über dem Küstenregenwald, der sich wie ein Schweißfleck ausbreitet, zu den biodiversesten Gebieten der Erde gehört und Dutzende endemischer Vogelarten beherbergt, gingen enorme Regenmengen nieder. Wegen meiner linearen Reiseroute hatte ich keine andere Option, als Ghana während des Monsuns zu bereisen. So kam es, dass ich mich an einem dunklen und feuchten Morgen Ende Juni in Accra durch die Menschenmenge arbeitete und meine ersten Eindrücke dieses Landes aufsaugte.

Aus der Menge der Taxifahrer, Fremdenführer und Kofferträger löste sich ein Mann, der mich offenbar kannte. Er reichte mir die Hand und strahlte mich an.

„Noah, willkommen in Ghana!"

„Wie hast du mich bloß erkannt, Kalu?", witzelte ich. In diesem Menschengewühl waren meine blonden Haare natürlich so unauffällig wie eine Neonreklame.

„Komm, der Fahrer wartet", sagte er und ging voraus zu einem überfüllten Parkplatz.

Ich hatte Kalu Afasi – 38 Jahre, schlank, durchtrainierte Oberarme – vor Monaten über die Website BirdingPal kontaktiert. Wir hatten eigentlich nur ein paar E-Mails hin- und hergeschickt, toll, dass er mich tatsächlich hier in Empfang nahm.

„Ich habe dich gestern schon erwartet", sagte er.

„Ja, entschuldige bitte", gab ich zurück. „Ich habe dir eine Nachricht geschickt, aber das war vielleicht schon zu spät. Mein Flug wurde storniert. Deshalb musste ich gestern einen Zwischenstopp in Deutschland einlegen."

„Na ist ja egal, jetzt sind wir beide hier. Das ist unser Fahrer Yaw."

Ein kleinerer Mann stieg aus einem Allradauto und ließ es sich nicht nehmen, meinen Rucksack in den Kofferraum zu heben, in dem schon jede Menge Wasserkanister und verschiedene Ausrüstung lagen.

„Yaw bedeutet: an einem Donnerstag geboren“, erklärte Kalu. „Wenn du seinen Namen vergisst, kannst du einfach *Donnerstag* zu ihm sagen.“

Ich musste lachen. Kalu hatte offenbar ein Faible für Geburtswochentage. Er wollte auch wissen, an welchem Wochentag ich zur Welt gekommen war, und ich musste zugeben, dass ich das nicht wusste. Als wir später jemanden trafen, der nach eigener Aussage ein Samstagskind war, schaute Kalu bekümmert.

„Was für ein Pech. Samstags musst du früh aufstehen und auf der Farm mit anpacken, weil da keine Schule ist. Das ist kein guter Tag zum Geborenwerden.“

Zu dritt fuhren wir los. Mit ruhiger Hand fädelte Yaw Boateng uns in das Verkehrsgetümmel von Accra ein, und unter einem grauen Himmel fuhren wir südwärts. Die Straße war verstopft mit Kleinwagen, verbeulten Mini- und Autobussen, die meist rot und gelb lackiert waren. Zu beiden Seiten der Straße standen Holzbuden unter großen Schirmen. Alles Mögliche wurde hier feilgeboten: Holzkohle, Handys, Kochbananen, Tischventilatoren, Toiletten, HiFi-Anlagen, Kleider, Eier, Schuhe, Betonziegel, Matratzen, Stromstecker, Eiscreme, Fahrräder, T-Shirts, Kunststoffbehälter und was man sonst noch so braucht. Ab und an fuhren wir an Märkten vorbei, auf denen dicht gedrängt Obst-, Gemüse- und Fleischstände aufgereiht waren, offenbar ein gutes Geschäft. Viele Menschen balancierten Gegenstände auf dem Kopf, Ananas ebenso wie Schüsseln oder Benzinkanister. Die meisten Menschen waren hell gekleidet. Die Schulkinder trugen Uniformen, die Frauen fließende Gewänder und Flipflops und die Männer blütenweiße Hemden, als wollten sie der roten Erde Afrikas etwas entgegensetzen. Ziegen, Hunde und Hühner wichen den Fahrzeugen aus, und große Pfützen zeugten von den jüngsten Regenfällen. Die Luft stand vor Feuchtigkeit, Feuerrauch, Abgasen und heftigen Koch- und Kanalisationsgerüchen.

Auf der Landkarte ist Ghana ein Rechteck an der afrikanischen Westküste zwischen der Elfenbeinküste, Burkina Faso und Togo. Die politische Situation des Landes ist einigermaßen stabil, für Birder ist es gut zu bereisen, und es gibt eine außergewöhnliche Vielfalt an Vögeln. Innerhalb kurzer Zeit gelangt man zum Meer, ins Gebirge oder in Feucht- und Trockenwälder, im Norden finden sich große Savannen und Grünlandgebiete.

Kalu, der auf dem Beifahrersitz saß, drehte sich zu mir nach hinten, damit er nicht gegen das Motorgeräusch anreden musste.

„Ich habe mich sehr gefreut, als deine erste E-Mail kam. Um diese Jahreszeit kommt kaum jemand nach Ghana. Dein Projekt ist toll – um die Welt reisen und Vögel beobachten. Einfach klasse."

„Und ich freue mich sehr, endlich in Afrika zu sein", antwortete ich. „Das ist der einzige Kontinent, auf dem ich noch nie war. Für mich ist alles neu."

„Vor allem die Vögel!"

„Stimmt", sagte ich. „Hier wird fast jeder Vogel ein Lifer sein."

Kalu war sichtlich erfreut.

„Mal sehen, wie viele wir in acht Tagen finden. Wir werden in den Feuchtwäldern im Süden anfangen – da fahren wir jetzt gerade hin – und uns dann nordwärts ins Landesinnere vorarbeiten. Ich schätze, wir schaffen insgesamt an die 300 Arten."

„Hoffentlich regnet es nicht zu viel."

„Mach dir über das Wetter am besten keine Gedanken", gab Kalu zurück. „Darauf haben wir eh keinen Einfluss, es ist absolut nicht vorhersagbar. In den letzten beiden Jahren war die Regenzeit ganz seltsam; niemand weiß, wann der Regen kommt. Das Klima hier verändert sich."

So oder ähnlich hatte ich das in diesem Jahr an verschiedenen Orten schon beunruhigend oft gehört. Viele meiner Begleiter hatten erzählt, dass sich die Jahreszeiten nicht mehr vorhersagen ließen. Mein Blick auf den Klimawandel hatte sich in letzter Zeit geschärft. Das war nicht einfach nur ein Thema für Wissenschaftler und Politiker, die Veränderungen wirkten sich bereits sehr konkret auf die Menschen vor Ort aus.

Eine Weile sagten wir nichts. Yaw lenkte unser Allradauto aus der verstopften Stadt hinaus. Das Gewühl wurde allmählich von weiten Feldern, mageren Kühen, Palmen und motorradfahrenden Kindern abgelöst.

Ich schaute aus dem Fenster und dachte an die kommenden Wochen. Auf meinem Reiseplan standen außer Ghana noch Kamerun, Südafrika, Madagaskar, Kenia, Tansania und Uganda, dann wollte ich nach Asien weiterziehen. Für mich waren alle diese Reisestationen Neuland, Afrika war der exotischste Ort, an dem ich je war. Die Menschen, die Kultur, die Landschaft und die Vögel waren dermaßen anders als alles, was ich bisher erlebt hatte, dass ich nicht die geringste Ahnung hatte, was mich erwartete. Nach der entspannten Phase in den USA und Europa schaltete ich nun wieder auf überscharfe Wahrnehmung um. Den Rest des Jahres würde ich vor allem in ländlichen, tropischen Ländern verbringen, und ich verfiel wieder in den Hab-Acht-Modus, den ich schon in Lateinamerika kultiviert hatte.

Die Rückkehr in die Tropen hatte unter anderem den Vorteil, dass ich einen geregelten Tagesablauf haben würde. In Äquatornähe ist es jeden Tag zwölf Stunden hell und zwölf Stunden dunkel. Ich konnte also endlich den Schlaf nachholen, der mir an den langen Sommertagen im Norden entgangen war. Außerdem brachten die holprigen Straßen automatisch ein langsameres Reisetempo mit sich. Kalu hatte uns die nächsten beiden Nächte im Hans Cottage Botel (tatsächlich mit B geschrieben) einquartiert. Zwei Mal hintereinander im gleichen Bett schlafen und vielleicht sogar Klamotten waschen!

Der Schauplatz meines ersten Birding-Ausflugs in Afrika hieß Winneba Plains. Wir stellten das Auto an einer Schotterpiste ab und gingen durch struppige Felder.

„Lass uns hier ein paar Stunden umschauen“, schlug Kalu vor. „In dieser Gegend gibt es Arten, die wir nirgendwo sonst sehen werden. Morgen kommen wir dann in ein Waldgebiet.“

Wir wanderten zu zweit den Weg entlang, während Yaw beim Auto blieb. Überall tauchten Vögel auf, die teils fremdartige Namen trugen wie Buschwürger, Tschagras und Witwenvögel. Ein grüner Guineaturako mit schwarz-weißem Augenstreif flog auf, ließ dabei seine überraschend roten Flügel sehen und kreuzte im Sturzflug den Pfad vor uns. Ich gab mir Mühe, bei den vielen Eindrücken hinterherzukommen, und genoss das Gefühl, wieder einmal überwältigt zu sein. Selbst die gewöhnlichsten Vögel wie Kleinelsterchen und Schildraben empfand ich als neu und aufregend.

„Schau! Da drüben!“ Kalu zeigte auf einen großen Vogel, der sich gerade aus dem Gras in die Luft erhob. „Eine Schwarzbauchtrappe!“

Wir beobachteten, wie sich die Trappe mit mühsamen Flügelschlägen voranschleppte, um in einiger Entfernung hinter einem Gebüsch wieder zu Boden zu gehen. Sie sah eigenartig aus: In Größe und Gestalt erinnerte sie an einen Pfauen, es fehlte nur der Schwanz. Die Flügel waren weiß, der Rumpf dunkel, der Hals dürr und die Beine lang.

„Das ist der Vogel, den ich mir hier und heute am meisten gewünscht habe“, freute sich Kalu. „Trappen können sich im hohen Gras so gut verstecken, dass sie ganz schwer zu finden sind. Schön, dass sie sich gerade jetzt zu einem Kurzflug entschlossen hat.“

Nach zwei Stunden hatten wir 38 Vogelarten gesichtet, von denen ich 36 noch nie in meinem Leben gesehen hatte. Zum Auftakt meiner Afrika-Etappe wartete Ghana mit einem Crashkurs auf. Ich fühlte mich wieder wie ein Anfänger. Großartig.

Beim Abendessen fragte ich Kalu, wie sein Interesse für Vögel entstanden war. Wir speisten in einem offenen Restaurant ohne Wände. Vor mir stand eine große Schüssel *Fufu*, ein Kloß aus zerstoßenem Maniokteig in einer Suppe mit Gemüse, Gewürzen und Ziegenfleisch. Dazu bekam ich eine kleine Schüssel mit Leitungswasser, um meine Finger zu waschen.

„Am besten nimmst du die rechte Hand zum Essen“, empfahl Kalu. „Brich dir ein Stück von dem Kloß ab und tunke es in die Brühe.“

Bald hatte ich den Dreh raus und aß die Suppe mit einer Hand und ohne Löffel – eine sehr leckere Kleckerei.

Kalu nahm einen Bissen, wischte seine Hand sauber und begann eine faszinierende Geschichte zu erzählen: „Ich komme ursprünglich aus Nigeria. Mein Vater ist dort der traditionelle König von über einem

Dutzend Dörfern. Er ist ein sehr mächtiger Mann. Ich habe einen Bruder und eine Schwester, als Ältester war ich als Nachfolger meines Vaters vorgesehen."

Er machte eine Pause.

„Aber Dorfvorsteher will ich nicht sein. Zu viel Drama. Außerdem: Kannst du dir einen König vorstellen, der immer nur Vögel beobachtet?"

Es folgte eine weitere Pause.

„Als ich jung war, wollte ich etwas ganz anderes machen. Ich spielte Fußball, und irgendwann spielte ich in einer nigerianischen Liga. Vor 16 Jahren zog ich dann nach Ghana, um hier in einem Proficlub zu spielen. Ich träumte davon, es in die Nationalmannschaft zu schaffen. Ich versuchte auch eine Einbürgerung in Burkina Faso durchzukriegen, damit ich in der dortigen Nationalmannschaft spielen konnte, aber es wurde nichts daraus."

Vögel interessierten Kalu nicht besonders, bis er eines Tages hier in Ghana in einem Internetcafé saß und auf einer Online-Plattform Kontakt zu einem 62-jährigen Birdwatcher in Dänemark bekam, der seit den 1990er Jahren regelmäßig Vogeltouren nach Ghana unternahm. Als der Däne das nächste Mal nach Ghana kam, begleitete Kalu ihn durch das Land.

Diese wundervolle Reise öffnete ihm das Tor zu einer neuen Welt. Der dänische Freund zeigte ihm, wie man eine Vogelart erkennt, er gab Kalu auch ein Buch mit Abbildungen der häufigsten Vögel Afrikas. Kalu fing Feuer. Bald zog er auf eigene Faust los und war so versessen auf Vögel, dass er Trainingseinheiten schwänzte.

„Wenn wir am Strand trainierten, verdrückte ich mich, um Vögel zu beobachten. Da wurde ich fürs Erste beurlaubt."

Kalu beschloss insgeheim, sich vom Profifußball zurückzuziehen und Guide für Birding-Touren zu werden. Als Leistungssportler hatte er sich schon so viele Verletzungen zugezogen, im Birding erkannte er eine neue Chance. Er sparte Geld, kaufte sich ein Fernglas und teilte der Mannschaft seinen Ausstieg mit. Ganz so einfach war es dann nicht. Da er noch unter Vertrag war, wollte der Fußballverein ihn zum Weiterspielen zwingen. Und als seiner Familie dämmerte, was vor sich ging, tauchte sie überraschend bei Kalu auf. Ob er verrückt geworden sei?

„Sie konnten nicht fassen, dass ich die ganze Zeit Vögel beobachtete“, lachte er.

Der dänische Freund kam wieder nach Ghana, und Kalu begleitete ihn erneut. Der Däne war so von den Kenntnissen seines afrikanischen Freundes beeindruckt, dass er nach seiner Heimkehr Kalus Namen und Kontaktdaten auf BirdingPal postete. Erste Anfragen von Birdwatchern trudelten ein, die für ihre Reise durch Ghana einen Guide suchten. Zeitweise wurde er von einem Ökoreiseanbieter angeheuert. Heute ist er selbstständiger Guide, spezialisiert auf Vogelbeobachtungstouren.

Seine Familie merkte, dass das Geschäft gut lief, und stärkt Kalu mittlerweile den Rücken.

„Wann warst du zuletzt in Nigeria?“, fragte ich, während mir Ziegensuppe über den Unterarm rann.

„Vor zwei Jahren. Da musste ich in einer verfahrenen Situation aushelfen. In letzter Zeit sind viele Leute in meinem Dorf zum Christentum übergetreten. Mein Vater auch. In der Nähe unseres Dorfes gibt es ein Waldstück, das nie jemand betreten hat, weil dort nach traditionellem Glauben die Götter wohnen. Niemand hätte früher gewagt, in diesem Wald auf Jagd zu gehen. Heute glauben die Leute, dass in dem Waldstück der Teufel wohnt, sie wollen den Wald niederbrennen, um den Teufel zu vertreiben. Sie haben auch einige über tausend Jahre alte Kultstätten zerstört.“

Kalu wurde ernst.

„Man braucht ja nicht an die alte Religion glauben, aber warum zerstört man die alten Stätten? Man sollte sie einfach in Ruhe lassen. Sie können ja auch für Touristen interessant sein. Außerdem leben in dem Wald Nashornvögel, weil sie große Nisthöhlen brauchen. Wenn man die niederbrennt, schadet man auch der Tierwelt.“

Wir konzentrierten uns eine Weile schweigend auf unsere Suppe.

„Toll, dass man hier vom Birding leben kann“, meinte ich dann.

„Da hast du recht“, sagte Kalu. „In diesem Jahr war es wegen der Ebola-Krise allerdings nicht leicht. Fünf Touren wurden mir storniert. Das war fast die komplette Saison.“

Seit dem Ausbruch der Epidemie in Westafrika waren erst wenige Monate vergangen. Bevor ich zu meinem Big Year aufbrach, hatte ich richtig Angst, ich könnte mir in Afrika Ebola einfangen. Während der gesamten Dauer der Epidemie wurde in Ghana allerdings kein einziger Ebola-Fall gemeldet. By the way: In den Vereinigten Staaten gab es mehrere Ebola-Fälle. Trotzdem schadete die Panik dem Tourismus in der gesamten Region. Sogar in Kenia und Südafrika wurden Touren storniert, obwohl diese Länder Tausende von Kilometern von dem Krisenherd entfernt liegen.

„Für den Rest der Welt ist das alles hier einfach nur *Afrika*", kommentierte ein Guide an einem anderen Punkt meiner Reise. „Als wären wir ein einziges Riesenland im Chaos."

Kalu erzählte mir, dass er auf dem Höhepunkt der Epidemie „so sauer" war, dass er sich als Freiwilliger bei der Ebola Task Force von Ghana meldete. Zu einem Einsatz musste er zum Glück nicht. Aber um das Birding-Geschäft stand es zurzeit schlecht.

„An Malaria sterben jedes Jahr eine Million Menschen, nur das interessiert niemanden", sagte er. „Ebola stand weltweit in den Schlagzeilen."

Mit diesen Worten erhob er sich.

„So. Genug geschwätzt. Morgen müssen wir früh aufstehen. Wir sollten uns etwas Ruhe gönnen. Wenn das Wetter mitspielt, wird es ein fantastischer Tag."

Wer sich Afrika vorstellt, denkt meist an trockene Savannen, wie sie im Osten und Süden des Kontinents vorherrschen. Aber zwischen diesen Savannen und dem Regenwald im südlichen Ghana liegen Welten. Der westafrikanische Dschungel ist feucht, düster und nahezu undurchdringlich – ein Dickicht, der eher an Joseph Conrads *Herz der Finsternis* denken lässt als an *König der Löwen*.

Im Kakum National Park sieht man fast den Wald vor lauter Bäumen nicht. Wegen der dichten Vegetation ist der Durchblick extrem schwer. Solche üppigen Regenwälder sind eine Herausforderung. Trotz der großen Artenvielfalt läufst du unter Umständen stundenlang durch die Gegend und bekommst keinen einzigen Vogel zu Gesicht. Nur wenige Sonnenstrahlen dringen bis zum Boden vor, und die Bäume sind so hoch, dass die im Laubdach lebenden Vögel über einem Blättervorhang verborgen bleiben. Ihre Rufe wirken wie Spottgesänge, weil Birdwatcher kaum eine Chance haben.

Damit Besucher diesen Dschungel erleben können, ohne dass sie so enden wie der Handelsagent Kurtz in Joseph Conrads Erzählung, hatte die Wildtierabteilung der ghanaischen Forstkommission 1995 eine schlaue Idee: In Zusammenarbeit mit der US-Naturschutzorganisation Conservation International baute sie im Kakum National Park einen Baumwipfelpfad in fast 40 Metern Höhe. Zu diesem Zweck wurden sieben besonders hohe Baumkronen mit stabilen Beobachtungsplattformen umbaut und durch Seilbrücken miteinander verbunden. So kann man den Wald von einer erhöhten Warte aus betrachten. Dank des rund 330 Meter langen Pfads verwandelte sich der undurchdringliche Wald in eine Ökoattraktion erster Güte.

„Hier kannst du die Vögel aus der Vogelperspektive sehen“, sagte Kalu, als wir vor Sonnenaufgang in Begleitung eines Rangers hinaufkletterten.

Der Nebel lichtete sich allmählich, während von Millionen Blättern die Nässe abtropfte. Dicke, wirbelnde Wolken jagten über den Himmel, und die Feuchtigkeit drückte mich nieder wie ein nasses Laken. Es war gerade einmal 24 Stunden her, dass ich mit Peter Kaestner vor dem Frankfurter Römer Fotos gemacht hatte. Die Erinnerung an Europa war schon in weite Ferne gerückt.

Der morgendliche Vogelchor holte alles aus sich heraus. Kalu zeigte im Halbdämmer des beginnenden Tages immer dorthin, wo er dem Gehör nach gerade eine bestimmte Vogelart vermutete.

„Hörst du dieses durchgehende *uup*, *uup*, *uup*? Das ist ein Gelbkehl-Bartvogel in einem der Wipfel … Und dieses tiefe *pu-pu-pu-pupupupu*, das immer schneller wird – das ist ein Tamburintäubchen irgendwo unter uns … Weiter weg hörst du einen Klaaskuckuck – das ist dieser Laut, der schnell hoch- und runtergeht.“

Ich notierte mir jede dieser akustisch georteten Arten, hoffte allerdings, sie auch noch zu Gesicht zu bekommen. Alle Spezies, die Kalu an ihrem Klang erkannte, waren für mich wieder neu.

Als sich der Himmel aufhellte und der Tag anbrach, begannen sich die Vögel zu zeigen. Über uns flogen zwei riesige Wesen hinweg.

„Schwarzhelm-Hornvögel“, rief Kalu. Die Hornvögel oder Nashornvögel sind die größeren Pendants der Tukane, die ich in Südamerika gesehen hatte. Gemächlich flogen einige Exemplare über die Wipfel und trugen ihre ausladenden Schnäbel, schwarzen Körper und weißen Schwanzspitzen zur Schau.

Ich bemerkte eine leichte Bewegung im Lianengewirr, und gleich darauf schlüpfte ein winziger Vogel mit gestreiftem Kopf und gelbem Bauch daraus hervor: ein Strichelköpfchen, die kleinste Vogelart Afrikas (Kolibris gibt es in der östlichen Hemisphäre nicht). Ich stützte mein Fernglas auf dem Geländer der Beobachtungsplattform ab. Rund 30 Meter über dem Boden konnte ich den Vögeln quasi in die Augen schauen. Wenn ich an meinen Füßen vorbei nach unten schaute, war der Boden nicht mehr zu sehen.

Über Hängebrücken wanderten wir von Plattform zu Plattform. Jede Brücke bestand aus einer durchgehenden, ungefähr 20 Zentimeter breiten Laufplatte. Als Handläufe dienten Metallseile, die auf Hüfthöhe zu einer Absturzsicherung zusammengeknüpft waren. Die Hängebrücken waren unterschiedlich lang, die meisten etwa 90 Meter, man wippte darauf wie auf einer Slackline von Baum zu Baum.

Baumtürme hatte ich schon anderswo erklommen, unter anderem in Ecuador und Costa Rica, aber dieses Hängebrückensystem war schon etwas Besonderes. Es ging immer weiter und weiter, man schwang sich behände über den Wald und hing in den Wipfeln wie eine Lichterkette am Weihnachtsbaum. Die Brücken waren als Aussichtspunkte nicht so geeignet, weil sie zu stark schwankten. Deshalb standen Kalu und ich zum Beobachten meist auf den Plattformen. Wenn sich ein Schwarm durch das Blätterdach bewegte, folgten wir ihm über die Brücken.

Kalu zeigte auf eine kleine gefiederte Gestalt. Sie wandelte über einen knorrigen Ast oberhalb einer Brücke.

„Das ist ein Düsterspecht. Siehst du ihn? Überwiegend grün, am Bauch gestreift, mit Stummelschwanz.“

Auf Englisch heißt dieser Vogel „Melancholy Woodpecker“. Ich musste kichern. Ein witziger Name, dachte ich und sah zu, wie der melancholische Specht eine verirrte Made aufpickte. Der Name war fast so gut wie „Shining Sunbeam“ (Rostroter Andenkolibri, wörtlich

„Leuchtender Sonnenstrahl“), „Wandering Tattler“ (Wanderwasserläufer, wörtlich „Wandernder Schwätzer“) oder „Oleaginous Hemispingus“ (Olivrücken-Hemispingus, wörtlich „Öliger Hemispingus“).

„Ja, in der Vogelwelt gibt es schon allerhand ulkige Namen“, stimmte Kalu zu. „In Südafrika triffst du vielleicht auf den *Jackass Penguin.*“ – Zu Deutsch Brillenpinguin, in wörtlicher Übersetzung etwa „Deppenpinguin“.

„Und in Indonesien auf die Teufelsnachtschwalbe“, sagte ich. „Klingt gruselig.“

„Nicht zu vergessen die *boobies* und *tits!*“ – Tölpel und Meisen.

„Jetzt langt's aber“, lachte ich. „Lass uns mal lieber den Specht im Auge behalten.“

Der Düsterspecht jedenfalls machte trotz seines Namens keinen sonderlich niedergeschlagenen Eindruck. Mit einem rasselnden Ruf huschte er durch das Blätterdach davon.

Um die Mittagszeit zog ein Unwetter auf und setzte dem bunten Vogeltreiben ein Ende. Etwas widerwillig verkündete Kalu, es sei ohnehin Zeit zum Aufbruch. In wenigen Stunden hatten wir von den Hängebrücken aus mehr als 50 Arten gesichtet, die ich noch nie gesehen hatte. Ein phänomenales Erlebnis!

Kalu, der Ranger und ich kletterten vorsichtig wieder auf den schlammigen Waldboden hinunter. Yaw wartete mit dem Allrad-Pickup am Nationalparkzentrum auf uns. Kalu und ich bedankten uns bei dem Ranger und winkten zum Abschied. Wir fuhren los in Richtung Norden, während ein ergiebiger Dauerregen alles durchtränkte.

Ich trug die Reisekosten in Ghana alleine. Es war jedoch nicht möglich, auf Kalus Konto Geld zu überweisen.

Kalu beruhigte mich. „Wir holen einfach Bargeld vom Geldautomaten.“

Zu Hause zücke ich für jeden Einkauf die Kreditkarte, aber in den ländlichen Ecken dieser Welt ist es mit dem Kredit nicht so weit her. Deshalb hatte ich mir in letzter Zeit tatsächlich angewöhnt, überall mit Bargeld zu bezahlen. Das funktionierte gut, führte aber manchmal zu absurden Situationen.

In Kolumbien hatte ich einmal nicht daran gedacht, mich vor dem Gang zum Geldautomaten über den Wechselkurs zu informieren. Ich brauchte mehrere Hundert Dollar. Aus purer Faulheit stellte ich eine grobe Berechnung an und zog als Grundlage den ortsüblichen Preis für eine Flasche Coca-Cola heran. Laut Preisschild sollte die Flasche 2000 Pesos kosten. Moment mal, 2000? Wenn das ungefähr 50 US-Cent waren, dann wären 400 Dollar ja … über eine Million Pesos! In der Hoffnung, dass ich mein Bankkonto nicht bodenlos ins Minus stürzte, gab ich eine Eins mit sechs Nullen ein. Die Rechnung stimmte sogar ungefähr: Der Automat spuckte 340 Dollar aus.

In Ghana hatte ich noch keine Chance gehabt, einen Geldautomaten zu finden, denn Kalu hatte mich direkt in den Wald entführt. Nach unserem Besuch im Kakum National Park erinnerte ich ihn daran, dass ich noch Geld besorgen musste.

„Alles gut. Ich weiß, wo es in Cape Coast einen Automaten gibt. Da können wir heute Nachmittag anhalten."

Als wir zur Rushhour Ghanas sechstgrößte Stadt erreichten, waren die Straßen mit allen erdenklichen Transportmitteln vom Lkw bis zum Maultierkarren verstopft. Motorräder fädelten sich an größeren Fahrzeugen vorbei wie Sand in einem Sieb, und Kühe und Ziegen spazierten gemächlich quer durch den Verkehr. In der Nähe des Stadtzentrums quollen Menschen aus Märkten und Gebäuden.

Mitten in diesem Gewühl bat Kalu unseren Fahrer anzuhalten.

„Gleich hier um die Ecke ist eine Barclay's Bank mit einem Geldautomaten vor der Tür."

„Super!" Ich sprang aus dem Wagen. „Bin gleich zurück."

Ich eilte um die Ecke, sodass meine Gefährten mich nicht mehr sehen konnten, und fand den Automaten an der bezeichneten Stelle. Hunderte Menschen liefen die Straße auf und ab, gingen in Läden hinein oder kamen wieder heraus, praktisch Schulter an Schulter.

Der Geldautomat akzeptierte meine Karte, immerhin, aber wie so oft war der Verfügungsrahmen bescheiden: in diesem Fall 800 Cedis, das entsprach rund 200 Dollar. Ich steckte meine Karte gleich wieder in den Schlitz und führte einen Abhebevorgang nach dem anderen durch. Nach und nach spuckte der Automat häppchenweise betagte

20-Cedi-Scheine aus. Als ich ein paar Tausend Cedis beisammenhatte, starrten die Passanten mit Befremden diesen Ausländer an, der einen immer größer werdenden Haufen Bargeld in Händen hielt.

Jemand tippte mir auf die Schulter. Ich drehte mich um und sah an einem schwer bewaffneten Wachmann hoch.

„Alles in Ordnung, der Herr?“, fragte er.

„Ja, alles bestens“, antwortete ich. „Haben Sie vielleicht zufällig eine Plastiktüte?“

Ohne eine Miene zu verziehen, kramte er einen schwarzen Müllsack aus einer Tasche.

„Vielen Dank“, sagte ich und stopfte die Geldbündel in den Sack.

Ich kam mir wie ein Drogendealer vor. Zurück am Auto übergab ich Kalu den prallen Sack.

„Hier. Damit dürften wir ein Weilchen auskommen.“

„Danke.“ Kalu presste das Geld unter den Beifahrersitz.

Den letzten Junitag verbrachten Kalu und ich im Mole (sprich: Mo-lej) National Park im Landesinneren. Die Landschaft im Mole ist Afrika, wie man es sich klassischerweise vorstellt: flach, trocken, dornenreich. Nach einer Woche im dichten Regenwald bekam ich hier zum ersten Mal die bekannteren Geschöpfe des afrikanischen Kontinents zu sehen.

Das Mole Motel, in dem die meisten Besucher übernachten, thront auf einem imposanten Steilhang, von dem aus man auf eine Wasserstelle herunterschaut. Als ich am frühen Morgen mit verschlafenen Augen mein Zimmer verließ, wäre ich beinahe mit einem vorbeiflitzenden Pavian kollidiert. Auf dem Hotelgrundstück streiften Grüne Meerkatzen, Warzenschweine und Grasantilopen umher.

„Das sieht hier alles aus wie eine Filmkulisse“, staunte ich.

„Es ist genau andersrum“, antwortete Kalu. „Die Filmkulissen werden so gemacht, dass alles so aussieht wie hier.“

Wir bekamen zwei neue Gefährten: den Ranger Robert Tindana, von Kopf bis Fuß in Khaki und stets mit Flinte, und einen Freund von Kalu, der Ziblim Illiasu hieß. Illiasu war knapp ein Jahr jünger als ich und seit etwa drei Jahren Birder; Kalu war daran nicht ganz unbeteiligt.

Nach einem hastigen Frühstück quetschten wir uns alle in Yaws Allrad-Pickup, um den Vormittag über das Parkgelände zu erkunden. Rote Schotterpisten führten sternförmig in den Busch. Kalu wählte eine Route, die sich zwischen verschiedenen Wasserstellen und einer trockenen Zone hindurchschlängelte, weil er hoffte, dort ein paar seltene Arten zu finden.

Vögel gab es wahrlich reichlich. Buschwürger, Timalien und Honigsauger sangen in den Büschen, ein Halsbandsittich flog über uns hinweg, und Palmensegler flatterten umher. Sehr gut beobachten konnten wir ein Pirolsängerpaar, dessen geschuppte schwarze Köpfe mit dem olivgrünen Rumpf herrlich kontrastierten. An einem kleinen Wasserloch zeigte sich ein Zwergteichhuhn. Es war das einzige Exemplar, das ich in diesem Jahr sehen würde. Ich konnte eingehend den gelben Schnabel in Augenschein nehmen, der diesen Vogel von dem viel stärker verbreiteten Sumpfhuhn unterscheidet.

Fast jede Spezies war für mich ein „Lifer", und ich gab mir alle Mühe, nicht den Überblick zu verlieren. Manche Namen regten die Fantasie an wie zum Beispiel der Schmetterlingsastrild, ein winzig kleiner pastellblauer Singvogel. Andere Namen stellten die Speicherkapazität meines Gehirns auf eine harte Probe. Besonders verwirrend war eine Familie farbloser Schleicher, die Cistensänger. Eine Art war so braun wie die andere, und im Englischen sind alle nach den Lauten benannt, die sie von sich geben. In meine Liste nahm ich auf: die Whistling Cisticola sowie die Winding, Zitting, Singing, Siffling and Croaking Cisticola (also Pfeifcistensänger, Schwarzrückencistensänger, einfach nur Cistensänger, Weißbrauencistensänger, Kurzflügelcistensänger und Strichelcistensänger). Aber das war erst der Anfang. Schon bald gesellten sich dazu noch Trilling Cisticola und Wailing, Pipping, Chattering, Rattling, Wing-snapping und Rock-loving Cisticola (Miombocistensänger, Trauercistensänger, Braunkopfcistensänger, Waldcistensänger, Rotscheitelcistensänger, Zwergcistensänger und Felsencistensänger) sowie ein weiteres Dutzend. Wären Schneewittchens sieben Zwerge als eineiige Siebenlinge zur Welt gekommen, hätte man sie immer noch leichter auseinanderhalten können als die Mitglieder dieser Singvogelfamilie.

Am späten Vormittag legten wir auf dem Rückweg zum Hotel einen letzten Zwischenstopp an einer Wasserstelle ein. Robert führte uns auf leisen Sohlen durch ein Wäldchen zu einer Stelle, die einen weiten Ausblick über einen flachen und ausgedehnten See bot.

Ich hielt den Atem an. Am Ufer standen wie eine lebende Doppelskulptur zwei riesengroße afrikanische Elefanten! Es waren die ersten wildlebenden Elefanten, die ich in meinem Leben gesehen habe. Sie standen nur wenige Hundert Meter entfernt. Ihre langen und geschwungenen Stoßzähne waren uns zugewandt. Einer der beiden nahm mit dem Rüssel Wasser auf und ließ es gallonenweise in sein Maul laufen. Unterdessen wedelte er mit dem Schwanz, um sich die Fliegen vom Leib zu halten. Die beiden Dickhäuter hatten offenbar nichts dagegen, dass wir sie aus der Ferne beäugten, und wir blieben stehen, bis sie gemächlich von dannen trotteten.

„Uff!", machte ich. „Für einen Moment habe ich die Cistensänger glatt vergessen."

Kalu lachte. „Aber die Elefanten haben wir nur gesehen, weil wir auf Vogelsuche waren."

Später sah ich anderswo in Afrika und Asien noch so viele Elefanten, dass sie fast Routine wurden, aber diese erste Begegnung war grandios.

Illiasu und Robert verabschiedeten sich nach dem Mittagessen, während Yaw, Kalu und ich uns wieder auf den Weg nach Süden, in Richtung Accra, machten. Meine Woche in Ghana neigte sich ihrem Ende zu. Morgen war der 1. Juli. Damit waren seit dem Neujahrstag exakt sechs Monate vergangen. Ich hatte noch die halbe Welt vor mir und schon 3334 Vogelarten gesehen, darunter fast 300 neue Spezies in Ghana. Meiner Zielmarke von 5000 konnte ich unbesorgt entgegensehen.

12

Der Karamojafeinsänger

Beim Birdwatching kommt es nicht auf Größe an. Die Länge einer Life List sagt nicht unbedingt etwas über das Format der Person aus, die diese Liste führt. Häufig gilt sogar genau das Gegenteil: Du machst dich auf die Suche nach immer neuen Vögeln und bekommst ständig Neues zu sehen, es entsteht unter Umständen eine imposante Life List. Dabei entwickelst du aber nur ein oberflächliches Verständnis dessen, was du da sammelst. Wer Vögel kennenlernen will, muss sich Zeit nehmen, und Zeit ist ein Luxus, der auf der Strecke bleibt, wenn man Listen hinterherjagt.

Experte wird man, wenn man sich auf eine bestimmte Region oder eine Vogel-Ordnung oder sogar auf eine einzige Art konzentriert. Den „weltbesten Birder" oder dergleichen gibt es nicht. Selbst wenn man einen solchen Titel vergeben könnte, würde er wahrscheinlich nicht an die Person gehen, die mit einem Fernglas die meisten Vögel „erlegt" hat, mich eingeschlossen.

Ein Beispiel: Vor ein paar Jahren nahm ich an einer organisierten, mehrtägigen Gruppenreise nach Ecuador teil. Geführt wurden wir von einem der erfahrensten Bird-Guides im Land, der wie ein wandelndes Lexikon über die 1700 in Ecuador lebenden Arten Bescheid wusste. In der Gruppe waren mehrere Birder, die viel mehr Vögel gesehen hatten; einer von ihnen hatte eine Life List mit fast 8000 Einträgen. Aber wenn ich sie nach bestimmten Vogelarten fragte, blätterten sie immer in ihrer Tabelle nach, um sich zu erinnern. Der Guide ging ausführlich auf jeden einzelnen Vogel ein. Er stellte ein Spektiv auf, durch das alle nacheinander hindurchschauten. Die Teilnehmer versuchten kaum, auf eigene Faust Vögel zu sichten. Der beste Birder der Gruppe gehörte nicht zu den erfolgreichsten „Listern"; der beste Birder war in meinen Augen der Guide, der ein Leben lang die Vögel seines Landes studierte.

Wofür ist eine Liste also der Gradmesser, wenn sie nichts über Erfahrung, Wissen oder Talent aussagt? Manche behaupten, eine Liste sage nur etwas darüber aus, wie viel Geld der Betreffende hat und wie viel Zeit er sich nehmen kann, dieses Geld auszugeben. Diese kritischen Stimmen liegen nicht ganz falsch. Aber etwas mehr hat eine Liste denn doch zu besagen. Sie zeigt nicht nur, wo jemand schon überall war, sondern zeugt auch von dem Herzenswunsch, diese Orte zu sehen und die Vögel dort mit eigenen Augen zu sichten. Eine Liste erzählt von persönlichen Träumen und Erinnerungen, von Poesie, Leidenschaft und Inspiration.

Meine Liste wurde von Anfang an schnell lang und länger. In Afrika geriet ich erstmals ins Schwimmen. Anderswo wusste ich zumindest grob über die Vögel einer Region Bescheid, aber hier war alles brandneu für mich. Ich reiste zu schnell, um mich gründlich vorzubereiten. Deshalb musste ich mich unterwegs mit den Vögeln vertraut machen. Meine Fähigkeit, mir Namen und Bestimmungsmerkmale einzutrichtern, wurde aufs Äußerste strapaziert.

Dank Kalus lenkender Hand sichtete ich in Ghana insgesamt 318 Vogelarten in kaum mehr als einer Woche, 295 davon sah ich das erste Mal in meinem Leben. Mir die Vogelnamen einzuprägen, wurde zur Vollzeitaufgabe. Ich verwechselte meine Cistensängerarten, brachte Grasmücken- und Eremomela-Arten durcheinander und rätselte über den Unterschied zwischen Kupferglanzstar und Erzglanzstar.

Wie bei sehr langen Birding-Touren üblich, lernte ich monatelang im Voraus. Wenn man vor Ort Bescheid wissen will, führt an Hausaufgaben eben kein Weg vorbei. Bestimmungsbücher wälzen, Tonaufnahmen anhören, Reiseberichte lesen, Checklisten ausdrucken und geeignete Beobachtungspunkte recherchieren. Wenn ich dann an einem neuen Reiseziel eintreffe, habe ich eine fertige Landkarte im Kopf, in der verzeichnet ist, was ich suche. Die Schatzjagd geht los.

Meine Strategie, mir einheimische Begleiter zu suchen, machte sich allgemein, aber hier eben besonders bezahlt. In Afrika war ich auf Gedeih und Verderb auf meine „Hosts“ angewiesen. Manche waren Vollzeit-Guides, andere arbeiteten tagsüber in ihrem Beruf, wieder andere studierten, einige waren Rentner. Dieses Birder-Netzwerk hat mir im wahrsten Sinne des Wortes die (Vogel-)Welt erschlossen. Ohne diese

Menschen hätte ich weniger Arten gefunden, weniger Freundschaften geschlossen, weniger über die Orte erfahren, die ich bereiste, und vor allem viel, viel weniger Spaß gehabt. Als ich zwei Monate später Afrika verließ, hatte ich die Vogelwelt dieses Kontinents ganz gut im Griff, aber die ersten Streifzüge forderten mich sehr.

Puristen, die sich für Chancengleichheit beim Birding starkmachen, mögen einwenden, dass beim Erstellen von Sichtungslisten Guides nicht erlaubt sein sollten und dass Vögel, die zuerst von jemand anderem gesichtet wurden, nicht zählen. Diese Argumentation klingt auf den ersten Blick plausibel, sie fällt aber rasch in sich zusammen, und zwar nicht nur, weil sie einen ganz wichtigen Faktor übersieht, der Birdwatching ausmacht: die Kameradschaft. Früher dachte ich, ein Big Year nur mit „selbst gefundenen" Vögeln wäre ein nobles Unterfangen, nach und nach wurde mir klar, dass so eine Beschränkung der Unwissenheit und Einsamkeit Tür und Tor öffnet. Wer auf die Unterstützung von lokalen Experten verzichtet, handelt wie jemand, der lieber inkompetent bleibt, als von anderen zu lernen.

Trotzdem mied ich im Allgemeinen Gruppenreisen wie die in Ecuador vor ein paar Jahren. Dabei wäre es ganz einfach gewesen, den einen oder anderen internationalen Birdingtour-Anbieter alles arrangieren zu lassen. Das wäre zwar mit dem Buchvorschuss, mit dem ich meine Reise finanzierte, nicht machbar gewesen, aber etliche ausgezeichnete Firmen bieten Beobachtungsreisen auf allen sieben Kontinenten an, mit sehr fachkundigen Reiseleitern und gut informierten Betreuern vor Ort.

Mit der üblichen Birdingtour-Strategie hätte mein Big Year jedoch nicht funktioniert. Zum einen hatte ich auf jeder Reiseetappe ganz spezielle, teils sehr ungewöhnliche Ziele und ließ Vögel beiseite, die ich schon gesehen hatte. Ich musste im Schnitt doppelt so schnell wie bei einer organisierten Tour sein. Zum anderen wollte ich unbedingt mit Einheimischen die Spots aufsuchen.

Diese Grassroots-Strategie ging besser auf, als ich zu hoffen gewagt hatte. Ich konnte tatsächlich das gesamte Big Year über daran festhalten. Nur in Südafrika und Tansania plante ich jeweils eine Gruppentour ein. In beiden Fällen waren Vogelsafaris in den großen Nationalparks über einen Reiseveranstalter recht günstig, und die Guides waren auch

Einheimische. In Südafrika zog ich dann mit mehreren einzelreisenden Birdern los, in Tansania stieß ich zu einer Gruppe von Amerikanern, die sich untereinander kannten. Ich hoffte bloß, dass unser Tempo synchron war.

Es war ein Uhr nachts, als ich Mitte Juli mit einem Nachtflug von Kamerun nach Johannesburg in Südafrika landete. In 17 Tagen in der westafrikanischen Regenzeit hatte ich unter vielen, vielen Menschen genau zwei Weiße gesehen, nämlich zwei Missionare in einem abgelegenen Dorf in Ghana. Es war ein komisches Gefühl, um mich herum auf einmal wieder so viele weiße Gesichter zu sehen. Ein Kulturschock mit umgekehrten Vorzeichen? Ich hatte mich schon so daran gewöhnt, in der Minderheit zu sein, dass es mir erst bewusst wurde, als ich nicht mehr so krass auffiel.

Die neun Tage in Kamerun waren eine wahrhaftige Reise ins Herz der Finsternis gewesen. Ich hatte etliche atemberaubende Vögel gesehen, darunter ein sonderbares Wesen namens Buntkopf-Felshüpfer, das sein Nest aus Schlamm oder Lehm baut und an die Felswände von Höhlen im Regenwald klebt. Ich hatte wunderschöne Landschaften gesehen, von der Küste bis zu den nebelverhangenen Abhängen des Kamerunberges, höchster Berg in Westafrika. Doch die Gegebenheiten in Kamerun waren anstrengend und teils frustrierend. Benji war der einzige einheimische Birder, den ich in ganz Kamerun finden konnte. Er eröffnete mir gleich bei meiner Ankunft, er habe das im Voraus überwiesene Geld ausgegeben, ohne auch nur irgendetwas für uns zu buchen. Obendrein bat er um ein Darlehen zur Deckung unserer Reisekosten, das er nie zurückzahlte. Der hochgewachsene Mann ohne Frontzähne teilte mir zwischen zwei Zigaretten mit, der Tourismus in Kamerun liege am Boden, seit die Boko-Haram-Kämpfer in den Norden des Landes einmarschiert waren. Seinen Unterhalt bestreite er mit dem Verkauf von Nippes in einem Botanischen Garten in Douala. Er tat mir leid, und gleichzeitig war ich wütend, weil er mein gesamtes Kamerun-Budget privat ausgegeben hatte.

Die Straßen waren matschig vom Monsunregen, die Etappe eine einzige Abfolge von Pannen, Verzögerungen, Umwegen, noch mehr

Pannen und weiteren Verzögerungen. Ich übernachtete in Behausungen, die in anderen Ländern für abbruchreif erklärt worden wären; meist waren wir die einzigen Gäste. In den neun Tagen in Kamerun mussten wir über weite Strecken ohne Strom, fließendes Wasser und Toilettenpapier auskommen, wir aßen grundsätzlich mit den Händen – morgens, mittags und abends fast immer Reis und Ziegenfleisch. An Wäschewaschen war nicht zu denken. So trug ich tagelang die gleichen schmutzigen und durchgeschwitzten Hemden und Hosen, die bei der extremen Feuchtigkeit nie trocken waren. Birding in Kamerun ist ohnehin entbehrungsreich genug, selbst wenn man nicht wie ich mit wenig Geld und in der Regenzeit unterwegs ist. Trotz aller Anstrengungen entgingen mir eine Menge Vögel. Als ich Douala hinter mir ließ, wurde die Stadt von heftigen Regenfällen heimgesucht. Mein letzter Eindruck war ein Markt im Freien, auf dem Verkäufer und Käufer durch Wasser und Schlamm wateten. Vier Monate später, im Oktober, wurden rund 100 US-Soldaten in den Norden Kameruns entsandt, um den Kampf gegen die Boko Haram zu unterstützen.

Am Flughafen von Johannesburg nutzte ich die Zeit für ein Nickerchen auf dem Fußboden, bevor um sechs Uhr in der Frühe in einem sauberen weißen Kleinbus der picobello gekleidete Guide für meine Südafrika-Etappe, Wayne Jones, erschien. Die fünf anderen Teilnehmer waren schon am Vortag eingetroffen und wachten jetzt um diese Zeit wahrscheinlich gerade in ihrem Hotel auf. Wayne musterte mich und sagte: „Am besten fahren wir erst ins Hotel, um uns ein bisschen frisch zu machen. Du kannst kurz unter die Dusche springen, bevor wir aufbrechen."

„Gibt es da fließend warmes Wasser?"

„Natürlich, das ist ein Hotel!"

Ausnahmsweise war ich froh, mit einer organisierten Reisegruppe unterwegs zu sein. Der tägliche Kampf in Kamerun hatte mich so geschlaucht, dass ich eine mentale Pause brauchte. Für einige Zeit musste ich mich nun um nichts kümmern. Organisiert wurde die Tour von Rockjumper, dem weltweit größten Anbieter von Birding-Reisen mit Sitz in Johannesburg. Ich freute mich unglaublich darauf, auszuspannen und mit vogelbegeisterten Gleichgesinnten unterwegs zu sein, stand eingeseift in der herrlich dampfenden Dusche und war gespannt auf meine neuen Reisegefährten.

Wayne war sehr sympathisch. Er wohnte in Johannesburg und arbeitete hauptberuflich als Tourenführer für Rockjumper. Nach der Exkursion mit uns würde er direkt nach Namibia durchstarten und anschließend Touren in Äthiopien, Kenia und Indien leiten. Wir waren jetzt in seinem angestammten Territorium im östlichen Südafrika, wo sich der berühmte Kruger-Nationalpark mit seinen unzähligen Naturwundern befindet.

Während Wayne am Steuer saß, lernte ich den Rest unserer Truppe kennen: Martha Miller (Lehrplankoordinatorin) und Janine Gregory (Wirtschaftswissenschaftlerin) aus Kanada, Brian Rapoza (Umweltpädagoge) und Alan Mitchnick (Biologe) aus den USA sowie Klas Magnus Karlsson, ein verschrobener Physiklehrer aus Schweden, mit dem ich mir ein Zimmer teilte. Janine hatte sich wegen der süßen Safaritiere von Martha zu der Reise überreden lassen, alle anderen waren Birder.

Der Kruger-Nationalpark grenzt an Mosambik und Simbabwe und ist so groß wie Israel. Auf dem Gelände des Nationalparks wurden bereits über 500 Vogelarten gesichtet, berühmt ist er allerdings wegen der „Big Five". Das sind die fünf in Afrika lebenden Tiere, die angeblich am schwersten zu jagen sind: Löwe, Leopard, Elefant, Büffel und Nashorn. Darüber hinaus gibt es hier noch viele andere Safaritiere: Gepard, Zebra, Giraffe, Gnu, Flusspferd, Hyäne, Impala, Rehantilope, Steinböckchen, Blessbock, Elenantilope, Kudu, Südafrikanische Kuhantilope, Moschusböckchen, Leierantilope, Oribi, Ducker, Nyala, Sitatunga und Klippspringer. Der Kruger-Park ist das größte und bekannteste Naturschutzgebiet Südafrikas mit über einer Million Besucher pro Jahr, zwei Dutzend Lodges und Hunderten von Parkrangern. Nachts müssen alle Besucher in ausgewiesenen Camps mit hohen Zäunen bleiben. Wer nicht bis 17.30 Uhr im Camp ist, zahlt ein saftiges Bußgeld. Nach 17.30 Uhr verwandelt sich der Park in einen Zoo mit umgekehrten Vorzeichen: Die Tiere bewegen sich frei um die eingesperrten Menschen.

Und es gibt Vögel! Einige von ihnen, etwa der Südliche Hornrabe und die Riesentrappe, sind so groß und charismatisch wie die Konkurrenz mit Fell. Die Vögel der afrikanischen Savanne kann man relativ einfach beobachten. Während Südamerika mit seinen Tausenden von Arten als „Vogelkontinent" gilt, könnte man Afrika als „Birdwatching-Kontinent" bezeichnen, weil sich hier die Vogelwelt als Schauspiel auf offener Bühne präsentiert. Bei einer Safari in Afrika braucht man auf der Suche nach kryptischen Spezies nicht stundenlang durch schlammigen Dschungel pirschen, weil die Vögel gut sichtbar in freier Wildbahn sitzen.

Laut Kruger-Parkordnung dürfen Besucher aus Sicherheitsgründen ihre Fahrzeuge nicht verlassen. Sie schleichen in ihren Wagen auf einem angelegten Wegenetz durch den Nationalpark. Und Weißrückengeier drehen darüber ihre Runden. Wayne steuerte unseren Kleinbus in den Park und fuhr von einer Autoansammlung zur nächsten. Denn immer, wo sich Autos ballten, war etwas zu sehen. Beim ersten Mini-Stau tauchte, zum Greifen nah, ein Löwenrudel aus dem Busch auf, und an einer anderen Stelle zerlegten hungrige Hyänen und Schakale einen Zebrakadaver. Ein Besucher kurbelte sein Fenster herunter und machte uns auf eine Gruppe Breitmaulnashörner aufmerksam, die in der Nähe stand. Später gesellten wir uns an einer breiten Haltebucht zu drei anderen Wagen und schauten zwei Leoparden zu, die sich auf einer grasbewachsenen Sandbank räkelten.

Wenn wir stoppten, hielten ebenso direkt Fahrzeuge hinter unserer Stoßstange, und die Insassen versuchten, einen Blick auf das zu erhaschen, was wir anstarrten. Es war so, wie wenn auf einer belebten Straße jemand zum Himmel zeigt und alle Passanten automatisch nach oben gucken. Sobald Wayne auf die Bremse trat, blieben hinter uns fünf Autos stehen in der Erwartung, dass wir eine große Raubkatze gesichtet hätten. Wenn sie feststellten, dass es sich nur um eine Taube oder einen Eisvogel handelte, fuhren die meisten verständnislos oder verärgert von dannen, sie fühlten sich betrogen. Irgendwann fiel uns ein recht wirksames Mittel ein: Rückte uns jemand auf die Pelle, kurbelten wir das Fenster herunter und wedelte mit einem Exemplar des Buches *Birds of South Africa*.

Die Großtiere waren natürlich fantastisch, aber die Vogelvielfalt … sagenhaft. In Schwärmen zogen Vögel durch das Buschland, und immer wenn unsere Gruppe eine Ansammlung entdeckte, ging es in unserem Kleinbus hoch her.

„Ein Buntastrild", rief Wayne und stoppte abrupt auf der einsamen Schotterpiste. „Seht ihr den kleinen rot-grünen Vogel am Boden, direkt unter den Büschen links drüben?"

„Ich sehe einen Weißflankenschnäpper", meldete Alan.

„Und was ist das für ein Vogel daneben?", fragte Martha. „Der da mit der orange-gelben Unterseite."

„Das ist ein Orangebrustwürger", sagte Wayne. „Seht ihr den alle?"

Ich fragte mich, wie es eigentlich sein kann, dass ich eine Langschnabelsylvietta – einen beige-grauen, vielleicht zwölf Zentimeter langen Vogel – spannender fand als eine ganze Zebraherde. Ich musste daran denken, was Kalu in Ghana gesagt hatte: Die Elefanten haben wir nur gesehen, weil wir auf Vogelsuche waren.

Durch meine Jahresliste lernte ich unsere Erde auf verschiedenen Ebenen kennen. Manchmal ist es einfacher, sich ein großes Gebilde wie den Kruger-Nationalpark dadurch zu erschließen, dass man immer nur einen kleinen Bereich unter die Lupe nimmt – so wie man in großen Museen auch manchmal besser nur einige wenige Exponate in Ruhe betrachtet. Wenn ich das fein gemusterte Gefieder eines Miombobindensängers sah, fühlte ich eine viel stärkere Verbindung zu dieser Landschaft als durch 1000 Gnus, denn der Bindensänger erforderte eine fokussierte Aufmerksamkeit. Die Vogelsuche war wie ein Tor zur Welt, durch das ich vom Detail zum Gesamtbild gelangte.

Ich war froh, in diesem Park voller Safaritouristen mit Birdern unterwegs zu sein. Den ganzen Tag sprachen wir über Vögel und fanden es ganz normal, um die halbe Welt zu einem der spektakulärsten Großwild-Highlights der Welt überhaupt zu reisen, nur um Sperlinge und Meisenschnäpper zu beobachten. Wie in einem Kokon saßen wir in unserem Kleinbus mit Wayne am Steuer und tauchten komplett in die endlos vorbeiziehende Vogelparade ein. Im Kreis dieser Reisegefährten war ich rundum glücklich.

Als ich später die am Tag gesichteten Vögel noch einmal durchging, stellte ich fest, dass der Graulärmvogel (dessen englischer Name „Go-away Bird" lautet, weil der Klang seines Rufes an die Worte „Go away" erinnert) die Nummer 3500 auf meiner Liste war. Ein neuer Meilenstein – und ich hatte davon gar nichts mitbekommen!

Ende August verbrachte ich im Norden Tansanias zum Abschluss meiner Afrika-Etappe einige Tage in der Serengeti, die landschaftlich ganz anders ist als das südafrikanische Buschland: weite Ebenen, Affenbrotbäume, Akaziensilhouetten und endlose Panoramablicke, in denen sich nicht nur das Auge, sondern auch die Seele verliert. Ostafrika ist zu Recht berühmt für seine Savannen, und die Serengeti ist der Inbegriff davon. In der Sprache der Massai bedeutet „Serengeti" denn auch so viel wie „endloses Land". Neben den Polkappen, den Ruinen aus der Maya-Zeit und dem Internet wurde sie schon als eines der „Neuen Sieben Weltwunder" bezeichnet.

Inzwischen stand ich mit der afrikanischen Megafauna auf Du und Du. Ich hatte jetzt mehrere Wochen in Südafrika verbracht – zuerst mit Wayne Jones und dann mit den beiden pfiffigen Jung-Birdern Ethan Kistler und Callan Cohen in der Gegend um Kapstadt und das Westkap. Darauf folgten zwei ausgiebige Touren in Madagaskar mit Jacky Ratiantsihoarana und in Kenia mit dem Vogelexperten Joseph Aengwo. Hier in Tansania stießen nun drei Freunde aus Oregon zu mir: Harv Schubothe, Kelle Herrick und David Heath. Zu viert ließen wir uns von dem einheimischen Birder Anthony Raphael und dem Fahrer Roger Msengi in einen umgebauten Land Cruiser verfrachten, um schnurstracks in Richtung Serengeti zu brausen.

Es herrschte allgemeine Erleichterung, dass alle heil angekommen waren. Doch als ich mehrere Tausend Dollar als Vorauszahlung für die Reise überwiesen hatte, lenkte ein Hacker das Geld auf ein Konto in Uganda um. Trotz intensiver Nachforschungen meiner Bank sah ich das Geld nie wieder. Der Vor-Ort-Betreuer des Ausrüsters für Tansania schickte mir eine ganze Reihe von Nachrichten und gestand dann, dass das E-Mail-Konto der Firma leider gehackt worden sei. Er bestand darauf, dass ich (diesmal auf das richtige Konto) das Geld neu zu überweisen habe, sonst würde die Reise storniert. Die ganze Geschichte wurde nicht nur teuer, sondern machte schon jetzt wenig Spaß. Aber zurückziehen ging nicht, allein wegen meiner drei Freunde.

Wie sich später herausstellte, wäre es vielleicht doch die bessere Idee gewesen, die Tour abzublasen.

Es gab nämlich ein gewaltiges Argument gegen diese Etappe: Nach der intensiven und erfolgreichen Phase in Süd- und Ostafrika waren mir fast die Vögel ausgegangen. Ich stellte fest, dass ich so gut wie alle Spezies, die es im Norden Tansanias gab, schon in Kenia und anderen afrikanischen Ländern gesehen hatte. Die Vogelwelt Ostafrikas war mir dermaßen vielfältig vorgekommen, dass ich bei der Routenplanung nicht darüber nachgedacht hatte, wie ich die einzelnen Wochen gestaltete. Jetzt hatte ich mich auf eine zwölftägige Tour festgelegt, ohne dass meine Liste großartig anwachsen konnte.

Das ist eben der Nachteil einer durchgebuchten Reise. Du hast mehr Zeit vor Ort, weil du dich unterwegs nicht um die Logistik kümmern brauchst, aber du bist eben auch weniger flexibel. Ich war an Abmachungen gebunden, die ich schon lange getroffen hatte. Meine geplante Reiseroute war mir logisch vorgekommen. Während des Big Year konnte ich dann die Planung nicht einfach umwerfen, ohne andere Menschen vor den Kopf zu stoßen. Außerdem hatten viele einheimische Birder keine Mühen gescheut, um als Guides und Gastgeber für mich da zu sein. Nachdem ich meinen Zeitbedarf in Tansania nun einmal viel zu hoch veranschlagt hatte, machte ich das Beste daraus.

Aber mit jedem Tag wurde die Vogelausbeute dürftiger. In zwölf Tagen in Tansania stieß ich nur auf 80 Vögel, die noch nicht auf meiner Liste standen, an manchen Tagen gab es sogar nur einen einzigen Listenneuling. Das drückte meinen Tagesdurchschnitt für das Jahr. Dennoch erreichte ich den nächsten Meilenstein: die 4000. Art, einen Graukopfspecht auf einer Kaffeeplantage. Und ich genoss die Eindrücke und die Geräuschwelt dieses wunderschönen Landes. In Tansania gibt es Großwild und erhabene Landschaften im Überfluss, vom Ngorongoro-Krater – einem der größten Einsturzkrater der Welt – bis zum Kilimandscharo – dem höchsten Berg Afrikas. Die Serengeti war für sich genommen großes Kino! In dieser Savanne wagten sich Millionen von Gnus durch Flüsse, in denen es vor Krokodilen wimmelte. Sie war die Inspirationsquelle für den *König der Löwen* und Heimat der Massai-Krieger. Fossilienfunde in der Nähe des Serengeti-Nationalparks lassen vermuten, dass in dieser Gegend die ersten Menschen lebten. Zwei Millionen Jahre später ist die Landschaft immer noch zeitlos.

Der aufregendste Vogel in Tansania war für mich der Karamojafeinsänger. Der Name sagt den meisten Menschen und vielleicht auch den meisten Birdern nichts. Genau deshalb wollte ich unbedingt ein Exemplar dieser Vogelart sehen. Sie ist wie für Birder gemacht, ein Muss für jeden Vogelfan. In einem Land, das für seine Großwildfauna berühmt ist, fokussierte ich mich auf ein winziges, bescheidenes Geschöpf.

Der Karamojafeinsänger ist wirklich ziemlich klein, kaum zwölf Zentimeter, seinen grazilen Schwanz mit eingerechnet, und er wiegt so viel wie zwei amerikanische Fünf-Cent-Münzen. Einen spektakulären Anblick bietet er nicht: oben blassgrau und unten weißlich, weiß gefleckte Flügel und ein winziger Schnabel. Er ähnelt vage dem amerikanischen Mückenfänger und ist entfernt mit ihm verwandt, auch wenn die Verwandtschaftsbande zwischen der Gattung der Feinsänger (Apalis) und der Cistensänger enger sind. Doch was der Vogel mit seinem Erscheinungsbild schuldig bleibt, gleicht er durch seinen Seltenheitswert aus. Er gehört in Afrika zu den Vogelarten mit dem kleinsten Verbreitungsgebiet und wurde bislang nur an wenigen Stellen in Uganda (in der Region Karamoja), im Süden Kenias und im Norden Tansanias gesichtet. Er lebt ausschließlich in Gehölzen, in denen Flötenakazien wachsen. In der Serengeti wurde er in den 1990er Jahren zum ersten Mal beobachtet und ist dort bis heute selten gesichtet worden. Wer ihm begegnen will, muss genau wissen, wo er zu suchen hat.

Wir Freunde brachen zu einem ereignisreichen Vormittag auf. Kurz nacheinander stießen wir auf einen Leoparden auf einem Baum, einen Geparden, der gerade ein Tier erlegt hatte, und ein 13-köpfiges Löwenrudel, das im Schatten einer einsamen Akazie ein Nickerchen machte. Diese drei Raubkatzen-Arten auf einer Tour zu sehen, war schon etwas Besonderes. Ich war ebenso aufgeregt wie alle anderen (ich zählte 27 Safarifahrzeuge, die Stoßstange an Stoßstange an der Löwenstelle parkten), aber wir waren trotzdem in erster Linie auf Vogelsuche. Bis zum Mittagessen erweiterte ich meine Liste um neue Arten wie das Pfirsichköpfchen, die Rostkehlmeise und den Temminckrennvogel –

eine kuriose Watvogelart mit großen Augen und nach unten gebogenem Schnabel, die am liebsten auf frisch abgebranntem Grasland nistet.

Nach einem kurzen Zwischenstopp an einem Rastplatz, wo eine kleine Marmorweberkolonie brütete, schlug Anthony am Nachmittag vor, es mit dem Feinsänger zu versuchen.

„Er lebt in einem abgelegenen Teil des Nationalparks, wo kaum Touristen hinkommen", sagte er.

„Klingt sehr gut!", sagte ich. Harv, Kelle und David waren sofort einverstanden.

„Unterwegs sehen wir vielleicht noch weitere Vögel", meinte Anthony, „aber das Hauptsuchobjekt ist der Feinsänger."

Roger steuerte unser Land-Cruiser-Cabrio über staubige Feldwege, durchquerte hin und wieder einen Fluss und touchierte den einen oder anderen Akazienast, während uns Tsetsefliegen umschwirrten. Die großen blutsaugenden Insekten übertragen die Afrikanische Trypanosomiasis, besser bekannt als „Schlafkrankheit". Die Tsetsefliegen waren langsam und leicht zu erlegen. Trotzdem gelang es einer dieser Fliegen, in mein Hosenbein zu krabbeln und mich zu stechen. Es fühlte sich an wie ein Bremsenstich. Als ich das Tier im Reflex zerklatschte, platzte es. Blut spritzte auf meine Hose. Das Risiko, sich in Tansania die Schlafkrankheit einzufangen, ist gering, aber ich wollte es nicht darauf ankommen lassen. Eine tragende Rolle bei dieser Krankheit spielen Parasiten, die sich – wenn man nichts unternimmt – im Gehirn einnisten, neurologische Störungen hervorrufen und irgendwann zum Tod führen.

Bis zu der Stelle, die Anthony im Sinn hatte, brauchten wir den halben Nachmittag. Als Roger anhielt und den Motor abstellte, hatten wir stundenlang kein anderes Fahrzeug mehr gesehen. Eine wohltuende Ausnahme. Bei einem dornigen Wald stiegen wir aus und hielten Ausschau nach kleinen grauen Vögeln.

Der Lieblingsbaum des Karamojafeinsängers ist die Flötenakazie, die in lichten Waldgebieten wächst und in einer besonderen Symbiose mit Ameisen lebt, die in den hohlen, verdickten Dornen dieses Baumes wohnen und ihm bei der Abwehr von Pflanzenfressern helfen. Da die

Flötenakazie nur gedeiht, wenn die Bodenverhältnisse stimmen, ist das Verbreitungsgebiet des Feinsängers sehr begrenzt.

Um diesen Vogel zu finden, muss man also vor allem den richtigen Lebensraum ausfindig machen. Als uns das gelungen war, dauerte es nicht lange, bis wir einen Karamojafeinsänger entdeckten. Als Vogelart Nummer 4028 flatterte er zwischen den dornigen Ästen umher. Ich machte ein paar Fotos, legte meine Kamera aus der Hand und beobachtete den Vogel, wie er sich diverse kleine Insekten schnappte. Dabei bewegte er sich sehr vorsichtig und achtete darauf, dass er sich an den Dornen nicht stach.

Dieser Vogel war wieder ein ganz besonderes Fundstück. Am nächsten Tag, als ich mich in der Park-Lodge in das Gästebuch eintrug, blätterte ich durch die früheren Einträge, in denen durchweg von Begegnungen mit Löwen, Leoparden und Geparden, ab und zu auch mit Hyänen oder Elefanten die Rede war. Ich schrieb ohne Zögern und mit einem breiten Grinsen in Großbuchstaben „KARAMOJA-FEINSÄNGER!!!!!“ in das Gästebuch.

Auf der Rückfahrt nach Arusha pflanzte ich mich neben Harv auf die Rückbank, während Roger wieder am Steuer saß. Anthony hockte wie üblich auf dem Beifahrersitz und Kelle hinten. David hatte sich von uns verabschiedet und reiste auf eigene Faust zur Insel Pemba weiter. Wir fuhren an diesem Nachmittag über eine schnurgerade, asphaltierte Straße durch gottverlassene Gegenden, plauderten vergnügt über Vögel, die wir gesehen hatten, und freuten uns auf die nächsten Stationen.

Plötzlich knallte es wie ein Kanonenschuss und bei 110 Stundenkilometern platzte der hintere rechte Reifen. Der Land Cruiser kam nach links von der Straße ab. Wir wurden heftig durchgerüttelt. Das Ganze passierte wahnsinnig schnell; ich merkte gar nicht, wie mir geschah. Wir registrierten die Situation erst, als wir im Straßengraben landeten. Roger hatte nicht versucht gegenzulenken, stattdessen hatte er das Auto auf die Gegenfahrbahn, die Böschung hinunter und in einen Busch hinein gesteuert, wo wir in einer Staubwolke zum Stehen kamen. Gott sei Dank gab es keinen Verkehr und auch sonst nichts, mit dem wir ernsthaft zusammenstoßen konnten.

Mit weichen Knien kletterten wir aus dem Auto, um den geplatzten Reifen in Augenschein zu nehmen. Wir fielen uns in die Arme.

„Ich bin so froh, dass dir nichts passiert ist, Kumpel", sagte Harv zu mir.

Binnen Minuten hatte Roger den Reifen gewechselt. Wir fuhren weiter. Den Ort des Beinahe-Unfalls ließen wir hinter uns. Wir waren alle still und nachdenklich. Gut, dass Roger so ein umsichtiger Fahrer war.

Vor uns wartete schon wieder der nächste Vogel irgendwo am weiten Horizont der Serengeti.

13

Ein neuer Weltrekord

Am 23. August – ich war noch im Norden Tansanias unterwegs – entdeckte ich einen neuen Post auf der Website von Arjan Dwarshuis, dem niederländischen Birder, der vor ein paar Monaten seine Big-Year-Weltreise für 2016 angekündigt hatte. Seit Gunnar Engblom mir im März von ihm erzählt hatte, checkte ich Arjans Blogs regelmäßig, aber Arjan hatte nicht viel Neues gepostet. Das letzte Update auf seiner Website war über drei Monate alt, als dieser Eintrag auftauchte:

„Ich war in letzter Zeit intensiv mit der Planung meines World Big Year beschäftigt und kann jetzt vermelden: Die Flüge für die ersten drei Monate sind gebucht!"

Der nächste Absatz machte mich hellhörig.

„Da sich Noah Strycker bei seinem World Big Year extrem gut schlägt und mit Sicherheit einen unglaublichen Rekord aufstellen wird, der sehr schwer zu überbieten sein wird, muss ich eine Schippe drauflegen …"

Anschließend erläuterte Arjan ausführlich seine geplante Reiseroute, die genau in dem Augenblick beginnen sollte, in dem mein Jahr endete: am 31. Dezember um Mitternacht. Beim Weiterlesen klappte mir der Kiefer herunter. Seine ursprüngliche 23-Länder-Route hatte er über den Haufen geworden. Stattdessen nahm er sich jetzt eine Route vor, die meiner verblüffend ähnelte: Für Süd-, Mittel- und Nordamerika listete er genau die Länder auf, die ich auch besucht hatte, mit zusätzlichen Stationen in Surinam, der Dominikanischen Republik und Kuba. Auch in Afrika und Asien war seine Route ähnlich. Hier und dort hatte er ein bisschen nachjustiert, um auf ein paar Vögel mehr zu kommen. Der größte Unterschied zu mir war, dass abenteuerliche Ziele (Antarktis, Kamerun, Myanmar) wegfielen und Arjan dort, wo ich weniger Vogelarten gesichtet hatte, kürzere Aufenthalte plante. Er wollte wie ich das ganze Jahr nonstop um die Welt reisen, seine Flugmeilen durch ein Carbon-Offset-Programm klimaneutral halten, die gesichteten Vögel in einer Internetdatenbank dokumentieren und regelmäßig Blog-Einträge posten. Ich hatte das Gefühl, meine eigene Projektbeschreibung zu lesen.

Sollte ich mich geschmeichelt fühlen, angegriffen oder angespornt? Ich war mir nicht sicher. Eines stand allerdings fest: Ich bekam hier ernsthafte Konkurrenz. Arjan folgte einer bei Europäern beliebten Vogeltaxonomie, die sich von der Clements-Checklist unterscheidet, die ich auf eBird nutze. Er spielte also nach anderen Regeln und konnte ein paar Hundert Arten mitzählen, die Clements nicht gelten lässt. Da 2016 ein Schaltjahr war, hatte er außerdem einen Tag mehr zur Verfügung. Sein größter Vorteil war sicherlich, dass er meine Erfolge und Misserfolge für sich nutzen konnte. Und offenbar war er fest entschlossen, meinen Rekord zu kippen, wie hoch dieser auch ausfallen sollte.

Na gut, dachte ich, das bringt der Vogelwelt wenigstens Aufmerksamkeit.

Im Moment hatte ich ja meinen Rekord noch gar nicht aufgestellt. Als der September näher rückte, neigte sich meine Zeit in Afrika dem Ende zu. Nach Tansania verbrachte ich noch zwölf Tage in Uganda, wo ich mit dem phänomenalen Birder Livingstone Kalema 517 Vogelarten sichtete. Darunter war einer der meistgesuchten Vögel im Land, der Grünbrustpitta, den wir im Lianengewirr des Kibale-Waldes aufspürten und der übrigens mein allererster Pitta überhaupt war (genauer: der erste Vogel aus der Familie der Pittidae, nicht zu verwechseln mit den Ameisenpittas, die der Familie der Grallariidae angehören). Als ich Afrika hinter mir ließ, standen insgesamt 4200 Arten auf meiner Liste. Schritt für Schritt näherte ich mich den 4341 Arten, die das britische Ehepaar Ruth Miller und Alan Davies 2008 geschafft hatte. Als dieses Etappenziel in Reichweite war, schickten mir die beiden eine nette Facebook-Nachricht: „Hallo, Noah, du bist mit Volldampf unterwegs! Glückwunsch! Du peilst bestimmt mehr als 5000 an, oder?"

Da ich noch vier Monate vor mir hatte, war ich mittlerweile ziemlich sicher, die anvisierten 5000 zu erreichen, aber einen Gang runterschalten wollte ich trotzdem nicht – schon gar nicht, wenn da jemand meinen Rekord einzustellen versuchte! Erstmals regte sich in mir ganz zart der Gedanke, bis zum Ende des Jahres vielleicht auf 6000 Arten zu kommen.

Für den Augenblick wäre ich mit einem neuen Weltrekord zufrieden. Ich richtete meinen Blick ostwärts – nach Asien.

Die Inder sind rekordbesessen. Rund zehn Prozent aller Anträge auf Aufnahme in das *Guinness-World-Records*-Buch kommen aus Indien. Zudem gibt es in Indien eine ganze Reihe eigener Rekordbücher: das *India Book of Records*, nicht zu verwechseln mit dem *Indian Achiever Book of Records* oder dem *Limca Book of Records*. Um von diesen Autoritäten anerkannt zu werden, legen sich die Inder extrem ins Zeug – wie der Mann, der seit 1952 seine Fingernägel nicht mehr geschnitten hat, oder der Guinness-Weltrekordhalter für die längsten Ohrhaare (13,18 Zentimeter).

Ich hätte mir also auf dem ganzen Planeten keinen besseren Ort für meinen Weltrekord aussuchen können als Indien. Als ich am 13. September auf dem Cochin International Airport in der vogelreichen südindischen Provinz Kerala landete, hatte ich 4243 Arten auf meiner Liste und damit nur 98 weniger als seinerzeit Ruth und Alan. In Indien hatte ich die Auswahl zwischen rund 1000 Spezies, von denen ich 80 Prozent noch nicht gesehen hatte. Vielleicht würde es ja klappen, meine 98 Arten binnen einer Woche beisammenzuhaben.

Über weite Strecken hatte ich mich in meinem Big Year nicht mit dem Gedanken des Weltrekords beschäftigt, weil ich mir von vornherein ja zum Ziel gesetzt hatte, nicht 4342 (eine Spezies mehr als Ruth und Alan), sondern 5000 Spezies und damit rund die Hälfte aller Vogelarten dieser Erde zu sehen. Das fand ich eine schöne, realistische und individuelle Aufgabe, bei der ich mich nicht mit den Leistungen anderer messen musste. Mein Big Year war für mich eine so persönliche Angelegenheit, dass ich mich auf keinen Fall an irgendwelchen Erfolgsvorstellungen anderer Menschen orientieren wollte. Beim Birding geht es schließlich nicht um Konkurrenz – meistens jedenfalls nicht …

Aber gut, ein Big Year ist schon auch ein Wettkampf, und als ich dem Weltrekord näher kam, dachte ich offen gestanden permanent daran. Außerdem stellte sich ein gewisser Rummel ein. Es mehrten sich die Besucher und Kommentare zu meinem täglichen Blog bei Audubon.org, die aufmunternden Nachrichten auf meiner Facebook-Seite, die Diskussionen in Birding-Foren auf der ganzen Welt und Interviewanfragen aus den USA und anderen Ländern. Ich gab mein Bestes, um am Rande meiner Touren möglichst vieles zu beantworten, alles war nicht möglich.

Kurz vor meiner Ankunft in Indien legte ich noch einen Tag in den Vereinigten Arabischen Emiraten ein. Ich war dafür mit den beiden Spitzen-Birdern Mark Smiles und Oscar Campbell verabredet, die mir die Sandwüsten von Abu Dhabi und Dubai zeigten. Bei 38 Grad Celsius wurden wir langsam gegart … An diesem Tag spürten wir zu dritt deutlich über 100 Spezies auf, unter anderem den seltenen Wacholderlaubsänger, der sich nahe einem künstlich bewässerten Feld unter einem Busch verkroch und hier absolut nicht hingehörte. Er war in den Emiraten auch erst rund zehn Mal gesichtet worden.

Auf diesem Stopp zwischen dem ländlichen Uganda und Indien nahmen sich die hochglanzpolierten Vereinigten Arabischen Emirate surreal aus. Ich schaute am Burj Khalifa empor, dem höchsten Gebäude der Welt, während wir auf einer zwölfspurigen Autobahn durch die Stadt rauschten, eine Luxuskarosse nach der anderen. Als wir am Abend die Sonne über dem Grenzzaun zum Oman untergehen sahen, erhielt Oscar eine interessante E-Mail.

„Hey, da gibt es einen Birder, der für nächstes Jahr ein Big Year plant und genau wie du 5000 Arten sehen will!"

„Er heißt nicht zufällig Arjan?", fragte ich.

„Doch. Kennst du ihn?"

„Wir sind uns noch nicht begegnet, aber ich weiß, wer er ist."

Ich hatte zunehmend das Gefühl, dass mir dieser Niederländer im Nacken saß – nicht nur weil er ein World Big Year wie ich plante, sondern weil er es mit seiner Strategie auf mich persönlich abgesehen hatte!

„Du solltest den Weltrekord möglichst bald unter Dach und Fach bringen", riet Oscar.

„Klar. Aber um den Rekord geht es doch gar nicht in erster Linie", protestierte ich, „auch wenn ich mich natürlich freue, ihn zu schaffen.

Für mich sind die 5000 der Maßstab. Und bis dahin ist es noch ein weiter Weg."

„Der Rekord ist schon wichtig", insistierte Oscar, „weil der die Leute mitreißen wird. Du brauchst nur zu sagen, dass du einen Weltrekord gebrochen hast, und jeder findet es toll, auch wenn er keine Ahnung hat, was Birding ist."

Da hatte er natürlich auch wieder recht. Ganz gleich, was ich mir ursprünglich vorgenommen hatte: Alle Augen – auch meine eigenen – richteten sich jetzt auf die bisherige Rekordmarke von 4341 Vögeln.

Wenige Tage später landete ich in den Teeplantagen der Westghats, ein Gebirge in der Nähe der südindischen Stadt Munnar. Ich war in Begleitung eines geselligen Vogelfreunds unterwegs, der Harsha Jayaramaiah hieß und jeden Menschen in Indien zu kennen schien. Er und seine Freunde hatten allerhand organisiert, um den Aufenthalt möglichst kostengünstig zu gestalten, und sie teilten großzügig mit mir die Kosten für Unterkunft, Verpflegung und Transport. Das bedeutete mir viel, denn dadurch reduzierten sich meine Ausgaben auf rund 15 Dollar pro Tag – im Durchschnitt gab ich 200 Dollar pro Tag aus. Es war das niedrigste Tagesbudget des ganzen Jahres.

An meinem zweiten Tag in Indien fehlten mir nur noch 39 Vögel bis zum Weltrekord, den ich somit also sehr wahrscheinlich am nächsten oder übernächsten Tag feiern konnte. Harsha hatte in den besagten Westghats eine ganze Reihe neuer Arten für meine Liste im Kopf, unter anderem den Rundschwanzsänger, ein braunes Etwas, das sich gern im Verborgenen hält und nur in Grasflächen in den oberen Höhenlagen der Westghats lebt. Er konnte allerdings nicht auf die Schnelle sagen, wo der Vogel aus der Familie der Grassänger zu finden ist. Deshalb machten wir halt an einem Tourismusbüro in Munnar.

Harsha fragte nach einem Freund, und tatsächlich erschien ein Mann, der dort arbeitete und uns verschiedene Tipps gab. Dann fragte er mich nach meiner Weltreise aus.

„Ich hoffe, morgen oder übermorgen einen Weltrekord aufzustellen", erklärte ich ihm. „Weil ich dann innerhalb eines Jahres mehr Vögel gesehen habe als je ein Mensch zuvor."

Das Gesicht des Mannes leuchtete auf.

„Ein Weltrekord? Werden Sie ihn beim *Guinness-Buch der Rekorde* einreichen?"

„Ich habe zumindest vor acht Monaten einen Antrag gestellt", sagte ich, „aber ich habe noch keine Antwort bekommen."

„Merkwürdig", meinte der Mann. „Eigentlich sollten die innerhalb weniger Wochen reagieren."

„Ja, so steht es auf der Website. Aber sie können sich ruhig Zeit lassen. Im *Guinness-Buch* zu stehen, war sowieso nicht mein oberstes Ziel. Ich will einfach nur so viele Vögel sehen, wie ich kann."

„Und wie beweisen Sie das?", hakte der Mann nach. „Sie werden Beweise brauchen!"

„Birding funktioniert ein bisschen anders, es geht um das persönliche Abenteuer", antwortete ich. Der Mann blickte mich skeptisch an. „Aber für jeden Vogel, den ich in diesem Jahr gesehen habe, habe ich Zeugen. Außerdem habe ich viele Vögel auch fotografiert."

„Hmm." Er wackelte mit dem Kopf. „Jeder Rekordversuch muss dokumentiert sein. Ein Freund von mir hat es gerade Anfang des Jahres ins *Guinness-Buch* geschafft und musste alle möglichen Beweise vorlegen."

„Was war das für ein Rekord?"

„Eisenstangen mit der bloßen Hand zerbrechen!"

Dieser Rekord schien ihn glücklich zu machen. Als wir aufbrachen, um uns auf die Suche nach dem Grassänger zu machen, saß der Mann noch immer an seinem Tisch, fächelte sich in dem stickigen Tourismusbüro Luft zu und schwelgte in Gedanken an die kolossale Leistung seines Freundes.

Weltrekorde umgibt der Nimbus der Vollkommenheit. Sie sind leicht zu verstehen und von schlichter Eleganz. Dass es nur ein größtes Tier (den Blauwal) und nur ein leichtestes Element (Wasserstoff) geben kann, ist logisch. Jeder weiß, dass der Mount Everest der höchste Berg der Welt ist, wobei die exakte Höhe seines Gipfels (8848 Meter) – ein einigermaßen zufälliges geologisches Gebilde – nicht so sehr für diesen konkreten Berg von Bedeutung ist denn vielmehr als Maßstab für den Vergleich mit anderen hohen Bergen. Superlative helfen uns, das

Universum zu definieren, weil sie dessen Außengrenzen genau vermessen und damit allem anderen den Rahmen geben.

In der Geschichte waren Weltrekorde die längste Zeit immanent, das heißt, sie existierten aufgrund von physikalischen Gegebenheiten oder Zufall und waren ganz unabhängig davon, ob jemand es mitkriegte oder nicht. Der älteste Baum der Welt (eine 5062 Jahre alte sogenannte Langlebige Kiefer in den kalifornischen White Mountains) hat sich nicht in den Kopf gesetzt, etwas Besonderes zu werden; diese Kiefer blieb einfach länger stehen als alle anderen Bäume. Auch der Gepard legt es nicht darauf an, das schnellste Landtier zu sein, wenn er mit über 110 Stundenkilometern sprintet; er hat eher seine Beute im Sinn. Solche Rekorde haben nichts mit Angeberei oder Profilneurose zu tun.

Erst in jüngerer Zeit ist man dazu übergegangen, Weltrekorde mit Höchstleistung gleichzusetzen. Die Vorstellung, der Beste zu sein, hat etwas Verlockendes, zumal es heute immer mehr und mehr um Quantität statt Qualität geht. Die Olympischen Spiele der Antike entstanden im Rahmen von Feierlichkeiten zu Ehren des griechischen Göttervaters Zeus und fanden zum letzten Mal im Jahr 393 n. Chr. statt. Bei ihrer Wiederbelebung im Jahr 1896, also über 1500 Jahre später, blieb von den antiken Spielen nur noch die Idee des Wettkampfs übrig, aus dem sich das milliardenschwere Spektakel von heute entwickelte, bei dem Geher und Trampolinspringer mit so feierlichem Ernst beurteilt werden wie sonst nur Außenpolitiker. Heutzutage feiern wir Menschen, die besser als andere laufen, springen, reiten, schwimmen, werfen, ringen, eislaufen, Ski fahren und Curling spielen. So richtig logisch ist das nicht, wenn man genauer darüber nachdenkt. Michael Phelps und Usain Bolt sind internationale Berühmtheiten, aber ihre Sportlerkollegen, die eine Hundertstelsekunde nach ihnen ins Ziel kommen, bleiben oft namenlos. Und doch sind Weltrekorde – oder „WR", wie es im olympischen Jargon heißt – im wahrsten Sinne des Wortes Gold wert.

Praktisch betrachtet geht unser Rekordwahn, ein neuzeitliches Konzept, mit zwei gesellschaftlichen Entwicklungen Hand in Hand: genug Zeit für Beschäftigungen, die nicht überlebenswichtig sind, und der Möglichkeit, zu wissen, was andere Menschen an weit entfernten Orten tun.

Die populärste Autorität in Sachen Weltrekorde ist das *Guinness-Buch der Rekorde*. Es entstand, so will es die Legende, aufgrund eines Kneipenstreits über Vögel. Anfang der 1950er Jahre war Sir Hugh Beaver, damals Geschäftsführer der Brauerei Guinness in Irland, Gast bei einer Jagdpartie. Dabei entbrannte ein Streit über die Frage, welches das schnellste Federwild in Europa sei. Beaver war überzeugt, es sei der Goldregenpfeifer, während sein Freund behauptete, das Moorschneehuhn sei schneller. Es ließ sich nicht entscheiden, wer recht hatte. Wenig später beauftragte Sir Hugh zwei Journalisten, Recherchen anzustellen und im nächsten Schritt Zahlen und Fakten für eine ganze Sammlung von Superlativen zusammenzutragen, die 1955 unter dem Titel *The Guinness Book of Records* zum ersten Mal erschien. Das Buch entwickelte schon bald ein Eigenleben; 2015 war es selbst mit über 100 Millionen Exemplaren das meistverkaufte Buch aller Zeiten.

Sir Hugh Beaver wollte mit seinem Buch ein Nachschlagewerk schaffen, aber im Laufe der Zeit hat es sich zu einem Kuriositätenkabinett entwickelt. Da nichts kategorisch ausgeschlossen wird, entwickeln Menschen, angespornt von der Aussicht auf persönlichen Ruhm, offenbar immer abseitigere Ideen. Statt die Welt so zu beschreiben, wie sie ist, dokumentiert das Buch heute vor allem das massive Verlangen der Menschheit, sich von der Masse abzuheben. Es ist mehr die Vision einer Welt, wie sie sein könnte, wenn man nur erfindungsreich genug ist.

Heute wird im *Guinness-Buch* zwar auch der „schnellste Vogel (im Sturzflug)" aufgelistet – es ist der Wanderfalke, bei dem man einmal 389 Stundenkilometer maß –, aber in erster Linie ist es ein Sammelsurium obskurer menschlicher Heldentaten. In einer endlosen, schwindelerregenden Rekordflut werden stets die neuesten Triumphe hinzugefügt: die größte Ausstellung von Origami-Elefanten (78.564), die meisten je auf dem Kinn balancierten Verkehrsleitkegel (26), das größte Sushimosaik (41,99 Quadratmeter) und – mein persönlicher Favorit – „die meisten Äpfel, die jemand im Mund hält und innerhalb einer Minute mit verbundenen Augen mit einer Kettensäge durchtrennt". Jedes Jahr reichen über 50.000 Menschen neue Rekordideen ein.

Ich bin für Späße aller Art zu haben, aber welche Bedeutung hat ein Weltrekord, wenn praktisch alles möglich ist? Die meisten Menschen sind sich einig, dass der schnellste Marathonlauf etwas Beeindruckendes ist, aber Rekorde wie „Glühbirnen werfen“ oder „Autos verspeisen“ sind für mich mehr eine Form der Selbstverwirklichung. Nach den Guinness-Regeln muss jeder Rekordversuch messbar, nachprüfbar und übertreffbar sein.

Wer auf der Guinness-Website als Suchbegriff „Bird“ eingibt, bekommt über 1000 beglaubigte Rekorde. Die meisten Rekordhalter sind dabei zum Glück selbst Vögel: Das Wildtruthuhn hat den stärksten Muskelmagen, das Felsengebirgshuhn ist der Wandervogel mit der kürzesten Wanderstrecke und die männliche Argentinische Ruderente der „Vogel mit dem größten Fortpflanzungsorgan“ (sein ausfahrbarer Penis ist laut Messung 42,2 Zentimeter lang).

Es fällt auf, dass Großtaten auf dem Gebiet der Vogelbeobachtung fehlen. Sie gelten in Guinness-Augen als nicht überprüfbar. In meinem Fall schickte das Management-Team seine abschließende Entscheidung fast ein Jahr nach meinem Antrag: „Wir bedauern, Ihnen mitteilen zu müssen, dass wir Ihren Vorschlag nicht als Guinness-Weltrekord annehmen können. Jeder Rekord muss messbar sein, und wir sind zu der Auffassung gelangt, dass es schwierig wäre, für Ihren Vorschlag eine präzise Messung zu ermöglichen.“

So kommt es, dass wir einen Guinness-Rekord für die höchste Punktzahl beim Videospiel „Angry Birds“ haben, aber keinen für die meisten Sichtungen von echten Vögeln.

Jeder Mensch hat seine eigenen Gründe, warum er ein bestimmtes Ziel anstrebt, und aus psychologischer Sicht ist das Aufstellen von Rekorden ein kompliziertes Phänomen. In dem TED-Talk „The Puzzle of Motivation“ („Das Rätsel der Motivation“), den auf YouTube fast 20 Millionen User gesehen haben, zeigte Karriereanalyst Dank Pink, dass externe Belohnungen überraschend geringen Einfluss auf das Leistungsverhalten haben. Nach intensivem Studium der Fachliteratur kam Pink zu dem Schluss, dass Eigenständigkeit (autonomy), Freude an der Selbstperfektionierung (mastery) und das Wissen um den Sinn und Zweck des eigenen Tuns (purpose) – also selbstbestimmtes Handeln in Verbindung mit einer sinnvollen übergeordneten Zielsetzung – weitaus wirkungsvoller seien und dass echte Motivation von innen komme. Mit anderen Worten: Nicht der Wille zum Rekord treibt den Menschen an, mit dem Pogo-Stick den Fujiyama hochzuhüpfen, sondern der persönliche Wunsch, sich zu beweisen und einen Beitrag zu dieser Welt zu leisten.

Das ist ein etwas anderes Leistungsverständnis und auch eine gute Erklärung, warum jemand einen Kraftakt wie ein Big Year abliefert. Was unter dem Strich rauskommt, ist vielleicht nicht die erhoffte Belohnung, aber auch nicht nur eine Reise. Um wirklich das Gefühl zu haben, etwas Sinnvolles zu tun, braucht man ein Ziel oder zumindest eine Marschrichtung. Eine Reise mit einer Mission – das war mein innerer Antrieb und machte mich glücklich. 5000 Vogelarten innerhalb eines Kalenderjahres zu sichten und damit den Rekord einzufahren, motivierte mich, in die Welt hinauszuziehen, täglich nach neuen Vögeln Ausschau zu halten, mich an meinem Finderglück zu freuen und es mit anderen zu teilen.

Zwei Tage später, am 16. September, kamen Harsha und ich bei Tagesanbruch am Vogelschutzgebiet Thattekad an, einem Waldgebiet im Tiefland zwischen den Armen des Flusses Periyar. 27 Arten vom Weltrekord entfernt, trafen wir Sanu Sasi, der die Vögel seiner Region aus dem Effeff kennt. Zu dritt betraten wir in beschwingter Stimmung das Schutzgebiet.

Kurz nach dem Morgengrauen fuhr eine Wagenkolonne vor. Es waren die Ezhupunna Birders, eine zwölfköpfige Gruppe junger Vogelenthusiasten, die von meinem Big Year gehört hatten und behilflich sein wollten. Sie waren zwei Stunden von Kochi hierhergefahren und für den Ausflug ziemlich früh aufgestanden. Mit großem Hallo stiegen sie aus ihren Autos und schüttelten uns strahlend die Hände.

Angesichts von mehr als einem Dutzend Augenpaare, die den Wald absuchten, hatten die Vögel schlechte Chancen, unentdeckt zu bleiben. Ein Malabartrogon mit rotem Bauch, schwarzem Kopf und einem weißen Halsring beäugte von einem hohen Ast aus unsere Gruppe. Sanu machte uns auf zwei grünlich-gelbe Kerala-Goldbrustbülbüls mit schwarzen Köpfen und orangefarbenen Kehlen aufmerksam, während im nahen Unterholz die eine oder andere Kapuzentimalie kreischende und rasselnde Geräusche von sich gab. Mehrere auffällige und langschwänzige Weißbauch-Baumelstern, Mitglieder der Rabenvögelfamilie, die nur in Südindien vorkommen, riefen laut aus dem Wald und boten einen imposanten Anblick, wie sie von einem Baum auf den anderen wechselten. Der Vormittag verging wie im Flug und bescherte mir über 20 neue Spezies.

Gegen Mittag begann ich mit dem Countdown: Ein winziger Rundschwanzspecht, schwarz und weiß mit einer spitzen Haube und praktisch schwanzlos, eröffnete die Runde der letzten zehn Vögel. Mit dem Hindusegler waren es kurz darauf nur noch fünf. Als der Weltrekord schon zum Greifen nah war, passierte plötzlich nichts mehr. Der einsetzende Nieselregen ließ unsere Hoffnung sinken. Die Vögel stellten den Gesang ein.

Die Ezhupunna Birders klinkten sich widerwillig aus, um zu Mittag zu essen, und wünschten Harsha, Sanu und mir viel Glück. Im mittlerweile strömenden Regen hielten wir drei in einer undichten verwaisten Hütte eine kurze Strategiebesprechung ab. Sanu schlug vor, ein paar Kilometer weiter zu fahren, wo er wohnte, und nach wassergebundenen Arten Ausschau zu halten, die leicht aufzuspüren seien. Gesagt, getan. Die nächsten Stunden wanderten wir bei Starkregen auf einem grasbewachsenen Feld hin und her. Es gelang uns, nacheinander ein Spitzschwanz-Bronzemännchen, eine Weißbrust-Kielralle und eine Graustirn-Pompadourtaube aufzutreiben, die über unsere Köpfe hinwegflog und nur in diesem Teil Indiens vorkommt. Damit stieg die Spannung ins Unerträgliche.

„Hey, ich habe gerade eine Schwarzflügeliora gesehen!", rief Harsha, der zu ein paar niederwüchsigen Bäumen in einigen Hundert Metern Entfernung hinüberschaute. „Kommt mit. Ich glaube, sie ist zur anderen Seite entfleucht."

Wir wateten quer über das Feld. Mein Herz pochte vor Aufregung und Anstrengung, aber die Schwarzflügeliora – ein spatzengroßer, gelbgrüner Singvogel mit schwarz-weißen Flügeln – entwischte uns immer wieder. Wir kamen uns ein bisschen lächerlich vor: Die Schwarzflügeliora gehört zu den häufigsten Vogelarten in Indien. In diesem Fall war sie der begehrteste Vogel der Welt.

Nach einem frustrierenden halbstündigen Versteckspiel tänzelte der Vogel schließlich auf einen Ast direkt vor mir, und Sanu, Harsha und ich klatschten uns ab.

„So, jetzt habe ich mit den 4341 Vögeln von Ruth und Alan gleichgezogen“, sagte ich. „Jetzt brauchen wir noch einen – dann ist der Rekord gebrochen!“

Sanu und Harsha schauten sich bedeutungsvoll an.

„Einen haben wir für dich extra aufgehoben“, sagte Sanu geheimnisvoll. „Komm mit, dafür fahren wir zum Vogelschutzgebiet zurück. Es ist eine ganz besondere Spezies.“

„Such bitte nicht nach weiteren Vögeln, bis wir da sind“, bat Harsha. „Wir wollen auf keinen Fall, dass irgendein unbedeutender Vogel den Weltrekord perfekt macht.“

Nach zehn Autominuten waren wir wieder in Thattekad. Unterwegs blickte ich, auf der Rückbank sitzend, starr auf meine Schuhe, um die sich kleine Pfützen gebildet hatten, und fragte mich, was Sanu für uns ausgeheckt hatte. Der Regen lichtete sich und wurde von Nebelschwaden abgelöst. Harsha rief die Ezhupunna Birders herbei, die inzwischen ihr Mittagessen beendet hatten. Zusammen mit noch weiteren Schaulustigen, die ich nicht kannte, gesellten sie sich am Waldrand wieder zu uns, in gespannter Erwartung des großen Augenblicks.

Mein Magen knurrte vor Hunger, ich war bis auf die Haut durchnässt, aber das war jetzt alles egal. Ich schrieb den Tag 259 meines Big Year und jetzt stand der Weltrekord an.

Sanu ging voraus in den Wald. An einer Stelle querte der Weg einen Bach. Dort hielt Sanu an und zeigte zu einer dichten Baumgruppe hinüber.

„Siehst du das?“, flüsterte er.

„Was?“, fragte ich.

Harsha lachte.

„Wir werden dich nicht mit der Nase darauf stoßen. Den musst du selbst finden!“

Alle Blicke waren auf mich gerichtet, während ich mit steigendem Adrenalinspiegel das dichte Blattwerk absuchte. Nichts regte sich.

Die Luft hing schwer zwischen den Bäumen, das Licht war durch das Blätterdach und den Nebel gedämpft. Wonach sollte ich denn hier suchen?

Ich spürte viele Augen auf mir und drehte mich um … Da war aus dem Nichts ein komplettes Fernsehteam aufgetaucht.

„Ein indischer Nachrichtensender möchte bei deinem Rekordvogel dabei sein", Harsha lächelte. Hinter dem Kamerateam drängelten sich etliche Menschen. Alle schauten erwartungsvoll. Die Situation war so schräg, dass ich sie nie vergessen werde: Rund 20 Leute starrten mich an, während ich in die Bäume starrte, um den offiziellen Weltrekordvogel zu entdecken. Normalerweise ist Birdwatching ein Sport ohne Zuschauer.

Dann sah ich es. Da war ein zusammengebackener Klumpen abgestorbener Blätter auf einem Ast. Aber das waren gar keine Blätter, es war überhaupt nichts Pflanzliches. Ahnungsvoll hob ich mein Fernglas. Da kuschelten sich auf halber Höhe des Laubdachs zwei skurril aussehende Vögel aneinander. Sie waren braun mit kleinen weißen Flecken und ballförmig aufgeplustert, kniffen ihre Augen im Schlaf zusammen, die Flügel im weichen Gefieder verstaut. Ihre Köpfe waren so groß, dass sie halslos wirkten, und ihre Schnäbel waren genauso breit wie ihre Köpfe. Sie sahen mehr wie Plüschtiere aus.

„Das gibt's ja nicht – das sind zwei schlafende Ceylonfroschmäuler!", rief ich glücklich. „Genau", sagte Harsha und reichte mir die Hand. „Herzlichen Glückwunsch, Noah! Das Ceylonfroschmaul ist ein hervorragender Rekordbrechervogel, weil nachtaktiv und nicht leicht zu sehen. Aber Sanu wusste, wo man sie findet."

Auch Sanu gratulierte, und es folgte ein allgemeines Strahlen, Umarmen und Schulterklopfen.

Eine Welle der Euphorie und Erleichterung, gemischt mit einem irgendwie ungläubigen Staunen, durchströmte mich, ich war voller Zuneigung und Dankbarkeit – gegenüber meinen Mitmenschen, den Vögeln, dem Schicksal, überhaupt allem. Die schlafenden Ceylonfroschmäuler schienen von der feierlichen und ausgelassenen Stimmung nichts mitzubekommen. Wir betrachteten sie lange und ließen sie dann in Ruhe. Einige Birder verabschiedeten sich, und Harsha eröffnete mir, dass er eine After-Birding-Party bei dem Vogel-Guru Eldhose K. V. organisiert hatte.

Wir bildeten eine spontane Fahrgemeinschaft und fuhren in einem Wohnmobil zur Party. Ich wurde mit einigen anderen ins Haus gebeten. Draußen im Garten zankten sich an der Futterstelle ein paar Grünbartvögel mit Malabartokos um Obst. Drinnen war in einem kleinen Zimmer eine Teetafel gedeckt. Als ich eintrat, nahmen die Dinge eine interessante Wendung. Ein Mann mit dunklem Bart und rotem Gewand bis zum Boden erhob sich aus einem Stuhl.

„Zum Gruß", sagte er und reichte mir die Hand.

„Noah, dies ist Kuriakose Mor Eusebius, ein Bischof aus Kothamangalam", erklärte Eldhose mit ausgesuchter Höflichkeit.

Der Bischof, ein gigantisches Kruzifix um den Hals, erklärte mit sanfter Stimme, er habe eine erhebliche Strecke zurückgelegt, um hierherzukommen. Ich fragte mich, was einen derart distinguierten Gast bewogen hatte, mit mir Tee zu trinken.

„Sind Sie auch Birder?", fragte ich. Ich wusste nicht, was ich sonst sagen sollte.

„Ich interessiere mich für alles Lebendige", erwiderte der Bischof, „und habe von Ihrem Weltrekord gehört. Ich habe vorausgesagt, dass Sie ihn trotz des Regens heute Nachmittag aufstellen werden."

„Oh, vielen Dank", sagte ich. Mir wurde ehrfürchtig zumute.

Wir setzten uns mit Harsha, Eldhose und einer Reporterin, die sich als Preetu Nair vorstellte, zu Tisch. Die Reporterin kritzelte schweigend Notizen in ein kleines Heft, während wir an unseren Teetassen nippten und über Vögel plauderten.

Das Ganze war eine seltsam förmliche Art, einen Weltrekord zu feiern. In der folgenden Stunde genoss ich meinen Tee, naschte an den dargereichten Leckerbissen und stand Harsha, dem Bischof und Preetu Rede und Antwort. Mein Adrenalin ebbte allmählich ab und machte einem warmen Glühen Platz. Die Welt war rundum in Ordnung. Gegen Abend gesellten wir uns wieder zu den Birdern draußen vor der Tür, machten reihenweise Selfies und gingen dann auseinander. Jetzt spürte ich, wie anstrengend dieser Tag gewesen war.

Aber er war noch gar nicht vorbei. Nach dem Abendessen hatte ich das Glück, einen weiteren faszinierenden Menschen zu treffen. Er hieß Ben Mirin, und er war der vielleicht einzige Vogellaut-Beatboxer der Welt. Ben war jünger als ich, reiste gerade mit einem Stipendium von *National Geographic* durch Indien und performte Beatbox-Kompositionen, für die er Gesänge einheimischer Vögel verwendete. Er hatte Harsha von unterwegs eine SMS geschickt.

Ben trat an verschiedenen Schulen in der Region auf. „Ich möchte bei den Kids das Interesse für die Vögel ihrer Heimat wecken. Dafür nehme ich Vogellaute in freier Wildbahn auf und kreiere dann mit diesen Audioclips Beats."

Wir bekamen eine Kostprobe, es klang tatsächlich wie eine Drum Machine mit Vogellauten. „Harsha erzählte mir heute von deinem Big Year", sagte Ben. „Da dachte ich mir, ich schau mal vorbei. Herzlichen Glückwunsch zum Weltrekord!"

Als er sich verabschiedete, kam mir Bens Mission genauso verrückt vor wie meine.

Am nächsten Morgen wachte ich ein bisschen verkatert auf. In einer Kleinstadt legten Harsha und ich einen Frühstücksstopp an einem Straßencafé ein.

„Komm, lass uns eine Zeitung kaufen", schlug Harsha vor.

An einem Zeitungsständer las ich die Nachrichten des Tages in großen Lettern. Auf der Titelseite der *Times of India*, der größten englischsprachigen Zeitung der Welt, war ein Foto von mir abgedruckt, und darüber prangte die Schlagzeile: „Die Vögel von Thattekad verhelfen Noah zum Weltrekord!"

„Da muss die Reporterin bei Eldhose gestern dahinterstecken", stammelte ich. „Mir war nicht klar, dass sie von der *Times of India* war!"

Der kurze Artikel, garniert mit einem erlesenen Bischofszitat, fasste das Geschehen so zusammen: „Im Gesicht des Vogelkundlers Noah Strycker macht sich ein Lächeln breit. Durchnässt vom strömenden Regen und unter den Augen einiger einheimischer Vogelbeobachter stellt er einen neuen Weltrekord auf, weil er die meisten Vögel in einem Jahr gesichtet hat."

Damit war es amtlich. Das rekordversessene Indien hatte einen neuen Weltrekord verkündet.

14

Erfolge und Fehlschläge

Am Nachmittag des 10. Oktober beobachteten Meteorologen eine Tiefdruckstörung über dem einsamen Enewetak-Atoll, das zwischen Mikronesien und den Marshall-Inseln im Pazifik liegt. Am nächsten Tag strömte dichtere Luft heran. Meteorologen in Japan stuften die Störung zu einer tropischen Depression hoch. Diese verstärkte sich am 12. Oktober zu einem Tropensturm. Als das Tiefdrucksystem sich westwärts auf die Philippinen zubewegte, erhielt es den Namen „Lando“. Am 17. Oktober hatte es sich zu einem echten Superzyklon ausgewachsen. Das entsprach einem Hurrikan der Kategorie vier, mit Windgeschwindigkeiten über 240 Stundenkilometer und einem Auge mit 40 Kilometern Durchmesser, das auf Satellitenbildern gut zu sehen war. „Lando“ zog auf die philippinische Insel Luzon zu, wo über 50 Millionen Menschen dem Moment entgegensahen, in dem der Zyklon die Insel mitsamt der Hauptstadt Manila erreichen sollte.

Während das Sturmphänomen auf die Philippinen zuhielt, saß ich über 1100 Kilometer weiter nördlich in den Bergen Zentraltaiwans mit Wayne Hsu, dem Leiter der Abteilung Vogelschutz und Internationales bei der taiwanesischen Chinese Wild Bird Federation, zusammen. Nach einem langen und ergiebigen Beobachtungstag hockten Wayne und ich in einem Hotelzimmer und verfolgten auf meinem Laptop, wie sich die Wetterprognosen entwickelten.

„Du fliegst morgen auf die Philippinen?“, fragte Wayne.

„Ja. Und zwar genau auf die Insel Luzon.“

„Der Sturm soll am Vormittag dort sein“, meinte Wayne. „Es sind enorme Regenmengen und Windgeschwindigkeiten angesagt.“

Die Wetterentwicklung beunruhigte mich im Moment gar nicht so sehr. Wenn sich der Zyklon morgens über Manila austobte, wären die Auswirkungen auf meinen Reiseplan nicht so erheblich – vor allem im Vergleich zu dem erwarteten Chaos für die Menschen in Manila. Was mich beschäftigte, war die Frage, wie ich in der knappen Restzeit in Taiwan noch Vögel auf meine Liste bekommen konnte.

Aktuell hatte ich 4854 Arten. Keine 150 Vögel trennten mich mehr von meinem Jahresziel! So lange hatte ich mir den Moment vorgestellt, in dem ich die 5000 erreichen würde. Was wird es wohl für ein Gefühl sein? Das halsbrecherische Tempo hatte seit dem Weltrekord in Indien nicht nachgelassen, und nun waren auch die 5000 in greifbare Nähe gerückt. Vielleicht würde ich sie ja in der kommenden Woche auf den Philippinen erreichen – falls ich denn dort ankam.

Wayne breitete eine Landkarte von Nordtaiwan auf dem Tisch aus. Wir hatten gerade zwei Tage mit Waynes Freund Kuan-Chieh Hung, genannt Chuck, und einem Häuflein einheimischer Birdwatcher hinter uns, die mein Big Year über eBird verfolgten. Immer häufiger begegnete ich auf meiner Reise ganzen Gruppen, die mir behilflich sein wollten. Die Bandbreite der Vogelwelt, die mir die Einheimischen mit ihrem geballten Wissen zeigten, war erstaunlich. Diese Gruppe hier legte sich ins Zeug, damit ich während meines Kurzbesuchs in Taiwan möglichst viele der 26 endemischen Spezies zu Gesicht bekam. Wir hatten sie jetzt auch fast alle gesehen, darunter zwei ausgefallene Fasane: den langschwänzigen, stahlblau-kupferrot-weißen Swinhoefasan und den auf der 1000-Taiwan-Dollar-Note abgebildeten Nationalvogel des Landes, den Mikadofasan. Auf Taiwanesisch nennt man ihn den „König des Nebels". Auch den Dickschnabelkitta hatten wir gesichtet, ein elegantes Wesen mit blauen, weißen und schwarzen Federn und einem ausgesucht langen Schwanz sowie rotem Schnabel und Beinen. Nach einem spektakulären Nebelsonnenaufgang im Waldschutzgebiet Dasyueshan absolvierte er vor einer Felswand seine Flugübungen. Wayne und ich versuchten, uns eine sinnvolle Route für die letzten wenigen Vögel auszudenken.

„Wir sind jetzt hier in den Bergen im Norden und in der Mitte Taiwans." Wayne zeigte unseren Standort auf der Landkarte. „Dein Flug auf die Philippinen, wenn er denn stattfindet, startet in Taipeh. Das liegt an der Nordspitze des Landes. Der einzige endemische Vogel, den du noch nicht gesehen hast, ist der Taiwanbülbül, der aber unten im Süden lebt. Um den zu finden, müssten wir lange fahren und einen

Inlandsflug nach Taipeh nehmen, damit du deinen Anschlussflug auf die Philippinen erwischst."

„Das ist bestimmt machbar, aber schon eine Menge Aufwand für nur einen Vogel", meinte ich, „zumal für einen Bülbül, der mehr oder weniger so aussieht wie andere Bülbüls, die ich schon gesehen habe. Gibt es noch eine andere Option?"

„Ja-a-a", sagte Wayne und zückte seinen Stift. „Ich habe mir schon ein paar Gedanken gemacht."

In den folgenden Minuten zog er gepunktete Linien auf der Landkarte und versah sie mit präzisen Orts- und Zeitangaben, bis die Karte wie die Planzeichnung für einen raffinierten Raubüberfall aussah. Für die neue Route hatte Wayne den Bülbül geopfert, aber dafür hatten wir die Chance, eine viel charismatischere Spezies zu sehen. Als wir schließlich zu Bett gingen, war ich gespannt auf den nächsten Morgen.

Der Oktober war bisher ein ergiebiger Monat für mein Projekt gewesen. Von Indien war ich zuerst ostwärts nach Myanmar, das frühere Burma, weitergereist. In Myanmar führte mich der Birder Gideon Dun eine Woche lang zu ausgesucht wenig besuchten Ecken in der Region. In Myanmar will der Ausdruck „wenig besucht" wirklich etwas heißen. Während der brutalen Militärdiktatur von 1962 bis 2011 war das Land für Ausländer praktisch Sperrgebiet. Erst in den letzten Jahren begann sich das Land zu öffnen. Gideon war ebenso wie sein Bruder Moses früher Jäger gewesen und spielte in einer Rockband. Wir durchquerten auf seinem Motorrad das Gebirge, gingen rund um die 1000-jährige Tempelstadt von Bagan – eine der besterhaltenen archäologischen Stätten der Welt – auf Vogelsuche und mussten eine Sturzflut abwarten, als eines Abends ein heftiges Gewitter in den Bergen wütete. Die Tage in Myanmar waren nicht nur vogelreich, sondern auch eine wunderbare Expedition ins Unbekannte.

Meine nächste Etappe führte mich in eine völlig andere Welt. In der südchinesischen Provinz Sichuan nahm mich Sid Francis, ein ausgewanderter Brite mit Vorliebe für eurasische Vögel und die chinesische Kultur, mit auf einen wilden Roadtrip zu eisbedeckten Berggipfeln, hohen Gebirgskämmen und unberührten Flusstälern. Den höchsten

Punkt erreichten wir auf dem 4600 Meter hohen Balang-Shan-Pass, wo wir im Neuschnee Goldschwänze und Riesenhäherlinge bewunderten, während gleich daneben Gebetsfahnen im Wind leise flatterten. Als die Woche zu Ende war, nahm ich 215 Vogelarten auf meiner Liste mit und eine große Begeisterung für Chinas Naturreichtum, von dem man nur selten etwas in der Zeitung liest.

Ursprünglich hatte ich vor, von China aus direkt auf die Philippinen zu fliegen, aber eine Zufallsbegegnung in Südafrika hatte mich dazu veranlasst, diesen Kurzbesuch in Taiwan einzuschieben. In Südafrika nämlich lud mich der Guide Callan Cohen in Kapstadt zu einem Abendessen mit einem Freund ein. Dieser Freund, so stellte sich heraus, war Adam Welz, Kampagnenchef der Organisation WildAid, die sich dem Kampf gegen die Wilderei widmet. Adam Welz kannte Wayne Hsu unter anderem, weil Wayne in Asien bei Greenpeace gearbeitet hatte. Also beschloss ich, Taiwan und Wayne einen Besuch abzustatten. Jetzt, drei Monate später, war ich da.

An meinem letzten Tag in Taiwan holte mich Wayne früh aus den Federn. Wir waren an der Mündung des Bazhang an der Südwestküste mit mehreren Birdern verabredet. Dort begaben wir uns auf die Suche nach Küstenvögeln. In der Stadt Tainan stiegen wir dann pünktlich in unseren Zug Richtung Norden.

„Nach Taipeh könnten wir auch fliegen", hatte Wayne vorher gesagt, „aber mit dem Zug sind wir schneller."

Ich war noch nie in einem Hochgeschwindigkeitszug gefahren. Entsprechend gespannt war ich. Mein letztes Eisenbahnerlebnis hatte ich in Indien in einem beengten Schlafwagen gehabt, der so komfortabel und sauber wie ein Viehwaggon gewesen war. Im Vergleich dazu fühlte sich dieser futuristische Zug hier wie ein Düsenflieger auf Schienen an. Der Innenraum war wie ein Passagierflugzeug gestaltet, das Äußere aerodynamisch wie ein Flugzeugrumpf.

Der Hochgeschwindigkeitszug glitt mit einem leisen Surren über die Trasse und wurde fast unmerklich immer schneller. Auf einem geraden Streckenabschnitt machte ich auf meinem iPhone eine Geschwindigkeitsmessung per GPS.

„Krass! Wir fahren 300 Stundenkilometer!"

„Kann schon sein. Deshalb ist der Zug ja auch schneller als das Flugzeug."

Waynes Handy klingelte. Er führte ein kurzes Telefongespräch auf Mandarin, während ich aus dem Fenster schaute. Die vorbeifliegende Landschaft schien aus unzähligen bunten Farbklecksen mit undeutlichen Konturen zu bestehen. Wayne legte auf und teilte mir mit, dass uns in Taipeh ein Birder-Kollege abholen würde.

Für die rund 320 Kilometer nach Taipeh brauchten wir gerade einmal anderthalb Stunden. Am Bahnhof wartete Hunter mit seinem Auto auf uns, ein freundlicher Herr, der sich bereit erklärt hatte, mit uns den Sonntagnachmittag zu verbringen. Zu dritt fuhren wir aus der Stadt hinaus, aber wir waren schon bald am Ziel. Am Stadtrand von Taipeh hielten wir auf der Standspur einer viel befahrenen Schnellstraße.

Ungefähr ein Jahr war es her, dass ein junger Schneekranich (auch Sibirischer oder Nonnenkranich genannt) auf der kleinen Insel Pengjia vor der Nordküste Taiwans auftauchte. Der Vogel erregte in der lokalen Birding-Community großes Aufsehen. Der Schneekranich ist eine stark gefährdete Spezies, weltweit gibt es nur noch 3000 Tiere. Die meisten von ihnen ziehen jedes Jahr von Russland nach Ostchina, und nun war zum ersten Mal ein Tier in Taiwan gesichtet worden. Die Insel Pengjia ist militärisches Sperrgebiet, doch der Kranich blieb zum Glück nicht lange dort. Drei Tage später wurde er auf einem Acker bei Taipeh gesichtet, also ganz in der Nähe eines Ballungsgebiets mit mehreren Millionen Einwohnern.

Schon nach kurzer Zeit war der Kranich ein Thema in den Nachrichten. Tausende von Neugierigen wollten ihn sehen. Meist hielt sich der Vogel auf einem Feld neben der viel befahrenen Straße auf, wo er leicht Nahrung fand. Schaulustige machten ihm offenbar nichts aus. Nachdem er sich Attacken durch einen streunenden Hund und einen Falken erwehren musste, fürchtete die Kommunalregierung um die Sicherheit des Vogels. Sie ernannte den anmutigen Kranich zum Botschafter des guten Willens mit Blick auf die taiwanesisch-sibirischen Beziehungen und stellte eine Rund-um-die-Uhr-Bewachung für ihn ab. Jemand installierte eine Webcam, damit Interessierte den Kranich auch von zu Hause aus beobachten konnten. Eine Facebook-Seite mit 13.000 Followern lieferte aktuelle Nachrichten, und Schulkinder bildeten eine Menschenkette, um Gaffer auf Abstand zu halten. Ehrenamtliche Vogelbeobachter protokollierten täglich das Verhalten des Tieres, um Aufschluss darüber zu erhalten, wie man ihm helfen könnte, zu seinem Schwarm zurückzufinden, denn offensichtlich war er vom Kurs abgekommen. In den ersten paar Monaten verzeichnete der Kranich geschätzte 60.000 Besucher.

Auch jetzt, fast ein Jahr später, machte der Vogel keine Anstalten, das Weite zu suchen. Als Wayne, Hunter und ich am Ort des Geschehens eintrafen, hatten mehrere Dutzend Fotografen den Vogel im Visier. Es gab einen Souvenirstand, an dem Nippes mit Kranichbezug feilgeboten wurde, zum Beispiel gelbe Warnschilder mit der Aufschrift (auf Mandarin und Englisch) „Vorsicht! Langsam fahren: Kranich kreuzt". Der Kranich nahm von alldem keine Notiz. Er stolzierte mit gelassener Eleganz über seinen Lieblingsacker wie ein Balletttänzer und beugte sich ab und an zu Boden, um mit seinem spitzen Schnabel einen Leckerbissen aufzupicken.

Wenn er stand, war der Vogel stattliche 1,50 Meter groß. Mit Ausnahme des rotbraunen Gesichts und Schnabels, der rosafarbenen Beine, der filigranen schwarzen Flügelspitzen und der gelben Augen war der Vogel weiß.

„Er hat seine Jugendfärbung verloren", stellte Wayne fest.

Bei seiner Ankunft war der Kranich noch kein Jahr alt gewesen und fast am ganzen Körper mit rostroten Federn bedeckt. Inzwischen war er komplett schneeweiß wie ein ausgewachsenes Tier.

Schneekraniche können, wenn alles gut läuft, 80 Jahre alt werden. Dieser Vogel hatte möglicherweise keine Heimat, in die er zurückkehren konnte. Fast alle Schneekraniche überwintern am Jangtse in China. Doch die bevorzugten Feuchtgebiete wurden durch den Bau des größten und umstrittensten Wasserkraftprojekts der Welt, des Drei-Schluchten-Staudamms, zerstört. Der Bau war in vieler Hinsicht eine Katastrophe für die Umwelt. Die wild lebenden Schneekraniche sind deswegen potenziell über kurz oder lang vom Aussterben bedroht. So gesehen hatte dieser Kranich Glück, in Taiwan zu sein.

Wir sahen eine halbe Stunde zu, wie der Vogel immer wieder vor- und zurücklief. Zeitweilig leistete ihm ein freundlicher kleiner Seidenreiher Gesellschaft. Ob der Kranich seine Familie und Freunde vermisste? Ich schaute mir durch das Spektiv sein gelbes Auge genauestens an, aber der Ausdruck verriet nichts dergleichen.

Mir fiel „Lando“ wieder ein, und ich checkte auf dem Smartphone meine Nachrichten. Zu meiner Überraschung war der Nachtflug nach Manila bestätigt worden.

„Ich glaube, dann sollten wir jetzt aufbrechen“, sagte Wayne. „Aber ich freue mich, dass ich dir diesen Kranich noch zeigen konnte. Es ist der berühmteste Vogel Taiwans!“

Mit einem letzten langen Blick auf den Kranich kletterten wir in Hunters Auto und brausten zum Flughafen.

Der Schneekranich blieb noch ein paar Wochen in der Nähe von Taipeh. Dann registrierten die Beobachter, dass der junge Vogel sichtlich unruhig wurde. Er unternahm mehrere Kurzflüge um die Nordküste Taiwans, suchte einmal Zuflucht in einer U-Bahn-Station in Taipeh. Die Übertragungswagen der Nachrichtensender verfolgten jede Bewegung des Vogels für das Lokalfernsehen. Und dann verschwand er. Niemand weiß, wohin. Vielleicht hat er in China wieder zu seinem Schwarm zurückgefunden oder er ist nach Sibirien geflogen oder einfach aufs Meer hinaus.

Superzyklon „Lando“ bog in letzter Minute nach Norden ab, erreichte das Festland 150 Kilometer nördlich von Manila und suchte die Insel Luzon mit Windgeschwindigkeiten bis zu 180 Stundenkilometern und sintflutartigen Regenfällen heim. Rund neun Millionen Menschen waren ohne Strom, mehr als 100.000 suchten Zuflucht in Schutzräumen, Tausende von Häusern wurden beschädigt oder zerstört. 48 Menschen kamen ums Leben. Aus einer Stadt wurden 1,30 Meter Niederschlag binnen 24 Stunden gemeldet.

In Manila galt während des gesamten Zyklons Warnstufe zwei, man rechnete also „nur“ damit, dass die eine oder andere Kokospalme abknickte und Bananenstauden umkippten. So landete, während der Sturm sich weiter nördlich austobte, mein Flieger an einem stürmischen und nassen Morgen auf der Runway des Ninoy Aquino International Airport in Manila. Wohl war mir nicht bei dem Gedanken, dass das Chaos so fern und doch so nah war. Meinen stressigsten Moment erlebte ich allerdings, als ein Flugbegleiter mich zwang, meinen Rucksack abzugeben, von dem ich mich auf meiner ganzen Reise noch keinen Augenblick getrennt hatte. Als ich ihn, den Rucksack, in Manila wieder in die Arme schließen konnte, bekam er von mir ein Küsschen.

Ich war sehr dankbar, dass der philippinische Ornithologe Nicky Icarangal trotz des Wetters am Flughafen auf mich wartete. Nicky hatte für uns eine unternehmungsreiche Woche mit vier Inseln in sieben Tagen geplant, aber da unsere erste Station die Insel Luzon sein sollte, war dieser Plan jetzt Makulatur. Nicky begrüßte mich mit den Worten: „In wenigen Minuten fliegt unsere Maschine in Richtung Südphilippinen.“ Er hatte für uns einen Besuch auf Mindanao arrangiert, wo wir vor „Lando“ sicher waren und uns auf dieser zweitgrößten Insel des Landes nach dem seltenen, bedrohten und spektakulären Philippinenadler umschauen konnten.

Der stämmige Nicky war sehr gepflegt. Er trug Wanderstiefel, ein langärmeliges Outdoorhemd, das er in seine Khakihose gestopft hatte, und eine Armbanduhr am rechten Handgelenk. Außerdem hatte er einen Seesack und einen geheimnisvollen schwarzen Hartschalenkoffer dabei. In dem kleinen Inlandsterminal schien er mit allen auf Du und Du zu sein, er bewegte sich ungehindert durch die Menschenmassen an den Check-in-Schaltern und begrüßte jeden Bekannten mit einem Kopfnicken.

Nicky gab seinen Seesack am Check-in ab und begab sich dann zu einem weiteren Schalter in einer ruhigen Ecke des Gebäudes, um dort den Koffer abzugeben.

„Mein Spielzeug“, sagte er ein bisschen geheimniskrämerisch als Erklärung.

Ich fragte mich, was uns in den nächsten Tagen wohl erwartete. Der Philippinenadler, mit Abstand der größte Adler der Welt, steht ganz oben auf der Wunschliste aller Birder, die die Philippinen bereisen. Gelegentlich wird er auch Affenadler genannt, weil er sich mit Vorliebe

Makaken als Opfer aussucht, aber dieser Raubvogel jagt fast alles – mitunter auch Schweine und Hunde oder sogar Rotwild. Er ist 90 bis 100 Zentimeter lang, hat einen hellen Bauch und eine zottelige Haube mit langen Federn. Er zieht seine Runden über den Baumwipfeln unberührter Dschungelwälder und ist das asiatische Gegenstück zur Harpyie, die ich acht Monate zuvor in Brasilien gesehen hatte. Beide Arten in einem Jahr aufzuspüren, wäre genial.

Der Philippinenadler ist allerdings seltener als die Harpyie. Der Raubvogel, von dem es in freier Wildbahn nur noch höchstens ein paar wenige Hundert Exemplare gibt, ist stark gefährdet. Zum Überleben benötigt er große intakte Waldgebiete. Man schätzt, dass jedes Brutpaar ein Revier von mindestens 130 Quadratkilometern beansprucht. Da die Abholzung in den letzten Jahren immer schneller voranschreitet, schrumpft der Adlerbestand. Ihr letztes Bollwerk sind die Hochwälder auf der Insel Mindanao.

Genau dorthin waren Nicky und ich nun unterwegs. Ich brannte darauf, den Adler zu sehen, aber ungefährlich war es dort nicht. Während meines Big Year las ich über Mindanao immer wieder in den Nachrichten: Bewaffnete Rebellen, Milizen und islamistische Extremisten rivalisieren dort miteinander in einem komplizierten Durcheinander verschiedener Bewegungen. Die philippinische Armee bekämpft diese Gruppen, mit unauffälliger Unterstützung der USA. Vier Tage vor meiner Ankunft in Mindanao hatte das US-Außenministerium noch eine deutliche Reisewarnung ausgegeben und wegen massenhafter terroristischer Vorfälle dringend geraten, auf alle nicht erforderlichen Reisen in die Region zu verzichten.

Um den Philippinenadler zu beobachten, reisen Birder traditionell zum Mount Kitanglad, einen 2900 Meter hohen inaktiven Vulkan im nördlichen Teil von Mindanao. Im Februar 2015 geriet eine Gruppe von Vogelbeobachtern dort bei Kämpfen zwischen Spezialtruppen der Regierung und der sogenannten Neuen Volksarmee, einer kommunistischen Rebellengruppe, zwischen die Fronten. Die Touristen konnten zwar ihre Haut retten, aber der Guide bekam eine Kugel in den Arm. Seither gilt der Mount Kitanglad als riskantes Ziel.

Um auf Nummer sicher zu gehen, wählte Nicky das Waldschutzgebiet Cinchona auf der anderen Bergseite, wo vor Kurzem ein Philippinenadlerpaar gebrütet hatte.

„Du kannst ganz beruhigt sein", sagte er. „Wir werden bei einem Parkschützer übernachten, der ein gutes Verhältnis zu den Rebellen hat."

Das beruhigte mich nicht wirklich. In letzter Zeit hatte es viele Entführungen im Süden der Philippinen gegeben. Das amerikanische Außenministerium registrierte in den ersten neun Monaten meines Big Year mindestens 15 Geiselnahmen. Noch wenige Wochen vor meiner Ankunft waren vier Touristen aus einer Ferienanlage in Mindanao entführt worden. Einer von ihnen, ein Kanadier, wurde Monate später nach einer gescheiterten Lösegeldübergabe enthauptet.

Wir landeten bei strahlendem Sonnenschein in Davao, der quirligen Metropole Mindanaos. Nicky nahm seinen Seesack wieder in Empfang und begab sich anschließend zu einem Schalter in der Nähe des Ausgangs. Dort händigte ein Uniformierter ihm den schwarzen Koffer aus. Mit routinierten Handgriffen öffnete Nicky den Koffer, entnahm ihm eine Pistole, lud sie und steckte sich die Waffe in den Hosenbund.

„Okay, wir können!"

Mindanao ist ein Paradies für Birder, nicht nur wegen des Adlers, sondern auch wegen der unzähligen anderen endemischen Arten wie der Bartlett-Dolchstichtaube, die zurückgezogen im Wald lebt und mit ihrem roten Brustfleck aussieht, als hätte sie einen Dolchstich abbekommen, oder dem Mindanaofächerschwanz, einem charismatischen kleinen Singvogel, der wie eine Quietscheente quiekt. Von den fast 200 Vögeln, die nur auf den Philippinen vorkommen, sind über 100 auf Mindanao zu finden. Rund 50 Arten leben sogar ausschließlich auf Mindanao und den vorgelagerten Inseln und machen dieses Gebiet zu einer der endemitenreichsten Regionen der Welt.

Nach einer mehrstündigen Autofahrt ins wilde Landesinnere von Mindanao hielten wir auf einer matschigen Straße an einem einsamen baufälligen Haus auf einer Lichtung. Das Gebäude sah verlassen aus. „Willkommen in der Hauptverwaltung des Cinchona Forest Reserve!" Zwei Männer kamen uns entgegen und begrüßten uns. Mir wurden Emiliano „Blackie" Lumiston, oberster Parkschützer und Verwalter des Vogelschutzgebiets, und sein Sohn Ramil vorgestellt. Da sie kein Englisch sprachen, betätigte sich Nicky als Dolmetscher.

„Blackie ist einer der Parkschützer von Kitanglad“, erklärte Nicky. „Die lokale Organisation macht im Wald Patrouillengänge und hilft, das Gebiet vor Eindringlingen zu schützen. Der Mount Kitanglad wurde im Jahr 2000 zum Schutzgebiet erklärt, aber in der Gegend wird illegal abgeholzt. Die Organisation hat in den vergangenen Jahren schon viel erreicht.“

Emiliano lächelte mich nett an, als ich seine Hand schüttelte. Er hatte flammend kürbisrot gefärbte kurze Haare und rauchte die ganze Zeit.

„Das freut mich“, sagte ich. „Die Vögel brauchen jede Hilfe, die sie bekommen können.“

„Für die indigene Bevölkerung ist der Mount Kitanglad eine heilige Stätte“, meinte Nicky. „Niemand kennt diese Gegend so gut wie sie.“

Als hauptberuflicher Parkschützer kannte sich Emiliano auch mit dem Philippinenadler aus. Das Adlerpaar habe vor ein paar Monaten das Nest zwar verlassen, halte sich aber nach wie vor in der Nähe auf. Die besten Chancen, ihn zu sichten, hatten wir, wenn wir von einem nahen Aussichtspunkt aus den Himmel im Blick behielten, weil die Vögel häufig über dem Wald ihre Runden drehten.

Wir verteilten uns zu viert auf zwei Motorräder und brausten auf einer für Pkw unbefahrbaren Schotterpiste bergauf. Etliche Kilometer oberhalb der Schutzgebietsverwaltung gelangten wir zu einer baumlosen Bergkuppe mit atemberaubendem Ausblick: Wie ein wogender grüner Teppich erstreckte sich der Wald zu unseren Füßen, und darüber zogen hier und da Nebelschwaden hinweg. Emiliano zeigte mit einer ausladenden Handbewegung stolz auf das Landschaftspanorama.

Ich schaute auf meine Uhr. Es war kurz vor Mittag. Wir hatten also noch rund sieben Stunden Tageslicht. Mit Geduld und Glück würde ich vor der Dämmerung einen Adler zu Gesicht bekommen.

Wir bezogen unsere Wachposten. Die meiste Zeit schwiegen alle, wir hingen unseren Gedanken nach und suchten den Himmel ab. Als eine Stunde, dann zwei Stunden verflossen waren, driftete ich in einen Tagtraum vom Ende meiner Weltreise ab. Nach zehn Monaten näherte ich mich allmählich der Zielgeraden, aber innerlich war ich irgendwie gar nicht bereit für das Ende dieses Abenteuers.

Ich wusste zum Beispiel noch nicht, wo ich Silvester verbringen würde. Seit Monaten wälzte ich einen Plan, den ich mit ein paar südafrikanischen Birdern ausgeheckt hatte. Wir wollten versuchen, am 31. Dezember auch noch den Big-Day-Weltrekord zu schlagen. Dafür mussten wir mehr als 350 Vogelarten innerhalb von 24 Stunden sehen. In Südafrika wäre das machbar, es stand uns auch der Privatjet eines Freundes zur Verfügung. Dafür müsste ich am 30. Dezember von Australien nach Südafrika fliegen. Dieses Grande Finale meines Big Year wäre phänomenal!

Anfang Oktober jedoch verblüfften Vogelfreaks aus Ecuador die Birding-Szene mit der Nachricht, dass sie nach wochenlanger, intensiver Vorarbeit einen Big Day in den Anden absolviert und in 24 Stunden 431 Spezies gesichtet hatten. Damit war unser Traum geplatzt. Dieses Ergebnis in Südafrika zu toppen, war unmöglich. Schweren Herzens ließ ich meine Silvesterpläne fallen.

„Hey, Noah, siehst du das?" Nicky weckte mich aus meinen Träumen und zeigte auf einen Gebirgszug in einiger Entfernung. Durch mein Fernglas entdeckte ich schnell, was er entdeckt hatte. Über dem Blätterwald stieg ein dunkler Punkt langsam in die Höhe wie ein Staubkorn in einem trägen Luftstrom.

„Ja, sehe ich", antwortete ich, ohne genau zu wissen, was ich sah.

Wir alle vier waren hellwach. Der Vogel war weit weg – mindestens zwei bis drei Kilometer – und stieg im Gegenlicht immer höher. Mit bloßem Auge war er nicht zu sehen, aber auch das Fernglas war keine große Hilfe. Es war eindeutig ein Raubvogel, aber welche Art? Nicky und Emiliano diskutierten lebhaft.

„Wir glauben, dass es ein Adler ist", übersetzte mir Nicky schließlich, „aber weil er so weit weg ist, sind wir nur zu 90 Prozent sicher. Emiliano meint, dass die Gegend da drüben leider schwer zugänglich ist. Mit den Motorrädern kommen wir also nicht näher heran. Vielleicht kommt er ja noch in unsere Richtung."

Der Vogel sah grandios aus, wie er sich dort im Aufwind emportragen ließ. Ich konnte ein flaches Profil, einen massigen Körper und kraftvolle Flugbewegungen erkennen, aber mehr nicht. Nach zehn Minuten sank der dunkle Punkt und verschwand hinter dem Berg.

„Ich bin sicher, dass das ein Philippinenadler war", sagte Nicky.

Emiliano machte eine hilflose Geste mit den Händen. Wir hatten den ganzen Nachmittag auf einen dunklen Punkt gewartet, der Kreise flog.

Der Adler zeigte sich nicht mehr. Als die Nacht hereinbrach und wir keinen weiteren Vogel gesichtet hatten, fuhren wir zu viert zu dem verfallenen Haus zurück. Ich kroch in einen Schlafsack und legte mich auf den vermoderten Holzboden. Während ich dort im Dunkeln lag, dachte ich an den Adler.

Wahrscheinlich lagen Nicky und Emiliano richtig, und die Silhouette in der Ferne war ein Philippinenadler gewesen. Wegen der Entfernung konnte ich allerdings seine Bestimmungsmerkmale nicht erkennen, nicht einmal die Färbung. Vermutlich würde ich nie wieder die Gelegenheit haben, diesen Vogel zu beobachten. Falls ich überhaupt noch einmal auf die Philippinen kommen sollte, würde dieser Adler dann wohl nicht mehr in freier Wildbahn zu sehen sein. Morgen standen andere Vogelarten auf dem Programm. Es tat mir im Herzen weh. Ich wünschte mir, wie so oft in den letzten Monaten, mehr Zeit. Nicht nur an die großartigsten Momente meiner Reise, auch an diese dunkle Stunde würde ich mich immer erinnern.

Am nächsten Morgen weckte uns Emiliano, bevor es hell wurde. Er wollte mir das Nest des Philippinenadlers zeigen, auch wenn es nicht mehr bewohnt war. Es war nur ein kurzer Spaziergang durch den Wald. Außerdem würden wir vielleicht noch ein paar Vögel sehen, die ich nur hier finden konnte.

Nach einem hastigen Frühstück nahmen wir einen schlecht markierten Weg, der in gerader Linie bergauf führte. Emilianos Sohn Ramil ging voraus und schlug mit Machetenhieben den Weg frei, während Nicky und ich hinter ihm gingen und nach Vögeln lauschten. Nicky hatte ein beeindruckend gutes Gehör und erkannte jeden Singvogel, an dem wir vorübergingen, ohne ihn zu sehen. Ab und zu blieb er stehen.

„Hörst du das?", fragte er. „Das ist ein Braunkopf-Trugbaumläufer. Und da – ein Zimtbrillenvogel. Der ist eine echte Seltenheit, er lebt ausschließlich hier in den Bergen auf Mindanao."

Den Brillenvogel bekamen wir sogar zu Gesicht, ein zierlicher Singvogel, der eine eigene Gattung bildet.

Plötzlich wurde mir bewusst, dass ich schon sehr, sehr nah an meinem großen Ziel war. Mein Herz schlug schneller. Ich zählte rasch nach.

„Nicky! Dieser Zimtbrillenvogel ist die Nummer 4995. Jetzt fehlen nur noch fünf Vögel!"

Emiliano führte uns tiefer in den Wald. Auf dem Weg zum Adlernest kamen in kurzer Folge weitere Vögel für die Liste hinzu: Azurschnäpper, Gebirgsbrillenvogel und, an einer Lichtung, ein Krach schlagender Rostkopf-Schilfsteiger. Als dann noch ein dunkelgrüner Südsee-Laubsänger durch das Blattwerk flatterte, klopfte Nick mir auf die Schulter

„Nummer 4999", sagte er. „Der Nächste ist der Fünftausender! Hoffentlich ist es nicht irgendein langweiliger Fliegenschnäpper …"

Ein gemischter Vogelschwarm regte sich in den Ästen über unseren Köpfen. Nicky und ich legten den Kopf in den Nacken und schauten senkrecht nach oben.

„Ich sehe lauter Mistelfresser", sagte er. „Guckst du gerade den mit den roten Unterschwanzdecken an?"

„Genau", sagte ich. „Oben schwarz glänzend, unten weiß, dunkles Gesicht und rote Haube."

„Das ist ein Goldkronen-Mistelfresser", rief Nicky begeistert.

„Nummer 5000!!"

Wir beobachteten den Vogel, bis er davonflatterte.

„Das ist ein toller Vogel zum Abschluss deiner Liste", freute sich Nicky. „Endemisch auf den Philippinen, und noch dazu ein harter Bursche. Glückwunsch!"

„Ein Gold- …kro-nen- …Mis-tel- …fres-ser", wiederholte ich, jede Silbe einzeln aussprechend.

Nicky, Emiliano, Ramil und ich hielten den Triumph in einem Selfie fest, auf dem jeder von uns fünf Finger hebt. 5000 Vögel. Die Anstrengung von 299 Tagen in 30 Ländern war vergessen. Egal, wie es jetzt weiterging – ich war am Ziel. Das Erreichen dieser persönlichen Leistung war für mich das schönste Gefühl überhaupt, noch schöner als der Weltrekord in Indien. Dabei ging es weniger um die Zahl. Ich hatte geschafft, was ich mir vorgenommen hatte, eine Aufgabe, von der ich anfangs nicht wusste, ob sie zu schaffen war.

Emiliano blieb am Ende des Weges stehen und zeigte an einem großen Baum nach oben.

„Das hier ist das alte Philippinenadlernest.“

Ich kletterte auf eine Beobachtungsplattform, die man in einen Nachbarbaum hineingebaut hatte. Die Plattform war ein wackliges Konstrukt aus zusammengebundenen Ästen und bereits in Auflösung begriffen, aber sie bot einen ungehinderten Blick auf das solide, in eine Astgabel gezwängte Nest. Für die Fotografen, die hier standen, als die Adler im Nest waren, muss das ein Fest gewesen sein, dachte ich voller Neid.

Während ich dort oben auf der Plattform stand und über verpasste Adler sinnierte, hörte ich Nicky von unten nach mir rufen.

„Sag mal, willst du dir nicht ein Tattoo mit deinem 5000. Vogel machen lassen?“

„Na ja“, sagte ich. „Ich glaube, das vergessen wir lieber.“

„Wieso?“

„Für ein Goldkronen-Mistelfresser-Tattoo gibt es am ganzen Körper nur einen denkbaren Ort“, sagte ich, „und ich glaube, das traue ich mich nicht.“

15
Vögel im Paradies

Der November kam und ging. Das Jahresende, das so lange in weiter Ferne gelegen hatte, nahm in meinen Gedanken jetzt einen großen Raum ein. Ich durchquerte Südostasien in Windeseile. Ich wollte auf die Bremse treten, aber meine innere Uhr war nicht einverstanden.

Seit Jahresbeginn war mein Zeitgefühl durcheinandergeraten, buchstäblich und im übertragenen Sinne. Am Anfang, in der Antarktis, vergingen die Tage so langsam, dass ich kaum einen Gedanken an die Zukunft verschwendete. Zur Jahresmitte hin erreichte die Zeit einen Wendepunkt, um dann bergab immer mehr Fahrt aufzunehmen und mit Karacho aufs Ende zuzusteuern.

Wir alle spüren das scheinbar stetige Schnellerwerden der Zeit. In komprimierter Form erleben wir das, wenn wir im Urlaub sind. Je mehr Neues und Interessantes wir erleben, umso stärker verdichtet sich die Zeit; sie scheint wie im Fluge zu vergehen. In der Rückschau, zu Hause im Alltag aber fühlt sich der Urlaub wie eine ewige Kette aufregender Erlebnisse an. Das sogenannte Urlaubsparadox ist ein psychologisches Phänomen.

In meinem Big Year erlebte ich das Urlaubsparadox im großen Maßstab. Manches wurde für mich zur Routine, unabhängig davon, in welchem Land ich war. Gleichzeitig raste die Zeit, weil ich so viel erlebte und sie für mich jeden Tag aufs Neue ein knappes Gut war. Immer wenn ich auf die Uhr sah, hatte sich der Zeiger schon wieder mächtig bewegt. Andererseits kam es mir im Rückblick so vor, als läge der Jahresbeginn Äonen zurück.

Im vorletzten Monat zerrann mir die Zeit förmlich zwischen den Fingern, ehe ich sie zu greifen bekam – „vergangen schon im Augenblick des Werdens“, wie der Psychologe William James vor über einhundert Jahren formulierte. Ich wollte jeden Augenblick auskosten, aber so manches blieb nicht im Bewusstsein hängen. Und so klammerte ich mich möglichst fest an mein Fernglas, erfreute mich an jedem neuen Erlebnis und begann, den Blick auf das Ende des Jahres zu richten.

Wenige Monate nach meinem Start ins Big Year nahm Joseph Yenmoro eine japanische Touristengruppe mit zu einer Leuchtkäferexkursion. Joseph arbeitet in dem Tauchresort Walindi auf der Insel Neubritannien in Papua-Neuguinea und begleitete früher Tauchtouristen zu den vorgelagerten Korallenriffen. Nach zehn Jahren stellte er fest, dass es auch ein Leben über Wasser und eben auch Vögel gibt. Joseph ist mittlerweile *der* Vogelexperte auf Neubritannien. Als er an diesem Abend durch eine Ölpalmenplantage fuhr, sah er etwas quer über die Straße fliegen.

Schon mehrfach war ihm nach Einbruch der Dunkelheit eine Schattengestalt aufgefallen, die er stets für einen Rotrückenreiher gehalten hatte, eine hier weitverbreitete nachtaktive Vogelart. Diesmal allerdings landete das Wesen auf einem Zaunpfahl, und Joseph sah, dass es mitnichten ein Reiher, sondern eine Eule war.

„Das ist ja unglaublich", entfuhr es ihm. „Eine Goldeule!"

Die Touristengruppe schien unbeeindruckt, obwohl er aufgeregt erklärte, diese Eule sei eine der am wenigsten bekannten Vogelarten der Erde. Seit rund 30 Jahren hatte niemand mehr eine lebende Goldeule gesehen. Überhaupt wurde die Art nur drei Mal von Ornithologen gesichtet: 1967, 1985 und 1987. Die Insel Neubritannien ist etwa so groß wie Taiwan und von Birdern praktisch unbearbeitetes Terrain. Die wenigen, die schon dort waren, suchen meist dieselben Stellen auf. Niemand wusste, wo man nach der Goldeule hätte suchen sollen. Und so hatte die Welt diesen Vogel fast vergessen.

Die Eule sieht der Schleiereule ähnlich. Sie hat ein flaches Gesicht, helles Gefieder, keine Ohrpinsel und einen goldgelben, schwarz gescheckten Körper. Die Art kommt endemisch auf Neubritannien, im Bismarck-Archipel nordöstlich von Neuguinea, vor. Keiner weiß, wo sie brütet, wovon sie sich ernährt, welche Laute sie von sich gibt, wie groß ihr Bestand ist und wo sie am liebsten lebt. Man hätte meinen können, sie wäre ausgestorben, wenn nicht Joseph 2013 auf dem Gelände des Tauchresorts eine tote Goldeule gefunden hätte. Seither hoffte er, einmal ein lebendes Exemplar zu sehen. Und nun schaute ihm ein solcher Vogel mit schwarzen, wässrigen Augen direkt ins Gesicht.

„Hat jemand eine Kamera dabei?", fragte er die Touristen. Niemand hatte eine Kamera – alle wollten ja nur Leuchtkäfer sehen. Eine Minute später flog die Eule davon.

Am nächsten Abend kehrte Joseph zusammen mit dem Resortmanager an die Stelle zurück und spürte den Vogel mit einer Taschenlampe auf. Diesmal machte er ein kurzes Video – die ersten bewegten Bilder dieser Spezies – und postete es auf YouTube. Die Entdeckung sprach sich rasch herum, und wenige Wochen später machte eine Birdwatcher-Gruppe des Tourenanbieters Rockjumper mit Josephs Hilfe Fotos von der Eule. Sie war immer in der gleichen Gegend anzutreffen und drehte ihre Runden über einer Ölpalmenplantage.

Niemand hätte gedacht, dass sich ein ultraseltener Vogel ausgerechnet diesen Ort aussucht. Keine anderthalb Kilometer von einem belebten Resort entfernt, in einem schwer geschädigten Habitat. Ölpalmenplantagen gelten als eines der schlimmsten Umweltübel überhaupt, sie werden seit Jahren für die großflächige Vernichtung der Tropenwälder vor allem in Afrika und Asien verantwortlich gemacht. Auf Neubritannien haben diese Plantagen riesige Dschungelgebiete verdrängt. Allein zwischen 1990 und 2000 wurde ein Viertel des Waldbestandes der Insel abgeholzt, um Platz für die lukrative Pflanze zu schaffen, die inzwischen zu den Hauptexportgütern Papua-Neuguineas gehört. Wenn sich diese Entwicklung fortsetzt, werden 2060 die Wälder auf Neubritannien nahezu verschwunden sein.

Das Öl wird aus den Palmnüssen gepresst und ist in jedem zweiten Supermarktartikel enthalten – vom Lippenstift über Seife, Schokolade, Instantnudeln und Brot bis hin zu Reinigungsmitteln und Eiscreme, sogar in Biokraftstoffen. Es kursiert unter den verschiedensten Namen wie „pflanzliches Öl", „pflanzliches Fett", „Glycerin" und *Elaeis guineensis* (so lautet die wissenschaftliche Bezeichnung der Pflanze). Sehr wahrscheinlich hat jeder von uns heute schon Palmöl gegessen, damit gewaschen oder es als Bestandteil von Shampoo, Lotion oder Zahncreme benutzt. Es ist allgegenwärtig. Und es tritt praktisch nie sichtbar in Erscheinung. Nur wenige Menschen machen sich klar, wie viel Palmöl sie täglich verbrauchen, und noch weniger Menschen wissen, wo es herkommt. Der weltweite Bedarf hat sich in den letzten zehn

Jahren verdoppelt und dürfte sich bis 2050 noch einmal verdoppeln – zu Lasten des Regenwalds.

Ich hatte schon anderswo viele Ölpalmenplantagen gesehen, vor allem in Südostasien. Großartigen Lebensraum für wildlebende Tiere bieten sie wohl kaum. Allerdings habe ich auch schon andere Vögel an ziemlich sonderbaren Orten erlebt. Für diese Eulensuche knapste ich mir Extrazeit ab.

Auf die Idee, Neubritannien einen Besuch abzustatten, war ich überhaupt erst unterwegs gekommen, als ich mich zum Abschluss eines einmonatigen Inselhoppings in der Region auf der Hauptinsel Neuguinea aufhielt. Nachdem ich die Philippinen hinter mir gelassen hatte, war ich eine Woche mit dem Vogelfreak Panuwat „Par" Sasirat in Thailand unterwegs gewesen, der mich und mehrere Freunde zu einer Blitztour durch sein Heimatland eingeladen hatte. In der Nähe von Bangkok stießen wir bei einer Meerwasserentsalzungsanlage auf den in seinem Bestand bedrohten Löffelstrandläufer, einen winzigen Küstenvogel mit einem spatelförmigen Schnabel. Auch dies übrigens ein extrem seltener Vogel, der in einem vom Menschen geschaffenen Umfeld lebt. Anschließend machte ich einen Abstecher nach Sri Lanka, wo es etliche endemische Arten gibt, und reiste weiter nach Westmalaysia. Dort nahm der freundliche Birder Cheong Weng Chun mich zu einer Kurzreise ins Hochland mit. Von da ging es weiter nach Borneo, wo ich eine Woche im tiefsten Dschungel Weißnestsalanganen und Orang-Utans beobachtete und das Glück hatte, an einem einzigen Tag alle drei Vögel zu erwischen, die im Englischen nach dem Entdeckungsreisenden John Whitehead benannt und überdies sehr selten sind: „Whitehead's Broadbill" (Schwarzkehl-Breitrachen), „Whitehead's Trogon" (Graubrusttrogon) und „Whitehead's Spiderhunter" (Bergspinnenjäger). In Indonesien zeigte mir Monal Capellone auf der Insel Sulawesi mit ihren Hunderten von endemischen Arten das eigentümliche Hammerhuhn, auch Maleo genannt. Der hühnerartige Vogel lebt am Boden und brütet seine Eier auf Sandflächen aus, die von nahen Vulkanschloten erwärmt werden. Nach einem halbtägigen Zwischenstopp auf Bali mit dem dort lebenden Birder Pak Yudi landete ich zu guter Letzt auf Papua-Neuguinea.

Wenn Birder den Namen „Neuguinea“ hören, denken sie in der Regel an Paradiesvögel. Rund 40 Arten dieser farbenprächtigen Vögel mit ihrem extravaganten Federschmuck leben in den abgelegenen Dschungeln Neuguineas und der benachbarten Inseln und sind nur dort zu finden. Der preisgekrönte britische Tierfilmer Sir David Attenborough erklärte nach seinem sensationellen Dokumentarfilm *Attenborough in Paradise,* Paradiesvögel seien die „romantischsten und glamourösesten Vögel der Welt“. Ebenso nannte der Naturforscher Alfred Russel Wallace, der mit Charles Darwin die Theorie der natürlichen Selektion bekannt machte, sie „die ungewöhnlichsten und schönsten gefiederten Erdbewohner“. Auch auf meiner Wunschliste standen deshalb die Paradiesvögel ganz oben.

Von Port Moresby, der spröden und umtriebigen Hauptstadt Papua-Neuguineas, flog ich mit einer Propellermaschine in das kleine Städtchen Tari, das aus ein paar Häusern und einem behelfsmäßigen Flugplatz besteht und im rauen, gebirgigen Inselinneren Neuguineas liegt. Ich hatte mir ein Zimmer in der umweltfreundlichen Ambua Lodge reserviert. Hier, im wunderschönen Nebelwald in 2100 Metern Höhe, sind Paradiesvögel buchstäblich vor der Haustür anzutreffen.

Den ersten sah ich wenige Minuten, nachdem ich meine runde Schilfdachhütte bezogen hatte. Er sah phänomenal aus: ein Kragenparadiesvogel, 2015 an die Spitze der von der BBC veröffentlichten Liste der „Ten sexiest male birds“ gewählt. Hier hockte er in einem Baum direkt vor meiner Hütte. Der Balztanz dieses Vogels ist dermaßen bizarr, dass er weniger wie ein Vogel als vielmehr wie ein Ufo aussieht. Wenn ein Kragenparadiesvogel-Weibchen des Weges kommt, geht das Männchen in die Hocke, entfaltet seinen blaugrün schimmernden Brustschild, richtet seine schwarzen Nackenfedern zu einem Umhang auf und reckt den Schnabel in die Höhe, sodass sich sein ganzer Körper in eine irisierende abstrakte Form verwandelt. Er hüpft auf und nieder, tänzelt nach links und rechts, sträubt sein Schwanzgefieder nach oben, dreht sich, sobald sich das Weibchen bewegt. Wenn ihr das Schauspiel zusagt, kommt es direkt vor Ort zur Paarung. Anschließend verlässt das Weibchen den Ort des Geschehens und macht sich auf eigene Faust an den Nestbau.

Mein persönlicher Favorit unter den Paradiesvögeln erforderte dann etwas mehr Aufwand. Am nächsten Morgen wanderte ich zunächst etliche Kilometer auf einem matschigen Pfad, bis ich auf den kleinen Wimpelträger traf, der auch Albert-Paradiesvogel genannt wird und nur in den Bergen Zentral-Neuguineas lebt. Seine eher bescheidene Größe von rund 20 Zentimetern macht dieser Vogel mit zwei langen und dünnen, zebraartig gestreiften Kopffedern wett, die hinter seinen Augen verwurzelt und fast doppelt so lang sind wie sein Rumpf. Diese Federn kann der Vogel einzeln bewegen wie zwei ausdrucksstarke Antennen. Der Wimpelträger sieht derart skurril aus, dass Wissenschaftler in Europa die ersten mitgebrachten Exemplare für Fälschungen hielten. Bevor ich meinen Wimpelträger sah, hörte ich ihn bereits: Er machte ein sirrendes und knarrendes Geräusch, das über mehrere Sekunden hinweg immer lauter wurde. Kurz darauf erspähte ich ihn dann. Er hockte auf einem hohen Baumstumpf, wedelte mit seinen Federn wie ein farbenprächtiges Insekt und hüpfte effektvoll auf und nieder.

Die Paradiesvögel Neuguineas entsprechen ganz der wilden und wunderlichen Urwaldwelt, in der bis heute indigene Völker ohne Kontakt zur Außenwelt leben. Die wenigen Anzeichen von Zivilisation, wie der Feldflugplatz in Tari, die Lodge in Ambua und die Schotterpiste für Holztransporter und Tanklastwagen, fallen in dieser urtümlichen Umgebung kaum ins Gewicht. Ich verweilte mehrere Tage hier und genoss intensiv die Vogelwelt und die Atmosphäre. Dann flog ich mit der Propellermaschine wieder nach Port Moresby zurück. Der Dezember war inzwischen angebrochen und mein einmonatiges Inselhopping vorüber. Vor mir lag Australien und damit das Jahresende.

Bevor ich aber nach Down Under weiterzog, wollte ich noch einen Kurztrip zur Goldeule machen.

Der Weg war nicht weit, der Unterschied zwischen Neuguineas unwegsamem Hochland und dem Tiefland Neubritanniens konnte dagegen nicht größer sein. Aus der Luft erinnerten mich die beiden Regionen an Vorher-Nachher-Fotos von Katastrophengebieten. Als das Flugzeug im Sinkflug auf die Küste Neubritanniens zusteuerte, sah ich keinen Dschungel mehr, sondern meilenweite Flächen mit dunkelgrünen, rasterartig angepflanzten Bäumen: Ölpalmenplantagen. Von oben ähnelten sie den Bananenfarmen, die ich in Süd- und Mittelamerika aus dem Flugzeug gesehen hatte, nur die Größenordnung war hier noch gewaltiger. New Britain Palm Oil Limited, das wichtigste Unternehmen auf dieser Insel, bewirtschaftet fast 92.000 Hektar. Das sind mehr als 900 Quadratkilometer, ein Gebiet fast doppelt so groß wie Singapur. Bei 150 Bäumen pro Hektar ergibt sich eine Gesamtzahl von fast 14 Millionen Ölpalmen. Früher war hier überall Regenwald.

Ich traf Joseph, den Eulenfreund, im Walindi Resort. Die Resorthütten grenzten auf drei Seiten an Ölpalmen und auf der vierten Seite an den Ozean. Schon bald stellte ich fest, dass alle Gäste außer mir enthusiastische Taucher waren. Die Gegend zwischen Indonesien und Papua-Neuguinea gehört zum sogenannten Korallendreieck, dem vielfältigsten Riffsystem der Welt. Darum ist das Tauchen in Walindi so aufregend wie das Birding im Amazonasgebiet. Zum Birdwatching hierherzukommen, war schon schräg, so als wollte ich in einem Kupferbergwerk nach Diamanten suchen. Kein Wunder, dass die Goldeule jahrzehntelang unbemerkt blieb – hier auf dieser Insel hatten alle nur Öl oder Korallen im Kopf.

Neubritannien ist relativ artenarm, vor allem in den entwaldeten Küstengebieten, aber von den wenigen Arten, die es gibt, sind verhältnismäßig viele endemisch. Die Insel liegt über der sogenannten Subduktionszone der winzigen Salomonenseeplatte und ist einer der aktivsten vulkanischen Hotspots der Welt (in einer Subduktionszone stoßen eine ozeanische Platte und eine kontinentale Platte aneinander, wobei die ozeanische Platte unter die kontinentale Platte abtaucht). Rabaul, eine der Provinzhauptstädte der Insel, wurde 1994 zerstört. Die Stadt wurde unter einer meterdicken Ascheschicht begraben. Da nie eine Verbindung zwischen Neubritannien und der größeren Insel Neuguinea gebaut wurde, hatten die hiesigen Vögel reichlich Zeit und lebten abgeschieden genug, um sich zu neuen Spezies zu entwickeln, die zumindest im Englischen nach Neubritannien benannt sind, wie die Arten „New Britain Kingfisher“ (Weißrückenliest), „New Britain Boobook“ (Neubritannienkauz), „New Britain Rail“ (Bartralle), „New Britain Thrush“ (Bismarckerddrossel), „New Britain Friarbird“ (Cockerell-Lederkopf) und „New Britain Sparrowhawk“ (Dreifarbensperber).

Joseph und ich bemühten uns tagsüber, einige der endemischen Vögel zu sichten. In einem Lastwagen des Resorts fuhr er mit mir in die angrenzende Ölpalmenplantage. Langsam bewegten wir uns durch die Baumreihen. In der Plantage herrschte mehr Betrieb, als ich gedacht hätte. An Unkraut überwachsenen Stellen schlichen Schwarzdommeln, Weißbrauen-Sumpfhühner und Stephanstauben umher, während riesige Papuahornvögel zwischen den Bäumen dahinsausten. Eisvögel hockten auf den Rohren der Bewässerungsgräben, und Edelpapageien kreischten aus dem Blattwerk, ohne sich zu zeigen. Ich musste zugeben: Hier war eine Menge los.

Während wir auf den Einbruch der Dunkelheit warteten, erläuterte mir Joseph in Grundzügen, was auf dieser Plantage geschieht. Ölpalmen produzieren basketballgroße Fruchtstände, die Arbeiterkolonnen mit zwölf Meter langen Sägen ernten. Das Öl wird gleich vor Ort gepresst und anschließend zu Raffinerien transportiert. Die Bäume werden nach 20 Jahren gefällt und durch neu gepflanzte Bäume ersetzt, weil sie für die bequeme Ernte dann zu hoch gewachsen sind. Wir konnten bei unserem Besuch auf der Plantage den gesamten Prozess beobachten.

Alles lief sehr effizient ab, und Effizienz ist auch das Hauptargument für den Ölpalmenanbau. Im Vergleich zu ähnlichen Anbaupflanzen, wie zum Beispiel Sojabohnen und Raps, liefern Palmen zehn Mal so viel Öl pro Hektar.

In der Abenddämmerung fuhren wir in die Gegend, in der Joseph die Goldeule zum ersten Mal entdeckt hatte. Er hatte sie seither mehrmals gesichtet, sodass ich zuversichtlich war. Langsam kurvten wir im Dunkeln durch die Plantage, leuchteten mit einer lichtstarken Taschenlampe in die Bäume und sahen als Schattenrisse die Fruchtstände im Lichtkegel aufleuchten.

Die Landschaft sah wirklich nicht so aus, wie ich mir Papua-Neuguinea vorgestellt hatte. Unberührte Wildnis, Korallenriffe, indigene Kulturen, das alles gab es hier schon auch, aber das Exotische ist eben nur die halbe Wahrheit.

„Da!“ Joseph leuchtete mit der Taschenlampe auf eine Stelle. „Hast du sie gesehen? Die Eule ist gerade vom einen Baum zum nächsten geflogen.“

Wir waren gerade einmal eine halbe Stunde auf der Suche. Zu Fuß schlichen wir voran und hielten den Atem an. Die Augen der Eule reflektierten das Licht.

„Ja“, sagte ich leise. „Jetzt sehe ich sie.“

Seit meiner Geburt bis zum Jahr 2015 hatte kein Mensch mehr eine Goldeule gesehen. Und jetzt blickte diese Eule starr auf uns herunter und drehte neugierig den Kopf. Sie war Vogel Nummer 5605 in meinem Big Year. Die Zeit, die doch in den letzten Wochen so flink verging, blieb stehen. Standen wir zehn Sekunden oder zehn Minuten hier? Ich machte ein paar Fotos. Dann wandte sich die Eule ab, als wäre ihr gerade eingefallen, dass sie noch eine Besorgung machen muss, breitete ihre Flügel aus und flog geräuschlos die nächste Baumreihe entlang, um schließlich wie ein Geist zwischen den Palmen zu verschwinden.

16

Neuanfang

Weihnachten stand vor der Tür. In Paynes Find, im trockenen Binnenland Südwestaustraliens, zeigte das Thermometer 35 °C. Die Stadt besteht aus einer Handvoll Wirtschaftsgebäuden, einer stillgelegten Tagebaugrube, einer einsamen Gruppe windschiefer Bäume und einem verblichenen Straßenschild mit der Aufschrift „Nächste Tankstelle 275 Kilometer". Einen weniger weihnachtlichen Ort konnte ich mir nicht vorstellen.

Weihnachten bedeutet für mich: Zeit im Kreis der Familie verbringen, Baum schmücken, Lichter aufstellen und Socken an den Kamin hängen, Geschenke auspacken, heiße Schokolade schlürfen und es sich an einem verschneiten Wintertag an einem Feuer gemütlich machen. Das alles würde in diesem Jahr definitiv nicht geschehen. Weil Weihnachten in Australien jedes Jahr im Sommer stattfindet, gibt es hier andere Traditionen. Viele Aussies feiern den Tag am Strand mit Meeresfrüchte-Picknick, Schwimmen und Sonnenbaden. Der Weihnachtsmann kommt auf einem Surfbrett daher, und die Einkäufe zum Fest werden in Shorts und Flipflops erledigt.

In Paynes Find war selbst von diesen Traditionen keine Spur, denn der nächste Strand ist von hier – wie im Prinzip alles andere auch – sechs Autostunden entfernt. Ich war tags zuvor mit Frank O'Connor hier eingetroffen. Frank ist Vogelexperte im Südwesten Australiens, und er war der einzige Australier, der Lust hatte, den Feiertag mit mir zu verbringen. Frank brachte eine ausgedruckte Liste an Vögeln mit, die er sich für unsere Unternehmung ausgeguckt hatte. Darin war für jeden Vogel auch die Sichtungswahrscheinlichkeit angegeben. Aus seinen Berechnungen ergab sich, dass wir in den drei geplanten Tagen voraussichtlich 30,6 Vögel aufspüren würden, die noch nicht auf meiner Liste standen (wir rundeten auf 31 auf).

Als ich mich in aller Herrgottsfrühe aus dem Bett rollte, traf ich Frank bereits hellwach an. Er hatte ein Sudoku-Büchlein auf dem

Schoß und war startklar. Frank war genau der Richtige für meine Bedürfnisse. Seine Liste war mein Weihnachtswunschzettel, und hoffentlich hatte Santa Claus mitgelesen.

Auf Franks Rat hin waren wir sehr früh aufgestanden, um die kühlen Morgenstunden zu nutzen. Als die Sonne aufging, standen wir also auf einer eisenroten Schotterpiste inmitten von verkrüppeltem Buschwerk. Überall um uns herum erwachten die Vögel. Diese morgendliche Szenerie hatte ich so oft erlebt, dass sie mir wohlig vertraut war, auch wenn dieses Weihnachten ansonsten so gar nichts Vertrautes an sich hatte.

Mehrere Stunden streiften wir auf Pfaden durchs Gelände, stießen auf ein hübsches kleines Weihnachtsgeschenk wie einen kecken Scharlachtrugschmätzer und mehrere Vielfarbensittiche im Schatten einer Mulga-Akazie.

„Wenn man als Birder unterwegs ist, ist jeder Baum ein Weihnachtsbaum“, philosophierte ich, und Frank lächelte. Die leuchtend grünen Papageien mit ihren hellroten Bäuchen hatten für die Weihnachtszeit auch noch das passende Gefieder.

Den einzigen echten Weihnachtsbaum bekamen wir vor einer staubigen Kneipe in Paynes Find zu sehen. Im Fenster hing ein handgeschriebenes Schild mit der Aufschrift „An den Feiertagen geschlossen“. Neben der Kneipe hatte jemand Traktorreifen zu einer unförmigen Pyramide aufgeschichtet, mit einem Leitkegel gekrönt und alles grün angemalt. Die Reifen waren mit Lametta behängt – echtes Outback-Christmas.

Frank und ich begegneten den ganzen Vormittag über keiner Menschenseele, aber wir spürten einige besondere Vögel auf, die ich mir gewünscht hatte, darunter einen Weißbrauen-Baumrutscher, der sich an einem knorrigen Baumstumpf hocharbeitete. Als die Hitze zunahm, fuhren wir die 450 Kilometer zurück nach Perth, wo Frank bei sich daheim ein Abendessen mit Truthahnbraten plante. Der Great Northern Highway zog sich als Asphaltband durch das platte Land.

Hier in Australien hatte mich zuerst der versierte, wortkarge Birder Del Richards in der Nähe von Cairns fünf Tage lang durch Mangrovenwälder, Regenwald und trockene Savannen geführt. Er hatte sich als Strategie ausgedacht, alle Honigfresserarten aufzuspüren und dabei die anderen Spezies automatisch mitzusichten, und diese Strategie ging perfekt auf. Del und ich spürten auch den zweit- und den drittgrößten Vogel der Welt auf: einen wilden Emu und einen Helmkasuar, ein mörderisch aussehendes Geschöpf, dessen Kopf eher einem Dinosaurier ähnelt als einem Vogel. Von Cairns reiste ich weiter nach Brisbane, um mit mehreren enthusiastischen Jung-Birdern eine 36-Stunden-Blitztour einzulegen, bevor ich schnurstracks nach Melbourne fuhr. Dort erlebte ich mit 43 °C die höchsten Temperaturen des Jahres und besichtigte die größte Kläranlage der Welt, ein Paradies für Vögel. Ich unternahm zwei Kurztrips nach Tasmanien und zur neuseeländischen Nordinsel, bevor ich an Heiligabend nach Perth flog.

Zu Beginn der Australien-Etappe hatte ich jede Hoffnung, bis Jahresende vielleicht weitere 1000 Arten zu sichten, begraben. Mit dem Erreichen der gesetzten Zielmarke von 5000 Arten auf den Philippinen hatte ich mit dem Gedanken gespielt, auch 6000 zu schaffen, aber in Südostasien ließ das Tempo nach. Ende November brauchte ich dafür noch 579 Arten. Das konnte ich vergessen.

Deshalb beschloss ich, ganz gemütlich ins neue Jahr zu rutschen. Ich plante, in Australien bis Monatsende zu bleiben oder vielleicht sogar einen Tag früher in die USA zurückzufliegen und das Ende meiner Weltreise zu Hause zu feiern. Falls ich am 31. Dezember kurz vor der 6000er-Marke stehen sollte, um sie dann nicht ganz zu erreichen, wäre ich wahrscheinlich doch enttäuscht. Dabei hatte diese Reise ja meine kühnsten Träume übertroffen. Ich wollte mit jedem Endresultat zufrieden sein.

Auf meiner Rundreise durch Australien wuchs meine Vogelliste dann wieder viel schneller als gedacht. Zu verdanken hatte ich das ein weiteres Mal den Einheimischen. Die Aussies, die ich kennenlernte, gehörten zu der besonders fanatischen und ausgeflippten Sorte Birder dieser Welt.

„Keine Sorge, mein Lieber, du schaffst deine 6000“, war Del völlig überzeugt, als ich in Cairns ankam.

Ich lachte, aber zwei Wochen später zeigte sich, dass Dels Prophezeiung nicht so unrealistisch war. Das brachte mich in eine knifflige Situation. Der letzte Vogel, den ich am Weihnachtstag sah, war eine

Weißrückenschwalbe, die bei der Tagebaugrube in Paynes Find ihre Runden flog. Sie war offiziell Vogelart Nummer 5966. Somit stand ich 34 Vögel vor dem Ziel und hatte noch sechs Tage Zeit. Was tun? Nach unserem anstrengenden 19-Stunden-Tag verspeisten Frank und ich in Perth den Truthahn und stellten dabei eine Liste mit australischen Vögeln auf, die ich noch nicht gesehen hatte.

Das Ergebnis war: Es gab zwar noch mehrere Dutzend Vogelarten hier, allerdings über den ganzen Kontinent verstreut und in vielen Fällen selten oder schwer zu finden. Für einen gefährdeten Steppenläufer zum Beispiel müsste man einen nächtlichen Off-Road-Ausflug in das Hinterland von New South Wales organisieren. Ich hatte nicht genug Zeit, um jedem Vogel einzeln nachzujagen. Schließlich zogen Frank und ich das Fazit, dass ich auf diese Weise nicht weit genug kommen würde. Ich hatte die australischen Vögel so weitgehend erfasst, dass ich in den sechs Tagen bis Neujahr wahrscheinlich keine 34 neuen Spezies auftreiben würde.

Wenn nicht in Australien, wo dann? Ein paar Länder hatte ich auf meiner Weltreise ausgelassen … Japan, Äthiopien, Namibia, Guyana, Kuba. In jedem dieser Länder würde ich Vögel finden, die auf meiner Liste noch fehlten, aber ich hatte nur einen Versuch. Zwischen Weihnachten und Neujahr gab es kaum noch Last-Minute-Flüge. Außerdem käme mich ein zusätzlicher Flug teuer zu stehen, weil Südwestaustralien so weitab vom Schuss liegt. Ob das die Sache wert war?

Auf jeden Fall!

Ausschlafen konnte ich nächste Woche. Am Heiligen Abend blieb ich lange auf und plante am Laptop meine nächste Reiseetappe. Wo fand ich 34 Vogelarten …? Aus dem gemütlichen Rutsch ins neue Jahr würde wohl doch eher ein atemloser Sprint ins Ziel.

Kurz vor dem Ziel der ersten Nonstop-Regatta um die Welt im Jahr 1968/1969 war dem französischen Skipper Bernard Moitessier der Sieg kaum noch zu nehmen. Nach sechs Monaten Einhandsegeln brauchte er nur noch das Kap Horn an der Spitze Südamerikas umschiffen, nach England zurückkehren, die Trophäe einheimsen und seinen Ruhm und Reichtum genießen. Doch er entschied sich anders. Er segelte weiter.

Mit einer Zwille schoss er eine Nachricht an Bord eines vorbeifahrenden Schiffes, dass er aus der Regatta aussteige. „Ich bin glücklich auf See und bleibe hier – vielleicht um meine Seele zu retten." Er schloss noch eine weitere Zwei-Drittel-Weltumsegelung an und legte dann in aller Ruhe in Tahiti an.

Manche behaupten, Moitessier sei auf See verrückt geworden, aber in seiner Autobiografie schrieb er, nach so vielen einsamen Monaten hätte er sich nicht vorstellen können, nach Europa zurückzukehren. Er wollte sein eigener Herr bleiben und segeln.

Moitessiers Entscheidung faszinierte mich. Ich verstand nicht, warum es für ihn nach einer so enormen Leistung wichtiger war, weiterzusegeln statt anzukommen. Als ich mich jetzt dem Ende meiner eigenen Weltumrundung näherte, konnte ich schon eher nachvollziehen, was während der Regatta vielleicht in seinem Kopf vor sich gegangen sein mochte. Ich selbst konnte mir auch nicht mehr vorstellen, nach diesem Jahr einfach ins normale Leben zurückzukehren. Ich wollte nichts anderes mehr als Vögel beobachten.

Offenbar ging es anderen Birdern auch schon so. Sandy Komito stellte 1987 mit 722 Vogelarten einen Nordamerika-Big-Year-Rekord auf und war dennoch nicht zufrieden. Darum zog er 1998 noch einmal los und kam auf 748 Vögel. Der australische Big-Year-Rekordler John Weigel schaffte es 2012 mit großem Einsatz, 745 Vögel in Australien zu sichten. Zwei Jahre später wiederholte er die Unternehmung und verbesserte sich auf 770 Arten. Danach konnte Weigel es immer noch nicht auf sich beruhen lassen: 2016 brach er zu seinem dritten Big Year auf, diesmal nach Nordamerika.

Wie genial wäre es, weiter frei und ungebunden durch die Welt zu reisen. Wenn du deine ganze Energie auf ein Ziel fokussierst, scheint alles andere unwichtig. Dieses Gefühl ist ungemein verführerisch.

Andererseits: Das erste Mal, heißt es, ist immer am schönsten. Für dieses World Big Year wollte ich von Anfang an alles geben, es sollte eine einmalige Erfahrung in meinem Leben sein. Bei meiner Rückkehr hatte ich einen Monat später meinen 30. Geburtstag, Zeit für einen neuen Lebensabschnitt. Ein weiteres Mal eine noch höhere Zahl an Vogelarten anzupeilen, war für mich nicht interessant.

Was für ein fantastisches Jahr lag hinter mir. Ich hatte wunderbare Orte und Menschen kennengelernt, die Hälfte aller Vogelarten dieser Welt gesehen und einen Weltrekord aufgestellt. Mein persönliches Ziel war mehr als erreicht. Mein finanzielles Limit ebenfalls. Ein Big Year sollte nicht so weit gehen, dass Habitate oder die Natur geschädigt werden, weil unnötig CO_2 in die Luft gepulvert wird. Ich wollte die Vögel dieser Welt in all ihren Facetten feiern.

Anders als Moitessier sehnte ich mich nach dem grünen Gras meiner Heimat. Nicht mehr vor Sonnenaufgang aufstehen oder durch tropfnassen Regenwald kriechen. Aber sechs Tage hatte ich noch – und ein Ziel: 6000 Arten. Was danach kam, würde sich schon finden. Dieses Big Year wollte ich bis zur letzten Minute auskosten.

Auf der Website eBird.org gibt es ein nettes Feature: Für jeden gewünschten geografischen Bereich werden die Vögel, die man gesichtet hat, mit den Vögeln abgeglichen, die andere gemeldet haben. Man kann zum Beispiel eine Liste aller Arten in Aserbaidschan erstellen, die man noch nie in seinem Leben gesehen hat, und nach Wahrscheinlichkeit ordnen, beginnend mit der Vogelart mit der größten Wahrscheinlichkeit. Das ist für Lebenslisten, Jahreslisten, Monatslisten und sogar für Tageslisten möglich. Dieses Feature war für mich genial, denn ich konnte auf einen Blick sehen, welche Vögel mir in den verschiedenen Teilen der Welt noch fehlten.

Als ich an besagtem Abend meine Liste mithilfe dieses Features analysierte, wurden mir als beste Optionen Guyana, Äthiopien und Indien angezeigt. In jedem dieser Länder gab es an die 100 Arten (und dazu ein paar Raritäten), die ich in diesem Jahr noch nicht gesehen hatte und auf einem Kurztrip finden konnte. Flüchtig prüfte ich auch andere Optionen und überlegte zum Beispiel, über den Pazifik nach Hawaii zu fliegen, aber es wurde rasch klar, dass nur diese drei analysierten Ziele infrage kamen. Ich war überrascht, dass Indien darunter war, weil ich dort schon zwei Wochen verbracht hatte.

Das warf in dem Zusammenhang die interessante Frage auf, wann das Jahr eigentlich offiziell endete. Gestartet war ich auf der Antarktischen Halbinsel, die zur gleichen Zeitzone gehört wie Argentinien, und es leuchtet ein, dass ein Jahr vom Startort und Startzeitpunkt aus gemessen werden sollte, die in meinem Fall jedoch auf der anderen Seite der Datumsgrenze lagen. Wenn ich auf der Osthalbkugel bliebe, wären die 365 Tage erst am 1. Januar um 12 Uhr mittags Ortszeit vorbei. Andererseits kam es mir nicht stimmig vor, das Jahr über Silvester hinaus fortzusetzen. Wenn ich mich von Westen nach Osten bewegte, würde sich mein Jahr auf 364,5 Tage verkürzen. Reiste ich stattdessen unter Ausnutzung der Datumsgrenze von Osten nach Westen, könnte ich das Jahr auf fast 367 Tage verlängern.

Logistisch waren Guyana, Äthiopien und Indien allesamt schwierig. Nach Guyana würde ich von Australien aus nur mit einem sehr langen Flug gelangen, und dann noch in entlegene Waldgebiete zu kommen, wäre mit so extrem kurzer Vorlaufzeit keine leichte Übung. Äthiopien war leichter zu erreichen, aber ich fand keinen einheimischen Birder, der mir vor Ort hätte helfen können. Blieb nur Indien, dieses gigantische Land mit der überwältigenden Artenvielfalt. Im September war ich in Süd- und Zentralindien gewesen, aber den recht abgeschiedenen Nordosten hatte ich ausgelassen, weil ich davon ausgegangen war, die meisten der dortigen Spezialarten auch anderswo in Asien zu finden. Laut eBird gab es im Bundesstaat Assam, zwischen Bhutan, China und dem Norden von Myanmar, Dutzende weiterer Spezies zu entdecken. Dass ich beim ersten Anlauf den Nordosten beiseitegelassen hatte, war ein strategischer Fehler gewesen, aber vielleicht konnte ich diesen Fehler jetzt korrigieren.

Die Qual der Wahl … Auf meiner Armbanduhr sah ich, dass es schon nach Mitternacht war. In Oregon brach gerade der Weihnachtsmorgen an. Dort hinkte die Zeit 16 Stunden hinter Perth zurück. Da fiel mir ein, dass ich noch gar nicht mit meinen Eltern telefoniert hatte. Ich kramte mein Smartphone heraus und rief zu Hause an.

Meine Mutter ging an den Apparat.

„Fröhliche Weihnachten“, rief sie. „Ich freue mich, deine Stimme zu hören. Wie geht’s dir?“

Ich erzählte ihr von Paynes Find und dem Weihnachtsbaum aus Traktorreifen. Meine Eltern hatten mein Big Year genau verfolgt und unterstützten meine Reise, wo sie nur konnten, zum Beispiel hörten sie sich zu jeder Tages- und Nachtzeit meine enthusiastischen Berichte über komische Vögel an.

Der Gedanke, dass ich genau vor einem Jahr an Weihnachten von zu Hause aufgebrochen war und in einer Woche zurück in Oregon sein würde, berührte mich.

„Hast du schon entschieden, wo du Silvester sein wirst?", fragte sie.

„Mehr oder weniger", antwortete ich zögerlich. „Na ja, eigentlich weiß ich es noch nicht genau. Am praktischsten wäre es, hier in Australien zu bleiben und vielleicht auf dem Weg nach Hause noch einen Zwischenstopp auf Hawaii einzulegen, aber dann erreiche ich die 6000 wahrscheinlich nicht. Vermutlich könnte ich meine Liste am besten in Nordostindien ergänzen, aber das wäre völlig durchgeknallt. Ein Flug nach Indien würde, selbst wenn ich jetzt noch ein Ticket bekäme, meinem Konto wahrscheinlich den Rest geben."

Pause.

„Die meisten Vögel würdest du also zu sehen bekommen, wenn du noch einmal nach Indien fliegst?", fragte sie nach.

„Ja, vorausgesetzt, ich schaffe es in die Provinz Assam im Nordosten. Ich glaube, das könnte klappen, aber es ist ganz schön knapp."

„Okay, bleib mal dran", sagte sie. Im Hintergrund hörte ich sie mit meinem Vater sprechen. Dann kam sie wieder ans Telefon.

„Du bist so weit weg, dass wir dir in diesem Jahr kein Weihnachtsgeschenk zum Anfassen überreichen können. Aber wir wollen, dass du deinen Traum bis zum Ende leben kannst. Wir bezahlen dir das Flugticket nach Indien."

Ich war sprachlos. Dieses großzügige Geschenk ging weit über jedes Päckchen unter dem Weihnachtsbaum hinaus. Seit ich mich als Kind für Vögel interessierte, hatten mich meine Eltern immer gefördert, und diese Unterstützung bedeutete mir unendlich viel. Und jetzt waren sie im entscheidenden Moment wieder zur Stelle.

„Oh wow, danke, Mom!", stammelte ich. „Dann werde ich Silvester also in Indien feiern!" Ich hörte, wie sie sich darüber freute.

Es gab so viele Menschen, die mir in diesem Jahr auf unterschiedlichste Weise geholfen hatten. Den Rest meines Lebens würde ich damit verbringen, die Dankesschuld freudig abzutragen. Aber das hier war mit 6900 Kilometern Abstand (so weit war es vom australischen Perth ins indische Dibrugarh) das schönste Weihnachtsgeschenk meines Lebens.

Sofort schrieb ich eine E-Mail an Ramit Singal, den ich im September in Delhi kennengelernt hatte. Wenige Stunden später hatte Ramit schon eine Tour auf die Beine gestellt.

So kam es, dass Frank mich nach unseren Weihnachtsfeierlichkeiten im heißen australischen Outback am Flughafen in Perth absetzte und ich mitten in den zentralasiatischen Winter flog. Der Wechsel war abrupt. Es gab noch Visa- und Buchungshürden und einen kurzen Zwischenstopp in Singapur hinzunehmen, aber beim Landeanflug blickte ich dann gespannt von oben auf Dibrugarh, die „Tea City of India", und auf die Gipfel des Himalaja.

Als ich am Nachmittag des 28. Dezembers aus dem Flieger stieg, hatte ich damit seit Anfang Januar an 77 verschiedenen Tagen 112 Flüge absolviert und dabei 161.761 Kilometer zurückgelegt. Dazu kamen noch die Kilometer per Auto, Taxi, Bus, Motorrad, Quad, Jeepney (so heißen die Kleinbusse auf den Philippinen), Nachtzug, Hochgeschwindigkeitszug, Schiff, Schnellboot, Fähre, Schlauchboot, Außenborder-Kanu, Floß und Fahrrad sowie zu Fuß.

Ramit holte mich zusammen mit seinen Birder-Kollegen Binanda Hathibaruah und Bidyut Gogoi ab. Zu viert brausten wir los in die nahen Berge oberhalb von Dibrugarh. Am frostigen Morgen des 29. Dezembers erwachten wir um 3.30 Uhr auf 2400 Metern in einem Gebäude ohne Strom und Heizung im schneebedeckten Mishmi-Gebirge. Da ganz Indien in ein und derselben Zeitzone liegt, ging hier, weit im Osten, die Sonne schon um 16 Uhr unter. Das Tageslicht war jetzt im Winter also ein kostbares Gut, das es klug zu nutzen galt.

Kaum ließen die ersten Sonnenstrahlen die Schneefelder rosafarben und golden aufleuchten, begannen sich die Vögel zu regen. Manche Arten hatte ich in Myanmar und China schon gesehen, aber viele waren für mich neu und standen auf meiner eBird-Liste. Ramit, Binanda, Bidyut und ich bibberten vor Kälte, stampften mit den Füßen auf, um uns warmzuhalten, und erspähten drei Alcippen, zwei Yuhinas und eine Timalie, gefolgt von einer klitzekleinen Mishmi-Zaunkönigstimalie, die es nur in dieser Bergregion gibt. Sie war etwa so groß wie eine Maus und sah auch so aus. Wir arbeiteten uns auf einer einspurigen Schotterstraße voran und gelangten allmählich in tiefer gelegene Gefilde mit üppigeren Wäldern, in denen artgemischte Schwärme durch das Laubdach flatterten.

Um 11.15 Uhr entdeckte Binanda auf einer steinigen Lichtung einen Gelbbürzel-Honiganzeiger. Dieses kleine, finkenähnliche Tier mit grauem Gefieder, zitronengelber Stirn und einem gelben Bürzel, dem es seinen Namen verdankt, ernährt sich vorwiegend von Bienenwachs, das es sich aus den Waben der Honigbienen des Himalaja zusammenklaubt. Honiganzeiger-Männchen haben ihre Reviere in der Umgebung aktiver Bienenstöcke und paaren sich mit mehreren Weibchen, die ihre Eier in den Nestern anderer Vögel ablegen. Dass Honiganzeiger so schwer zu finden sind, mag daran liegen, dass ihre wichtigste Habitatvoraussetzung – Bienenstöcke – so speziell ist.

Mir war danach, laut zu jubeln, auf- und abzuhüpfen und Freudentänze aufzuführen, aber ich hatte Sorge, den Vogel damit in die Flucht zu schlagen. Stattdessen wandte ich mich Binanda zu und reckte verschwörerisch den Daumen nach oben.

„6000“, flüsterte ich. „Das ist der 6000. Vogel!“

Ramit und Bidyut, die die Bedeutung dieses Augenblicks sofort erkannten, kamen auf mich zu und schüttelten mir mit ernster Miene die Hand.

„Herzlichen Glückwunsch!“

„Schaut mal, der Honiganzeiger dreht uns seinen Bürzel zu“, sagte Binanda, und wir richteten unsere Ferngläser wieder auf den Vogel, der mit dem Rücken zu uns in einem Baum hockte. Minutenlang hüpfte er bedächtig von Ast und Ast und ließ den Blick über sein Revier schweifen.

Dass der Höhepunkt meiner einjährigen Weltreise an einem namenlosen Berghang in einer entlegenen indischen Provinz als unscheinbarer grauer Vogel daherkam, kam mir in jeder Hinsicht stimmig vor. Beim Birding geht es darum, die unendlich vielfältigen Facetten der Natur zu würdigen. Die Schönheit steckt im Detail. Diese Nummer 6000 mutete nicht wie eine Eroberung an, sondern wie ein Neuanfang.

Wenn ich für jeden, der zu mir sagt: „Du hast wohl ein ganzes Birder-Leben in einem Jahr absolviert", einen Vogel aufschreiben dürfte, wäre meine Life List schon voll. Aber auch wenn sich mein Big Year wie ein ganzes Leben angefühlt haben mag, verging doch nur ein Jahr, das genauso lang war wie jedes andere.

Ich würde nicht sagen, dass ich ein ganzes Birder-Leben zu einem Jahr komprimiert habe, sondern dass ich im Gegenteil aus einem Jahr das Maximum herausgeholt habe. Es lohnt sich, ein Jahr lang etwas intensiv zu betreiben, sich wirklich in eine Sache zu vertiefen. Ich hatte nach meinem Big Year eine sehr klare Vorstellung davon, wie es in unserer Welt um die Vögel und das Beobachten von Vögeln bestellt ist. Das kann jeder und jede andere auch machen, denn womit wir unsere Tage verbringen, entscheiden wir immer wieder selbst. Mein Leben liegt zum größten Teil noch vor mir, und ich bin froh, dass ich diesen Traum verwirklicht habe, als ich dazu die Gelegenheit hatte.

Das Schöne an einer Jahresliste ist, dass sie am 1. Januar wieder auf null gesetzt wird, anders als eine Life List, die erst endet, wenn man stirbt. Wenn jemand von einem „ganzen Birder-Leben" spricht, weise ich höflich darauf hin, dass ich immer noch quicklebendig bin und nicht vorhabe, mich demnächst zur Ruhe zu setzen.

Offiziell war mein letzter neuer Vogel im Jahr 2015 ein Schwarzbrauen-Breitrachen, den ich am 31. Dezember kurz vor Sonnenuntergang sichtete und der mit Nummer 6042 den krönenden Listenschluss bildete. Damit standen auf dieser Liste 58,3 Prozent aller derzeit anerkannten Spezies der Erde.

Die Zahl an sich ist dennoch Schall und Rauch. Die weltweite Taxonomie der Vögel ist so im Fluss, dass keine Einigkeit darüber herrscht, wie viele Spezies es auf der Erde gibt. Nach der Clements-Checklist kam ich auf 6042, während die World Bird List des International Ornithological Committee 6144 Arten meiner Jahresausbeute gelten lassen würde. Beide Zahlen waren schon wenige Monate später überholt, weil neue Arteneinteilungen vorgenommen wurden, und wieder Monate später wurde in einem wegweisenden wissenschaftlichen Beitrag der Standpunkt vertreten, Ornithologen seien bei Weitem zu konservativ: Mit neuen Methoden kam eine Forschergruppe zu der Einschätzung, es gebe weltweit 18.000 Vogelarten und damit fast doppelt so viele wie 2015 anerkannt. Bis man alle diese hintersinnigen Neueinteilungen auseinanderklamüsert hat, wird wohl jahrzehntelange Laborarbeit nötig sein. Die Weltvogelliste wird also in Zukunft vermutlich immer länger werden.

Alles in allem hatte ich 41 Länder auf sieben Kontinenten bereist und in dem einen Jahr rund 60.000 Dollar für Flüge und Fahrten, Kost und Logis, Guides und Ausrüstung sowie CO_2-Kompensation ausgegeben. Ich hatte sparsam gewirtschaftet und gab in etwa das aus, was ich mit meinem Blog und diesem Buch verdiente. Eine der irrigsten Meinungen über Weltreisen lautet, das müsse ungeheuer kostspielig sein. In Wahrheit sind die Lebenshaltungskosten in den meisten Ländern der Welt deutlich niedriger als in den Vereinigten Staaten, wenn man sich überall wie ein Einheimischer bewegt. Zehn Dollar pro Vogel scheint mir ein vernünftiger Preis.

Als ich aufbrach, rechnete ich natürlich damit, jede Menge toller Vogelarten an exotischen Orten zu sehen, aber dass so viele Menschen an meinem Projekt Anteil nehmen würden, habe ich nicht vorausgesehen. Selbst in den entlegensten Winkeln der Erde gibt es begeisterte Birder. Die Vögel auf unserem Planeten gehen einer ungewissen Zukunft entgegen, aber angesichts der vielen Menschen, denen das nicht egal ist, bin ich optimistisch. Wenn wir über alle Grenzen hinweg an einem Strang ziehen, können wir dazu beitragen, dass sich auch die nächsten Generationen an Vögeln erfreuen.

Als das Jahr zu Ende ging, freute ich mich darauf, wieder nach Hause zu kommen. Ich wollte meine Freunde und meine Familie wiedersehen – und war baff, als mich am Flughafen 50 Leute mit Transparenten und Luftballons in Empfang nahmen. Am ersten Tag nach meiner Rückkehr sah ich im heimischen Garten eine Kronenammer. Ein Jahr lang hatte ich keine Kronenammer gesehen! Einen Monat nach Neujahr feierte ich in einem mexikanischen Restaurant meinen 30. Geburtstag und aß tellerweise Guacamole, denn die hatte ich in meinem Big Year am meisten vermisst. Ich machte mich an neue Projekte, schrieb unter anderem dieses Buch, fing ein weiteres Buch über Vögel an und flog wieder in die Antarktis, wo mein Big Year seinen

Anfang genommen hatte. Das Leben ging weiter, und ich beobachte bis heute Vögel.

In dem Moment, in dem ich mein Big Year beendete, brach der Niederländer Arjan Dwarshuis zu seinem Big Year 2016 auf. Ich wünschte ihm viel Glück, nicht zur zahlenmäßig, sondern vor allem abenteuermäßig. In der Zukunft wird es weitere Menschen geben, die die Herausforderung annehmen und Wege bereiten.

Für alle, die über eine Weltumrundung nachdenken, hier noch ein paar Tipps: Nimm wenig Gepäck mit, häng dich voll rein und bleib flexibel. Scheu dich nicht vor Umwegen, auch wenn du dabei die ausgetretenen Pfade verlässt. Mach dich nach Möglichkeit allein auf die Reise. Bleib bei dir selbst, aber stell dich nicht in den Mittelpunkt. Gib großzügig Trinkgeld, lächle möglichst oft und sag „Danke". Wenn dir jemand etwas schenkt, nimm es freundlich entgegen. Erkundige dich und präge dir ein, wie man sich in der Landessprache begrüßt. Mach dir bewusst, dass die Welt viel freundlicher ist, als es oft den Anschein hat, und werde nicht paranoid. Iss, was die Straßenküche zu bieten hat – es schmeckt, kostet nicht viel und ist gesund –, und unterhalte dich mit den Verkäuferinnen und Verkäufern. Wenn sich ein Problem für 20 Dollar lösen lässt, investiere die 20 Dollar. Umgib dich so viel wie möglich mit Einheimischen und respektiere, dass ihre Kultur womöglich anders ist als deine. Und vor allem: Lass dich von Ängsten nicht aufhalten. Jeder Mensch hat vor irgendetwas Angst. Das Schlimmste, was passieren kann, ist, dass du überhaupt nicht erst auf Reisen gehst.

Am Silvesterabend um 23 Uhr kam im dichten Wald nahe der Stadt Tinsukia in der indischen Provinz Assam ein verzagtes Pfeifen aus der Dunkelheit. Wir blieben stehen und lauschten. Wir waren den ganzen Nachmittag zu fünft durch diesen Wald gewandert und auch nach Sonnenuntergang geblieben, um Eulen ausfindig zu machen.

„Das ist aber kein Nepal-Uhu", meinte Binanda. Der Ruf des Uhus ist ein absteigender Einzellaut und nicht zu vergleichen mit dieser klagenden Abfolge von Pfeiflauten.

„Wie eine Eule klingt es trotzdem", flüsterte Ramit. „Ich glaube, das ist eine Maskeneule."

Die Taschenlampen hatten wir ausgeschaltet. Wir standen lautlos da, die Hände wie Trichter an die Ohren gelegt, um den Schall zu verstärken. Als das Pfeifen zum dritten Mal ertönte, gab es keinen Zweifel mehr.

„Du hast recht", sagte Binanda. „Das ist definitiv eine Maskeneule."

Eine Maskeneule hatte ich bereits in Malaysia gesehen. Für das Big Year war dieser Vogel also nichts Neues, aber in Indien sind Maskeneulen selten. Sie kommen nur im nordöstlichsten Teil des Landes vor. Ramit hatte vermutlich mehr Erfahrung mit dieser Spezies als jeder andere indische Birder und begegnete ihr jetzt erst zum vierten Mal.

„Lasst uns versuchen, sie zu sichten", schlug er vor.

Pritam richtete eine Taschenlampe auf die Bäume. Er suchte den Bereich sorgfältig ab und ortete den Vogel nach wenigen Sekunden: eine 30 Zentimeter große Eule mit flaumigem Gefieder, herzförmigem Gesicht und runden schwarzen Augen krallte sich auf Augenhöhe an einen aufrechten Ast. Reflexhaft hob ich meine Kamera. Als ich den Vogel bildfüllend im Sucher sah und auf den Auslöser drückte, hatte ich für einen kurzen Moment etwas Herzflattern.

„Super", flüsterte Ramit. „Das ist vermutlich das erste Foto überhaupt von einer wild lebenden Maskeneule in Indien."

Pritam schaltete die Taschenlampe wieder aus, um die Eule nicht zu stören. Während wir durch den finsteren Wald weitergingen, hörte ich ihren Ruf hinter uns allmählich leiser werden. Sie war der letzte Vogel, den ich 2015 sah, aber das war kein Grund, traurig zu sein. Alle Vögel würden morgen auch noch da sein.

Kurz nach Mitternacht verabredeten wir, unsere Wecker auf fünf Uhr zu stellen. Ich war um den halben Planeten geflogen, um in dieser entlegenen Provinz zu landen, und dachte mir, ich könnte eigentlich noch eine Weile bei meinen neuen Freunden bleiben. Am ersten Morgen des neuen Jahres wird in einem der artenreichsten Wälder der Erde wie ein Refrain der Sonnenaufgangschor von vorne beginnen, und ich werde wieder nach Vögeln Ausschau halten.

Ausrüstung für ein Big Year

- ✓ 40-Liter-REI-Vagabond-Tour-40-Travel-Pack
- ✓ Tumi-Gepäckanhänger
- ✓ Leica-Fernglas 10 x 42 Ultravid HD-Plus
- ✓ Leica-Spektiv 65-mm-Televid mit Stativ
- ✓ Leica-V-Lux-Kamera
- ✓ GoPro-Hero3-Videokamera mit Selfie-Stick
- ✓ MacBook-Air-Laptop mit 11-Zoll-Bildschirm
- ✓ iPhone 6 (und iPhone 4) mit internationalem Tarif
- ✓ iPod nano mit Kopfhörern
- ✓ SureFire-Fury-LED-Taschenlampe mit wiederaufladbaren Akkus
- ✓ Grüner Laserpointer
- ✓ Yalumi-LED-Stirnlampe
- ✓ Sea-to-Summit-Innenschlafsack aus Seide
- ✓ *Weltreise-Stecker-Adapter*
- ✓ Zwei Reisepässe
- ✓ Portemonnaie
- ✓ Zwei Notizbücher
- ✓ Zwei Sharpie-Kugelschreiber
- ✓ Oakley-Sonnenbrille
- ✓ Fossil-Armbanduhr
- ✓ Asics-GEL-Enduro-7-Trail-Laufschuhe
- ✓ Vier langärmelige T-Shirts, Mountain Hardwear Wicked Lite
- ✓ Columbia-Sportswear-Regenschutz
- ✓ Marmot-Daunenjacke
- ✓ Zwei ExOfficio-Outdoorhosen
- ✓ Drei ExOfficio-Give-N7-Go-Boxershorts
- ✓ Zwei langärmelige, insektenabweisende ExOfficio-BugsAway-Hemden mit Sonnenschutz
- ✓ Zwei Paar SmartWool-Socken
- ✓ Zwei Paar Balega-Baumwollsocken
- ✓ Zeckenabweisende Socken von Wildy Adventure
- ✓ Zwei Bandanas
- ✓ Schwarze Basecap
- ✓ REI-Campware-Löffel
- ✓ Israelische Wasserreinigungstabletten
- ✓ Anti-Malaria-Tabletten
- ✓ Erste-Hilfe-Set
- ✓ Hygieneartikel (Kamm, Lippenbalsam, Augentropfen, Fußnagelknipser, Pinzette, Zahnbürste, Zahnpasta, Zahnseide, Kopfschmerztabletten, Imodium, Sonnenschutzcreme)

Momentaufnahme eines großen Jahres

Land	Tage	Sichtungen	Neu Arten	Spezifische Arten	Neue Arten pro Tag	Spezifische Arten pro Tag	% neue Arten	% spezifische Arten
Antarktis / Falklandinseln	8	54	54	30	7	4	100%	56%
Argentinien	12	435	374	101	31	8	86%	23%
Chile	4	137	107	43	27	11	78%	31%
Brasilien	19	684	446	237	23	12	65%	35%
Peru	21	784	488	242	23	12	62%	31%
Ecuador	12	625	251	109	21	9	40%	17%
Kolumbien	27	749	260	173	10	6	35%	23%
Panama	3	299	69	33	23	11	23%	11%
Jamaika	3	121	61	43	20	14	50%	36%
Costa Rica	7	411	158	95	23	14	38%	23%
Guatemala	5	260	94	28	19	6	36%	11%
Mexiko	17	483	173	100	10	6	36%	21%
USA	21	466	215	196	10	9	46%	42%
Island	1	54	36	14	36	14	67%	26%
Norwegen	4	142	102	31	26	8	72%	22%
Türkei	4	187	124	40	31	10	66%	21%
Spanien	6	193	51	41	9	7	26%	21%
Deutschland	1	20	1	0	1	0	5%	0%
Ghana	8	318	295	89	37	11	93%	28%
Kamerun	9	201	97	40	11	4	48%	20%
Südafrika	18	442	304	167	17	9	69%	38%
Madagaskar	8	98	77	74	10	9	79%	76%
Kenia	10	392	159	52	16	5	41%	13%
Tansania	12	387	80	63	7	5	21%	16%
Uganda	14	517	128	126	9	9	25%	24%
Vereinigte Arabische Emirate	1	118	39	19	39	19	33%	16%
Indien	22	572	373	201	373	9	65%	35%
Myanmar	8	272	136	55	136	7	50%	20%
China	7	215	121	93	121	13	56%	43%
Taiwan	3	118	45	35	45	12	38%	30%
Philippinen	10	210	155	116	155	12	74%	55%
Thailand	6	266	84	41	84	7	32%	15%
Sri Lanka	3	86	31	31	31	10	36%	36%
Malaysia	14	366	173	161	173	12	47%	44%
Indonesien	9	198	110	99	110	11	56%	50%
Neuguinea	9	247	198	159	198	18	80%	64%
Australien	15	432	328	312	328	21	76%	72%
Neuseeland	3	108	41	41	41	14	38%	38%
Singapur	1	30	4	3	4	3	13%	10%

Big-Year-Liste

1	Kapsturmvogel	1/1	Antarktis
2	Antarktischer Eissturmvogel	1/1	Antarktis
3	Antarktikseeschwalbe	1/1	Antarktis
4	Dominikanermöwe	1/1	Antarktis
5	Subantarktisskua	1/1	Antarktis
6	Antarktikscharbe	1/1	Antarktis
7	Buntfoß-Sturmschwalbe	1/1	Antarktis
8	Südlicher Riesensturmvogel	1/1	Antarktis
9	Zügel-/Kehlstreifpinguin	1/1	Antarktis
10	Esels-/Rotschnabelpinguin	1/1	Antarktis
11	Antargktisskua / Antarktische Raubmöve	1/1	Antarktis
12	Weißgesicht-Scheidenschnabel	1/1	Antarktis
13	Schwarzbauch-Meerläufer/ Sturmschwalbe	1/2	Antarktis
14	Adéliepinguin	1/2	Antarktis
15	Schneesturmvogel	1/2	Antarktis
16	Goldschopfpinguin	1/4	Antarktis
17	Weißkinn-Sturmvogel	1/5	Antarktis
18	Antarktis-Wal- / Taubensturmvogel	1/5	Antarktis
19	Blausturmvogel	1/5	Antarktis
20	Rußalbatros	1/5	Antarktis
21	Lummensturmvogel	1/5	Hochsee
22	Mollymauk	1/5	Hochsee
23	Graukopfalbatros	1/5	Hochsee
24	Belcher-Sturmvogel	1/5	Hochsee
25	Wanderalbatros	1/5	Hochsee
26	Graurücken-Sturmschwalbe	1/6	Falklandinseln
27	Dunkelsturmtaucher	1/6	Falklandinseln
28	Kappensturmtaucher	1/6	Falklandinseln
29	Hallsturmvogel	1/6	Falklandinseln
30	Königsalbatros	1/6	Falklandinseln
31	Langschwanzstärling	1/7	Falklandinseln
32	Schwarzkehl-Ammerfink	1/7	Falklandinseln
33	Maskentyrann	1/7	Falklandinseln
34	Einfarb-Uferwipper	1/7	Falklandinseln
35	Falklandkarakara	1/7	Falklandinseln
36	Falklandseeschwalbe	1/7	Falklandinseln
37	Blutschnabelmöwe	1/7	Falklandinseln
38	Rotbrust-Regenpfeifer	1/7	Falklandinseln
39	Falkland-Regenpfeifer	1/7	Falklandinseln
40	Magellanausternfischer	1/7	Falklandinseln
41	Truthahngeier	1/7	Falklandinseln
42	Blauaugenscharbe	1/7	Falklandinseln
43	Felsenscharbe	1/7	Falklandinseln
44	Felsenpinguin	1/7	Falklandinseln
45	Magellan-Pinguin	1/7	Falklandinseln
46	Rollandtaucher	1/7	Falklandinseln
47	Haubenente	1/7	Falklandinseln
48	Falkland-Dampfschiffente	1/7	Falklandinseln
49	Langflügel-Dampfschiffente	1/7	Falklandinseln
50	Rotkopfgans	1/7	Falklandinseln
51	Kelpgans / Tanggans	1/7	Falklandinseln
52	Magellangans	1/7	Falklandinseln
53	Schwarzhalsschwan	1/7	Falklandinseln
54	Chileskua	1/8	Argentinien
55	Hausspatz	1/9	Argentinien
56	Bartzeisig	1/9	Argentinien
57	Chimangokarakara	1/9	Argentinien
58	Schopfkarakara	1/9	Argentinien
59	Weißkehlkarakara	1/9	Argentinien
60	Bronzekiebitz	1/9	Argentinien
61	Aguja	1/9	Argentinien
62	Stachelkopfstärling	1/9	Argentinien
63	Morgenammer / Braunnacken-Ammer	1/9	Argentinien
64	Magellanämmerling	1/9	Argentinien
65	Magellandrossel	1/9	Argentinien
66	Hauszaunkönig	1/9	Argentinien
67	Feuerlandschwalbe	1/9	Argentinien
68	Buschelaenie	1/9	Argentinien
69	Meisentachuri	1/9	Argentinien
70	Stachelschwanzschlüpfer	1/9	Argentinien
71	Streifenbauch-Uferwipper	1/9	Argentinien
72	Spechttöpfer	1/9	Argentinien
73	Magellantapaculo	1/9	Argentinien
74	Smaragdsittich	1/9	Argentinien
75	Magellanspecht	1/9	Argentinien
76	Araukanerkauz / Patagonien-Sperlingskauz	1/9	Argentinien
77	Andenkondor	1/9	Argentinien
78	Schwarzzügelibis	1/9	Argentinien
79	Magellantaucher / Haubentaucher	1/9	Argentinien
80	Spitzschwanzente	1/9	Argentinien
81	Magellan-Dampfschiffente / Riesendampfschiffente	1/9	Argentinien
82	Graukopfgans	1/9	Argentinien
83	Correnderapieper	1/9	Argentinien
84	Seggenzaunkönig	1/9	Argentinien
85	Patagoniensporntyrann	1/9	Argentinien
86	Azarabekassine / Magellanbekassine	1/9	Argentinien
87	Großer Gelbschenkel	1/9	Argentinien
88	Südamerikanischer Austernfischer	1/9	Argentinien
89	Olivenscharbe	1/9	Argentinien
90	Spitzschwingenente	1/9	Argentinien

91	Fuchslöffelente	1/9	Argentinien
92	Graubrustschwalbe	1/9	Argentinien
93	Felsentaube	1/9	Argentinien
94	Buntfalke	1/10	Chile
95	Sturzbachente	1/10	Chile
96	Blausteißammer	1/10	Chile
97	Kordillerenämmerling	1/10	Chile
98	Chilespottdrossel	1/10	Chile
99	Schwanzmeisenschlüpfer	1/10	Chile
100	Felsenchilia	1/10	Chile
101	Weißbart-Bürzelstelzer	1/10	Chile
102	Bänderspecht	1/10	Chile
103	Schwarzschwingentäubchen	1/10	Chile
104	Schwarzsteißschwalbe	1/10	Chile
105	Rotnackentyrann	1/10	Chile
106	Lerchentyrann	1/10	Chile
107	Kordillerenzeisig	1/10	Chile
108	Goldbauch-Gilbammer	1/10	Chile
109	Bleiämmerling	1/10	Chile
110	Strauchämmerling	1/10	Chile
111	Rotkäppchentyrann	1/10	Chile
112	Ockerkehlschlüpfer	1/10	Chile
113	Schuppenkehl-Erdhacker	1/10	Chile
114	Zitronensittich	1/10	Chile
115	Schwarzstirntyrann	1/10	Chile
116	Binden-Uferwipper / Kurzschnabel-Uferwipper	1/10	Chile
117	Rotschwanz-Erdhacker	1/10	Chile
118	Graukehl-Höhenläufer	1/10	Chile
119	Schwarzschnabel-Hakentyrann	1/10	Chile
120	Kordillerenschlüpfer	1/10	Chile
121	Weißflankenkolibri	1/10	Chile
122	Grauflanken-Uferwipper	1/10	Chile
123	Diademregenpfeifer	1/10	Chile
124	Isabellerdhacker	1/10	Chile
125	Rotrückenbussard	1/10	Chile
126	Gelbnackentyrann	1/10	Chile
127	Andengans	1/10	Chile
128	Andenmöwe	1/10	Chile
129	Glanzkuhstärling / Seidenkuhstärling	1/10	Chile
130	Ohrflecktaube	1/10	Chile
131	Mönchsittich	1/10	Chile
132	Rotschwanz-Pflanzenmäher	1/10	Chile
133	Riesenkolibri	1/11	Chile
134	Kalifornische Schopfwachtel	1/11	Chile
135	Feueraugentyrann	1/11	Chile
136	Weißkehltapaculo	1/11	Chile
137	Schwarzschwanzschlüpfer	1/11	Chile
138	Schwarzfleckenämmerling	1/11	Chile
139	Fahlbrauner Tapaculo	1/11	Chile
140	Chilesteißhuhn	1/11	Chile
141	Bergkarakara	1/11	Chile

142	Graunackentyrann	1/11	Chile
143	Virginiauhu	1/11	Chile
144	Schwarzschwanz-Hakentyrann	1/11	Chile
145	Goldschulterstärling	1/12	Chile
146	Picuitäubchen	1/12	Chile
147	Graumöwe	1/12	Chile
148	Sanderling	1/12	Chile
149	Regenbrachvogel	1/12	Chile
150	Braunmantelausternfischer	1/12	Chile
151	Gelbschnabel-Blässhuhn	1/12	Chile
152	Maskenpfuhlhuhn	1/12	Chile
153	Grauralle	1/12	Chile
154	Cocoireiher	1/12	Chile
155	Streifendommel	1/12	Chile
156	Chilepelikan	1/12	Chile
157	Bindentaucher	1/12	Chile
158	Strandwipper	1/12	Chile
159	Strichelkopfspecht	1/12	Chile
160	Steinwälzer	1/12	Chile
161	Kleiner Gelbschenkel	1/12	Chile
162	Mönchsgeier/Rabengeier	1/12	Chile
163	Schmuckreiher	1/12	Chile
164	Guanokormoran	1/12	Chile
165	Rothuhn/Rotbeinkormoran	1/12	Chile
166	Guanotölpel	1/12	Chile
167	Rosafuß-Sturmtaucher	1/12	Chile
168	Graurückenalbatros/ Salvin-Albatros	1/12	Chile
169	Humboldt-Pinguin	1/12	Chile
170	Präriemöwe	1/12	Chile
171	Patagonienmöwe	1/12	Chile
172	Schwarznacken-Stelzenläufer	1/12	Chile
173	Rotstirn-Blässhuhn	1/12	Chile
174	Nachtreiher	1/12	Chile
175	Bindenruderente	1/12	Chile
176	Brandseeschwalbe	1/12	Chile
177	Flußseeschwalbe	1/12	Chile
178	Weißflügel-Blässhuhn	1/12	Chile
179	Inkataucher	1/12	Chile
180	Chilepfeifente	1/12	Chile
181	Coscorobaschwan	1/12	Chile
182	Brillentyrann	1/12	Chile
183	Vielfarbentachuri	1/12	Chile
184	Schimpfende / Tickende Doradito	1/12	Chile
185	Rohrschlüpfer	1/12	Chile
186	Schwarzmantel-Scherenschnabel	1/12	Chile
187	Schmuckseeschwalbe	1/12	Chile
188	Bairdstrandläufer	1/12	Chile
189	Schlankschnabel-Regenpfeifer	1/12	Chile
190	Kiebitzregenpfeifer	1/12	Chile

191	Silberreiher	1/12	Chile
192	Wanderfalke	1/12	Chile
193	Höhleneule/Prärieeule/ Kanincheneule	1/13	Chile
194	Wüstenbussard	1/13	Chile
195	Grauweihe	1/13	Chile
196	Brillenibis/Weißgesichtibis	1/13	Chile
197	Kuhreiher	1/13	Chile
198	Kuckucksente/ Schwarzkopfente	1/13	Chile
199	Zimtente	1/13	Chile
200	Kurzschnabel-Gilbammer	1/13	Chile
201	Camposspottdrossel	1/14	Argentinien
202	Picazurotaube	1/14	Argentinien
203	Graukuhstärling	1/14	Argentinien
204	Rotkopfstärling	1/14	Argentinien
205	Schwefelmaskentyrann	1/14	Argentinien
206	Rallenkranich	1/14	Argentinien
207	Schneckenweih	1/14	Argentinien
208	Trauertyrann	1/14	Argentinien
209	Pfeifreiher	1/14	Argentinien
210	Marmorreiher	1/14	Argentinien
211	Maguaristorch	1/14	Argentinien
212	Gabelschwanz-Königstyrann	1/14	Argentinien
213	Fleckentaube	1/14	Argentinien
214	Wegebussard	1/14	Argentinien
215	Magellanzeisig	1/14	Argentinien
216	Feuerflügeltrupial	1/14	Argentinien
217	Rotachsel-Kuhstärling	1/14	Argentinien
218	Drachenstärling	1/14	Argentinien
219	Braunkopfstärling	1/14	Argentinien
220	Ultramarinbischof	1/14	Argentinien
221	Goldschnabelsaltator	1/14	Argentinien
222	Schmuckpfäffchen	1/14	Argentinien
223	Safranfink	1/14	Argentinien
224	Schwarzhaubenfink	1/14	Argentinien
225	Sayacatangare	1/14	Argentinien
226	Mantelkardinal	1/14	Argentinien
227	Graukardinal	1/14	Argentinien
228	Maskengelbkehlchen	1/14	Argentinien
229	Rahmbauchdrossel	1/14	Argentinien
230	Maskenmückenfänger	1/14	Argentinien
231	Braunbrustschwalbe	1/14	Argentinien
232	Kappentachuri	1/14	Argentinien
233	Bandpflanzenmäher	1/14	Argentinien
234	Schwarzschwanz-Monarch	1/14	Argentinien
235	Stelzentyrann	1/14	Argentinien
236	Schwarz-Wassertyrann	1/14	Argentinien
237	Purpurtyrann	1/14	Argentinien
238	Rosttyrann	1/14	Argentinien
239	Strichelschopftachuri	1/14	Argentinien
240	Kurzschnabelelaenie	1/14	Argentinien
241	Suiririfliegenstecher	1/14	Argentinien
242	Temminckschlüpfer	1/14	Argentinien

243	Graustirnschlüpfer	1/14	Argentinien
244	Weißwangenschlüpfer	1/14	Argentinien
245	Brauncacholote	1/14	Argentinien
246	Streifenkopfschlüpfer	1/14	Argentinien
247	Zwergbündelnister	1/14	Argentinien
248	Rosttöpfer/Töpfervogel	1/14	Argentinien
249	Schmalschnabel-Baumsteiger	1/14	Argentinien
250	Degenschnabel-Baumsteiger	1/14	Argentinien
251	Feldspecht	1/14	Argentinien
252	Grünbindenspecht	1/14	Argentinien
253	Kaktusspecht	1/14	Argentinien
254	Weißspecht	1/14	Argentinien
255	Goldsaphirkolibri	1/14	Argentinien
256	Goldbauch-Smaragdkolibri	1/14	Argentinien
257	Guirakuckuck	1/14	Argentinien
258	Kleiner Mangrovekuckuck	1/14	Argentinien
259	Weißstirntaube	1/14	Argentinien
260	Rotstirn-Blatthühnchen	1/14	Argentinien
261	Ypecaharalle	1/14	Argentinien
262	Savannenbussard	1/14	Argentinien
263	Weißbrauenweihe	1/14	Argentinien
264	Rosalöffler	1/14	Argentinien
265	Mohrenibis	1/14	Argentinien
266	Mangrovereiher	1/14	Argentinien
267	Waldstorch	1/14	Argentinien
268	Rosenschnabelente	1/14	Argentinien
269	Amazonasente	1/14	Argentinien
270	Rotschulterente	1/14	Argentinien
271	Schopfwehrvogel	1/14	Argentinien
272	Pampaammer	1/14	Argentinien
273	Rotbrust-Ammerfink	1/14	Argentinien
274	Riedammerfink	1/14	Argentinien
275	Hausschwalbe/ Rauchschwalbe	1/14	Argentinien
276	Maustachuri	1/14	Argentinien
277	Gelbkehlschlüpfer	1/14	Argentinien
278	Schwefelkopfschlüpfer	1/14	Argentinien
279	Fleckenbrust-Bündelnister	1/14	Argentinien
280	Krummschnabel-Riedschlüpfer	1/14	Argentinien
281	Amerikateichhuhn	1/14	Argentinien
282	Fleckenralle	1/14	Argentinien
283	Rothalsralle	1/14	Argentinien
284	Gelbbrustpfeifgans/Gelbe Pfeifgans	1/14	Argentinien
285	Wachtelammer	1/14	Argentinien
286	Witwenmonjita	1/14	Argentinien
287	Kurzschnabelschlüpfer	1/14	Argentinien
288	Weißbauch-Nachtschwalbe	1/14	Argentinien
289	Graubrust-Strandläufer	1/14	Argentinien
290	Einsamer Wasserläufer	1/14	Argentinien
291	Graubrust-Pfeifgans	1/14	Argentinien
292	Witwenpfeifgans	1/14	Argentinien

293	Grausaltator	1/14	Argentinien
294	Hellmayrpieper	1/14	Argentinien
295	Savannenpieper	1/14	Argentinien
296	Uferschwalbe	1/14	Argentinien
297	Weißbürzelschwalbe	1/14	Argentinien
298	Goldtyrann	1/14	Argentinien
299	Rohrdoradito	1/14	Argentinien
300	Nandu	1/14	Argentinien
301	Gelbbrauen-Brillenvogel	1/14	Argentinien
302	Buschläufer	1/14	Argentinien
303	Grünfischer	1/14	Argentinien
304	Ringfischer/Rotbrustfischer	1/14	Argentinien
305	Scherenschwanz-Nachtschwalbe/Spießnachtschwalbe	1/14	Argentinien
306	Zwergnachtschwalbe	1/14	Argentinien
307	Wanderregenpfeifer	1/14	Argentinien
308	Zwergsultanshuhn	1/14	Argentinien
309	Ockerbrustpfäffchen	1/15	Argentinien
310	Jacariniammer	1/15	Argentinien
311	Großschnabelvireo/Papageiwürger	1/15	Argentinien
312	Streifentyrann	1/15	Argentinien
313	Weißbauch-Todityrann	1/15	Argentinien
314	Graubrustelaenie	1/15	Argentinien
315	Anumbi/Weißkehl-Bündelnister	1/15	Argentinien
316	Zebrazwergspecht	1/15	Argentinien
317	Streifenkuckuck	1/15	Argentinien
318	Großschnabel-Seeschwalbe	1/15	Argentinien
319	Silberente	1/15	Argentinien
320	Fleckensteißhuhn	1/15	Argentinien
321	Stahlkassike	1/15	Argentinien
322	Diademtangare	1/15	Argentinien
323	Elfenwaldsänger	1/15	Argentinien
324	Rotbauchdrossel	1/15	Argentinien
325	Weißflügelbekarde	1/15	Argentinien
326	Swainsontyrann	1/15	Argentinien
327	Eulertyrann	1/15	Argentinien
328	Gelbkehl-Fliegenstecher	1/15	Argentinien
329	Grauscheitel-Wollrücken	1/15	Argentinien
330	Streifenschwanzspecht	1/15	Argentinien
331	Spixschlüpfer	1/15	Argentinien
332	Geradschnabel-Riedschlüpfer	1/15	Argentinien
333	Rostscheitel-Ameisenwürger	1/15	Argentinien
334	Einfarbstärling	1/16	Argentinien
335	Star	1/16	Argentinien
336	Nandaysittich	1/16	Argentinien
337	Rotaugenvireo	1/16	Argentinien
338	Schwalbentyrann	1/16	Argentinien
339	Diamantpfäffchen	1/16	Argentinien
340	Blauschwalbe	1/16	Argentinien
341	Fleckentyrann	1/16	Argentinien
342	Rothschildsegler	1/16	Argentinien
343	Rotmaskensittich	1/16	Argentinien
344	Weißbrauen-Buschammer	1/16	Argentinien
345	Rostbrauen-Ammerfink	1/16	Argentinien
346	Furchentangare	1/16	Argentinien
347	Weißachseldrossel	1/16	Argentinien
348	Rostbrauen-Zaunkönig	1/16	Argentinien
349	Strauchtyrann/Streifenkehl-Buschtyrann	1/16	Argentinien
350	Schwarzkopfphoebe	1/16	Argentinien
351	Schiefertyrann	1/16	Argentinien
352	Weißkehltachuri	1/16	Argentinien
353	Ockerbrauen-Blattspäher	1/16	Argentinien
354	Weißbauchamazilie	1/16	Argentinien
355	Leiernachtschwalbe	1/16	Argentinien
356	Rotgesichtguan	1/16	Argentinien
357	Goldschulterkassike	1/17	Argentinien
358	Goldbauchkernknacker	1/17	Argentinien
359	Braunkopftangare	1/17	Argentinien
360	Schwarzrückentangare	1/17	Argentinien
361	Braunkappen-Waldsänger	1/17	Argentinien
362	Kappenblaurabe	1/17	Argentinien
363	Schopfbekarde	1/17	Argentinien
364	Kappentyrann	1/17	Argentinien
365	Streifenbrust-Laubtyrann	1/17	Argentinien
366	Braunschwanztachuri	1/17	Argentinien
367	Azaraschlüpfer	1/17	Argentinien
368	Olivmantelspecht	1/17	Argentinien
369	Rußspecht	1/17	Argentinien
370	Burmeisterkolibri	1/17	Argentinien
371	Braunbart-Buschammer	1/17	Argentinien
372	Goldkappentangare	1/17	Argentinien
373	Chiguancodrossel	1/17	Argentinien
374	Bleikopftyrann	1/17	Argentinien
375	Schieferelaenie	1/17	Argentinien
376	Fleckenbrust-Bündelnister	1/17	Argentinien
377	Graukehltapaculo	1/17	Argentinien
378	Aplomadofalke	1/17	Argentinien
379	Goldschwanzsylphe/Schleppensylphe	1/17	Argentinien
380	Veilchenohr/Veilchenohrkolibri	1/17	Argentinien
381	Bandtaube	1/17	Argentinien
382	Königsgeier	1/17	Argentinien
383	Andensteißhuhn	1/17	Argentinien
384	Pampashuhn	1/17	Argentinien
385	Schwarzzeisig	1/18	Argentinien
386	Baerammerfink	1/18	Argentinien
387	Rostflanken-Ammerfink	1/18	Argentinien
388	Kurzschwanzammer	1/18	Argentinien
389	Aschbrustämmerling	1/18	Argentinien
390	Rostbauch-Hakenschnabel	1/18	Argentinien
391	Schluchtentyrann	1/18	Argentinien
392	Rostspiegeltyrann	1/18	Argentinien

393	Inquicoschlüpfer	1/18	Argentinien
394	Yanacschlüpfer	1/18	Argentinien
395	Rotscheitelschlüpfer	1/18	Argentinien
396	Cremefarbener Uferwipper	1/18	Argentinien
397	Braunbauch-Erdhacker/ Langschnabel-Erdhacker	1/18	Argentinien
398	Felsenerdhacker	1/18	Argentinien
399	Andenspecht	1/18	Argentinien
400	Andenkiebitz	1/18	Argentinien
401	Blassstirnkauz	1/18	Argentinien
402	Bergwald-Kreischeule	1/18	Argentinien
403	Perleule	1/18	Argentinien
404	Schmalschwingendoradito	1/19	Argentinien
405	Olivkappen-Bandvogel	1/19	Argentinien
406	Halsbandsegler	1/19	Argentinien
407	Rostkehl-Wasseramsel	1/20	Argentinien
408	Legat/Kurzschnabel-Maskentyrann	1/20	Argentinien
409	Streifenbauch-Fliegenstecher	1/20	Argentinien
410	Rotbürzelkassike/ Rotrückenstirnvogel	1/21	Argentinien
411	Zuckervogel	1/21	Argentinien
412	Rotsteiß-Spitzschnabel	1/21	Argentinien
413	Gelbbauchelaenie	1/21	Argentinien
414	Kananrienflügelsittich	1/21	Argentinien
415	Schwarzbrust-Mangokolibri	1/21	Argentinien
416	Graubürzelsegler	1/21	Argentinien
417	Glattschnabel-Ani	1/21	Argentinien
418	Rosttäubchen	1/21	Argentinien
419	Greisensegler	1/21	Argentinien
420	Moschusente	1/21	Argentinien
421	Goldhähnchen-Waldsänger	1/21	Argentinien
422	Suhlende Schwanzpipra	1/21	Argentinien
423	Grünelaenie	1/21	Argentinien
424	Olivbaumsteiger	1/21	Argentinien
425	Blondschopfspecht	1/21	Argentinien
426	Goldmaskenspecht	1/21	Argentinien
427	Riesentukan	1/21	Argentinien
428	Schwebeweih	1/21	Argentinien
429	Cayennekuckuck	1/21	Argentinien
430	Rotkrontyrann	1/21	Argentinien
431	Braunohrsittich	1/21	Argentinien
432	Amazonasfischer	1/21	Argentinien
433	Riesenani	1/21	Argentinien
434	Rotachseltaube	1/21	Argentinien
435	Schwarznackentityra/ Schwarzschwanztityra	1/21	Argentinien
436	Schwalbentangare	1/21	Argentinien
437	Südliche Rauflügelschwalbe	1/21	Argentinien
438	Purpurkehlorganist	1/21	Argentinien
439	Grünschwingensaltator	1/21	Argentinien
440	Dreifarbentangare	1/21	Argentinien
441	Olivflanken-Waldsänger	1/21	Argentinien
442	Bauchschnabeltyrann	1/21	Argentinien
443	Kurzschopftyrann	1/21	Argentinien
444	Königsameisenpitta/Große Bartameisenpitta	1/21	Argentinien
445	Weißaugenpapagei	1/21	Argentinien
446	Maximilianpapagei	1/21	Argentinien
447	Gelbkopfkarakara	1/21	Argentinien
448	Grauschwanzsegler	1/21	Argentinien
449	Choliba-Kreischeule	1/21	Argentinien
450	Rotrückentaube	1/21	Argentinien
451	Schwalbenweih	1/21	Argentinien
452	Grünorganist	1/22	Argentinien
453	Braunbauchorganist	1/22	Argentinien
454	Kaminhabia	1/22	Argentinien
455	Guiratangare	1/22	Argentinien
456	Blaukopfpitpit	1/22	Argentinien
457	Krontangare	1/22	Argentinien
458	Schwarzgesichttangare	1/22	Argentinien
459	Elsterling	1/22	Argentinien
460	Rahmbauch-Mückenfänger	1/22	Argentinien
461	Kastanienbekarde	1/22	Argentinien
462	Einfarbschiffornis/ Olivtrauerkotinga	1/22	Argentinien
463	Graunackenpiprites	1/22	Argentinien
464	Sirystertyrann	1/22	Argentinien
465	Langschwanztyrann	1/22	Argentinien
466	Spixtyrann	1/22	Argentinien
467	Weißkehl-Breitschnabel	1/22	Argentinien
468	Flachschnabeltyrann/ Olivscheitel-Breitschnabel	1/22	Argentinien
469	Zügelflecktyrann	1/22	Argentinien
470	Ohrfleck-Zwergtyrann	1/22	Argentinien
471	Lauftyrann	1/22	Argentinien
472	Braunkappen-Laubtyrann/ Braunkopf-Fliegenstecher	1/22	Argentinien
473	Graukopfelaenie	1/22	Argentinien
474	Graubauchschlüpfer	1/22	Argentinien
475	Rotkappenschlüpfer	1/22	Argentinien
476	Weißzügel-Baumspäher	1/22	Argentinien
477	Schuppenscheitel-Blattspäher	1/22	Argentinien
478	Schlankschnabel-Baumsteiger	1/22	Argentinien
479	Schuppenkehl-Laubwender	1/22	Argentinien
480	Kurzschwanz-Ameisendrossel	1/22	Argentinien
481	Planalto Tapaculo	1/22	Argentinien
482	Fleckenbrust-Ameisenpitta	1/22	Argentinien
483	Rotkehl-Mückenfresser	1/22	Argentinien
484	Weißschulter-Feuerauge	1/22	Argentinien
485	Bertoniameisenfänger	1/22	Argentinien
486	Rotschwingen-Ameisenfänger	1/22	Argentinien
487	Waldwürgerling	1/22	Argentinien

488	Schwarzmasken-Ameisenwürger	1/22	Argentinien
489	Perlenmantel-Ameisenwürger	1/22	Argentinien
490	Kappenwaldfalke	1/22	Argentinien
491	Sperberwaldfalke	1/22	Argentinien
492	Scharlachkopfspecht	1/22	Argentinien
493	Linienspecht	1/22	Argentinien
494	Perlbauchspecht	1/22	Argentinien
495	Bänderzwergspecht	1/22	Argentinien
496	Schwarzkehltrogon	1/22	Argentinien
497	Bändernachtschwalbe	1/22	Argentinien
498	Weißkehlkolibri	1/22	Argentinien
499	Blaukronennymphe	1/22	Argentinien
500	Surucuatrogon	1/22	Argentinien
501	Grünibis	1/22	Argentinien
502	Tataupa-Steißhuhn	1/22	Argentinien
503	Kastanientinamu	1/22	Argentinien
504	Weißachselpfäffchen	1/23	Argentinien
505	Zimtkopftangare	1/23	Argentinien
506	Flussuferwaldsänger	1/23	Argentinien
507	Fahlbrustdrossel	1/23	Argentinien
508	Rostkappenvireo	1/23	Argentinien
509	Zimtkehl-Spateltyrann	1/23	Argentinien
510	Schuppenkopf-Fliegenstecher	1/23	Argentinien
511	Zitronentyrann	1/23	Argentinien
512	Weißbrauen-Blattspäher	1/23	Argentinien
513	Bachstachelschwanz	1/23	Argentinien
514	Fleckenbauch-Baumsteiger	1/23	Argentinien
515	Bunttukan	1/23	Argentinien
516	Bergtaube	1/23	Argentinien
517	Saracuraralle	1/23	Argentinien
518	Cayenneweih	1/23	Argentinien
519	Schwarzstirn-Schakutinga	1/23	Argentinien
520	Haubenfink/Roter Kronfink	1/23	Argentinien
521	Eckschwanzsperber	1/23	Argentinien
522	Arakaurienschlüpfer	1/23	Argentinien
523	Taubenhalspapagei	1/23	Argentinien
524	Trauerdrossel	1/24	Argentinien
525	Kappentityra/Schwarzschnabeltityra	1/24	Argentinien
526	Weißaugen-Borstentyrann	1/24	Argentinien
527	Goldstirn-Blattspäher	1/24	Argentinien
528	Rötelsteigschnabel	1/24	Argentinien
529	Weißbart-Ameisenwürger	1/24	Argentinien
530	Rotkopfmotmot	1/24	Argentinien
531	Veilchenorganist	1/24	Argentinien
532	Glanzamazilie	1/24	Argentinien
533	Blauer Gabelschwanzkolibri	1/24	Argentinien
534	Zimtroter Schattenkolibri	1/24	Argentinien
535	Schwarzkolibri	1/24	Argentinien
536	Halsbandsperling	1/25	Brasilien
537	Papageischnabelsaltator	1/25	Brasilien
538	Schwarzscheitelpalmist	1/25	Brasilien
539	Schmucktangare	1/25	Brasilien
540	Violettschultertangare	1/25	Brasilien
541	Olivtangare	1/25	Brasilien
542	Antillendrossel	1/25	Brasilien
543	Rotbürzelpipra/Graukehlpipra	1/25	Brasilien
544	Braunmantel-Beerenfresser	1/25	Brasilien
545	Graukopfattila	1/25	Brasilien
546	Kurzschnabelattila	1/25	Brasilien
547	Bärtiger Fliegenschnäpper	1/25	Brasilien
548	Graukopfschnäpper	1/25	Brasilien
549	Kappenblattspäher	1/25	Brasilien
550	Fahlfbrauen-Blattspäher	1/25	Brasilien
551	Halsband-Baumspäher	1/25	Brasilien
552	Sparrmansteigschnabel	1/25	Brasilien
553	Weißkehl-Baumsteiger	1/25	Brasilien
554	Rioameisendrossel	1/25	Brasilien
555	Maustapaculo	1/25	Brasilien
556	Weißbrusttapaculo	1/25	Brasilien
557	Schwarzmantel-Ameisenvogel	1/25	Brasilien
558	Perlenkehl-Ameisenschlüpfer	1/25	Brasilien
559	Tirikasittich	1/25	Brasilien
560	Weißbrauenspecht	1/25	Brasilien
561	Halbmond-Faulvogel	1/25	Brasilien
562	Erzkolibri	1/25	Brasilien
563	Rubinkolibri	1/25	Brasilien
564	Schuppenkehl-Schattenkolibri	1/25	Brasilien
565	Weintaube	1/25	Brasilien
566	Mantelbussard	1/25	Brasilien
567	Zweifarbensperber	1/25	Brasilien
568	Einsiedlertao/Grausteißtinamu	1/25	Brasilien
569	Rostkappentangare	1/26	Brasilien
570	Blaukappentangare	1/26	Brasilien
571	Schwarzschwanz-Degenschnäbler	1/26	Brasilien
572	Nacktkehlglöckner	1/26	Brasilien
573	Pavao/Rotkehlkotinga	1/26	Brasilien
574	Brauenbreitschnabel	1/26	Brasilien
575	Grünrücken-Spateltyrann	1/26	Brasilien
576	Graukappen-Fliegenstecher	1/26	Brasilien
577	Braunzügel-Borstentyrann	1/26	Brasilien
578	Goldaugen-Laubtyrann	1/26	Brasilien
579	Fahlschlüpfer	1/26	Brasilien
580	Grauflügel-Baumsteiger	1/26	Brasilien
581	Streifenkopf-Ameisenfänger	1/26	Brasilien
582	Temminckameisenfänger/Olivrücken-Ameisenfänger	1/26	Brasilien
583	Rostbauch-Ameisenfänger	1/26	Brasilien
584	Riesenameisenwürger	1/26	Brasilien
585	Fleckenarassari	1/26	Brasilien

586	Rotkehl-Faulvogel	1/26	Brasilien
587	Weißschwanztrogon	1/26	Brasilien
588	Amethystkolibri	1/26	Brasilien
589	Schmetterlingselfe	1/26	Brasilien
590	Weißbrustralle	1/26	Brasilien
591	Prachtfregattvogel	1/27	Brasilien
592	Wassertyrann	1/27	Brasilien
593	Brasilianische Tangare	1/27	Brasilien
594	LangschnabelZaunkönig	1/27	Brasilien
595	Blauflügel-Sperlingspapagei	1/27	Brasilien
596	Mülleramazone	1/27	Brasilien
597	Grünrücken-Fliegenstecher	1/28	Brasilien
598	Colma-Ameisendrossel	1/28	Brasilien
599	Schwarzwangen-Mückenfresser	1/28	Brasilien
600	Sägeschnabeleremit/ Sägeschnabel-Schattenkolibri	1/28	Brasilien
601	Blaureiher	1/28	Brasilien
602	Wellenastrild	1/28	Brasilien
603	Schwarzkopf-Spateltyrann	1/28	Brasilien
604	Orangeaugen-Bündelnister	1/28	Brasilien
605	Bindenschwanz-Ameisenfänger/ Schuppenameisenfänger	1/28	Brasilien
606	Pauraquenachtschwalbe	1/28	Brasilien
607	Kappenbekarde	1/29	Brasilien
608	Säbelpipra	1/29	Brasilien
609	Augenring-Spateltyrann	1/29	Brasilien
610	Fleckenbrustwürgerling	1/29	Brasilien
611	Lachfalke	1/29	Brasilien
612	Weißkinnsaphir/Weißkinn-Saphirkolibri	1/29	Brasilien
613	Glitzerkehlamazilie	1/29	Brasilien
614	Roter Zwergschattenkolibri	1/29	Brasilien
615	Zweifarbenpfäffchen	1/29	Brasilien
616	Zwergara	1/29	Brasilien
617	Gabelschwanzsegler	1/29	Brasilien
618	Orangerückentrupial	1/30	Brasilien
619	Epaulettentrupial	1/30	Brasilien
620	Chopistärling	1/30	Brasilien
621	Schwarzhalssaltator	1/30	Brasilien
622	Schwarztangare	1/30	Brasilien
623	Wangenstreif-Zaunkönig	1/30	Brasilien
624	Drosselzaunkönig	1/30	Brasilien
625	Purpurblaurabe	1/30	Brasilien
626	Maskentityra/ Weißnackentityra	1/30	Brasilien
627	Rostzügel-Spateltyrann	1/30	Brasilien
628	Geradschnabel-Baumsteiger	1/30	Brasilien
629	Tropfenstirnbaumsteiger	1/30	Brasilien
630	Pechbrust-Ameisenvogel	1/30	Brasilien
631	Rodonia-Singameisenschnäpper	1/30	Brasilien
632	Bindenameisenwürger	1/30	Brasilien
633	Weißbrust-Ameisenwürger	1/30	Brasilien
634	Braunkopfsittich	1/30	Brasilien
635	Goldstirnsittich	1/30	Brasilien
636	Schwarzohrpapagei	1/30	Brasilien
637	Fledermausfalke	1/30	Brasilien
638	Rothalsspecht	1/30	Brasilien
639	Strohspecht	1/30	Brasilien
640	Sperlingsspecht	1/30	Brasilien
641	Gelbbrauenspecht	1/30	Brasilien
642	Braunohrarassari	1/30	Brasilien
643	Schriftarassari	1/30	Brasilien
644	Rotschwanzjakamar	1/30	Brasilien
645	Rotschwanz-Glanzvogel	1/30	Brasilien
646	Schwalbenfaulvogel	1/30	Brasilien
647	Schwarzstirntrappist	1/30	Brasilien
648	Blauscheiteltrogon	1/30	Brasilien
649	Schwarzschwanztrogon	1/30	Brasilien
650	Schwalbennymphe	1/30	Brasilien
651	Strichelkauz	1/30	Brasilien
652	Schuppentäubchen	1/30	Brasilien
653	Schuppenbauchtaube	1/30	Brasilien
654	Graubussard	1/30	Brasilien
655	Doppelzahnweih/ Doppelzahn-Bartvogel	1/30	Brasilien
656	Elsteradler	1/30	Brasilien
657	Harpyie	1/30	Brasilien
658	Großer Gelbkopfgeier	1/30	Brasilien
659	Weißhalsibis	1/30	Brasilien
660	Kappenreiher	1/30	Brasilien
661	Schwarzkopftaucher	1/30	Brasilien
662	Wellentinamu	1/30	Brasilien
663	Brauntinamu	1/30	Brasilien
664	Krähenstirnvogel	1/30	Brasilien
665	Riesenkuhstärling	1/30	Brasilien
666	Erzpfäffchen	1/30	Brasilien
667	Rohrspottdrossel	1/30	Brasilien
668	Burmeistertyrann	1/30	Brasilien
669	Weißbürzelmonjita	1/30	Brasilien
670	Ocherbrustschlüpfer	1/30	Brasilien
671	Haubencacholote	1/30	Brasilien
672	Goldnackenara	1/30	Brasilien
673	Hyazinth-Ara	1/30	Brasilien
674	Venezuelaamazone	1/30	Brasilien
675	Blaustirnpapagei	1/30	Brasilien
676	Riesentagschläfer	1/30	Brasilien
677	Bindenschwanz-Nachtschwalbe	1/30	Brasilien
678	Campostäubchen	1/30	Brasilien
679	Amazonasralle	1/30	Brasilien
680	Fischbussard	1/30	Brasilien
681	Stirnbandibis	1/30	Brasilien
682	Amerikanische Zwergdommel	1/30	Brasilien
683	Jabiru	1/30	Brasilien

684	Rotkehlguan	1/30	Brasilien
685	Rotbrustguan	1/30	Brasilien
686	Chacoguan	1/30	Brasilien
687	Zitronenschnabel-Ruderammer	1/31	Brasilien
688	Silberschnabeltangare	1/31	Brasilien
689	Graukopftangare	1/31	Brasilien
690	Gilbwaldsänger	1/31	Brasilien
691	Aschkopfvireo	1/31	Brasilien
692	Helmpipra	1/31	Brasilien
693	Kleinerer Kiskadee	1/31	Brasilien
694	Zimtrücken-Röteltyrann	1/31	Brasilien
695	Rostattila	1/31	Brasilien
696	Finkentyrann	1/31	Brasilien
697	Weißbauch-Spateltyrann	1/31	Brasilien
698	Weißscheitel-Olivtyrann	1/31	Brasilien
699	Rotrücken-Sensenschnabel	1/31	Brasilien
700	Riesen-Baumsteiger	1/31	Brasilien
701	Ufer-Ameisenschnäpper	1/31	Brasilien
702	Mato-Grosso-Ameisenfänger	1/31	Brasilien
703	Schwarzbauch-Ameisenfänger	1/31	Brasilien
704	Planalto-Tropfenameisenwürger	1/31	Brasilien
705	Schwarzkehlspecht	1/31	Brasilien
706	Blassschopfspecht	1/31	Brasilien
707	Weißschuppen-Zwergspecht	1/31	Brasilien
708	Erzfischer	1/31	Brasilien
709	Zweifarbenfischer	1/31	Brasilien
710	Zimtkehl-Schattenkolibri	1/31	Brasilien
711	Indioralle	1/31	Brasilien
712	Kahnschnabel	1/31	Brasilien
713	Zickzackreiher	1/31	Brasilien
714	Nacktgesichthokko	1/31	Brasilien
715	Rotschwingen-Tyrann	1/31	Brasilien
716	Rötlichbrauner Buschschlüpfer	1/31	Brasilien
717	Bronzerücken-Glanzkehlchen	1/31	Brasilien
718	Urubitinga	1/31	Brasilien
719	Schwarzkopf-Reisknacker	2/1	Brasilien
720	Brauenfliegenstecher	2/1	Brasilien
721	Rotschwingen-Bündelnister	2/1	Brasilien
722	Blaßfußtöpfer	2/1	Brasilien
723	Tupfenbrust-Ameisenfänger	2/1	Brasilien
724	Cayenneralle	2/1	Brasilien
725	Sonnenralle	2/1	Brasilien
726	Kleiner Gelbkopfgeier	2/1	Brasilien
727	Keilschwanz-Ammer	2/1	Brasilien
728	Cayenneschwalbe	2/1	Brasilien
729	Sumpftyrann	2/1	Brasilien
730	Schlangenhalsvogel	2/1	Brasilien
731	Blauscheitelmotmot	2/1	Brasilien
732	Graupfäffchen	2/1	Brasilien
733	Krauskopf-Blaurabe	2/1	Brasilien
734	Bartstreif-Nonnentyrann	2/1	Brasilien
735	Rotfußseriema	2/1	Brasilien
736	Pampashuhn	2/1	Brasilien
737	Kleinschnabeltinamu	2/1	Brasilien
738	Zitronengilbammer	2/1	Brasilien
739	Flügelbindentangare	2/1	Brasilien
740	Grünflügelara	2/1	Brasilien
741	Rotbauchara	2/1	Brasilien
742	Goldhauben-Schmuckkolibri	2/1	Brasilien
743	Schildsegler	2/1	Brasilien
744	Gnomennachtschwalbe	2/1	Brasilien
745	Weißohr-Zergkardinal	2/2	Brasilien
746	Isabelltangare	2/2	Brasilien
747	Weißbürzeltangare	2/2	Brasilien
748	Schleier-Tangare	2/2	Brasilien
749	Kappenelaenie	2/2	Brasilien
750	Zimtrücken-Ameisenfänger	2/2	Brasilien
751	Rotschwingen-Wollrücken	2/2	Brasilien
752	Weissohr-Faulvogel	2/2	Brasilien
753	Fasanenkuckuck	2/2	Brasilien
754	Dickschnabelorganist	2/2	Brasilien
755	Schwarzbrust-Ruderammer	2/2	Brasilien
756	Weißohr-Zaunkönig	2/2	Brasilien
757	Schwanzbindenpipra	2/2	Brasilien
758	Weißrücken-Feuerauge	2/2	Brasilien
759	Dottertukan	2/2	Brasilien
760	Feuerkopfpipra	2/2	Brasilien
761	Streifenkehl-Todityrann	2/2	Brasilien
762	Kobaltämmerling	2/2	Brasilien
763	Langschopf-Mohrentyrann	2/2	Brasilien
764	Zimt-Bandvogel	2/3	Brasilien
765	Rotrückenara	2/3	Brasilien
766	Amethystohrkolibri	2/3	Brasilien
767	Weißkehl-Zwergtyrann	2/3	Brasilien
768	Chapada Fliegenschnäpper	2/3	Brasilien
769	Goldseitiger Euphonia	2/4	Brasilien
770	Olivgrüner Oropendola	2/4	Brasilien
771	Grüner Oropendola	2/4	Brasilien
772	Gelbbürzelkassike	2/4	Brasilien
773	Blau-schwarzer Kernbeißer	2/4	Brasilien
774	Purpurroter Honigcreeper	2/4	Brasilien
775	Grauhäutiges Greenlet	2/4	Brasilien
776	Rotköpfiger Manakin	2/4	Brasilien
777	Purpurkehlfruchtkrähe	2/4	Brasilien
778	Schwefelfliegenschnäpper	2/4	Brasilien
779	Hellrumpiger Attila	2/4	Brasilien
780	Zimt-Attila	2/4	Brasilien
781	Gelbbrust-Schnabel	2/4	Brasilien
782	Graköpfiger Flachschnabel	2/4	Brasilien
783	Ölschnabelschnabel	2/4	Brasilien
784	Gelbbrauner Fliegenschnäpper	2/4	Brasilien
785	Gefleckter Fliegenfänger	2/4	Brasilien

786	Helm-Pygmäen-Tyrann	2/4	Brasilien
787	Kurzschwanz-Pygmäen-Tyrann	2/4	Brasilien
788	Gelb-gekröntes Tyrannulett	2/4	Brasilien
789	Einteiliger Spinetail	2/4	Brasilien
790	Spix-Baumsteiger	2/4	Brasilien
791	Amazonischer Holzfäller	2/4	Brasilien
792	Keilschnabel-Holzfäller	2/4	Brasilien
793	Einfarbig-brauner Holzfäller	2/4	Brasilien
794	Schuppenwaldwächter	2/4	Brasilien
795	Mangroveameisenvogel	2/4	Brasilien
796	Seidenameisenfänger	2/4	Brasilien
797	Perlschulter-Ameisenwürger	2/4	Brasilien
798	Goldflügelsittich	2/4	Brasilien
799	Weißflügelsittich	2/4	Brasilien
800	Rotkehlkarakara	2/4	Brasilien
801	Fahlkopfspecht	2/4	Brasilien
802	Olivbürzelspecht	2/4	Brasilien
803	Weißbrusttukan	2/4	Brasilien
804	Rotnackenarassari	2/4	Brasilien
805	Schwarzkehlarassari	2/4	Brasilien
806	Paradiesglanzvogel	2/4	Brasilien
807	Blauhals-Glanzvogel	2/4	Brasilien
808	Halsband-Faulvogel	2/4	Brasilien
809	Rotschwanzeremit	2/4	Brasilien
810	Stutzschwanzsegler	2/4	Brasilien
811	Rötelkuckuck	2/4	Brasilien
812	Buntkehlsaltator	2/4	Brasilien
813	Guianan Tyrannulet	2/4	Brasilien
814	Amazonischer Ameisenhaufen	2/4	Brasilien
815	Ameisenhut mit Kastanienrücken	2/4	Brasilien
816	Dornensegler	2/4	Brasilien
817	Amazonische Pygmäeneule	2/4	Brasilien
818	Saatfresser mit Flügeln	2/4	Brasilien
819	Blau-grauer Tanager	2/4	Brasilien
820	Blauer Saphir	2/4	Brasilien
821	Rotbrustwiesenlinde	2/4	Brasilien
822	Tropen-Mückenfänger	2/4	Brasilien
823	Gelbbauch-Spateltyrann	2/4	Brasilien
824	Point-tailed Palmcreeper	2/4	Brasilien
825	Sperlingstäubchen	2/4	Brasilien
826	Großschnabel-Seeschwalbe	2/4	Brasilien
827	Wiesenstrandläufer	2/4	Brasilien
828	Graubekarde	2/4	Brasilien
829	Zweifarben-Spitzschnabel	2/5	Brasilien
830	Braun-Haubenschnäpper	2/5	Brasilien
831	Weißbauch-Piculet	2/5	Brasilien
832	Glattbauch-Smaragd	2/5	Brasilien
833	Mangroven-Kuckuck	2/5	Brasilien
834	Semipalmated Regenpfeifer	2/5	Brasilien
835	Weißschwanzbussard	2/5	Brasilien
836	Rufous Krabbenfalken	2/5	Brasilien
837	Weißschwanzdrachen	2/5	Brasilien
838	Roter Ibis	2/5	Brasilien
839	Krabbenreiher	2/5	Brasilien
840	Dreifarbenreiher	2/5	Brasilien
841	Weißwangen-Pintail	2/5	Brasilien
842	Tropenspottdrossel	2/5	Brasilien
843	Königsseeschwalbe	2/5	Brasilien
844	Möwenschnabelseeschwalbe	2/5	Brasilien
845	Aztekenmöwe	2/5	Brasilien
846	Schmarotzerraubmöwe	2/5	Brasilien
847	Kurzschnabelschlammläufer	2/5	Brasilien
848	Sandstrandläufer	2/5	Brasilien
849	Drosseluferläufer	2/5	Brasilien
850	Wilsonregenpfeifer	2/5	Brasilien
851	Schwarze Mangrove	2/5	Brasilien
852	Schlammtreter	2/5	Brasilien
853	Kurzschwanzbussard	2/5	Brasilien
854	Südamerikanische Rohrdommel	2/5	Brasilien
855	Gelbbauchkardinal	2/6	Brasilien
856	Schieferfarbener Kernbeißer	2/6	Brasilien
857	Goldschopftangare	2/6	Brasilien
858	Haubentangare	2/6	Brasilien
859	Rotschnabeltangare	2/6	Brasilien
860	Opalscheitelpipra	2/6	Brasilien
861	Südliche Zwergpipra	2/6	Brasilien
862	Schreipiha	2/6	Brasilien
863	Halsbandkotinga	2/6	Brasilien
864	Spiegelbreitschnabel	2/6	Brasilien
865	Parabaumspäher	2/6	Brasilien
866	Lepidocolaptes layardi	2/6	Brasilien
867	Aschkopf-Ameisenfänger	2/6	Brasilien
868	Amazonasameisenfänger	2/6	Brasilien
869	Buntflügel-Ameisenschlüpfer	2/6	Brasilien
870	Silberameisenschlüpfer	2/6	Brasilien
871	Weißflanken-Ameisenschlüpte	2/6	Brasilien
872	Graubauch-Ameisenschlüpfer	2/6	Brasilien
873	Buschwürgerling	2/6	Brasilien
874	Veilchenpapagei	2/6	Brasilien
875	Blutflügelspecht	2/6	Brasilien
876	Goulds Tukanet	2/6	Brasilien
877	Bänder-Faulvogel	2/6	Brasilien
878	Rotkehlsaphir	2/6	Brasilien
879	Graubrust-Degenflügel	2/6	Brasilien
880	Kleiner Schwalbensegler	2/6	Brasilien
881	Gemeinsames Potoo	2/6	Brasilien
882	Schwärzlicher Nachtschwanz	2/6	Brasilien
883	Schwarzer Habichtadler	2/6	Brasilien
884	Buntes Tinamou	2/6	Brasilien
885	Weißkehl-Tinamou	2/6	Brasilien

886	Gelbbauchpfäffchen	2/6	Brasilien
887	Rotbauchtangare	2/6	Brasilien
888	Zwergpfäffchen	2/6	Brasilien
889	Türkis Tanager	2/7	Brasilien
890	Graukehl-Spateltyrann	2/7	Brasilien
891	Amazonien-Strichelameisenschlüpfer	2/7	Brasilien
892	Sperberweihe	2/7	Brasilien
893	Grautinamu	2/7	Brasilien
894	Kakaodrossel	2/7	Brasilien
895	Rotkehlbekarde	2/7	Brasilien
896	Zimtschiffornis	2/7	Brasilien
897	Prachtpipra	2/7	Brasilien
898	Schwarzbrüstiger Tyrann	2/7	Brasilien
899	Ockerbauchschnäpper	2/7	Brasilien
900	Streifen-Baumsteiger	2/7	Brasilien
901	Graubrust-Ameisendrossel	2/7	Brasilien
902	Fleckenflügel-Ameisenwürger	2/7	Brasilien
903	Saphirbesetzter Papagei	2/7	Brasilien
904	Gelbkehlspecht	2/7	Brasilien
905	Weißvogel	2/7	Brasilien
906	Amazonas-Trogon	2/7	Brasilien
907	Langschwanzeremit	2/7	Brasilien
908	Hellschwanzeremit	2/7	Brasilien
909	McConnells Fliegenschnäpper	2/7	Brasilien
910	Rostkappenpapagei	2/7	Brasilien
911	Kahlkopfpapagei	2/7	Brasilien
912	Zimtbrauner Cachalote	2/8	Brasilien
913	Campo Truppe	2/8	Brasilien
914	Roter Kardinal	2/8	Brasilien
915	Asche-Kehlkopf	2/8	Brasilien
916	Dubois Saatfresser	2/8	Brasilien
917	Scharlachroter Tanager	2/8	Brasilien
918	Braunkuhstärling	2/8	Brasilien
919	Band-angebundener Hornero	2/8	Brasilien
920	Bahiaameisenschlüpfer	2/8	Brasilien
921	Strichelrücken-Ameisenfänger	2/8	Brasilien
922	Kaktussittich	2/8	Brasilien
923	Saphiramazilie	2/8	Brasilien
924	Moskitokolibri	2/8	Brasilien
925	Spixnachtschwalbe	2/8	Brasilien
926	Sprenkelkauz	2/8	Brasilien
927	Gelbbrauenkauz	2/8	Brasilien
928	Silberwangen-Ameisenwürger	2/9	Brasilien
929	Ostbrasilienguan	2/9	Brasilien
930	Grauer Kronfink	2/9	Brasilien
931	Graukappenvireo	2/9	Brasilien
932	Goldohrschlüpfer	2/9	Brasilien
933	Graukopfschlüpfer	2/9	Brasilien
934	Rotstirn-Bündelnister	2/9	Brasilien
935	Dünnschnabel-Ameisenfänger	2/9	Brasilien
936	Caatingaameisenfänger	2/9	Brasilien
937	Fleckenzwergspecht	2/9	Brasilien
938	Blautäubchen	2/9	Brasilien
939	Zwergtäubchen	2/9	Brasilien
940	Weißkehlpfäffchen	2/9	Brasilien
941	Grünrückenbekarde	2/9	Brasilien
942	Flecken-Faulvogel	2/9	Brasilien
943	Trauersensenschnabel	2/9	Brasilien
944	Vergoldeter Tanager	2/9	Brasilien
945	Graubraune Piha	2/9	Brasilien
946	Flammenkopf	2/9	Brasilien
947	Buchtschwanztyrann	2/9	Brasilien
948	Bahiadickichtschlüpfer	2/9	Brasilien
949	Breitschwanzschlüpfer	2/9	Brasilien
950	Schmuckbrust-Ameisenvogel	2/9	Brasilien
951	Streifenschwanz-Ameisenfänger	2/9	Brasilien
952	Ockerbürzel-Ameisenfänger	2/9	Brasilien
953	Riesenschnepfe	2/9	Brasilien
954	Riesenpfäffchen	2/10	Brasilien
955	Kappennaschvogel	2/10	Brasilien
956	Zwergseidenfleck	2/10	Brasilien
957	Schwarzkopf-Beerenfresser	2/10	Brasilien
958	Grauschmucktyrann	2/10	Brasilien
959	Bahia Tyrannulet	2/10	Brasilien
960	Plantagenschlüpfer	2/10	Brasilien
961	Goldkopfsittich	2/10	Brasilien
962	Goldschuppen-Zwergspecht	2/10	Brasilien
963	Zwergkauz	2/10	Brasilien
964	Weißköpfiger Manakin	2/10	Brasilien
965	Streifenpipra	2/10	Brasilien
966	Bahia Tapaculo	2/10	Brasilien
967	Einfarbralle	2/10	Brasilien
968	Schwarzkappen-Tangare	2/10	Brasilien
969	Graustirn-Spateltyrann	2/10	Brasilien
970	Graubrustschlüpfer	2/10	Brasilien
971	Gelbbauchorganist	2/11	Brasilien
972	Rotfußhonigsauger	2/11	Brasilien
973	Weißflügelcotinga	2/11	Brasilien
974	Bahia-Ameisenfänger	2/11	Brasilien
975	Schwarzbinden-Ameisenschlüpfer	2/11	Brasilien
976	Sooretama-Tropfenameisenwürger	2/11	Brasilien
977	Goldschwanzpapagei	2/11	Brasilien
978	Schwarzbrustspecht	2/11	Brasilien
979	Gelbbürzeltangare	2/11	Brasilien
980	Schwarzohrige Fee	2/11	Brasilien
981	Langschnabeleremit	2/12	Brasilien
982	Perutaube	2/13	Peru
983	Wilsonwassertreter	2/13	Peru

984	Keilschwanz-Regenpfeifer	2/13	Peru
985	Perutriel	2/13	Peru
986	Krächentaube	2/13	Peru
987	Grauflanken-Gilbammer	2/13	Peru
988	Kaktus Canastero	2/13	Peru
989	Grauer Bergmann	2/13	Peru
990	Dickschnabel-Erdhacker	2/13	Peru
991	Peruanische Wieseninsel	2/13	Peru
992	Küstenerdhacker	2/13	Peru
993	Zwerghöhenläufer	2/13	Peru
994	Belchers Möwe	2/13	Peru
995	Buschstärling	2/14	Peru
996	Goldener Kernbeißer	2/14	Peru
997	Goldbürzel-Gilbammer	2/14	Peru
998	Großer Inka-Fink	2/14	Peru
999	Langschwanzspottdrossel	2/14	Peru
1000	Streifentachuri	2/14	Peru
1001	Graustirnspecht	2/14	Peru
1002	Türkiskehlelfe	2/14	Peru
1003	Schwarzschwanz-Uferwipper	2/14	Peru
1004	Rosenkehlsylphe	2/14	Peru
1005	Rostbauch-Buschammer	2/14	Peru
1006	Schwarzbauch-Glanzschwänzchen	2/14	Peru
1007	Punaämmerling	2/14	Peru
1008	Maus-Schwalbe	2/14	Peru
1009	Weißohrkotinga	2/14	Peru
1010	Kluft-Tyrann	2/14	Peru
1011	Rostschwanzcanastero	2/14	Peru
1012	Rostkappen-Meisenschlüpfer	2/14	Peru
1013	Streifenerdhacker	2/14	Peru
1014	Rostroter Andenkolibri	2/14	Peru
1015	Schwarzbrust-Andenkolibri	2/14	Peru
1016	Juninschlüpfer	2/14	Peru
1017	Weißbauch-Uferwipper	2/14	Peru
1018	Riesenblässhuhn	2/14	Peru
1019	Schmalschnabelsichler	2/14	Peru
1020	Schwarzkopfruderente	2/14	Peru
1021	Spiegeldiuka	2/14	Peru
1022	Weißstirn-Grundtyrann	2/14	Peru
1023	Punatyrann	2/14	Peru
1024	Streifenkehlcanastero	2/14	Peru
1025	Schwarzflügel-Erdhacker	2/14	Peru
1026	Rotbauch-Höhenläufer	2/14	Peru
1027	Schwarzbrillen-Buschammer	2/15	Peru
1028	Schlicht-Catamenie	2/15	Peru
1029	Schwarzkehl-Hakenschnabel	2/15	Peru
1030	Mennigohr-Bergtangare	2/15	Peru
1031	Brillen-Waldsänger	2/15	Peru
1032	Bonaparte-Waldsänger	2/15	Peru
1033	Riesendrossel	2/15	Peru
1034	Weißkopf-Wasseramsel	2/15	Peru
1035	Rotschopfkotinga	2/15	Peru
1036	Falbkappenschlüpfer	2/15	Peru
1037	Einfarb-Ameisenpitta	2/15	Peru
1038	Samtbauchkolibri	2/15	Peru
1039	Veilchenmusketier	2/15	Peru
1040	Smaragdkehl-Glanzschwänzchen	2/15	Peru
1041	Amethystsonnennymphe	2/15	Peru
1042	Weißstrichelcanastero	2/15	Peru
1043	Graubrust-Buschammer	2/15	Peru
1044	Jelski-Tangare	2/15	Peru
1045	Tränentangare	2/15	Peru
1046	Graukopf-Buschtangare	2/15	Peru
1047	Augenbrauen-Hemispingus	2/15	Peru
1048	Rötel-Tyrann	2/15	Peru
1049	Weißbinden-Tachurityrann	2/15	Peru
1050	Dreifarben-Buschammer	2/15	Peru
1051	Maskenhakenschnabel	2/15	Peru
1052	Kappenspitzschnabel	2/15	Peru
1053	Rotstirntangare	2/15	Peru
1054	Vassori-Tangare	2/15	Peru
1055	Gelbschenkel-Tangare	2/15	Peru
1056	Goldband-Tangare	2/15	Peru
1057	Papageitangare	2/15	Peru
1058	Blaurücken-Tangare	2/15	Peru
1059	Samtdrossel	2/15	Peru
1060	Einsiedler-Zaunkönig	2/15	Peru
1061	Zimttyrann	2/15	Peru
1062	Bergwald-Baumsteiger	2/15	Peru
1063	Rotmantelspecht	2/15	Peru
1064	Blautukan	2/15	Peru
1065	Grauschnabelarassari	2/15	Peru
1066	Brustband-Andenkolibri	2/15	Peru
1067	Andenschaku	2/15	Peru
1068	Junintapaculo	2/15	Peru
1069	Siebenfarbentangare	2/15	Peru
1070	Azurkopftangare	2/15	Peru
1071	Grünhäher	2/15	Peru
1072	Kurzlappen-Schirmvogel	2/15	Peru
1073	Goldkrontyrann	2/15	Peru
1074	Schieferkopf-Fliegenstecher	2/15	Peru
1075	Grünschnabel-Stirnvogel	2/16	Peru
1076	Gelgkehltangare	2/16	Peru
1077	Goldscheitel-Waldsänger	2/16	Peru
1078	Peruwaldsänger	2/16	Peru
1079	Weissohr-Klarino	2/16	Peru
1080	Graurücken-Musendrossel	2/16	Peru
1081	Rallenklarino	2/16	Peru
1082	Gelbbrustkotinga	2/16	Peru
1083	Rotschwanz-Tyrann	2/16	Peru
1084	Rot-Schuppenkopftyrann	2/16	Peru
1085	Andenschopfohr	2/16	Peru
1086	Rotbauchtapaculo	2/16	Peru
1087	Rostfarbene Ameisenpitta	2/16	Peru
1088	Rosenkopfpapagei	2/16	Peru

1089	Hochlandmotmot	2/16	Peru
1090	Weißbauchelfe	2/16	Peru
1091	Himmels-Musketier	2/16	Peru
1092	Gabelnachtschwalbe	2/16	Peru
1093	Rötelkauz	2/16	Peru
1094	Sichelguan	2/16	Peru
1095	Tüpfelguan	2/16	Peru
1096	Gelbkopftangare	2/16	Peru
1097	Grünweißamazilie	2/16	Peru
1098	Corayazaunkönig	2/16	Peru
1099	Gelbwangenammer	2/16	Peru
1100	Blaustirn-Glanzvogel	2/16	Peru
1101	Breitschwingenbussard	2/16	Peru
1102	Hyazinthenblaurabe	2/16	Peru
1103	Sturzbach-Tachuri	2/16	Peru
1104	Streifenreiher	2/16	Peru
1105	Pisaccasteißhuhn	2/16	Peru
1106	Oreastyrann	2/16	Peru
1107	Patagonienerdhacker	2/16	Peru
1108	Andenbläßhuhn	2/16	Peru
1109	Chileflamingo	2/16	Peru
1110	Punataucher	2/16	Peru
1111	Punaente	2/16	Peru
1112	Goldrücken-Bergtangare	2/17	Peru
1113	Brauntangare	2/17	Peru
1114	Paramopieper	2/17	Peru
1115	Binden-Schmuckvogel	2/17	Peru
1116	Rauch-Tyrann	2/17	Peru
1117	Goldkehltyrann	2/17	Peru
1118	Weißbrauen-Baumschlüpfer	2/17	Peru
1119	Weißkinn-Distelschwanz	2/17	Peru
1120	Südlicher Perlstachelschwanz	2/17	Peru
1121	Grautapaculo	2/17	Peru
1122	Neblinatapaculo	2/17	Peru
1123	Schuppenbauch-Ameisenpitta	2/17	Peru
1124	Kupferglanzschwänzchen	2/17	Peru
1125	Schwarzkopf-Glanzschwänzchen	2/17	Peru
1126	Azara-Bekassine	2/17	Peru
1127	Spiegel-Catamenie	2/17	Peru
1128	Sierraolivtyrann	2/17	Peru
1129	Plüschkopftangare	2/18	Peru
1130	Barthakenschnabel	2/18	Peru
1131	Blaurücken-Spitzschnabel	2/18	Peru
1132	Zimtbrust-Tangare	2/18	Peru
1133	Schwarzkappen-Hemispingus	2/18	Peru
1134	Sepiazaunkönig	2/18	Peru
1135	Blaukehlhäher	2/18	Peru
1136	Rußbuschtyrann	2/18	Peru
1137	Rotkoppftyrann	2/18	Peru
1138	Weißschwanz-Tachurityrann	2/18	Peru
1139	Rostschlüpfer	2/18	Peru
1140	Kastanienbraune Ameisenpitta	2/18	Peru
1141	Trauerbronzemännchen	2/18	Peru
1142	Pinselsittich	2/18	Peru
1143	Bindenbauch-Specht	2/18	Peru
1144	Trauerpfäffchen	2/18	Peru
1145	Weißstirn-Spitzschnabel	2/18	Peru
1146	Schwarzhauben-Tachurityrann	2/18	Peru
1147	Grauämmerling	2/19	Peru
1148	Küstenzaunkönig	2/19	Peru
1149	Bindenzaunkönig	2/19	Peru
1150	Rotnackenschwalbe	2/19	Peru
1151	Graubrust-Pflanzenmäher	2/19	Peru
1152	Kurzlaufdrossel	2/19	Peru
1153	Graustirnelaenie	2/19	Peru
1154	Weißnacken-Ameisenwürger	2/19	Peru
1155	Pazifischer Papagei	2/19	Peru
1156	Scharlachrücken-Specht	2/19	Peru
1157	Rostbauchamazilie	2/19	Peru
1158	Texasnachtschwalbe	2/19	Peru
1159	Strichelsaltator	2/19	Peru
1160	Mohrenpfäffchen	2/19	Peru
1161	Papageischnabelpfäffchen	2/19	Peru
1162	Stummeltyrann	2/19	Peru
1163	Kurzschwanzelfe	2/19	Peru
1164	Riefenschnabelani	2/19	Peru
1165	Graukopfmöwe	2/19	Peru
1166	Seeregenpfeifer	2/19	Peru
1167	Stolzmannammer	2/19	Peru
1168	Taczanowskigilbammer	2/19	Peru
1169	Samtstirntyrann	2/19	Peru
1170	Weißschwingentrupial	2/19	Peru
1171	Weißkopf-Buschammer	2/19	Peru
1172	Schwarzbrust-Ammerfink	2/19	Peru
1173	Nacktwangen-Blaurabe	2/19	Peru
1174	Schneekehltyrann	2/19	Peru
1175	Graustirntyrann	2/19	Peru
1176	Gelbstirntyrann	2/19	Peru
1177	Fleckenbrustschlüpfer	2/19	Peru
1178	Souleyetbaumsteiger	2/19	Peru
1179	Schmuckbandvogel	2/19	Peru
1180	Guayaquilsittich	2/19	Peru
1181	Equadornachtschwalbe	2/19	Peru
1182	Buscheule	2/19	Peru
1183	Weißschwingenguan	2/19	Peru
1184	Fischadler	2/19	Peru
1185	Stolzmannschwalbe	2/20	Peru
1186	Peru-Sperlingskauz	2/20	Peru
1187	Schwarzkappensaltator	2/20	Peru
1188	Peru-Sperlingskauz	2/20	Peru
1189	Rostkappen-Ameisenpitta	2/20	Peru
1190	Fahlflanken-Ameisenwürger	2/20	Peru

1191	Langschnabelweih	2/21	Peru
1192	Tüpfelwollrücken	2/21	Peru
1193	Zinnobertangare	2/21	Peru
1194	Kapuzenruderammer	2/21	Peru
1195	Bänderbrust-Zaunkönig / Pünktchenbrust-Zaunkönig	2/21	Peru
1196	Perutaube	2/21	Peru
1197	Braunbauchtangare	2/21	Peru
1198	Maranondrossel	2/21	Peru
1199	Koepcke-Kreischeule	2/21	Peru
1200	Rotbauchkolibri	2/21	Peru
1201	Grünroter Andenkolibri	2/21	Peru
1202	Schwarzohrkolibri	2/21	Peru
1203	Purpurkehl-Sonnennymphe	2/21	Peru
1204	Zwerg-Veilchenohr	2/21	Peru
1205	Mittelandenkassike	2/21	Peru
1206	Scharlachkopf-Tangare	2/21	Peru
1207	Schuppenkehl-Baumspäher	2/21	Peru
1208	Rothalssegler	2/21	Peru
1209	Grauflügelammer	2/22	Peru
1210	Mexikozeisig	2/22	Peru
1211	Gelbschwanztrupial	2/22	Peru
1212	Rotrücken-Bündelnister	2/22	Peru
1213	Goldschnabelammer	2/22	Peru
1214	Kolumbiasittich	2/22	Peru
1215	Taczanowskikolibri	2/22	Peru
1216	Berlepschschlüpfer	2/22	Peru
1217	Blaustirn-Schneehöschen	2/22	Peru
1218	Schlichthemispingus	2/22	Peru
1219	Kleiner Einfarbtapaculo	2/22	Peru
1220	Goldbraue	2/22	Peru
1221	Silber-Tangare	2/22	Peru
1222	Bergsegler	2/22	Peru
1223	Gelbschnabelkassike	2/23	Peru
1224	Gelbbrust-Buschammer	2/23	Peru
1225	Schieferhakenschnabel	2/23	Peru
1226	Fraserzaunkönig	2/23	Peru
1227	Trillertapaculo	2/23	Peru
1228	Taczanowskiameisenpitta	2/23	Peru
1229	Blaßschnabel-Ameisenpitta	2/23	Peru
1230	Zimtbindenspecht	2/23	Peru
1231	Olivkopfelaenie	2/23	Peru
1232	Perlenbrust-Zwergspecht	2/23	Peru
1233	Andenamazilie	2/23	Peru
1234	Violettstirn-Brilliantkolibri	2/23	Peru
1235	Wundersylphe	2/23	Peru
1236	Langschwanzsylphe	2/23	Peru
1237	Grünschwanzsylphe	2/23	Peru
1238	Schwarzschwanzsylphe	2/23	Peru
1239	Silberhakenschnabel	2/23	Peru
1240	Silberfleckentangare	2/23	Peru
1241	Braunbrust-Zaunkönig	2/23	Peru
1242	Wellenbekarde	2/23	Peru
1243	Grünrücken-Schmuckvogel	2/23	Peru

1244	Schwarzkehl-Spateltyrann	2/23	Peru
1245	Goldstirn-Fliegenstecher	2/23	Peru
1246	Laucharassari	2/23	Peru
1247	Braunbauchbrillant	2/23	Peru
1248	Schwertschnabelkolibri	2/23	Peru
1249	Weißbrust-Höschenkolibri	2/23	Peru
1250	Breithauben-Stirnvogel	2/23	Peru
1251	Schwarzbauchtangare	2/23	Peru
1252	Schwarzschnabeldrossel	2/23	Peru
1253	Westlicher Waldtyrann	2/23	Peru
1254	Weißkehlschlüpfer	2/23	Peru
1255	Feinstreifen-Ameisenwürger	2/23	Peru
1256	Rosenkehlchen	2/23	Peru
1257	Blaustirn-Lanzettschnabel	2/23	Peru
1258	Grünstirn-Lanzettschnabel	2/23	Peru
1259	Peruanerkauz	2/23	Peru
1260	Weißkehleule	2/24	Peru
1261	Zimtkreischeule	2/24	Peru
1262	Schwarzwangen-Hemispingus	2/24	Peru
1263	Braunkopfkotinga	2/24	Peru
1264	Strichelkopf-Baumsteiger	2/24	Peru
1265	Braunkappenvireo	2/24	Peru
1266	Mönchsfliegenstecher	2/24	Peru
1267	Olivzeisig	2/24	Peru
1268	Graukehl-Buschtangare	2/24	Peru
1269	Taczanowskityrann	2/24	Peru
1270	Lulutodityrann	2/24	Peru
1271	Ockerschopftangare	2/24	Peru
1272	Flaggensylphe	2/24	Peru
1273	Schwarzschwingenzaunkönig	2/24	Peru
1274	Spitzschwingen-Stricheltyrann	2/24	Peru
1275	Kupferglanz-Höschenkolibri	2/24	Peru
1276	Dunenkopfpapagei	2/24	Peru
1277	Larvenwaldsänger	2/24	Peru
1278	Rotbrustfalke	2/24	Peru
1279	Grüner Schattenkolibri	2/24	Peru
1280	Goldnackentangare	2/24	Peru
1281	Olivvireo	2/24	Peru
1282	Andenklippenvogel	2/24	Peru
1283	Schmucktyrann	2/24	Peru
1284	Nördlicher Weißstirntapaculo	2/24	Peru
1285	Schwarzgrauer Ameisenfänger	2/24	Peru
1286	Gelbbrust-Ameisenfänger	2/24	Peru
1287	Orange-Tupfenbartvogel	2/24	Peru
1288	Blauflügelsittich	2/24	Peru
1289	Tüpfelbrustspecht	2/24	Peru
1290	Gelbkehlkarakara	2/24	Peru
1291	Gelbaugenstärling	2/24	Peru
1292	Schwarzschnabel-Reisknacker	2/24	Peru

1293	Maskenruderente	2/24	Peru
1294	Várzeadrossel	2/24	Peru
1295	Schuppenbrust-Zaunkönig	2/24	Peru
1296	Grauscheiteltyrann	2/24	Peru
1297	Bronzeschwanzsaphir	2/24	Peru
1298	Rotschopfelfe	2/24	Peru
1299	Schwarzkehl-Schattenkolibri	2/24	Peru
1300	Bindenkauz	2/24	Peru
1301	Fettschwalm	2/24	Peru
1302	Zwergdrossel	2/25	Peru
1303	Goldkopfpipra	2/25	Peru
1304	Blauscheitelpipra	2/25	Peru
1305	Fleckenbrust-Ameisenjäger	2/25	Peru
1306	Schuppenflügel-Ameisenschnäpper	2/25	Peru
1307	Zwergameisenschlüpfer	2/25	Peru
1308	Reinwardtarassari	2/25	Peru
1309	Juwelenkrönchen	2/25	Peru
1310	Koepckeeremit	2/25	Peru
1311	Weißnackenkolibri	2/25	Peru
1312	Spixguan	2/25	Peru
1313	Weißbandschwalbe	2/25	Peru
1314	Carmioltangare	2/25	Peru
1315	Sommertangare	2/25	Peru
1316	Gelbbauchtangare	2/25	Peru
1317	Tüpfeltangare	2/25	Peru
1318	Braunkehl-Baumspäher	2/25	Peru
1319	Nacktaugentrupial	2/25	Peru
1320	Schwarzkehlkardinal	2/25	Peru
1321	Traylorwaldfalke	2/25	Peru
1322	Sandnachtschwalbe	2/25	Peru
1323	Weißbrauen-Zwergkotinga	2/26	Peru
1324	Gelbbauchattila	2/26	Peru
1325	Rotschwanz-Breitschnabel	2/26	Peru
1326	Mishima-Kleintyrann	2/26	Peru
1327	Rötelschlüpfer	2/26	Peru
1328	Nördlicher Rotschwanzameisenvogel	2/26	Peru
1329	Gelbbrauen-Ameisenschnäpper	2/26	Peru
1330	Gentrys Ameisenfänger	2/26	Peru
1331	Kurzschwanz-Ameisenwürger	2/26	Peru
1332	Silberwollrücken	2/26	Peru
1333	Grünzügelpapagei	2/26	Peru
1334	Gelbflankenspecht	2/26	Peru
1335	Rotkropfarassari	2/26	Peru
1336	Gelbschnabel-Faulvogel	2/26	Peru
1337	Plattschnabelmotmot	2/26	Peru
1338	Zimtbrustmotmot	2/26	Peru
1339	Graufußtinamu	2/26	Peru
1340	Rotbauchpfäffchen	2/26	Peru
1341	Orangekopftangare	2/26	Peru
1342	Schnäpperrohrsänger	2/26	Peru
1343	Bindenstrandläufer	2/26	Peru
1344	Hudson-Schnepfe	2/26	Peru
1345	Inkaseeschwalbe	2/26	Peru
1346	Gischtläufer	2/26	Peru
1347	Küstenwipper	2/26	Peru
1348	Corakolibri	2/26	Peru
1349	Kaiserammerfink	2/27	Peru
1350	Gelbschnabeltachuri	2/27	Peru
1351	Garleppschlüpfer	2/27	Peru
1352	Bergnymphe	2/27	Peru
1353	Schwarzgesicht-Buschammer	2/27	Peru
1354	Tschudi-Baumspäher	2/27	Peru
1355	Ultramarin-Hakenschnabel	2/27	Peru
1356	Fichtenwaldsänger	2/27	Peru
1357	Graumanteltyrann	2/27	Peru
1358	Inkafliegenstecher	2/27	Peru
1359	Goldkopftrogon	2/27	Peru
1360	Rotbrustwachtel	2/27	Peru
1361	Soldatenamazone	2/27	Peru
1362	Andentagschläfer	2/27	Peru
1363	Goldbauch-Waldsänger	2/28	Peru
1364	Bindenwaldsänger	2/28	Peru
1365	Veilchenkehlkotinga	2/28	Peru
1366	Schopfbaumspäher	2/28	Peru
1367	Tropfenmantel-Ameisenvogel	2/28	Peru
1368	Braunflecken-Waldwächter	2/28	Peru
1369	Goeldiameisenvogel	2/28	Peru
1370	Rotmantel-Ameisenvogel	2/28	Peru
1371	Langschopf-Ameisenvogel	2/28	Peru
1372	Augenbrauen-Ameisenschnäpper	2/28	Peru
1373	Manuameisenfänger	2/28	Peru
1374	Gelbbrust-Singameisenschnäpper	2/28	Peru
1375	Tropfenflügel-Ameisenfänger	2/28	Peru
1376	Blauwürgerling	2/28	Peru
1377	Kappenwollrücken	2/28	Peru
1378	Bambusameisenwürger	2/28	Peru
1379	Rotbugara	2/28	Peru
1380	Gelbbrustara	2/28	Peru
1381	Blaukopfara	2/28	Peru
1382	Braunkappen-Faulvogel	2/28	Peru
1383	Schopfhuhn	2/28	Peru
1384	Schwarzkappentinamu	2/28	Peru
1385	Weißzügel-Todityrann	2/28	Peru
1386	Rostscheitel-Dickichtschlüpfer	2/28	Peru
1387	Westlicher Graubrust-Ameisenschlüpfer	2/28	Peru
1388	Gelbkehl-Buschtangare	2/28	Peru
1389	Yungaspipra	2/28	Peru
1390	Zaunadler	2/28	Peru
1391	Fahltyrann	3/1	Peru
1392	Cayennekiebitz	3/1	Peru

1393	Blaßbauchdrossel	3/1	Peru
1394	Braunstirnvireo	3/1	Peru
1395	Zimtkehl-Baumsteiger	3/1	Peru
1396	Brustbandtapaculo	3/1	Peru
1397	Bleigrauer Ameisenvogel	3/1	Peru
1398	Weißaugen-Ameisenschlüpfer	3/1	Peru
1399	Nördlicher Schwarzkehlwürgerling	3/1	Peru
1400	Zebraameisenwürger	3/1	Peru
1401	Augennachtschwalbe	3/1	Peru
1402	Watsoneule	3/1	Peru
1403	Sternzahnwachtel	3/1	Peru
1404	Bartlett-Tinamu	3/1	Peru
1405	Großer Tinamu	3/1	Peru
1406	Maskenpitpit	3/2	Peru
1407	Goldbrusttangare	3/2	Peru
1408	Maskentangare	3/2	Peru
1409	Lawrencedrossel	3/2	Peru
1410	Schieferkopfvireo	3/2	Peru
1411	Zitronenflankenvireo	3/2	Peru
1412	Weißstirntyrann	3/2	Peru
1413	Toddtyrann	3/2	Peru
1414	Strichelrücken-Waldspäher	3/2	Peru
1415	Rotscheitel-Baumspäher	3/2	Peru
1416	Zimtbürzel-Blattspäher	3/2	Peru
1417	Singameisenschnäpper	3/2	Peru
1418	Gelbstreifen-Ameisenschlüpfer	3/2	Peru
1419	Graubrust-Ameisenschlüpfer	3/2	Peru
1420	Riesenglanzvogel	3/2	Peru
1421	Jungferntrogon	3/2	Peru
1422	Staffelschwanz-Nachtschwalbe	3/2	Peru
1423	Zebrakauz	3/2	Peru
1424	Purpurtaube	3/2	Peru
1425	Weißflügel-Trompetervogel	3/2	Peru
1426	Hakenweih	3/2	Peru
1427	Blaukehlguan	3/2	Peru
1428	Trauertangare	3/3	Peru
1429	Flageolettzaunkönig	3/3	Peru
1430	Breitschwanzpipra	3/3	Peru
1431	Goldkopf-Breitschnabel	3/3	Peru
1432	Weißbauch-Todityrann	3/3	Peru
1433	Graustreifentyrann	3/3	Peru
1434	Starkschnabel-Blattspäher	3/3	Peru
1435	Weißkehl-Laubwender	3/3	Peru
1436	Rotstirn-Ameisendrossel	3/3	Peru
1437	Mohrenameisenfänger	3/3	Peru
1438	Strichelkopf-Ameisenfänger	3/3	Peru
1439	Buntbürzel-Ameisenfänger	3/3	Peru
1440	Weißbrauenbussard	3/3	Peru
1441	Weißkehl-Glanzvogel	3/3	Peru
1442	Purúsglanzvogel	3/3	Peru
1443	Streifenbauchralle	3/3	Peru
1444	Rotbauchorganist	3/4	Peru
1445	Königstyrann	3/4	Peru
1446	Östlicher Waldtyrann	3/4	Peru
1447	Bindenschwanz-Ameisenvogel	3/4	Peru
1448	Zimtkopfspecht	3/4	Peru
1449	Rotscheitel-Faulvogel	3/4	Peru
1450	Zimtschwanztyrann	3/4	Peru
1451	Olivrücken-Baumspäher	3/4	Peru
1452	Hellroter Ara	3/4	Peru
1453	Faulvogel	3/4	Peru
1454	Haubenkauz	3/4	Peru
1455	Chapmanbreitschnabel	3/5	Peru
1456	Schmuckbaumsteiger	3/5	Peru
1457	Schmuck-Ameisenschlüpfer	3/5	Peru
1458	Schwarzkappensittich	3/5	Peru
1459	Schwarzschnabel-Sperlingspapagei	3/5	Peru
1460	Gelbscheitelamazone	3/5	Peru
1461	Goldwangenpapagei	3/5	Peru
1462	Bronzespecht	3/5	Peru
1463	Krauskopfarassari	3/5	Peru
1464	Goldbrust-Bartvogel	3/5	Peru
1465	Weißbarteremit	3/5	Peru
1466	Blassbürzelsegler	3/5	Peru
1467	Schieferbussard	3/5	Peru
1468	Hornwehrvogel	3/5	Peru
1469	Berlepschameisenpitta	3/5	Peru
1470	Schwarzbauch-Hakenschnabel	3/6	Ecuador
1471	Stahlhakenschnabel	3/6	Ecuador
1472	Braunscheiteltyrann	3/6	Ecuador
1473	Rotscheitel-Spateltyrann	3/6	Ecuador
1474	Perlenmanteltapaculo	3/6	Ecuador
1475	Bergameisenpitta	3/6	Ecuador
1476	Blauflügelkolibri	3/6	Ecuador
1477	Braunschwingenmusketier	3/6	Ecuador
1478	Goldbrust-Höschenkolibri	3/6	Ecuador
1479	Rotbrust-Glanzschwänzchen	3/6	Ecuador
1480	Andenkauz	3/6	Ecuador
1481	Schwarzscheitel-Waldsänger	3/6	Ecuador
1482	Goldtangare	3/6	Ecuador
1483	Blauschwingen-Bergtangare	3/6	Ecuador
1484	Dreistreifen-Waldsänger	3/6	Ecuador
1485	Türkishäher	3/6	Ecuador
1486	Rotwangenschlüpfer	3/6	Ecuador
1487	Ecuador-Rostflankentapaculo	3/6	Ecuador
1488	Bartstreif-Ameisenpitta	3/6	Ecuador
1489	Blattschnabel-Blautukan	3/6	Ecuador
1490	Schwarzkinn-Bergtangare	3/6	Ecuador
1491	Maskentrogon	3/6	Ecuador

1492	Purpurkehl-Sternkolibri	3/6	Ecuador
1493	Purpurbrustkolibri	3/6	Ecuador
1494	Fahlschwanzkolibri	3/6	Ecuador
1495	Landschwanzsylphe	3/6	Ecuador
1496	Graubauchnymphe	3/6	Ecuador
1497	Schwarzschwingensaltator	3/6	Ecuador
1498	Heinetangare	3/6	Ecuador
1499	Anden-Bartvogel	3/6	Ecuador
1500	Braunschwanzamazilie	3/6	Ecuador
1501	Glanzfleckenkolibri	3/6	Ecuador
1502	Brauner Andenkolibri	3/6	Ecuador
1503	Brauner Veilchenohrkolibri	3/6	Ecuador
1504	Feuerbürzeltangare	3/6	Ecuador
1505	Kronennymphe	3/6	Ecuador
1506	Kaiserinbrillant	3/6	Ecuador
1507	Grünscheitelbrillant	3/6	Ecuador
1508	Hyazinthkolibri	3/6	Ecuador
1509	Kastanienglanzvogel	3/7	Ecuador
1510	Trauerbartvogel	3/7	Ecuador
1511	Doppelbindenarassari	3/7	Ecuador
1512	Flussufer-Ameisenfänger	3/7	Ecuador
1513	Nackthals-Schmuckvogel	3/8	Ecuador
1514	Ährenschopftyrann	3/8	Ecuador
1515	Weißzügel-Fliegenstecher	3/8	Ecuador
1516	Hakenschnabel-Blattspäher	3/8	Ecuador
1517	Blauschnabel-Baumsteiger	3/8	Ecuador
1518	Schuppenwaldwächter	3/8	Ecuador
1519	Silberflecken-Waldwächter	3/8	Ecuador
1520	Weißschulter-Ameisenvogel	3/8	Ecuador
1521	Westlicher Weißkehl-Ameisenschlüpfer	3/8	Ecuador
1522	Braunrücken-Ameisenfänger	3/8	Ecuador
1523	Braunschwanzsittich	3/8	Ecuador
1524	Purpurglanzvogel	3/8	Ecuador
1525	Großer Fleckenfaulvogel	3/8	Ecuador
1526	Tropfentagschläfer	3/8	Ecuador
1527	Schwarzbauchkuckuck	3/8	Ecuador
1528	Zügelorganist	3/9	Ecuador
1529	Weißbartpfäffchen	3/9	Ecuador
1530	Gelbbauchpitpit	3/9	Ecuador
1531	Maskentangare	3/9	Ecuador
1532	Flusswaldsänger	3/9	Ecuador
1533	Streifenwaldsänger	3/9	Ecuador
1534	Waldzaunkönig	3/9	Ecuador
1535	Fuchsscheitelvireo	3/9	Ecuador
1536	Gelbbrustvireo	3/9	Ecuador
1537	Grauer Tropfenflügeltyrann	3/9	Ecuador
1538	Samtkotinga	3/9	Ecuador
1539	Vireospateltyrann	3/9	Ecuador
1540	Augenbaumsteiger	3/9	Ecuador
1541	Gelbschnabel-Glanzvogel	3/9	Ecuador
1542	Fleckenfaulvogel	3/9	Ecuador
1543	Schwarzkehlbrillant	3/9	Ecuador
1544	Flammenkolibri	3/9	Ecuador
1545	Däumlingssperber	3/9	Ecuador
1546	Helmstirnvogel	3/10	Ecuador
1547	Opalscheiteltangare	3/10	Ecuador
1548	Fadenpipra	3/10	Ecuador
1549	Nördlicher Brustbandtyrann	3/10	Ecuador
1550	Goldschlüpfer	3/10	Ecuador
1551	Mondfleck-Ameisenvogel	3/10	Ecuador
1552	Sternflügel-Ameisenvogel	3/10	Ecuador
1553	Rostschwanz-Ameisenschlüpfer	3/10	Ecuador
1554	Guayanawachtel	3/10	Ecuador
1555	Nachthokko	3/10	Ecuador
1556	Zimtkehl-Laubwender	3/11	Ecuador
1557	Dunkelameisenvogel	3/11	Ecuador
1558	Geradschnabeleremit	3/11	Ecuador
1559	Langschnabel-Baumsteiger	3/11	Ecuador
1560	Silbermöwe	3/11	Ecuador
1561	Blauflügelente	3/11	Ecuador
1562	Weißflügel-Buschammer	3/12	Ecuador
1563	Schmalschnabel-Buschammer	3/12	Ecuador
1564	Diademtyrann	3/12	Ecuador
1565	Spiegelnachtschwalbe	3/12	Ecuador
1566	Zügeltaube	3/12	Ecuador
1567	Schwarznackentangare	3/12	Ecuador
1568	Kanadawaldsänger	3/12	Ecuador
1569	Elsterbekarde	3/12	Ecuador
1570	Graukopf-Fliegenstecher	3/12	Ecuador
1571	Braunbaucheremit	3/12	Ecuador
1572	Streifenblattspäher	3/12	Ecuador
1573	Blutbürzelarassari	3/12	Ecuador
1574	Tukanbartvogel	3/12	Ecuador
1575	Tangarenbuschammer	3/12	Ecuador
1576	Schmuckhäher	3/12	Ecuador
1577	Gelbbrust-Ameisenpitta	3/12	Ecuador
1578	Ockerbrusttangare	3/12	Ecuador
1579	Silberkehltangare	3/12	Ecuador
1580	Berlepschdrossel	3/12	Ecuador
1581	Keulenschwingenpipra	3/12	Ecuador
1582	Gelbbürzeltyrann	3/12	Ecuador
1583	Schuppenkehl-Blattspäher	3/12	Ecuador
1584	Sternflecken-Baumsteiger	3/12	Ecuador
1585	Westlicher Schwarzer Ameisenvogel	3/12	Ecuador
1586	Hochland-Ameisenschlüpfer	3/12	Ecuador
1587	Glanzflügelpapagei	3/12	Ecuador
1588	Küstentukan	3/12	Ecuador
1589	Goldkehltukan	3/12	Ecuador
1590	Halsbandarassari	3/12	Ecuador
1591	Grüne Fadenelfe	3/12	Ecuador
1592	Smaragdschattenkolibri	3/12	Ecuador
1593	Braunkopf-Buschammer	3/12	Ecuador
1594	Bunthalskolibri	3/12	Ecuador
1595	Rotbauch-Nachteule	3/12	Ecuador

1596	Kolumbieneule	3/12	Ecuador
1597	Graubrust-Buschtangare	3/13	Ecuador
1598	Nördlicher Sepiazaunkönig	3/13	Ecuador
1599	Zimtbekarde	3/13	Ecuador
1600	Gelbbauchpiha	3/13	Ecuador
1601	Schuppenschmuckvogel	3/13	Ecuador
1602	Streifenkopf-Baumspäher	3/13	Ecuador
1603	Rotbrust-Ameisendrossel	3/13	Ecuador
1604	Nariñotapaculo	3/13	Ecuador
1605	Ockerbrust-Ameisenpitta	3/13	Ecuador
1606	Schuppenkopf-Ameisenpitta	3/13	Ecuador
1607	Riesenameisenpitta	3/13	Ecuador
1608	Schwarzrückenzahnwachtel	3/13	Ecuador
1609	Goldschwingenpipra	3/13	Ecuador
1610	Schwarzohr-Borstentyrann	3/13	Ecuador
1611	Rostschwingen-Stachelschwanz	3/13	Ecuador
1612	Dickschnabel-Reisknacker	3/13	Ecuador
1613	Grüntangare	3/13	Ecuador
1614	Kastanienzaunkönig	3/13	Ecuador
1615	Zwergschwalbe	3/13	Ecuador
1616	Brauenschopftangare	3/13	Ecuador
1617	Palmertangare	3/13	Ecuador
1618	Graukehl-Mückenfänger	3/13	Ecuador
1619	Graukappenvireo	3/13	Ecuador
1620	Choko-Fliegenstecher	3/13	Ecuador
1621	Zwergfliegenstecher	3/13	Ecuador
1622	Weißschwanztrogon	3/13	Ecuador
1623	Blauschwanztrogon	3/13	Ecuador
1624	Purpurbrustamazilie	3/13	Ecuador
1625	Olivscheitel-Gelbkehlchen	3/14	Ecuador
1626	Graukehlschlüpfer	3/14	Ecuador
1627	Tränenbaumsteiger	3/14	Ecuador
1628	Braunrücken-Ameisenvogel	3/14	Ecuador
1629	Westlicher Strichelameisenschlüpfer	3/14	Ecuador
1630	Westlicher Tropfenameisenwürger	3/14	Ecuador
1631	Rotbürzelspecht	3/14	Ecuador
1632	Schläfenfleckspecht	3/14	Ecuador
1633	Purpurkopfelfe	3/14	Ecuador
1634	Fahltaube	3/14	Ecuador
1635	Esmeraldasralle	3/14	Ecuador
1636	Orangescheitelorganist	3/14	Ecuador
1637	Scharlachbürzelkassike	3/14	Ecuador
1638	Rotschenkelpitpit	3/14	Ecuador
1639	Goldflügeltangare	3/14	Ecuador
1640	Braunkappen-Fliegenstecher	3/14	Ecuador
1641	Guayaquilspecht	3/14	Ecuador
1642	Rotkehlspecht	3/14	Ecuador
1643	Weißnacken-Bartvogel	3/14	Ecuador
1644	Blaubrustamazilie	3/14	Ecuador
1645	Goodsontaube	3/14	Ecuador
1646	Bleibussard	3/14	Ecuador
1647	Halsbandorganist	3/14	Ecuador
1648	Rostkehltangare	3/14	Ecuador
1649	Grossesr Kubafink	3/14	Ecuador
1650	Indigohakenschnabel	3/15	Ecuador
1651	Halsbandtangare	3/15	Ecuador
1652	Rotohr-Bunttangare	3/15	Ecuador
1653	Edwards-Tangare	3/15	Ecuador
1654	Schwarzklarino	3/15	Ecuador
1655	Schwarzschnabelvireo	3/15	Ecuador
1656	Choko-Vireo	3/15	Ecuador
1657	Orangebrustkotinga	3/15	Ecuador
1658	Bronzetyrann	3/15	Ecuador
1659	Rundschwingen-Stricheltyrann	3/15	Ecuador
1660	Fleckbrust-Stachelschwanz	3/15	Ecuador
1661	Braunrücken-Ameisenpitta	3/15	Ecuador
1662	Schiefergrauer Ameisenvogel	3/15	Ecuador
1663	Prinzenbussard	3/15	Ecuador
1664	Rotflügel-Uferwipper	3/15	Ecuador
1665	Streifenkarakara	3/15	Ecuador
1666	Grünglanzschwänzchen	3/15	Ecuador
1667	Riesenspitzschnabel	3/15	Ecuador
1668	Felsentyrann	3/15	Ecuador
1669	Andenschlüpfer	3/15	Ecuador
1670	Starkschnabel-Erdhacker	3/15	Ecuador
1671	Ecuador-Andenkolibri	3/15	Ecuador
1672	Anden-Krickente	3/15	Ecuador
1673	Zimtstirn-Buschammer	3/16	Ecuador
1674	Stolzmanntangare	3/16	Ecuador
1675	Goldscheiteltangare	3/16	Ecuador
1676	Silberbrauen-Bergtangare	3/16	Ecuador
1677	Silberbrauen-Bergtangare	3/16	Ecuador
1678	Wetmoretangare	3/16	Ecuador
1679	Langschwanztachuri	3/16	Ecuador
1680	Paramo Tapaculo	3/16	Ecuador
1681	Grünband-Sonnennymphe	3/16	Ecuador
1682	Goldbürzelorganist	3/16	Ecuador
1683	Olivrückenhemispingus	3/16	Ecuador
1684	Gelbringtyrann	3/16	Ecuador
1685	Goldbrusttyrann	3/16	Ecuador
1686	Rotbrust-Grundschnäpper	3/16	Ecuador
1687	Gelbbauchtachuri	3/16	Ecuador
1688	Rosenschwanz-Tapaculo	3/16	Ecuador
1689	Gelbbrust-Ameisenpitta	3/16	Ecuador
1690	Prachtkehlelfe	3/16	Ecuador
1691	Weißbürzelbussard	3/16	Ecuador
1692	Schuppenbrust-Baumsteiger	3/17	Ecuador
1693	Grauscheitelstelzling	3/17	Ecuador
1694	Lappenguan	3/17	Ecuador
1695	Goldstirn-Fliegenstecher	3/17	Ecuador
1696	Ohrstreif-Borstentyrann	3/17	Ecuador
1697	Kleiner Soldatenara	3/17	Ecuador
1698	Grünscheitelorganist	3/17	Ecuador
1699	Weißbinden-Zaunkönig	3/17	Ecuador

1700	Fleckentangare	3/17	Ecuador
1701	Graumantel-Zaunkönig	3/17	Ecuador
1702	Rostnackenvireo	3/17	Ecuador
1703	Bergblattspäher	3/17	Ecuador
1704	Langschwanz-Ameisenschlüpfer	3/17	Ecuador
1705	Derby-Arassari	3/17	Ecuador
1706	Pappelwaldsänger	3/17	Ecuador
1707	Tropfenbrust-Musendrossel	3/17	Ecuador
1708	Zamoratyrann	3/17	Ecuador
1709	Ockerbrust-Kreisschnabel	3/17	Ecuador
1710	Westlicher Dunkeldickichtschlüpfer	3/17	Ecuador
1711	Rotscheitel-Mückenfresser	3/17	Ecuador
1712	Nördlicher Schwarzbrustwürgerling	3/17	Ecuador
1713	Ockerkehl-Faulvogel	3/17	Ecuador
1714	Tropfenkolibri	3/17	Ecuador
1715	Napodegenflügel	3/17	Ecuador
1716	Violettkopfkolibri	3/17	Ecuador
1717	Rotsteißkolibri	3/17	Ecuador
1718	Elsterschwänzchen	3/17	Ecuador
1719	Haubenfadenelfe	3/17	Ecuador
1720	Graukinneremit	3/17	Ecuador
1721	Schlichttangare	3/18	Colombia
1722	Augenring-Sperlingspapagei	3/18	Colombia
1723	Scharlachbauchtangare	3/18	Colombia
1724	Gelbbauchzeisig	3/19	Colombia
1725	Orangekopftrupial	3/19	Colombia
1726	Rosenbrust-Kernknacker	3/19	Colombia
1727	Einfarbpfäffchen	3/19	Colombia
1728	Weißohr-Spitzschnabel	3/19	Colombia
1729	Tropfentangare	3/19	Colombia
1730	Rotscheiteltangare	3/19	Colombia
1731	Rotkappen-Waldsänger	3/19	Colombia
1732	Braunbrust-Waldsänger	3/19	Colombia
1733	Schnäpperwaldsänger	3/19	Colombia
1734	Graukopf-Waldsänger	3/19	Colombia
1735	Brauen-Waldsänger	3/19	Colombia
1736	Baumläuferwaldsänger	3/19	Colombia
1737	Goldflügel-Waldsänger	3/19	Colombia
1738	Uferwaldsänger	3/19	Colombia
1739	Nacktaugendrossel	3/19	Colombia
1740	Brauen-Zaunkönig	3/19	Colombia
1741	Schwarzbrust-Blaurabe	3/19	Colombia
1742	Weisskragen-Pipra	3/19	Colombia
1743	Zimtschmucktyrann	3/19	Colombia
1744	Buchentyrann	3/19	Colombia
1745	Gelbkehl-Krummschnabeltyrann	3/19	Colombia
1746	Nordanden-Olivtyrann	3/19	Colombia
1747	Bindengrauschwanz	3/19	Colombia
1748	Tovisittich	3/19	Colombia
1749	Rotkappenspecht	3/19	Colombia
1750	Blaukappenamazilie	3/19	Colombia
1751	Braunbauchamazilie	3/19	Colombia
1752	Blauschwanz-Buffonkolibri	3/19	Colombia
1753	Kolumbianischer Tüpfelguan	3/19	Colombia
1754	Graurückenhabia	3/20	Colombia
1755	Goldschnabel-Ruderammer	3/20	Colombia
1756	Grauwangendrossel	3/20	Colombia
1757	Graubauch-Degenschnäbler	3/20	Colombia
1758	Brillenzaunkönig	3/20	Colombia
1759	Gelbbreaunvireo	3/20	Colombia
1760	Fichtentyrann	3/20	Colombia
1761	Kleiner Fahlkehl-Baumsteiger	3/20	Colombia
1762	Magdalena-Ameisenvogel	3/20	Colombia
1763	Goldkopfpapagei	3/20	Colombia
1764	Schmuckspecht	3/20	Colombia
1765	Grünschnabel-Faulvogel	3/20	Colombia
1766	Streifenwollrücken	3/20	Colombia
1767	Gibsonsmaragdkolibri	3/20	Colombia
1768	Schwarzflügeltrupial	3/21	Colombia
1769	Trauergrackel	3/21	Colombia
1770	Lerchenstärling	3/21	Colombia
1771	Bartstreif-Zaunkönig	3/21	Colombia
1772	Gilbtyrann	3/21	Colombia
1773	Magdalenatapaculo	3/21	Colombia
1774	Parkers Ameisenfänger	3/21	Colombia
1775	Blauschulter-Andenkolibri	3/21	Colombia
1776	Streifentaube	3/21	Colombia
1777	Bergtinamu	3/21	Colombia
1778	Braun-Sensenschnabel	3/22	Colombia
1779	Einfarb-Wollrücken	3/22	Colombia
1780	Weißmantel-Bartvogel	3/22	Colombia
1781	Türkispitpit	3/23	Colombia
1782	Niceforo-Zaunkönig	3/23	Colombia
1783	Weißbauchorganist	3/23	Colombia
1784	Graukehl-Waldsänger	3/24	Colombia
1785	Bindenbauch-Zaunkönig	3/24	Colombia
1786	Weißbug-Ameisenvogel	3/24	Colombia
1787	Rotsteiß-Ameisenvogel	3/24	Colombia
1788	Olivrücken-Zwergspecht	3/24	Colombia
1789	Amerikanisches Blässhuhn	3/24	Colombia
1790	Silberkehl-Schlüpfer	3/24	Colombia
1791	Ockerbrust-Buschammer	3/25	Colombia
1792	Schwarzohr-Waldsänger	3/25	Colombia
1793	Halsband-Häher	3/25	Colombia
1794	Kaestner-Ameisenpitta	3/25	Colombia
1795	Braunbrustsittich	3/25	Colombia
1796	Einfarb-Zaunkönig	3/25	Colombia
1797	Zimtbürzel-Kleintyrann	3/25	Colombia
1798	Kurzschwanz-Dickichtschlüpfer	3/25	Colombia
1799	Südlicher Rostbürzeltapaculo	3/25	Colombia
1800	Rosenbauch-Andenkolibri	3/25	Colombia
1801	Scharlachtangare	3/25	Colombia

1802	Braunwangensittich	3/25	Colombia
1803	Grünbauchamazilie	3/25	Colombia
1804	Andenzeisig	3/26	Colombia
1805	Schwarzbrauen-Organist	3/26	Colombia
1806	Tyrannen-Baumsteiger	3/26	Colombia
1807	Schwarzschnabeltukan	3/26	Colombia
1808	Rotbrauen-Spitzschnabe	3/26	Colombia
1809	Violettkehl-Höschenkolibri	3/26	Colombia
1810	Bogotìralle	3/26	Colombia
1811	Apolinarzaunkönig	3/27	Colombia
1812	Grünbart-Helmkolibri	3/27	Colombia
1813	Bronzeglanzschwänzchen	3/27	Colombia
1814	Nobelbekassine	3/27	Colombia
1815	Weißbart-Buschammer	3/27	Colombia
1816	Olivstirn-Schlüpfer	3/27	Colombia
1817	Goldbauchmusketier	3/27	Colombia
1818	Samtstirn-Organist	3/28	Colombia
1819	Schwarzgesichtchen	3/28	Colombia
1820	Buschvireo	3/28	Colombia
1821	Lanzettschwanzpipra	3/28	Colombia
1822	Saumschwanz-Tyrann	3/28	Colombia
1823	Blassaugen-Zwergtyrann	3/28	Colombia
1824	Trauer-Ameisenfänger	3/28	Colombia
1825	Karibikkarakara	3/28	Colombia
1826	Rötelbauchmotmot	3/28	Colombia
1827	Dohlengrackel	3/29	Colombia
1828	Schwarzweißer Ameisenwürger	3/29	Colombia
1829	Mohrenbussard	3/29	Colombia
1830	Baltimoretrupial	3/29	Colombia
1831	Goldflügel-Buschammer	3/29	Colombia
1832	Rotbrust-Zaunkönig	3/29	Colombia
1833	Fischertukan	3/29	Colombia
1834	Stahlgrüne Amazilie	3/29	Colombia
1835	Fleckenkehl-Schattenkolibri	3/29	Colombia
1836	Rostnachtschwalbe	3/29	Colombia
1837	Kentuckywaldsänger	3/29	Colombia
1838	Rotrücken-Zaunkönig	3/29	Colombia
1839	Panamatyrann	3/30	Colombia
1840	Grauohr-Buschammer	3/30	Colombia
1841	Bangsbuschammer	3/30	Colombia
1842	Rotscheitel-Waldsänger	3/30	Colombia
1843	Santa Marta-Tapaculo	3/30	Colombia
1844	Streifenkehl-Schattenkolibri	3/30	Colombia
1845	Blauflügel-Tangare	3/30	Colombia
1846	Goldschnabel-Musendrossel	3/30	Colombia
1847	Strichelkopf-Schlüpfer	3/30	Colombia
1848	Rostbrust-Baumspäher	3/30	Colombia
1849	Rostbrust-Ameisenpitta	3/30	Colombia
1850	Santa-Marta-Ameisenfänger	3/30	Colombia
1851	Nördlicher Veilchentrogon	3/30	Colombia
1852	Bindenschwanzguan	3/30	Colombia
1853	Rosenbrust-Tangarenammer	3/30	Colombia
1854	Blauzügelarassari	3/30	Colombia
1855	Salvin-Waldsänger	3/30	Colombia
1856	Kapuzendrossel	3/30	Colombia
1857	Goldbrustkotinga	3/30	Colombia
1858	Olivrücken-Ameisenpitta	3/30	Colombia
1859	Glanztrogon	3/30	Colombia
1860	Rotschwanz-Degenflügel	3/30	Colombia
1861	Weißschwanz-Andenkolibri	3/30	Colombia
1862	Schwarzwangen-Bergtangare	3/30	Colombia
1863	Rotkopf-Schlüpfer	3/30	Colombia
1864	Kolumbianischer Rostflankentapaculo	3/30	Colombia
1865	Styxeule	3/31	Colombia
1866	Santa-Marta-Waldsänger	3/31	Colombia
1867	Santa-Marta-Buschtyrann	3/31	Colombia
1868	Strichel-Baumspäher	3/31	Colombia
1869	Santa-Marta-Rotschwanzsittich	3/31	Colombia
1870	Graukehl-Laubwender	3/31	Colombia
1871	Schwarzstirnwachtel	3/31	Colombia
1872	Schnurrbart-Faulvogel	3/31	Colombia
1873	Santa-Marta-Elfe	3/31	Colombia
1874	Blaßstirnkolibri	3/31	Colombia
1875	Schuppenzwergspecht	4/1	Colombia
1876	Krabbenbussard	4/1	Colombia
1877	Panamaammer	4/1	Colombia
1878	Schlankschnabelelaenie	4/1	Colombia
1879	Goldstirnvireo	4/1	Colombia
1880	Braunpelikan	4/1	Colombia
1881	Trinidadorganist	4/1	Colombia
1882	Grünbürzel-Sperlingspapagei	4/1	Colombia
1883	Gelbschnabelkuckuck	4/1	Colombia
1884	Blaßspitzen-Tachurityrann	4/1	Colombia
1885	Schwarzhauben-Ameisenwürger	4/1	Colombia
1886	Rostkehl-Faulvogel	4/1	Colombia
1887	Nacktaugentaube	4/1	Colombia
1888	Rotschwanzguan	4/1	Colombia
1889	Nördlicher Strauchtyrann	4/1	Colombia
1890	Schwarzohrschlüpfer	4/1	Colombia
1891	Spitzschwanzsittich	4/1	Colombia
1892	Merlin	4/1	Colombia
1893	Zimtzwergspecht	4/1	Colombia
1894	Haubenwachtel	4/1	Colombia
1895	Dominikanertriel	4/1	Colombia
1896	Dickzissel	4/2	Colombia
1897	Zimtflankensaltator	4/2	Colombia
1898	Blaufleckttangare	4/2	Colombia
1899	Bart-Vireo	4/2	Colombia
1900	Olivbraun Tachurityran	4/2	Colombia
1901	Grünkolibri	4/2	Colombia
1902	Zimtbrustkolibri	4/2	Colombia
1903	Orangebrust-Trupial	4/2	Colombia
1904	Purpurkardinal	4/2	Colombia

1905	Tocuyoammer	4/2	Colombia
1906	Perlaar	4/2	Colombia
1907	Schneesichler	4/2	Colombia
1908	Rötelreiher	4/2	Colombia
1909	Kubaflamingo	4/2	Colombia
1910	Rotflügeltschatschalaka	4/3	Colombia
1911	Gürtelfischer	4/3	Colombia
1912	Bergstrandläufer	4/3	Colombia
1913	Rotaugenkuhstärling	4/3	Colombia
1914	Elsterwassertyrann	4/3	Colombia
1915	Blaubauchkolibri	4/3	Colombia
1916	Gelbkopfstärling	4/3	Colombia
1917	Brauner Sichler	4/3	Colombia
1918	Löffelente	4/3	Colombia
1919	Weißnacken-Buschammer	4/4	Colombia
1920	Kastanienwachtel	4/4	Colombia
1921	Schwarzohr-Bunttangare	4/4	Colombia
1922	Rostkehl-Laubwender	4/4	Colombia
1923	Kammtrogon	4/4	Colombia
1924	Blaukopfsaphir	4/4	Colombia
1925	Prachthaubenadler	4/4	Colombia
1926	Goldbandpipra	4/4	Colombia
1927	Westandessmaragdkolibri	4/4	Colombia
1928	Zwergkuckuck	4/5	Colombia
1929	Braunrücken-Zwergspecht	4/5	Colombia
1930	Falkennachtschwalbe	4/5	Colombia
1931	Rußgesicht-Tangare	4/5	Colombia
1932	Blaubart-Tangare	4/5	Colombia
1933	Schwarzachseltangare	4/5	Colombia
1934	Schwarzfleckenkotinga	4/5	Colombia
1935	Schwarzkappen-Zwergtyrann	4/5	Colombia
1936	Orangeflanken-Ameisenpitta	4/5	Colombia
1937	Westliche Brillenameisenpitta	4/5	Colombia
1938	Kurzschwanz-Ameisenvogel	4/5	Colombia
1939	Streifenfaulvogel	4/5	Colombia
1940	Gürtelfaulvogel	4/5	Colombia
1941	Erzeremit	4/5	Colombia
1942	Rotkopf-Stirnvogel	4/6	Colombia
1943	Pazifik-Breitschnabeltyrann	4/6	Colombia
1944	Dunkelgrauer Ameisenfänger	4/6	Colombia
1945	Fünffarben-Bartvogel	4/6	Colombia
1946	Weißbinden-Schattenkolibri	4/6	Colombia
1947	Rosenberg-Nachtschwalbe	4/6	Colombia
1948	Purpurmaskentangare	4/6	Colombia
1949	Purpurmaskentangare	4/7	Colombia
1950	Maronenbauch-Hakenschnabel	4/8	Colombia
1951	Purpurmantel-Tangare	4/8	Colombia
1952	Goldring-Tangare	4/8	Colombia
1953	Negretzaunkönig	4/8	Colombia
1954	Taczanowskidrossel	4/8	Colombia
1955	Chapmanwürgerling	4/8	Colombia
1956	Scharlachhaubenhabia	4/9	Colombia
1957	Dickschnabel-Buschammer	4/9	Colombia
1958	Blauschulter-Tangare	4/9	Colombia
1959	Rußkopf-Zaunkönig	4/9	Colombia
1960	Rotbrauner Baumspäher	4/9	Colombia
1961	Chocótapaculo	4/9	Colombia
1962	Gelbbauch-Specht	4/9	Colombia
1963	Halsbandsperber	4/9	Colombia
1964	Trauerralle	4/9	Colombia
1965	Chapmansegler	4/10	Colombia
1966	Aschgrauer Tapaculo	4/10	Colombia
1967	Bandameisenpitta	4/10	Colombia
1968	Andengraupiha	4/11	Colombia
1969	Rotkopf-Ameisenpitta	4/11	Colombia
1970	Zweifarben-Ameisenpitta	4/11	Colombia
1971	Violettkehl-Helmkolibri	4/12	Colombia
1972	Schlankschnabel-Catamenie	4/12	Colombia
1973	Rotstirnsittich	4/12	Colombia
1974	Schwarzhöschen	4/12	Colombia
1975	Eichelspecht	4/12	Colombia
1976	Gilbdrossel	4/13	Colombia
1977	Antioquiazaunkönig	4/13	Colombia
1978	Rotbauchstärling	4/13	Colombia
1979	Goldkappenpipra	4/13	Colombia
1980	Stilestapaculo	4/13	Colombia
1981	Rotsteiss-Organist	4/14	Panama
1982	Gelbscheitel-Organist	4/14	Panama
1983	Weißohrameisenvogel	4/14	Panama
1984	Weißkopf-Zaunkönig	4/14	Panama
1985	Smaragdvireo	4/14	Panama
1986	Rötlicher Tropfenflügeltyran	4/14	Panama
1987	Rostflügelbekarde	4/14	Panama
1988	Gelbhosenpipra	4/14	Panama
1989	Rostpiha	4/14	Panama
1990	Schwarzbauchkotinga	4/14	Panama
1991	Kopfbindentyrann	4/14	Panama
1992	Schnäppertyrann	4/14	Panama
1993	Kronentyrann	4/14	Panama
1994	Schwarzkopf-Spateltyrann	4/14	Panama
1995	Augenring-Fliegenstecher	4/14	Panama
1996	Panamalaubtyrann	4/14	Panama
1997	Schwarzscheitel-Ameisenpitta	4/14	Panama
1998	Halsband-Ameisenvogel	4/14	Panama
1999	Fleckenbrust-Waldwächter	4/14	Panama
2000	Azurnaschvogel	4/14	Panama
2001	Nacktstirn-Ameisenvogel	4/14	Panama
2002	Marmorkehl-Ameisenschlüpfer	4/14	Panama
2003	Mohrenwollrücken	4/14	Panama
2004	Gelbwangenamazone	4/14	Panama
2005	Weißzügel-Faulvogel	4/14	Panama
2006	Schieferschwanztrogon	4/14	Panama
2007	Goldschwanz-Saphirkolibri	4/14	Panama
2008	Edwardamazilie	4/14	Panama

2009	Schuppenbrustkolibri	4/14	Panama
2010	Westlicher Langschwanz-Schattenkolibri	4/14	Panama
2011	Graubrusttaube	4/14	Panama
2012	Kurzschnabeltaube	4/14	Panama
2013	Schneebussard	4/14	Panama
2014	Graukopftschatschalaka	4/14	Panama
2015	Blaukehlkolibri	4/14	Panama
2016	Einfarb-Bekarde	4/14	Panama
2017	Grünreiher	4/14	Panama
2018	Kanadareiher	4/14	Panama
2019	Braunscheitelorganist	4/15	Panama
2020	Zitronen-Tangare	4/15	Panama
2021	Schwefelbürzeltangare	4/15	Panama
2022	Streifenkehl-Zaunkönig	4/15	Panama
2023	Grauscheitel-Ameisenvogel	4/15	Panama
2024	Streifenbrustwürgerling	4/15	Panama
2025	Perlkappenwürgerling	4/15	Panama
2026	Breitschnabelpipra	4/15	Panama
2027	Grauwangenpapagei	4/15	Panama
2028	Straußkolibri	4/15	Panama
2029	Weißkehlralle	4/15	Panama
2030	Goldmankolibri	4/15	Panama
2031	Panamaspecht	4/15	Panama
2032	Schwarzohrwachtel	4/15	Panama
2033	Bindenbaumsteiger	4/16	Panama
2034	Kronenpapagei	4/16	Panama
2035	Gelbohrarassari	4/16	Panama
2036	Adlerkolibri	4/16	Panama
2037	Weißkragenpipra	4/16	Panama
2038	Tajazuirakuckuck	4/16	Panama
2039	Mississippiweih	4/16	Panama
2040	Cabaniszaunkönig	4/16	Panama
2041	Knutt	4/16	Panama
2042	Marmorschnepfe	4/16	Panama
2043	Mangroveschwalbe	4/16	Panama
2044	Schwarzkinnhabia	4/16	Panama
2045	Juliakolibri	4/16	Panama
2046	Bindenhalskauz	4/16	Panama
2047	Kritzel-Kreischeule	4/16	Panama
2048	Gartenkolibri	4/17	Panama
2049	Blaufußtölpel	4/17	Panama
2050	Bahamatyrann	4/17	Jamaica
2051	Antillengrackel	4/17	Jamaica
2052	Spottdrossel	4/17	Jamaica
2053	Kubasegler	4/17	Jamaica
2054	Höhlenschwalbe	4/17	Jamaica
2055	Weißflügeltaube	4/17	Jamaica
2056	Rotschwanzbussard	4/17	Jamaica
2057	Grautyrann	4/17	Jamaica
2058	Küstentaube	4/17	Jamaica
2059	Jamaikakrähe	4/17	Jamaica
2060	Weißkopftaube	4/17	Jamaica
2061	Gimpel-Organist	4/17	Jamaica
2062	Jamaikatrupial	4/17	Jamaica
2063	Jamaika-Streifenkopftangare	4/17	Jamaica
2064	Blaurücken-Waldsänger	4/17	Jamaica
2065	Magnolienwaldsänger	4/17	Jamaica
2066	Weißkinndrossel	4/17	Jamaica
2067	Jamaikasittich	4/17	Jamaica
2068	Jamaikaspecht	4/17	Jamaica
2069	Jamaikatodi	4/17	Jamaica
2070	Trochilus	4/17	Jamaica
2071	Jamaikaeule	4/17	Jamaica
2072	Antillennachtschwalbe	4/18	Jamaica
2073	Goldbug-Gimpelfink	4/18	Jamaica
2074	Rotsteiß-Gimpelfink	4/18	Jamaica
2075	Braunlatz-Ammerfink	4/18	Jamaica
2076	Gelbscheitel-Waldsänger	4/18	Jamaica
2077	Meisenwaldsänger	4/18	Jamaica
2078	Strichelwaldsänger	4/18	Jamaica
2079	Weiden-Gelbkehlchen	4/18	Jamaica
2080	Haldenwaldsänger	4/18	Jamaica
2081	Weißaugendrossel	4/18	Jamaica
2082	Bartklarino	4/18	Jamaica
2083	Jamaikavireo	4/18	Jamaica
2084	Jamaikabekarde	4/18	Jamaica
2085	Rotschwanztyrann	4/18	Jamaica
2086	Jamaikatyrann	4/18	Jamaica
2087	Jamaikaschnäppertyrann	4/18	Jamaica
2088	Weißkehl-Olivtyrann	4/18	Jamaica
2089	Jamaika-Amazone	4/18	Jamaica
2090	Rotspiegelamazone	4/18	Jamaica
2091	Zwergelfe	4/18	Jamaica
2092	Jamaikamangokolibri	4/18	Jamaica
2093	Regenkuckuck	4/18	Jamaica
2094	Jamaikataube	4/18	Jamaica
2095	Jamaika-Erdtaube	4/18	Jamaica
2096	Karibentaube	4/18	Jamaica
2097	Rosenschultertaube	4/18	Jamaica
2098	Weißschwanz-Tropikvogel	4/18	Jamaica
2099	Bromelienstärling	4/18	Jamaica
2100	Osburn-Vireo	4/18	Jamaica
2101	Hispaniolaolivtyrann	4/18	Jamaica
2102	Jamaikakuckuck	4/18	Jamaica
2103	Mexikotagschläfer	4/18	Jamaica
2104	Muskatamadine	4/19	Jamaica
2105	Nördliche Rauhflügelschwalbe	4/19	Jamaica
2106	Haitischopftyrann	4/19	Jamaica
2107	Gelbstirn-Blatthühnchen	4/19	Jamaica
2108	Carolinasumpfhuhn	4/19	Jamaica
2109	Amerikanische Zwergseeschwalbe	4/19	Jamaica
2110	Kubapfeifgans	4/19	Jamaica
2111	Montezumastirnvogel	4/20	Costa Rica
2112	Veraguasittich	4/20	Costa Rica
2113	Hoffmannspecht	4/20	Costa Rica

2114	Rotschnabeltaube	4/20	Costa Rica
2115	Blaukappenorganist	4/20	Costa Rica
2116	Inkataube	4/20	Costa Rica
2117	Felserddrossel	4/20	Costa Rica
2118	Braunhäher	4/20	Costa Rica
2119	Silberstirn-Tapaculo	4/20	Costa Rica
2120	Flämmchenkolibri	4/20	Costa Rica
2121	Purpurkehlnymphe	4/20	Costa Rica
2122	Goldbrauenorganist	4/20	Costa Rica
2123	Trauerstärling	4/20	Costa Rica
2124	Glanzfleckentangare	4/20	Costa Rica
2125	Mönchswaldsänger	4/20	Costa Rica
2126	Schwarzwangen-Waldsänger	4/20	Costa Rica
2127	Feuerwaldsänger	4/20	Costa Rica
2128	Langschwanz-Seidenschnäpper	4/20	Costa Rica
2129	Grauwasseramsel	4/20	Costa Rica
2130	Trauerschnäppertyrann	4/20	Costa Rica
2131	Gelbbauchtyrann	4/20	Costa Rica
2132	Fleckscheitel-Baumsteiger	4/20	Costa Rica
2133	Weißkopfpapagei	4/20	Costa Rica
2134	Haarspecht	4/20	Costa Rica
2135	Aztekenbartvogel	4/20	Costa Rica
2136	Schwarzbauchkolibri	4/20	Costa Rica
2137	Violettdegenflügel	4/20	Costa Rica
2138	Magentakolibri	4/20	Costa Rica
2139	Violettkron-Brilliantkolibri	4/20	Costa Rica
2140	Schwarzkopf-Musendrossel	4/20	Costa Rica
2141	Kupferköpfchen	4/20	Costa Rica
2142	Weißbauchnymphe	4/20	Costa Rica
2143	Rotflügel-Schwarzstärling	4/20	Costa Rica
2144	Feuerrückentangare	4/20	Costa Rica
2145	Maskenklarino	4/20	Costa Rica
2146	Schwarzkappensaltator	4/20	Costa Rica
2147	Olivrückenorganist	4/20	Costa Rica
2148	Schwarzkleidtrupial	4/20	Costa Rica
2149	Graubauchkardinal	4/20	Costa Rica
2150	Streifenbrust-Zaunkönig	4/20	Costa Rica
2151	Schwarzkehl-Zaunkönig	4/20	Costa Rica
2152	Tigerzaunkönig	4/20	Costa Rica
2153	Weißhalsband Manakin	4/20	Costa Rica
2154	Braunschwingenspecht	4/20	Costa Rica
2155	Knopfschnabelhokko	4/20	Costa Rica
2156	Rostbauchguan	4/20	Costa Rica
2157	Braunbürzelpfäffchen	4/20	Costa Rica
2158	Großer Soldatenara	4/20	Costa Rica
2159	Nacktkehlreiher	4/20	Costa Rica
2160	Schneebedeckte Cotinga	4/21	Costa Rica
2161	Königsspecht	4/21	Costa Rica
2162	Kastanienspecht	4/21	Costa Rica
2163	Veraguataube	4/21	Costa Rica
2164	Graukehltinamu	4/21	Costa Rica
2165	Nicaraguareisknacker	4/21	Costa Rica
2166	Graubussard	4/21	Costa Rica
2167	Sperberschwanztrogon	4/21	Costa Rica
2168	Schneekappenkolibri	4/21	Costa Rica
2169	Schwarzschopfelfe	4/21	Costa Rica
2170	Silberkehltyrann	4/21	Costa Rica
2171	Bergnachtschwalbe	4/21	Costa Rica
2172	Nacktbeineule	4/21	Costa Rica
2173	Birkentyrann	4/22	Costa Rica
2174	Gelbbraune Fliegenschnäpper	4/22	Costa Rica
2175	Grünbrust-Mangokolibri	4/22	Costa Rica
2176	Goldschnabel-Sumpfhuhn	4/22	Costa Rica
2177	Flammentangare	4/22	Costa Rica
2178	Blauscheitelmotmot	4/22	Costa Rica
2179	Weißbrauen-Buschtangare	4/22	Costa Rica
2180	Gelbschenkel-Buschammer	4/22	Costa Rica
2181	Einfarb-Hakenschnabel	4/22	Costa Rica
2182	Gelbflanken-Seidenschnäpper	4/22	Costa Rica
2183	Rußdrossel	4/22	Costa Rica
2184	Graukehl-Musendrossel	4/22	Costa Rica
2185	Bergzaunkönig	4/22	Costa Rica
2186	Bergstachelschwanz	4/22	Costa Rica
2187	Katharinasittich	4/22	Costa Rica
2188	Quetzal	4/22	Costa Rica
2189	Kirschkehlkolibri	4/22	Costa Rica
2190	Feuerkehlkolibri	4/22	Costa Rica
2191	Großfuß-Buschammer	4/22	Costa Rica
2192	Halsband-Waldsänger	4/22	Costa Rica
2193	Kapuzentyrann	4/22	Costa Rica
2194	Zaunkönigsänger	4/23	Costa Rica
2195	Mohrenguan	4/23	Costa Rica
2196	Bluttangare	4/23	Costa Rica
2197	Grünwaldsänger	4/23	Costa Rica
2198	Gelbbindenvireo	4/23	Costa Rica
2199	Tropfenwachtel	4/23	Costa Rica
2200	Schwarzschnabel-Langschwanzwachtel	4/23	Costa Rica
2201	Schwarzschenkel-Kernknacker	4/23	Costa Rica
2202	Bergmusendrossel	4/23	Costa Rica
2203	Fahlstreif-Zaunkönig	4/23	Costa Rica
2204	Gilbufertyrann	4/23	Costa Rica
2205	Panamaschopfohr	4/23	Costa Rica
2206	Goldgrüner Rotschwanzsittich	4/23	Costa Rica
2207	Streifenschwanzkolibri	4/23	Costa Rica
2208	Rotbauchnymphe	4/23	Costa Rica
2209	Costa-Rica-Taube	4/23	Costa Rica
2210	Vulkanammer	4/23	Costa Rica
2211	Indigofink	4/23	Costa Rica
2212	Cherrietangare	4/23	Costa Rica
2213	Schlicht-Vireo	4/23	Costa Rica
2214	Türkisfarbene Cotinga	4/23	Costa Rica
2215	Stirnfleckenorganist	4/23	Costa Rica

2216	Uferzaunkönig	4/23	Costa Rica
2217	Orangefarbene Manakin	4/23	Costa Rica
2218	Schwarzschwanztyrann	4/23	Costa Rica
2219	Lohschwingen-Baumsteiger	4/23	Costa Rica
2220	Rostbrauner Ameisenwürger	4/23	Costa Rica
2221	Kapuzenameisenwürger	4/23	Costa Rica
2222	Bairdtrogon	4/23	Costa Rica
2223	Schmuckamazilie	4/23	Costa Rica
2224	Feuerschnabelarassari	4/23	Costa Rica
2225	Costa-Rica-Wachteltaube	4/23	Costa Rica
2226	Schreieule	4/23	Costa Rica
2227	Buntkopfspecht	4/24	Costa Rica
2228	Brauntölpel	4/24	Costa Rica
2229	Buschorganist	4/24	Costa Rica
2230	Rotnacken-Zaunkönig	4/24	Costa Rica
2231	Aschkehl-Krummschnabel	4/24	Costa Rica
2232	Türkisbrauenmotmot	4/24	Costa Rica
2233	Schwarzkopftrogon	4/24	Costa Rica
2234	Funkenkehlkolibri	4/24	Costa Rica
2235	Schwalbenorganist	4/24	Costa Rica
2236	Dickkopfbekarde	4/24	Costa Rica
2237	Brillenkreisschnabel	4/24	Costa Rica
2238	Mangrovevireo	4/24	Costa Rica
2239	Rostschwanzammer	4/24	Costa Rica
2240	Blaßkehltyrann	4/24	Costa Rica
2241	Elfenbeinsittich	4/24	Costa Rica
2242	Rost-Amazilie	4/24	Costa Rica
2243	Gelbnackenamazone	4/24	Costa Rica
2244	Mangroveamazilie	4/24	Costa Rica
2245	Olivrückenammer	4/24	Costa Rica
2246	Langschwanzhäher	4/24	Costa Rica
2247	Drosselkuckuck	4/24	Costa Rica
2248	Akazienzaunkönig	4/24	Costa Rica
2249	Brillenkauz	4/24	Costa Rica
2250	Weißohrammer	4/25	Costa Rica
2251	Weißstirnamazone	4/25	Costa Rica
2252	Goldbauchtrogon	4/25	Costa Rica
2253	Weißkehlwachtel	4/25	Costa Rica
2254	Weißkehldrossel	4/25	Costa Rica
2255	Goldbauchtyrann	4/25	Costa Rica
2256	Pieperwaldsänger	4/25	Costa Rica
2257	Langschwanzpipra	4/25	Costa Rica
2258	Hämmerling	4/25	Costa Rica
2259	Graubauchsegler	4/25	Costa Rica
2260	Chiriqui-Wachteltaube	4/25	Costa Rica
2261	Azurfink	4/25	Costa Rica
2262	Wiesengelbkehlchen	4/25	Costa Rica
2263	Smaragdtangare	4/26	Costa Rica
2264	Nachtigallzaunkönig	4/26	Costa Rica
2265	Streifenkopfwürgerling	4/26	Costa Rica
2266	Kielschnabelmotmot	4/26	Costa Rica
2267	Blauschultertangare	4/26	Costa Rica
2268	Nördliche Schiffornis	4/26	Costa Rica
2269	Weißwangen-Grundammer	4/27	Guatemala

2270	Abt-Tangare	4/27	Guatemala
2271	Buschmeise	4/27	Guatemala
2272	Weissohr-Saphir	4/27	Guatemala
2273	Blaukopfamazilie	4/27	Guatemala
2274	Wagler-Trupial	4/27	Guatemala
2275	Kieferntangare	4/27	Guatemala
2276	Rostrücken-Ammer	4/27	Guatemala
2277	Dickichtwaldsänger	4/27	Guatemala
2278	Rubinfleck-Waldsänger	4/27	Guatemala
2279	Grauseidenschnäpper	4/27	Guatemala
2280	Lasurspottdrossel	4/27	Guatemala
2281	Braunrückenklarino	4/27	Guatemala
2282	Rotkehl-Hüttensänger	4/27	Guatemala
2283	Hartlaub-Blaurabe	4/27	Guatemala
2284	Brustbandvireo	4/27	Guatemala
2285	Orangebrust-Schnäppertyrann	4/27	Guatemala
2286	Gartentyrann	4/27	Guatemala
2287	Schiefertyrann	4/27	Guatemala
2288	Mexikosittich	4/27	Guatemala
2289	Goldspecht	4/27	Guatemala
2290	Goldstirnspecht	4/27	Guatemala
2291	Blaukehl-Motmot	4/27	Guatemala
2292	Buntschwanz-Degenflügel	4/27	Guatemala
2293	Weißbrustsegler	4/27	Guatemala
2294	Sängervireo	4/27	Guatemala
2295	Kappen-Schwalbe	4/27	Guatemala
2296	Guatemalazeisig	4/27	Guatemala
2297	Fichtenzeisig	4/27	Guatemala
2298	Rotrückenammer	4/27	Guatemala
2299	Zimtbauch-Hakenschnabel	4/27	Guatemala
2300	Rosenwaldsänger	4/27	Guatemala
2301	Schmuckwaldsänger	4/27	Guatemala
2302	Trugwaldsänger	4/27	Guatemala
2303	Rotnackendrossel	4/27	Guatemala
2304	Guatemaladrossel	4/27	Guatemala
2305	Rostbrauen-Zaunkönig	4/27	Guatemala
2306	Diademhäher	4/27	Guatemala
2307	Amethystkehlnymphe	4/27	Guatemala
2308	Mexikonachtschwalbe	4/27	Guatemala
2309	Carolinataube	4/27	Guatemala
2310	Goldstreif-Waldsänger	4/28	Guatemala
2311	Townsend-Waldsänger	4/28	Guatemala
2312	Einfarb-Häher	4/28	Guatemala
2313	Schwarzkehl-Häher	4/28	Guatemala
2314	Huttonvireo	4/28	Guatemala
2315	Bronzetrogon	4/28	Guatemala
2316	Granatkehlkolibri	4/28	Guatemala
2317	Grünkehlnymphe	4/28	Guatemala
2318	Gilbkauz	4/28	Guatemala
2319	Purpurbrusttäubchen	4/28	Guatemala
2320	Schluchtenguan	4/28	Guatemala
2321	Blauscheitel-Organist	4/28	Guatemala
2322	Cabanis-Tangare	4/28	Guatemala

2323	Braunhals-Nachtschwalbe	4/28	Guatemala
2324	Schwarzkehltrupial	4/29	Guatemala
2325	Tropfentrupial	4/29	Guatemala
2326	Pirol-Trupial	4/29	Guatemala
2327	Vielfarbenfink	4/29	Guatemala
2328	Gelbkopf-Kernknacker	4/29	Guatemala
2329	Weisszügel-Mückenfänger	4/29	Guatemala
2330	Chaparralfliegenstecher	4/29	Guatemala
2331	Braunscheitelmotmot	4/29	Guatemala
2332	Kupfertrogon	4/29	Guatemala
2333	Gabelschwanz-Smaragdkolibri	4/29	Guatemala
2334	Rennkuckuck	4/29	Guatemala
2335	Braunflügelguan	4/29	Guatemala
2336	Arizonawaldsänger	4/29	Guatemala
2337	Schiefer-Klarino	4/29	Guatemala
2338	Weißbindentangare	4/29	Guatemala
2339	Katzendrossel	4/29	Guatemala
2340	Tannen-Tyrann	4/29	Guatemala
2341	Gürteltyrann	4/29	Guatemala
2342	Scherenschwanz-Sternkolibri	4/29	Guatemala
2343	Rocky-Mountains-Sperlingskauz	4/29	Guatemala
2344	Rubinralle	4/29	Guatemala
2345	Schwarzbrustzeisig	4/30	Guatemala
2346	Grünrücken-Ammer	4/30	Guatemala
2347	Fleckenbrust-Zaunkönig	4/30	Guatemala
2348	Graukopf-Vireo	4/30	Guatemala
2349	Texastyrann	4/30	Guatemala
2350	Erlentyrann	4/30	Guatemala
2351	Rotbrust-Schlüpfer	4/30	Guatemala
2352	Abeillekernbeißer	4/30	Guatemala
2353	Lincoln-Ammer	5/1	Guatemala
2354	Schwarzrückenbekarde	5/1	Guatemala
2355	Tränenwachtel	5/1	Guatemala
2356	Fahlstirnschwalbe	5/1	Guatemala
2357	Scherenschwanz-Königstyrann	5/1	Guatemala
2358	Rotbrust-Waldsänger	5/1	Guatemala
2359	Weißstirnvireo	5/1	Guatemala
2360	Schwirrammer	5/1	Guatemala
2361	Carolinazaunkönig	5/1	Guatemala
2362	Botteriammer	5/1	Guatemala
2363	Orangeblaufink	5/2	Mexico
2364	Rotkardinal	5/2	Mexico
2365	Rotmanteldrossel	5/2	Mexico
2366	Goldwangenspecht	5/2	Mexico
2367	Graukopftrogon	5/2	Mexico
2368	Colima-Sperlingskauz	5/2	Mexico
2369	Graubrusttschatschalaka	5/2	Mexico
2370	Haubenkassike	5/3	Mexico
2371	Buntwangen-Zaunkönig	5/3	Mexico
2372	Schwarzkopftrupial	5/3	Mexico
2373	Goldbauch-Vireo	5/3	Mexico
2374	Lachbaumsteiger	5/3	Mexico
2375	Indigofink	5/3	Mexico
2376	Rotkopf-Tangare	5/3	Mexico
2377	Blau-Spottdrossel	5/3	Mexico
2378	Graukappenspecht	5/3	Mexico
2379	Beryllamazilie	5/3	Mexico
2380	Blaustirn-Eupherusa	5/3	Mexico
2381	Streifentaube	5/3	Mexico
2382	Rotschnabel-langschwanzwachtel	5/3	Mexico
2383	Goldscheitel-Smaragdkolibri	5/3	Mexico
2384	Trauerseeschwalbe	5/3	Mexico
2385	Spatelraubmöwe	5/3	Mexico
2386	Odinshühnchen	5/3	Mexico
2387	Schwarzwellenläufer	5/3	Mexico
2388	Wellenläufer	5/3	Mexico
2389	Galapagossturmtaucher	5/3	Mexico
2390	Keilschwanz-Sturmtaucher	5/3	Mexico
2391	Weißkehlgranatellus	5/4	Mexico
2392	Deltaschnabel	5/4	Mexico
2393	Breitschnabelkolibri	5/4	Mexico
2394	Türkentaube	5/4	Mexico
2395	Nashornpelikan	5/4	Mexico
2396	Arkansaskönigstyrann	5/4	Mexico
2397	Virginiawachtel	5/4	Mexico
2398	Kronwaldsänger	5/5	Mexico
2399	Grünsittich	5/5	Mexico
2400	Rosenbauchfink	5/5	Mexico
2401	Zimtschwanzammer	5/5	Mexico
2402	Schmuckkolibri	5/5	Mexico
2403	Zügelammer	5/5	Mexico
2404	Grünscheitelamazilie	5/5	Mexico
2405	Braunkopfkolibri	5/5	Mexico
2406	Hausgimpel	5/5	Mexico
2407	Abendammer	5/5	Mexico
2408	Fahlammer	5/5	Mexico
2409	Braunrücken-Grundammer	5/5	Mexico
2410	Krummschnabel-Spottdrossel	5/5	Mexico
2411	Harlekinzaunkönig	5/5	Mexico
2412	Cassinkönigstyrann	5/5	Mexico
2413	Kurzschwanzspecht	5/5	Mexico
2414	Schluchtenzaunkönig	5/5	Mexico
2415	Felsenzaunkönig	5/6	Mexico
2416	Schwarzkopf-Kernknacker	5/6	Mexico
2417	Oaxacaammer	5/6	Mexico
2418	Fleckengrundammer	5/6	Mexico
2419	Tropfenspottdrossel	5/6	Mexico
2420	Buschzaunkönig	5/6	Mexico
2421	Kolkrabenjunges	5/6	Mexico
2422	Zwergvireo	5/6	Mexico
2423	Dickschnabeltyrann	5/6	Mexico
2424	Schopfschnäppertyrann	5/6	Mexico
2425	Texasspecht	5/6	Mexico

2426	Blaumückenfänger	5/6	Mexico
2427	Westlicher Buschhäher	5/6	Mexico
2428	Rundschwanzsperber	5/6	Mexico
2429	Zügelmeise	5/6	Mexico
2430	Hochland-Schnäppertyrann	5/6	Mexico
2431	Nördlicher Weißbauch-Baumsteiger	5/6	Mexico
2432	Rotkappen-Buschammer	5/6	Mexico
2433	Wanderdrossel	5/6	Mexico
2434	Carolinakleiber	5/6	Mexico
2435	Halsband-Grundammer	5/6	Mexico
2436	Braunkopf-Musendrossel	5/6	Mexico
2437	Graubinden-Zaunkönig	5/6	Mexico
2438	Fichtenkreuzschnabel	5/6	Mexico
2439	Purpurwaldsänger	5/6	Mexico
2440	Grauflankenmeise	5/6	Mexico
2441	Blaukehlnymphe	5/6	Mexico
2442	Aztekendrossel	5/6	Mexico
2443	Schiefer-Vireo	5/6	Mexico
2444	Schwarzsegler	5/6	Mexico
2445	Indianergoldhähnchen	5/7	Mexico
2446	Andenbaumläufer	5/7	Mexico
2447	Zwerghäher	5/7	Mexico
2448	Veilchenscheitelamazilie	5/7	Mexico
2449	Blaukappenhäher	5/7	Mexico
2450	Yucatán-Sperlingskauz	5/7	Mexico
2451	Bronzekopfamazilie	5/7	Mexico
2452	Weißbauch-Zaunkönig	5/8	Mexico
2453	Schmalschnabel-Zaunkönig	5/8	Mexico
2454	Graukehltyrann	5/8	Mexico
2455	Kurzschwanz-Breitschnabel	5/8	Mexico
2456	Nachtigallkolibri	5/8	Mexico
2457	Blaukopf-Fruchttaube	5/8	Mexico
2458	Buschtinamu	5/8	Mexico
2459	Gelbbauch-Fliegenstecher	5/8	Mexico
2460	Langschwanz-Degenflügel	5/8	Mexico
2461	Heloisaelfe	5/8	Mexico
2462	Zwergmotmot	5/8	Mexico
2463	Fahlbauchamazilie	5/9	Mexico
2464	Louisianawürger	5/9	Mexico
2465	Gambagaschnäpper	5/9	Mexico
2466	Rostscheitelammer	5/10	Mexico
2467	Braunkopfkuhstärling	5/11	Mexico
2468	Gelbbrustwaldsänger	5/11	Mexico
2469	Sinaloazaunkönig	5/11	Mexico
2470	Sinaloakrähe	5/11	Mexico
2471	Trauerblauhäher	5/11	Mexico
2472	Blauwangenhäher	5/11	Mexico
2473	Gilaspecht	5/11	Mexico
2474	Douglaswachtel	5/11	Mexico
2475	Rotbauchguan	5/11	Mexico
2476	Schwarzkappen-Mückenfänger	5/11	Mexico

2477	Forsterseeschwalbe	5/11	Mexico
2478	Amerikanischer Säbelschnäbler	5/11	Mexico
2479	Heermannmöwe	5/11	Mexico
2480	Wanderwasserläufer	5/11	Mexico
2481	Dünnschnabelmöwe	5/11	Mexico
2482	Rotschnabel-Tropikvogel	5/11	Mexico
2483	Ridgwayralle	5/12	Mexico
2484	Rostnackenammer	5/12	Mexico
2485	Weißnackensegler	5/12	Mexico
2486	Fleckeneule	5/12	Mexico
2487	Grünscheitel-Buschammer	5/13	Mexico
2488	Schopfblaurabe	5/13	Mexico
2489	Arizonaspecht	5/13	Mexico
2490	Sägekauz	5/13	Mexico
2491	Sinaloaschwalbe	5/13	Mexico
2492	Bart-Zaunkönig	5/13	Mexico
2493	Acapulcoblaurabe	5/14	Mexico
2494	Mexikonymphe	5/14	Mexico
2495	Grasammer	5/15	Mexico
2496	Rostbrachvogel	5/15	Mexico
2497	Maskentrupial	5/15	Mexico
2498	Fächer-Waldsänger	5/16	Mexico
2499	Streifenammer	5/16	Mexico
2500	Winternachtschwalbe	5/16	Mexico
2501	Blaukehl-Hüttensänger	5/16	Mexico
2502	Zimtbauch-Phoebetyrann	5/16	Mexico
2503	Stockente	5/16	Mexico
2504	Braunrücken-Grundammer	5/16	Mexico
2505	Dreifarben-Waldsänger	5/17	Mexico
2506	Townsendklarino	5/17	Mexico
2507	Zwergkleiber	5/17	Mexico
2508	Veilchenschwalbe	5/17	Mexico
2509	Mexikanischer Häher	5/17	Mexico
2510	Kiefern-Tyrann	5/17	Mexico
2511	Haarbüschel-Trogon	5/17	Mexico
2512	Montezumawachtel	5/17	Mexico
2513	Schwarzmanteltrupial	5/17	Mexico
2514	Gartentrupial	5/17	Mexico
2515	Gelbkopfstärling	5/17	Mexico
2516	Dachsammer	5/17	Mexico
2517	Carolinakrickente	5/17	Mexico
2518	Schnatterente	5/17	Mexico
2519	Weißhalsrabe	5/17	Mexico
2520	Halsbandkardinal	5/17	Mexico
2521	Langschnabel-Spottdrossel	5/17	Mexico
2522	Wiesenstärling	5/18	Mexico
2523	Mexikoammer	5/18	Mexico
2524	Cassinammer	5/18	Mexico
2525	Ohrenlerche	5/18	Mexico
2526	Erdkuckuck	5/18	Mexico
2527	Schuppenwachtel	5/18	Mexico
2528	Schwarzkehlammer	5/18	Mexico
2529	Schwarzkinnammer	5/18	Mexico

2530	Schwarzschwanz-Mückenfänger	5/18	Mexico
2531	Nelsongelbkehlchen	5/18	Mexico
2532	Colimawaldsänger	5/18	Mexico
2533	Maronenstirnsittich	5/18	Mexico
2534	Breitschwanzelfe	5/18	Mexico
2535	Schwarzhäubchenmeise	5/18	Mexico
2536	Kiefernwaldsänger	5/18	USA-Texas
2537	Carolinameise	5/18	USA-Texas
2538	Blauhäher	5/18	USA-Texas
2539	Weissaugen-Vireo	5/18	USA-Texas
2540	Helmspecht	5/18	USA-Texas
2541	Kokardenspecht	5/18	USA-Texas
2542	Bachmanammer	5/19	USA-Texas
2543	Braunkopfkleiber	5/19	USA-Texas
2544	Amerikanerkrähe	5/19	USA-Texas
2545	Carolinaspecht	5/19	USA-Texas
2546	Schornsteinsegler	5/19	USA-Texas
2547	Carolinanachtschwalbe	5/19	USA-Texas
2548	Zedernseidenschwanz	5/19	USA-Texas
2549	Indianermeise	5/19	USA-Texas
2550	Purpurschwalbe	5/19	USA-Texas
2551	Gelbkehlvireo	5/19	USA-Texas
2552	Rotkopfspecht	5/19	USA-Texas
2553	Rubinkehlkolibri	5/19	USA-Texas
2554	Brautente	5/19	USA-Texas
2555	Rostscheitel-Waldsänger	5/19	USA-Texas
2556	Rotschulterbussard	5/19	USA-Texas
2557	Purpur-Gracke	5/19	USA-Texas
2558	Goldkehl-Waldsänger	5/19	USA-Texas
2559	Zitronenwaldsänger	5/19	USA-Texas
2560	Kapuzenwaldsänger	5/19	USA-Texas
2561	Swainson-Waldsänger	5/19	USA-Texas
2562	Weißbürzelstrandläufer	5/19	USA-Texas
2563	Ohrenscharbe	5/19	USA-Texas
2564	Papstfink	5/19	USA-Texas
2565	Fischkrähe	5/19	USA-Texas
2566	Kornweihe	5/19	USA-Texas
2567	Floridaente	5/19	USA-Texas
2568	Bootschwanz-Grackel	5/19	USA-Texas
2569	Strandammer	5/19	USA-Texas
2570	Sumpfzaunkönig	5/19	USA-Texas
2571	Tropfenralle	5/19	USA-Texas
2572	Präriebussard	5/19	USA-Texas
2573	Klapperralle	5/19	USA-Texas
2574	Raubseeschwalbe	5/19	USA-Texas
2575	Alpenstrandläufer	5/19	USA-Texas
2576	Gelbfuß-Regenpfeifer	5/19	USA-Texas
2577	Rainammer	5/20	USA-Texas
2578	Klapper-Ammer	5/20	USA-Texas
2579	Scott-Trupial	5/20	USA-Texas
2580	Goldwangen-Waldsänger	5/20	USA-Texas
2581	Stelzenwaldsänger	5/20	USA-Texas
2582	Schwarzkopfvireo	5/20	USA-Texas
2583	Weißbauch-Phoebetyrann	5/20	USA-Texas
2584	Schwarzkinnkolibri	5/20	USA-Texas
2585	Goldköpfchen	5/20	USA-Texas
2586	Braunaugenvireo	5/20	USA-Texas
2587	Wildes Truthuhn	5/20	USA-Texas
2588	Schmalschnabelkardinal	5/20	USA-Texas
2589	Bullock-Trupial	5/20	USA-Texas
2590	Grünwangenamazone	5/20	USA-Texas
2591	Ost-Kreischeule	5/20	USA-Texas
2592	Schieferralle	5/21	USA-Texas
2593	Rotkopfente	5/21	USA-Texas
2594	Weißkopfseeadler	5/21	USA-Texas
2595	Rotrücken-Spottdrossel	5/21	USA-Texas
2596	Dunenspecht	5/21	USA-Texas
2597	Sumpfschwalbe	5/21	USA-Texas
2598	Pazifiktaucher	5/21	USA-Texas
2599	Annakolibri	5/22	USA-Arizona
2600	Schwarzkinn-Buschammer	5/22	USA-Arizona
2601	Helmwachtel	5/22	USA-Arizona
2602	Wüstenspottdrossel	5/22	USA-Arizona
2603	Kaktus-Spottdrossel	5/22	USA-Arizona
2604	Kaktuszaunkönig	5/22	USA-Arizona
2605	Singammer	5/22	USA-Arizona
2606	Kaliforniermöwe	5/22	USA-Arizona
2607	Spießente	5/22	USA-Arizona
2608	Nordamerikanische Pfeifente	5/22	USA-Arizona
2609	Rosenköpfchen	5/22	USA-Arizona
2610	Kanadagans	5/22	USA-Arizona
2611	Rotbürzel-Waldsänger	5/22	USA-Arizona
2612	Grauvireo	5/22	USA-Arizona
2613	Trauerseidenschnäpper	5/22	USA-Arizona
2614	Rotbauch-Spottdrossel	5/22	USA-Arizona
2615	Wacholdermeise	5/22	USA-Arizona
2616	Wüstengoldspecht	5/22	USA-Arizona
2617	Virginiawaldsänger	5/23	USA-Arizona
2618	Einsiedlerdrossel	5/23	USA-Arizona
2619	Luziferkolibri	5/23	USA-Arizona
2620	Steinadler	5/23	USA-Arizona
2621	Heuschreckenammer	5/23	USA-Arizona
2622	Elfenkauz	5/23	USA-Arizona
2623	Veilchenkopfelfe	5/24	USA-Arizona
2624	Rostflügel-Ammer	5/24	USA-Arizona
2625	Fünfstreifenammer	5/24	USA-Arizona
2626	Fleckenkauz	5/24	USA-California
2627	West-Kreischeule	5/24	USA-California
2628	Ponderosaeule	5/24	USA-California
2629	Kalifornische Grundammer	5/25	USA-California
2630	Orangefleck-Waldsänger	5/25	USA-California
2631	Chaparraltimalie	5/25	USA-California
2632	Schlichtmeise	5/25	USA-California
2633	Ufertyrann	5/25	USA-California
2634	Maskenzeisig	5/25	USA-California
2635	Purpurstärling	5/25	USA-California

2636	Beifußammer	5/25	USA-California
2637	Weiden-Tyrann	5/25	USA-California
2638	Zwergschneegans	5/25	USA-California
2639	Schneegans	5/25	USA-California
2640	Blässgans	5/25	USA-California
2641	Clarktaucher	5/25	USA-California
2642	Schwarzhalstaucher	5/25	USA-California
2643	Veilchenente	5/25	USA-California
2644	Goldzeisig	5/25	USA-California
2645	Dreifarbenstärling	5/25	USA-California
2646	Westmöwe	5/25	USA-California
2647	Eistaucher	5/25	USA-California
2648	Brillenente	5/25	USA-California
2649	Pinselscharbe	5/25	USA-California
2650	Sterntaucher	5/25	USA-California
2651	Bonapartemöwe	5/25	USA-California
2652	Aleutenalk	5/25	USA-California
2653	Taubenteiste	5/25	USA-California
2654	Trottellumme	5/25	USA-California
2655	Meerscharbe	5/25	USA-California
2656	Klippenausternfischer	5/25	USA-California
2657	Sichelspottdrossel	5/26	USA-California
2658	Nuttallspecht	5/26	USA-California
2659	Allenkolibri	5/26	USA-California
2660	Schwarzsteiß-Sturmtaucher	5/26	USA-California
2661	Kalifornienmückenfänger	5/26	USA-California
2662	Zwergkanadagans	5/26	USA-California
2663	Renntaucher	5/26	USA-California
2664	Kalifornischer Kondor	5/26	USA-California
2665	Sternelfe	5/26	USA-California
2666	Bergwachtel	5/26	USA-California
2667	Cassingimpel	5/26	USA-California
2668	Purpurgimpel	5/26	USA-California
2669	Trauer-Waldsänge	5/26	USA-California
2670	Fuchsammer	5/26	USA-California
2671	Grünschwanz-Grundammer	5/26	USA-California
2672	Gambelmeise	5/26	USA-California
2673	Winterammer	5/26	USA-California
2674	Weißkopfspecht	5/26	USA-California
2675	Feuerkopf-Saftlecker	5/26	USA-California
2676	Gelbschnabelelster	5/27	USA-California
2677	Beringmöwe	5/27	USA-California
2678	Ringelgans / Rotgans	5/27	USA-California
2679	Großer Schlammläufer	5/27	USA-California
2680	Schwarzkopf-Steinwälzer	5/27	USA-California
2681	Abendkernbeißer	5/28	USA-Oregon
2682	Einsiedel-Waldsänger	5/28	USA-Oregon
2683	Pazifikzaunkönig	5/28	USA-Oregon
2684	Kanadakleiber	5/28	USA-Oregon
2685	Rotrückenmeise	5/28	USA-Oregon
2686	Schwarzkopfmeise	5/28	USA-Oregon
2687	Rotrücken-Zimtelfe	5/28	USA-Oregon
2688	Lazulifink	5/28	USA-Oregon
2689	Meisenhäher	5/28	USA-Oregon
2690	Kappensäger	5/28	USA-Oregon
2691	Virginiaralle	5/29	USA-Oregon
2692	Nordamerikanische Rohrdommel	5/29	USA-Oregon
2693	Cassinvireo	5/29	USA-Oregon
2694	Fasan	5/29	USA-Oregon
2695	Halsbanddrossel	5/30	USA-Oregon
2696	Felsengebirgshuhn	5/30	USA-Oregon
2697	Bergente	5/30	USA-Oregon
2698	Gänsesäger	5/30	USA-Oregon
2699	Kragenente	5/30	USA-Oregon
2700	Marmelalk	5/30	USA-Oregon
2701	Gelbschopflund	5/30	USA-Oregon
2702	Pazifische Trauerente	5/30	USA-Oregon
2703	Nashornalk	5/31	USA-Oregon
2704	Amerikanische Samtente	5/31	USA-Oregon
2705	Wilsonbekassine	6/1	USA-Oregon
2706	Berghüttensänger	6/1	USA-Oregon
2707	Kiefernhäher	6/1	USA-Oregon
2708	Schwarzrückenspecht	6/1	USA-Oregon
2709	Nacktschnabelhäher	6/1	USA-Oregon
2710	Trockenbusch-Schnäppertyrann	6/1	USA-Oregon
2711	Blutgesichtspecht	6/1	USA-Oregon
2712	Bartkauz	6/1	USA-Oregon
2713	Kanadakranich	6/1	USA-Oregon
2714	Gelbralle	6/1	USA-Oregon
2715	Königsbussard	6/1	USA-Oregon
2716	Ringschnabelente	6/1	USA-Oregon
2717	Salbeiammer	6/2	USA-Oregon
2718	Nevadaammer	6/2	USA-Oregon
2719	Bergspottdrossel	6/2	USA-Oregon
2720	Präriefalke	6/2	USA-Oregon
2721	Hudsonelster	6/2	USA-Oregon
2722	Waldohreule	6/2	USA-Oregon
2723	Chukarhuhn	6/2	USA-Orego
2724	Rotnacken-Saftlecker	6/2	USA-Oregon
2725	Sumpfohreule	6/2	USA-Oregon
2726	Büffelkopfente	6/2	USA-Oregon
2727	Riesentafelente	6/2	USA-Oregon
2728	Trompeterschwan	6/2	USA-Oregon
2729	Kiefernsaftlecker	6/3	USA-Oregon
2730	Spatelente	6/3	USA-Oregon
2731	Rubingoldhähnchen	6/3	USA-Oregon
2732	Kragenhuhn	6/4	USA-Oregon
2733	Mantelmöwe	6/5	USA-New York
2734	Walddrossel	6/5	USA-New York
2735	Wilson-Drossel	6/5	USA-New York
2736	Streifenkauz	6/5	USA-New York
2737	Mittelsäger	6/6	USA-New York
2738	Rötelgrundammer	6/6	USA-New York
2739	Blauflügel-Waldsänger	6/6	USA-New York
2740	Reisstärling	6/6	USA-New York
2741	Prärieläufer	6/6	USA-New York

2742	Sumpfammer	6/6	USA-New York
2743	Weißkehlammer	6/6	USA-New York
2744	Winterzaunkönig	6/6	USA-New York
2745	Gelbbauch-Saftlecker	6/6	USA-New York
2746	Schwarzschnabelkuckuck	6/6	USA-New York
2747	Dunkelente	6/6	USA-New York
2748	Kanadaschnepfe	6/6	USA-New York
2749	Henslowammer	6/7	USA-New York
2750	Schwarzkehl-Nachtschwalbe	6/7	USA-New York
2751	Steinschmätzer	6/9	Iceland
2752	Küstenseeschwalbe	6/9	Iceland
2753	Heringsmöwe	6/9	Iceland
2754	Polarmöwe	6/9	Iceland
2755	Lachmöwe	6/9	Iceland
2756	Dreizehenmöwe	6/9	Iceland
2757	Rotschenkel	6/9	Iceland
2758	Sandregenpfeifer	6/9	Iceland
2759	Austernfischer	6/9	Iceland
2760	Kormoran	6/9	Iceland
2761	Eiderente	6/9	Iceland
2762	Reiherente	6/9	Iceland
2763	Graugans	6/9	Iceland
2764	Singschwan	6/9	Iceland
2765	Eismöwe	6/9	Iceland
2766	Meerstrandläufer	6/9	Iceland
2767	Basstölpel	6/9	Iceland
2768	Eissturmvogel	6/9	Iceland
2769	Wiesenpieper	6/9	Iceland
2770	Papageitaucher	6/9	Iceland
2771	Tordalk	6/9	Iceland
2772	Dickschnabellumme	6/9	Iceland
2773	Goldregenpfeifer	6/9	Iceland
2774	Rotdrossel	6/9	Iceland
2775	Alpenschneehuhn	6/9	Iceland
2776	Bekassine	6/9	Iceland
2777	Uferschnepfe	6/9	Iceland
2778	Ohrentaucher	6/9	Iceland
2779	Eisente	6/9	Iceland
2780	Pfeifente	6/9	Iceland
2781	Birkenzeisig	6/9	Iceland
2782	Amsel	6/9	Iceland
2783	Krähenscharbe	6/9	Iceland
2784	Brandgans	6/9	Iceland
2785	Bachstelze	6/9	Iceland
2786	Atlantiksturmtaucher	6/9	Iceland
2787	Wacholderdrossel	6/10	Norway
2788	Nebelkrähe	6/10	Norway
2789	Dohle	6/10	Norway
2790	Elster	6/10	Norway
2791	Erlenzeisig	6/10	Norway
2792	Buchfink	6/10	Norway
2793	Goldammer	6/10	Norway
2794	Gartengrasmücke	6/10	Norway
2795	Fitis	6/10	Norway
2796	Wintergoldhähnchen	6/10	Norway
2797	Turmfalke	6/10	Norway
2798	Mauersegler	6/10	Norway
2799	Mäusebussard	6/10	Norway
2800	Stieglitz	6/10	Norway
2801	Grünfink	6/10	Norway
2802	Baumpieper	6/10	Norway
2803	Heckenbraunelle	6/10	Norway
2804	Braunkehlchen	6/10	Norway
2805	Dorngrasmücke	6/10	Norway
2806	Mönchsgrasmücke	6/10	Norway
2807	Zilpzalp	6/10	Norway
2808	Zaunkönig	6/10	Norway
2809	Blaumeise	6/10	Norway
2810	Kohlmeise	6/10	Norway
2811	Mehlschwalbe	6/10	Norway
2812	Ringeltaube	6/10	Norway
2813	Hohltaube	6/10	Norway
2814	Sturmmöwe	6/10	Norway
2815	Gimpel	6/10	Norway
2816	Misteldrossel	6/10	Norway
2817	Singdrossel	6/10	Norway
2818	Grauschnäpper	6/10	Norway
2819	Waldwasserläufer	6/10	Norway
2820	Feldsperling	6/10	Norway
2821	Feldlerche	6/10	Norway
2822	Kranich	6/10	Norway
2823	Rohrammer	6/10	Norway
2824	Sumpfrohrsänger	6/10	Norway
2825	Buntspecht	6/10	Norway
2826	Großer Brachvogel	6/10	Norway
2827	Kiebitz	6/10	Norway
2828	Kuckuck	6/10	Norway
2829	Waldschnepfe	6/10	Norway
2830	Gartenrotschwanz	6/11	Norway
2831	Heidelerche	6/11	Norway
2832	Ortolan	6/11	Norway
2833	Rotkehlchen	6/11	Norway
2834	Klappergrasmücke	6/11	Norway
2835	Schellente	6/11	Norway
2836	Gelbspötter	6/11	Norway
2837	Haubentaucher	6/11	Norway
2838	Prachttaucher	6/11	Norway
2839	Höckerschwan	6/11	Norway
2840	Neuntöter	6/11	Norway
2841	Haubenmeise	6/11	Norway
2842	Eichelhäher	6/11	Norway
2843	Schwarzspecht	6/11	Norway
2844	Trauerschnäpper	6/11	Norway
2845	Weidenmeise	6/11	Norway
2846	Bergfink	6/11	Norway
2847	Seidenschwanz	6/11	Norway
2848	Gebirgsstelze	6/11	Norway
2849	Schafstelze	6/11	Norway

2850	Raubwürger	6/11	Norway
2851	Grünschenkel	6/11	Norway
2852	Sumpfläufer	6/11	Norway
2853	Flussregenpfeifer	6/11	Norway
2854	Saatkrähe	6/11	Norway
2855	Birkhuhn	6/12	Norway
2856	Karmingimpel	6/12	Norway
2857	Bruchwasserläufer	6/12	Norway
2858	Flussuferläufer	6/12	Norway
2859	Sperber	6/12	Norway
2860	Ringdrossel	6/12	Norway
2861	Blaukehlchen	6/12	Norway
2862	Spornammer	6/12	Norway
2863	Temminckstrandläufer	6/12	Norway
2864	Unglückshäher	6/12	Norway
2865	Wasseramsel	6/12	Norway
2866	Graureiher	6/12	Norway
2867	Haselhuhn	6/12	Norway
2868	Auerhuhn	6/12	Norway
2869	Waldkauz	6/12	Norway
2870	Tannenmeise	6/13	Norway
2871	Buschrohrsänger	6/13	Norway
2872	Kleiber	6/13	Norway
2873	Wachtelkönig	6/13	Norway
2874	Teichrohrsänger	6/13	Norway
2875	Alpenbirkenzeisig	6/13	Norway
2876	Sprosser	6/13	Norway
2877	Waldbaumläufer	6/13	Norway
2878	Sumpfmeise	6/13	Norway
2879	Grünspecht	6/13	Norway
2880	Blässhuhn	6/13	Norway
2881	Habicht	6/13	Norway
2882	Rohrweihe	6/13	Norway
2883	Knäkente	6/13	Norway
2884	Kernbeißer	6/13	Norway
2885	Waldlaubsänger	6/13	Norway
2886	Bluthänfling	6/13	Norway
2887	Wendehals	6/13	Norway
2888	Weißwangengans	6/13	Norway
2889	Blaumerle	6/14	Turkey
2890	Maskengrasmücke	6/14	Turkey
2891	Gartenbaumläufer	6/14	Turkey
2892	Felsenkleiber	6/14	Turkey
2893	Türkenkleiber	6/14	Turkey
2894	Rötelschwalbe	6/14	Turkey
2895	Mittelspecht	6/14	Turkey
2896	Kleinspecht	6/14	Turkey
2897	Wiedehopf	6/14	Turkey
2898	Alpensegler	6/14	Turkey
2899	Turteltaube	6/14	Turkey
2900	Wellenbrust-Fischuhu	6/14	Turkey
2901	Mittelmeer-Steinschmätzer	6/14	Turkey
2902	Östliche Orpheusgrasmücke	6/14	Turkey
2903	Gelbsteißbülbül	6/14	Turkey
2904	Maskenwürger	6/14	Turkey
2905	Blutspecht	6/14	Turkey
2906	Grauammer	6/14	Turkey
2907	Kappenammer	6/14	Turkey
2908	Olivenspötter	6/14	Turkey
2909	Trauermeise	6/14	Turkey
2910	Haubenlerche	6/14	Turkey
2911	Grauortolan	6/14	Turkey
2912	Schwanzmeise	6/14	Turkey
2913	Girlitz	6/14	Turkey
2914	Rosenstar	6/14	Turkey
2915	Isabell-Steinschmätzer	6/14	Turkey
2916	Drosselrohrsänger	6/14	Turkey
2917	Blassspötter	6/14	Turkey
2918	Seidensänger	6/14	Turkey
2919	Stummellerche	6/14	Turkey
2920	Adlerbussard	6/14	Turkey
2921	Steinsperling	6/14	Turkey
2922	Schwarzstirnwürger	6/14	Turkey
2923	Baumfalke	6/14	Turkey
2924	Nachtigall	6/14	Turkey
2925	Beutelmeise	6/14	Turkey
2926	Pirol	6/14	Turkey
2927	Weißbart-Seeschwalbe	6/14	Turkey
2928	Spornkiebitz	6/14	Turkey
2929	Stelzenläufer	6/14	Turkey
2930	Seidenreiher	6/14	Turkey
2931	Weißstorch	6/14	Turkey
2932	Rosaflamingo	6/14	Turkey
2933	Rallenreiher	6/14	Turkey
2934	Purpurreiher	6/14	Turkey
2935	Zwergdommel	6/14	Turkey
2936	Moorente	6/14	Turkey
2937	Kolbenente	6/14	Turkey
2938	Rostgans	6/14	Turkey
2939	Rotstirngirlitz	6/14	Turkey
2940	Felsenschwalbe	6/14	Turkey
2941	Alpenkrähe	6/14	Turkey
2942	Zwergohreule	6/14	Turkey
2943	Schneesperling	6/14	Turkey
2944	Zippammer	6/14	Turkey
2945	Weisskehlsänger	6/14	Turkey
2946	Felsenschmätzer	6/15	Turkey
2947	Rotflügelgimpel	6/15	Turkey
2948	Bergpieper	6/15	Turkey
2949	Buntbraunelle	6/15	Turkey
2950	Alpenbraunelle	6/15	Turkey
2951	Steinrötel	6/15	Turkey
2952	Hausrotschwanz	6/15	Turkey
2953	Mauerläufer	6/15	Turkey
2954	Alpendohle	6/15	Turkey
2955	Kaspi-Königshuhn	6/15	Turkey
2956	Bienenfresser	6/15	Turkey
2957	Zwergadler	6/15	Turkey

2958	Schreiadler	6/15	Turkey
2959	Schlangenadler	6/15	Turkey
2960	Habichtsadler	6/15	Turkey
2961	Steinkauz	6/15	Turkey
2962	Palmtaube	6/15	Turkey
2963	Streifenprinie	6/15	Turkey
2964	Graufischer	6/15	Turkey
2965	Braunliest	6/15	Turkey
2966	Zwergseeschwalbe	6/15	Turkey
2967	Teichralle	6/15	Turkey
2968	Zwergscharbe	6/15	Turkey
2969	Kalanderlerche	6/15	Turkey
2970	Mittelmeermöwe	6/15	Turkey
2971	Schwarzkopfmöwe	6/15	Turkey
2972	Dünnschnabelmöwe	6/15	Turkey
2973	Pfuhlschnepfe	6/15	Turkey
2974	Seeregenpfeifer	6/15	Turkey
2975	Säbelschnäbler	6/15	Turkey
2976	Triel	6/15	Turkey
2977	Löffler	6/15	Turkey
2978	Rosapelikan	6/15	Turkey
2979	Rötelfalke	6/16	Turkey
2980	Moabsperling	6/16	Turkey
2981	Ried-Drossling	6/16	Turkey
2982	Tamariskengrasmücke	6/16	Turkey
2983	Blauracke	6/16	Turkey
2984	Halsbandfrankolin	6/16	Turkey
2985	Gelbkehlsperling	6/16	Turkey
2986	Haussegler	6/16	Turkey
2987	Fahlsegler	6/16	Turkey
2988	Streifen-Zwergohreule	6/16	Turkey
2989	Heckensänger	6/16	Turkey
2990	Zwergtaucher	6/16	Turkey
2991	Weidensperling	6/16	Turkey
2992	Weißflügelgimpel	6/16	Turkey
2993	Sandflughuhn	6/16	Turkey
2994	Dornspötter	6/16	Turkey
2995	Persischer Kleiber	6/16	Turkey
2996	Uhu	6/16	Turkey
2997	Persisches Sandhuhn	6/16	Turkey
2998	Fahlsperling	6/17	Turkey
2999	Türkenammer	6/17	Turkey
3000	Brachpieper	6/17	Turkey
3001	Persischer Steinschmätzer	6/17	Turkey
3002	Rotkopfwürger	6/17	Turkey
3003	Armeniermöwe	6/17	Turkey
3004	Gänsegeier	6/17	Turkey
3005	Schwarzstorch	6/17	Turkey
3006	Brillengrasmücke	6/17	Turkey
3007	Kurzzehenlerche	6/17	Turkey
3008	Bergkalanderlerche	6/17	Turkey
3009	Wiesenweihe	6/17	Turkey
3010	Australischer Gleitaar	6/17	Turkey
3011	Wachtel	6/17	Turkey
3012	Blauwangenspint	6/17	Turkey
3013	Einfarbstar	6/18	Spain
3014	Cistensänger	6/18	Spain
3015	Korallenmöwe	6/18	Spain
3016	Purpurhuhn	6/18	Spain
3017	Corys Sturmtaucher	6/18	Spain
3018	Tafelente	6/18	Spain
3019	Samtkopf-Grasmücke	6/18	Spain
3020	Rohrschwirl	6/19	Spain
3021	Mariskensänger	6/19	Spain
3022	Eisvogel	6/19	Spain
3023	Rotflügel-Brachschwalbe	6/19	Spain
3024	Sichelstrandläufer	6/19	Spain
3025	Marmelente	6/19	Spain
3026	Trauersteinschmätzer	6/19	Spain
3027	Isabellspötter	6/19	Spain
3028	Bartmeise	6/19	Spain
3029	Wasserralle	6/19	Spain
3030	Weißkopfruderente	6/19	Spain
3031	Wüstengimpel	6/19	Spain
3032	Orpheusgrasmücke	6/19	Spain
3033	Theklalerche	6/19	Spain
3034	Aaskrähe	6/20	Spain
3035	Großtrappe	6/20	Spain
3036	Schwarzmilan	6/20	Spain
3037	Rotmilan	6/20	Spain
3038	Iberische Elster	6/20	Spain
3039	Ziegenmelker	6/20	Spain
3040	Mönchsgeier	6/20	Spain
3041	Rothuhn	6/20	Spain
3042	Kaffernsegler	6/20	Spain
3043	Rothals-Ziegenmelker	6/20	Spain
3044	Schwarzkehlchen	6/21	Spain
3045	Zaunammer	6/21	Spain
3046	Provencegrasmücke	6/21	Spain
3047	Iberischer Zilpzalp	6/21	Spain
3048	Spanischer Kaiseradler	6/21	Spain
3049	Schmutzgeier	6/21	Spain
3050	Orpheusspötter	6/21	Spain
3051	Zwergtrappe	6/21	Spain
3052	Dupontlerche	6/22	Spain
3053	Spießflughuhn	6/22	Spain
3054	Iberienraubwürger	6/22	Spain
3055	Weißbartgrasmücke	6/22	Spain
3056	Berglaubsänger	6/22	Spain
3057	Sommergoldhähnchen	6/22	Spain
3058	Bartgeier	6/22	Spain
3059	Zitronenzeisig	6/22	France
3060	Weißrückenspecht	6/23	Spain
3061	Zwergsäger	6/23	Spain
3062	Wespenbussard	6/23	Spain
3063	Feldschwirl	6/23	Spain
3064	Nilgans	6/24	Germany
3065	Kleinelsterchen	6/25	Ghana

3066	Kupfer-Nektarvogel	6/25	Ghana
3067	Afrikadrossel	6/25	Ghana
3068	Schildrabe	6/25	Ghana
3069	Kappengeier	6/25	Ghana
3070	Dominikanerwitwe	6/25	Ghana
3071	Pünktchenamarant	6/25	Ghana
3072	Grauastrild	6/25	Ghana
3073	Orangebäckchen	6/25	Ghana
3074	Gelbschulterwida	6/25	Ghana
3075	Flammen-Wida	6/25	Ghana
3076	Feuerwida	6/25	Ghana
3077	Dorfweber	6/25	Ghana
3078	Graukopfsperling	6/25	Ghana
3079	Prachtglanzstar	6/25	Ghana
3080	Weißscheitelrötel	6/25	Ghana
3081	Rahmbrustprinie	6/25	Ghana
3082	Kurzflügel-Zistensänger	6/25	Ghana
3083	Strichelzistens	6/25	Ghan
3084	Weißbrauen-Zistensänger	6/25	Ghana
3085	Rotgesicht-Ziste	6/25	Ghana
3086	Blökrasmücke	6/25	Ghana
3087	Bartgrassänger	6/25	Ghana
3088	Graubülbül	6/25	Ghana
3089	Goldscheitel-Würger	6/25	Ghana
3090	Senegaltschagra	6/25	Ghana
3091	Doppelzahn-Bartvogel	6/25	Ghana
3092	Grautoko	6/25	Ghana
3093	Spornkuckuck	6/25	Ghana
3094	Jakobinerkuckuck	6/25	Ghana
3095	Schwarzschwanz-Lärmvogel	6/25	Ghana
3096	Guineaturako	6/25	Ghana
3097	Stahlflecktäubchen	6/25	Ghana
3098	Erzflecktäubchen	6/25	Ghana
3099	Halbmondtaube	6/25	Ghana
3100	Blaustirn-Blatthühnchen	6/25	Ghana
3101	Schwarzbauchtrappe	6/25	Ghana
3102	Schikrasperber	6/25	Ghana
3103	Tahaweber	6/25	Ghana
3104	Layardweber	6/25	Ghana
3105	Grünkopf-Nektarvogel	6/25	Ghana
3106	Haubenzwergfischer	6/25	Ghana
3107	Bronzesultanshuhn	6/25	Ghana
3108	Purpurhuhn	6/25	Ghana
3109	Negerralle	6/25	Ghana
3110	Höhlenweihe	6/25	Ghana
3111	Küstenreiher	6/25	Ghana
3112	Mittelreiher	6/25	Ghana
3113	Riedscharbe	6/25	Ghana
3114	Mohrenweber	6/25	Ghana
3115	Olivnektarvogel	6/25	Ghana
3116	Scherenschwanzschwalbe	6/25	Ghana
3117	Vangaschnäpper	6/25	Ghana
3118	Gelbbüschel-Zwergbärtling	6/25	Ghana
3119	Elstertoko	6/25	Ghana
3120	Zwergkönigsfischer	6/25	Ghana
3121	Palmensegler	6/25	Ghana
3122	Afrikanische Zwergente	6/25	Ghana
3123	Mantelschwärzling	6/26	Ghana
3124	Zweifarbenschwärzling	6/26	Ghana
3125	Graunackenschwärzling	6/26	Ghana
3126	Trauer-Weber	6/26	Ghana
3127	Dreifarben-Weber	6/26	Ghana
3128	Rothalsweber	6/26	Ghana
3129	Fahlkehl-Glanzköpfchen	6/26	Ghana
3130	Braunrücken-Nektarvogel	6/26	Ghana
3131	Waldnektarvogel	6/26	Ghana
3132	Goldband-Nektarvogel	6/26	Ghana
3133	Frasers Nektarvogel	6/26	Ghana
3134	Kastanienflügelstar	6/26	Ghana
3135	Finschdrossel	6/26	Ghana
3136	Waldschnäpper	6/26	Ghana
3137	Violettmantel-Hyliota	6/26	Ghana
3138	Rotkopferemomela	6/26	Ghana
3139	Gelbbrauen-Grasmücke	6/26	Ghana
3140	Kurzschwanz-Feinsänger	6/26	Ghana
3141	Rotkappen-Spreizschwanz	6/26	Ghana
3142	Strichelköpfchen	6/26	Ghana
3143	Hylia	6/26	Ghana
3144	Einfarb-Bülbülgrasmücke	6/26	Ghana
3145	Grünbülbül	6/26	Ghana
3146	Gelbbartbülbül	6/26	Ghana
3147	Goldbauchbülbül	6/26	Ghana
3148	Weißbartbülbül	6/26	Ghana
3149	Fleckenbülbül	6/26	Ghana
3150	Weißschwanzbülbül	6/26	Ghana
3151	Schmalschnabelbülbül	6/26	Ghana
3152	Senegalparadiesschnäpper	6/26	Ghana
3153	Samtdrongo	6/26	Ghana
3154	Rotbauchspecht	6/26	Ghana
3155	Düsterspecht	6/26	Ghana
3156	Flecken-Bartvogel	6/26	Ghana
3157	Gelbkehl-Zwergbärtling	6/26	Ghana
3158	Rotbürzel-Bartvogel	6/26	Ghana
3159	Flecken-Zwergbärtling	6/26	Ghana
3160	Glatzenbartvogel	6/26	Ghana
3161	Schwarzhelm-Hornvogel	6/26	Ghana
3162	Blaukehlroller	6/26	Ghana
3163	Sumpfsegler	6/26	Ghana
3164	Westerzkuckuck	6/26	Ghana
3165	Klaaskuckuck	6/26	Ghana
3166	Blaurückenturako	6/26	Ghana
3167	Rotnasen-Grüntaube	6/26	Ghana
3168	Tamburintäubchen	6/26	Ghana
3169	Palmgeier	6/26	Ghana
3170	Königs-Weber	6/26	Ghana
3171	Rotbrusthabicht	6/26	Ghana
3172	Senegalliest	6/26	Ghana
3173	Wilsonwitwe	6/26	Ghana

3174	Rotbrust-Samenknacker	6/26	Ghana
3175	Rotkopfweber	6/26	Ghana
3176	Rotbauch-Nektarvogel	6/26	Ghana
3177	Olivbauch-Nektarvogel	6/26	Ghana
3178	Sonnenprinie	6/26	Ghana
3179	Pirolsänger	6/26	Ghana
3180	Hartlaub-Bülbül	6/26	Ghana
3181	Graukopfbleda	6/26	Ghana
3182	Senegalschwalbe	6/26	Ghana
3183	Fahlkehlschwalbe	6/26	Ghana
3184	Nördlicher Fiskalwürger	6/26	Ghana
3185	Orangebrustwürger	6/26	Ghana
3186	Tropenwürger	6/26	Ghana
3187	Dorntschagra	6/26	Ghana
3188	Sumpftschagra	6/26	Ghana
3189	Lappenschnäpper	6/26	Ghana
3190	Termitenspecht	6/26	Ghana
3191	Schreihornvogel	6/26	Ghana
3192	Zwergspint	6/26	Ghana
3193	Schleppennachtschwalbe	6/26	Ghana
3194	Häherkuckuck	6/26	Ghana
3195	Senegalkiebitz	6/26	Ghana
3196	Senegaltriel	6/26	Ghana
3197	Doppelspornfrankolin	6/26	Ghana
3198	Glanzelsterchen	6/27	Ghana
3199	Rotkehlweber	6/27	Ghana
3200	Witwenstelze	6/27	Ghana
3201	Waldrötel	6/27	Ghana
3202	Orangescheitelalethe	6/27	Ghana
3203	Stuhlmann-Schnäpper	6/27	Ghan
3204	Großfuß-Buschdrossling	6/27	Ghana
3205	Pfeifzistensänger	6/27	Ghana
3206	Olivgrasmücke	6/27	Ghana
3207	Zeisig-Bülbül	6/27	Ghana
3208	Raphiabülbül	6/27	Ghana
3209	Maidschwalbe	6/27	Ghana
3210	Westnikator	6/27	Ghana
3211	Schwarz-Würger	6/27	Ghana
3212	Glanz-Lappenschnäpper	6/27	Ghana
3213	Graufalke	6/27	Ghana
3214	Perlenschmuckralle	6/27	Ghana
3215	Purpurastrild	6/27	Ghana
3216	Spitzschwanzstar	6/27	Ghana
3217	Kupferglanzstar	6/27	Ghana
3218	Augenbrauen-Buschdrossling	6/27	Ghana
3219	Grünmantelsylvietta	6/27	Ghana
3220	Alexanderbülbül	6/27	Ghana
3221	Zwergtoko	6/27	Ghana
3222	Waldhopf	6/27	Ghana
3223	Goldkuckuck	6/27	Ghana
3224	Rotschläfenschwalbe	6/27	Ghana
3225	Mohrenschwalbe	6/27	Ghana
3226	Halsband-Brachschwalbe	6/27	Ghana
3227	Gelbkopf-Felshüpfer	6/27	Ghana
3228	Blauflügelpirol	6/27	Ghana
3229	Rotflanken-Breitrachen	6/27	Ghana
3230	Kongopapagei	6/27	Ghana
3231	Steinschwalbe	6/28	Ghana
3232	Rostflanken-Bülbülgrasmücke	6/28	Ghana
3233	Sjöstedtbülbül	6/28	Ghana
3234	Glanzhaubenschnäpper	6/28	Ghana
3235	Schwarzflügelpirol	6/28	Ghana
3236	Blutbrustwürger	6/28	Ghana
3237	Dickschnabel-Schneeballwürger	6/28	Ghana
3238	Gambia-Schneeballwürger	6/28	Ghana
3239	Weißschopf-Hornvogel	6/28	Ghana
3240	Cassinsegle	6/28	Ghana
3241	Maidtaube	6/28	Ghana
3242	Glanzkopftaube	6/28	Ghana
3243	Kuckucksweih	6/28	Ghana
3244	Opalracke	6/28	Ghana
3245	Sperberbussard	6/28	Ghana
3246	Graubürzel-Singhabicht	6/28	Ghana
3247	Rotkappenschwalbe	6/28	Ghana
3248	Trauerdrongo	6/28	Ghana
3249	Furchenschnabel	6/28	Ghana
3250	Röteltaube	6/28	Ghana
3251	Heuschreckenteesa	6/28	Ghana
3252	Gabarhabicht	6/28	Ghana
3253	Purpurglanzstar	6/28	Ghana
3254	Strichelracke	6/28	Ghana
3255	Guineataube	6/28	Ghana
3256	Goldbrüstchen	6/28	Ghana
3257	Singschwalbe	6/28	Ghana
3258	Spitzschwanzelster	6/28	Ghana
3259	Krokodilwächter	6/28	Ghana
3260	Salvadoribussard	6/28	Ghana
3261	Gaukler	6/28	Ghana
3262	Schwarzhalsreiher	6/28	Ghana
3263	Mohrenkopfpapagei	6/28	Ghana
3264	Baumhopf	6/28	Ghana
3265	Senegalracke	6/28	Ghana
3266	Weißkopfdrossling	6/28	Ghana
3267	Fahnennachtschwalbe	6/28	Ghana
3268	Weißkehlfrankolin	6/28	Ghana
3269	Schmetterlingsfink	6/29	Ghana
3270	Zwergweber	6/29	Ghana
3271	Kastanienscheitelweber	6/29	Ghana
3272	Mosambikgirlitz	6/29	Ghana
3273	Amethystglanzstar	6/29	Ghana
3274	Schuppenkopfrötel	6/29	Ghana
3275	Swainsonschnäpper	6/29	Ghana
3276	Senegalbrillenvogel	6/29	Ghana
3277	Graukappeneremomela	6/29	Ghana

3278	Guineameise	6/29	Ghana
3279	Rotschulter-Raupenfresser	6/29	Ghana
3280	Senegalbatis	6/29	Ghana
3281	Einsiedlerkuckuck	6/29	Ghana
3282	Waalietaube	6/29	Ghana
3283	Sattelstorch	6/29	Ghana
3284	Felsenrebhuhn	6/29	Ghana
3285	Senegalamarant	6/29	Ghana
3286	Schönbürzel	6/29	Ghana
3287	Elfennektarvogel	6/29	Ghana
3288	Rotbrust-Glanzköpfchen	6/29	Ghana
3289	Langschwanz-Glanzstar	6/29	Ghana
3290	Erzglanzstar	6/29	Ghana
3291	Sumpfschnäpper	6/29	Ghana
3292	Weissaugen-Drossling	6/29	Ghana
3293	Gelbbauch-Feinsänger	6/29	Ghana
3294	Türkiselminie	6/29	Ghana
3295	Paradiesschnäpper	6/29	Ghana
3296	Halsbandsittich	6/29	Ghana
3297	Zwergbaumhopf	6/29	Ghana
3298	Zimtroller	6/29	Ghana
3299	Rotkehlspint	6/29	Ghana
3300	Zügelliest	6/29	Ghana
3301	Graukopfliest	6/29	Ghana
3302	Zwergteichhuhn	6/29	Ghana
3303	Weißrückengeier	6/29	Ghana
3304	Hagedasch	6/29	Ghana
3305	Hammerkopf	6/29	Ghana
3306	Wollhalsstorch	6/29	Ghana
3307	Helmperlhuhn	6/29	Ghana
3308	Violettmantel-Nektarvogel	6/29	Ghana
3309	Meisenschnäpper	6/29	Ghana
3310	Brubruwürger	6/29	Ghana
3311	Graubrustspecht	6/29	Ghana
3312	Afrika-Zwergohreule	6/29	Ghana
3313	Buschsperling	6/29	Ghana
3314	Rotcistensänger	6/29	Ghana
3315	Gelbschnabelwürger	6/29	Ghana
3316	Graukopfwürger	6/29	Ghana
3317	Pünktchenspecht	6/29	Ghana
3318	Braunbürzelammer	6/29	Ghana
3319	Sonnenlerche	6/29	Ghana
3320	Baumklapperlerche	6/29	Ghana
3321	Blutbrust-Bartvogel	6/29	Ghana
3322	Gelbstirn-Bartvogel	6/29	Ghana
3323	Forbesregenpfeifer	6/29	Ghana
3324	Gambagaschnäpper	6/29	Ghana
3325	Grau-Uhu	6/29	Ghana
3326	Rostschwanz	6/30	Ghana
3327	Schildturako	6/30	Ghana
3328	Perl-Sperlingskauz	6/30	Ghana
3329	Orangeköpfchen	6/30	Ghana
3330	Geradschwanzdrongo	6/30	Ghana
3331	Cabanis-Ammer	6/30	Ghana
3332	Fahlschnäpper	6/30	Ghana
3333	Schwarzrücken-Cistensänger	6/30	Ghana
3334	Schwarzhals-Zistensänger	6/30	Ghana
3335	Riesenelsterchen	7/1	Ghana
3336	Zwerg-Nektarvogel	7/1	Ghana
3337	Graukehlschnäpper	7/1	Ghana
3338	Fantischnäpper	7/1	Ghana
3339	Schwalbenschnäpper	7/1	Ghana
3340	Kappen-Feinsänger	7/1	Ghana
3341	Gelbsteiß-Sylvie	7/1	Ghana
3342	Rotschwanzbleda	7/1	Ghana
3343	Grünglanz-Schwalbe	7/1	Ghana
3344	Glanzdrongo	7/1	Ghana
3345	Rostbauch-Würger	7/1	Ghana
3346	Lappenschnäpper	7/1	Ghana
3347	Gelbfleck-Bartvogel	7/1	Ghana
3348	Braunwangenhornvogel	7/1	Ghana
3349	Kastanienliest	7/1	Ghana
3350	Guinea-Uhu	7/1	Ghana
3351	Weißbauchkuckuck	7/1	Ghana
3352	Smaragdkuckuck	7/1	Ghana
3353	Fleckenadler	7/1	Ghana
3354	Safrangro	7/2	Ghana
3355	Braunrückenpieper	7/2	Ghana
3356	Braunbauchsylvietta	7/2	Ghana
3357	Gelbkehlbülbül	7/2	Ghana
3358	Weißkehlspint	7/2	Ghana
3359	Glockenreiher	7/2	Ghana
3360	Graupapagei	7/3	Cameroon
3361	Afrikanischer Schlangenhalsvogel	7/3	Cameroon
3362	Gelbschnabelente	7/3	Cameroon
3363	Hartlaubente	7/3	Cameroon
3364	Buntkopf-Felshüpfer	7/3	Cameroon
3365	Riesenturako	7/3	Cameroon
3366	Hauben-Weber	7/4	Cameroon
3367	Cassin-Weber	7/4	Cameroon
3368	Schieferbrust-Schnäpper	7/4	Cameroon
3369	Strichelbrust-Bülbül	7/4	Cameroon
3370	Gelbschnabel-Bartvogel	7/4	Cameroon
3371	Grauwangen-Hornvogel	7/4	Cameroon
3372	Baobabsegler	7/4	Cameroon
3373	Nonnenastrild	7/5	Cameroon
3374	Schwarzbauchweber	7/5	Cameroon
3375	Preuss-Nektarvogel	7/5	Cameroon
3376	Kamerunrötel	7/5	Cameroon
3377	Dunkelschnäpper	7/5	Cameroon
3378	Mönchsbuschdrossling	7/5	Cameroon
3379	Zebraprinie	7/5	Cameroon
3380	Farncistensänger	7/5	Cameroon
3381	Waldzistensänger	7/5	Cameroon
3382	Langschwanzprinie	7/5	Cameroon
3383	Weißkehlprinie	7/5	Cameroon
3384	Graurücken-Feinsänger	7/5	Cameroon

3385	Waldbuschsänger	7/5	Cameroon
3386	Papyrusrohrsänger	7/5	Cameroon
3387	Bergwaldbülbül	7/5	Cameroon
3388	Kamerunschwalbe	7/5	Cameroon
3389	Mackinnonwürger	7/5	Cameroon
3390	Gelbbauchwürger	7/5	Cameroon
3391	Tüpfelspecht	7/5	Cameroon
3392	Gelbrücken-Bartvogel	7/5	Cameroon
3393	Braunflügel-Mausvogel	7/5	Cameroon
3394	Perlenralle	7/5	Cameroon
3395	Reichenowastrild	7/5	Cameroon
3396	Meisenastrild	7/5	Cameroon
3397	Samtwida	7/5	Cameroon
3398	Braunkappen-Weber	7/5	Cameroon
3399	Waldweber	7/5	Cameroon
3400	Pirolgimpel	7/5	Cameroon
3401	Blaukopf-Nektarvogel	7/5	Cameroon
3402	Waller-Star	7/5	Cameroon
3403	Weißbauch-Haubenschnäpper	7/5	Cameroon
3404	Rabenwürger	7/5	Cameroon
3405	Dickschnabelgirlitz	7/5	Cameroon
3406	Afrikanisches Schwarzkehlchen	7/5	Cameroon
3407	Kamerunbrillenvogel	7/5	Cameroon
3408	Einfarbbülbül	7/5	Cameroon
3409	Kamerunfrankolin	7/5	Cameroon
3410	Blassstirnschwärzling	7/6	Cameroon
3411	Bouvier-Nektarvogel	7/6	Cameroon
3412	Kardinalspecht	7/6	Cameroon
3413	Schuppenfrankolin	7/6	Cameroon
3414	Dunkelroter Amarant	7/7	Cameroon
3415	Dybowskiastrild	7/7	Cameroon
3416	Weißwangenastrild	7/7	Cameroon
3417	Baglafechtweber	7/7	Cameroon
3418	Brauengirlitz	7/7	Cameroon
3419	Ziernektarvogel	7/7	Cameroon
3420	Pracht-Nektarvogel	7/7	Cameroon
3421	Bamendafeinsänger	7/7	Cameroon
3422	Erzschwalbe	7/7	Cameroon
3423	Roststeiß-Paradiesschnäpper	7/7	Cameroon
3424	Bocagewürger	7/7	Cameroon
3425	Braunscheitelwürger	7/7	Cameroon
3426	Schwarzschulter-Schneeballwürger	7/7	Cameroon
3427	Mohrenhabicht	7/7	Cameroon
3428	Langschwanzstelze	7/7	Cameroon
3429	Blaßkopf-Cistensänger	7/7	Cameroon
3430	Schmuckfeinsänger	7/7	Cameroon
3431	Bangwabuschsänger	7/7	Cameroon
3432	Bannermanturako	7/7	Cameroon
3433	Bannermanweber	7/8	Cameroon
3434	Hartlaubwidah	7/8	Cameroon
3435	Graubauch-Fuchssänger	7/9	Cameroon
3436	Batesparadiesschnäpper	7/9	Cameroon
3437	Mohrensegler	7/9	Cameroon
3438	Mönchskuckuck	7/9	Cameroon
3439	Grillkuckuck	7/9	Cameroon
3440	Preussweber	7/9	Cameroon
3441	Crossley-Drossel	7/9	Cameroon
3442	Kurzlaufdrossel	7/9	Cameroon
3443	Weißbauchrötel	7/9	Cameroon
3444	Gelbfußschnäpper	7/9	Cameroon
3445	Vielfarbenwürger	7/9	Cameroon
3446	Schwarzkehl-Lappenschnäpper	7/9	Cameroon
3447	Gabunspecht	7/9	Cameroon
3448	Braunbrustalethe	7/9	Cameroon
3449	Weißschwanzsänger	7/9	Cameroon
3450	Goldbauchbülbül	7/9	Cameroon
3451	Halsbandwürger	7/9	Cameroon
3452	Elliotspecht	7/10	Cameroon
3453	Schopfadler	7/10	Cameroon
3454	Reichenbachnektarvogel	7/11	Cameroon
3455	Cassinschnäpper	7/11	Cameroon
3456	Riesenfischer	7/11	Cameroon
3457	Rotkopfamadine	7/12	South Africa
3458	Maskenweber	7/12	South Africa
3459	Kapsperling	7/12	South Africa
3460	Karoo-Drossel	7/12	South Africa
3461	Heiliger Ibis	7/12	South Africa
3462	Oryxweber	7/12	South Africa
3463	Kapstelze	7/12	South Africa
3464	Hirtenmaina	7/12	South Africa
3465	Uferzistens	7/12	South Africa
3466	Kronenkiebitz	7/12	South Africa
3467	Waffenkiebitz	7/12	South Africa
3468	Kammblässhuhn	7/12	South Africa
3469	Rotaugenente	7/12	South Africa
3470	Hahnschweifwida	7/12	South Africa
3471	Elsterschmätzer	7/12	South Africa
3472	Froschweihe	7/12	South Africa
3473	Kapgro	7/12	South Africa
3474	Sekretär	7/12	South Africa
3475	Schakalbussard	7/12	South Africa
3476	Gelbscheitelgirlitz	7/12	South Africa
3477	Langschnabelpieper	7/12	South Africa
3478	Zweifarben-Glanzstar	7/12	South Africa
3479	Südlicher Fiskalwürger	7/12	South Africa
3480	Bokmakiri	7/12	South Africa
3481	Sporngans	7/12	South Africa
3482	Vaalpieper	7/12	South Africa
3483	Bergsteinschmätzer	7/12	South Africa
3484	Falhschulterschmätzer	7/12	South Africa
3485	Langzehenrötel	7/12	South Africa
3486	Transkei-Langschnabellerche	7/12	South Africa
3487	Kapkrähe	7/12	South Africa
3488	Steinfalke	7/12	South Africa

3489	Gurneys Honigfresser	7/12	South Africa
3490	Oranjebrillenvogel	7/12	South Africa
3491	Weißflankenschnäpper	7/12	South Africa
3492	Weißstirn-Bienenfresser	7/12	South Africa
3493	Rotschwingenstar	7/12	South Africa
3494	Schlichtbülbül	7/12	South Africa
3495	Kaffernadler	7/12	South Africa
3496	Kapgeier	7/12	South Africa
3497	Südlicher Gelbschnabeltoko	7/12	South Africa
3498	Drongoschnäpper	7/12	South Africa
3499	Graubürzelschwalbe	7/12	South Africa
3500	Grauer Lärmvogel	7/12	South Africa
3501	Gabelracke	7/12	South Africa
3502	Elsterwürger	7/12	South Africa
3503	Rotschnabel-Madenhacker	7/13	South Africa
3504	Schwarzente	7/13	South Africa
3505	Riesenglanzstar	7/13	South Africa
3506	Langschnabel-Sylvietta	7/13	South Africa
3507	Südlicher Rotschnabeltoko	7/13	South Africa
3508	Kapturteltaube	7/13	South Africa
3509	Swainsonfrankolin	7/13	South Africa
3510	Natalfrankolin	7/13	South Africa
3511	Schopffrankolin	7/13	South Africa
3512	Büffelweber	7/13	South Africa
3513	Zimtspornpieper	7/13	South Africa
3514	Sabotalerche	7/13	South Africa
3515	Namaspecht	7/13	South Africa
3516	Nachtflughuhn	7/13	South Africa
3517	Raubadler	7/13	South Africa
3518	Buntastrild	7/13	South Africa
3519	Augenbrauensperling	7/13	South Africa
3520	Gelbbauchammer	7/13	South Africa
3521	Weißbauch-Sonnenvogel,	7/13	South Africa
3522	Rotschulter-Glanzstar	7/13	South Africa
3523	Braundrossling	7/13	South Africa
3524	Stierlingbindensänger	7/13	South Africa
3525	Schwarzkopf-Pirol	7/13	South Africa
3526	Schneeballwürger	7/13	South Africa
3527	Südlicher Hornrabe	7/13	South Africa
3528	Sichelhopf	7/13	South Africa
3529	Brillentaube	7/13	South Africa
3530	Dreibandregenpfeifer	7/13	South Africa
3531	Schreiseeadler	7/13	South Africa
3532	Graukopfsperling	7/13	South Africa
3533	Bindennektarvoge	7/13	South Africa
3534	Grünschwanz-Glanzstar	7/13	South Africa
3535	Akaziendrossel	7/13	South Africa
3536	Mohrenmeise	7/13	South Africa
3537	Weißscheitelwürger	7/13	South Africa
3538	Braunkopfpapagei	7/13	South Africa
3539	Goldschwanzspecht	7/13	South Africa
3540	Hauben-Bartvogel	7/13	South Africa
3541	Angola-Schmetterlingsfink	7/13	South Africa
3542	Spiegelwida	7/13	South Africa
3543	Gelbschnabel-Madenhacker	7/13	South Africa
3544	Weißwangenlerche	7/13	South Africa
3545	Lannerfalke	7/13	South Africa
3546	Kaptäubchen	7/13	South Africa
3547	Einfarb-Schlangenadler	7/13	South Africa
3548	Kapsegler	7/13	South Africa
3549	Riesentrappe	7/13	South Africa
3550	Kampfadler	7/13	South Africa
3551	Braunkehl-Uferschwalbe	7/13	South Africa
3552	Weißstirn-Regenpfeifer	7/13	South Africa
3553	Goliathreiher	7/13	South Africa
3554	Rotschopftrappe	7/13	South Africa
3555	Wollkopfgeier	7/13	South Africa
3556	Weißbrauenkuckuck	7/13	South Africa
3557	Amethystrennvogel	7/13	South Africa
3558	Weißkehlrötel	7/13	South Africa
3559	Gelbbauchbülbül	7/13	South Africa
3560	Gelbbaucheremomela	7/14	South Africa
3561	Rosenamarant	7/14	South Africa
3562	Rotschnabeldrossel	7/14	South Africa
3563	Rotscheitel-Cistensänger	7/14	South Africa
3564	Brillenwürger	7/14	South Africa
3565	Bennettspecht	7/14	South Africa
3566	Bronzeflecktäubchen	7/14	South Africa
3567	Weißbrauen-Heckensänger	7/14	South Africa
3568	Ohrengeier	7/14	South Africa
3569	Brillenweber	7/14	South Africa
3570	Weißbrauenrötel	7/14	South Africa
3571	Laubbülbül	7/14	South Africa
3572	Halsband-Bartvogel	7/14	South Africa
3573	Braunkopfliest	7/14	South Africa
3574	Natalrötel	7/14	South Africa
3575	Hartlaubschnäpper	7/14	South Africa
3576	Afrikahabicht	7/14	South Africa
3577	Flötenwürger	7/15	South Africa
3578	Granatastrild	7/15	South Africa
3579	Zwergsperber	7/15	South Africa
3580	Steppenfalke	7/15	South Africa
3581	Trauerkiebitz	7/15	South Africa
3582	Weißscheitelkiebitz	7/15	South Africa
3583	Afrikanischer Löffler	7/15	South Africa
3584	Nimmersatt	7/15	South Africa
3585	Marabu	7/15	South Africa
3586	Rotbauchschmätzer	7/15	South Africa
3587	Pfeifnachtschwalbe	7/15	South Africa
3588	Wassertriel	7/16	South Africa
3589	Kräuselhauben-Perlhuhn	7/16	South Africa
3590	Streifenliest	7/16	South Africa
3591	Felsenzistensänger	7/16	South Africa
3592	Safranweber	7/16	South Africa
3593	Doppelband-Nektarvogel	7/16	South Africa
3594	Rotzügel-Mausvogel	7/16	South Africa
3595	Snipe	7/16	South Africa
3596	Hirtenregenpfeifer	7/16	South Africa

3597	Fahlente	7/16	South Africa
3598	Hottentottenente	7/16	South Africa
3599	Rotschnabel-Pfeifgans	7/16	South Africa
3600	Kaplöffelente	7/16	South Africa
3601	Termitenschmätzer	7/16	South Africa
3602	Rotkappenlerche	7/17	South Africa
3603	Erdspecht	7/17	South Africa
3604	Blautrappe	7/17	South Africa
3605	Stummelwida	7/17	South Africa
3606	Zwergcistensänger	7/17	South Africa
3607	Kaprohrsänger	7/17	South Africa
3608	Kapralle	7/17	South Africa
3609	Grauflügelfrankolin	7/17	South Africa
3610	Zirplerche	7/17	South Africa
3611	Spornlerche	7/17	South Africa
3612	Graukopfkasarka	7/17	South Africa
3613	Paradieskranich	7/17	South Africa
3614	Schwarzweihe	7/17	South Africa
3615	Glattnackenibis	7/17	South Africa
3616	Kapweber	7/18	South Africa
3617	Kapdrossel	7/18	South Africa
3618	Kaprötel	7/18	South Africa
3619	Kapgrassänger	7/18	South Africa
3620	Braunkehl-Wendehals	7/18	South Africa
3621	Blutschnabelweber	7/18	South Africa
3622	Rotnackenlerche	7/18	South Africa
3623	Schwarzflügelkiebitz	7/18	South Africa
3624	Weißbauchtrappe	7/18	South Africa
3625	Rotflügelfrankolin	7/18	South Africa
3626	Malabarhornvogel	7/18	South Africa
3627	Würgerschnäpper	7/18	South Africa
3628	Bartheckensänger	7/18	South Africa
3629	Perlastrild	7/19	South Africa
3630	Kleiner Bindennektarvoge	7/19	South Africa
3631	Flechtenfeinsänger	7/19	South Africa
3632	Kapbeutelmeise	7/19	South Africa
3633	Vierfarben-Würger	7/19	South Africa
3634	Glanzhaubenturako	7/19	South Africa
3635	Rotstirn-Bartvogel	7/19	South Africa
3636	Rostbanderemomela	7/19	South Africa
3637	Neergaardnektarvogel	7/19	South Africa
3638	Trompeterhornvogel	7/19	South Africa
3639	Rötelpelikan	7/19	South Africa
3640	Mohrenklaffschnabel	7/19	South Africa
3641	Kronenadler	7/19	South Africa
3642	Schnäpperrohrsänger	7/19	South Africa
3643	Blaumantel-Schopfschnäpper	7/20	South Africa
3644	Lappenstar	7/20	South Africa
3645	Graubrust-Schlangenadler	7/20	South Africa
3646	Graunektarvogel	7/20	South Africa
3647	Feuerstirn-Bartvogel	7/20	South Africa
3648	Weißstirnweber	7/20	South Africa
3649	Cabanisweber	7/20	South Africa
3650	Schwefelgirlitz	7/20	South Africa
3651	Schwarzbauch-Glanzstar	7/20	South Africa
3652	Weißbrauen-Uferschwalbe	7/20	South Africa
3653	Braunkopfnicator	7/20	South Africa
3654	Weißohr-Bartvogel	7/20	South Africa
3655	Braunkehlweber	7/20	South Africa
3656	Woodward-Batis	7/20	South Africa
3657	Langschopfturako	7/20	South Africa
3658	Afrika-Waldkauz	7/20	South Africa
3659	Grüner Tropfenastrild	7/21	South Africa
3660	Olivnektarvogel	7/21	South Africa
3661	Fleckengrunddrossel	7/21	South Africa
3662	Spottrötel	7/21	South Africa
3663	Halsband-Feinsänger	7/21	South Africa
3664	Waldraupenfänger	7/21	South Africa
3665	Strichelstirn-Honiganzeiger	7/21	South Africa
3666	Zimttaube	7/21	South Africa
3667	Bronzehalstaube	7/21	South Africa
3668	Oliventaube	7/21	South Africa
3669	Kleiner Goldweber	7/21	South Africa
3670	Schwarzbrust-Schlangenadler	7/21	South Africa
3671	Schildwida	7/22	South Africa
3672	Südafrika-Kronenkranich	7/22	South Africa
3673	Waldgirlitz	7/22	South Africa
3674	Miombonektarvogel	7/22	South Africa
3675	Amethystglanzköpfchen	7/22	South Africa
3676	Buschschwarzkäppchen	7/22	South Africa
3677	Gurneys Grunddrossel	7/22	South Africa
3678	Kapbatis	7/22	South Africa
3679	Helmturako	7/22	South Africa
3680	Klunkerkranich	7/22	South Africa
3681	Bergbussard	7/22	South Africa
3682	Brauner Zistensänger	7/22	South Africa
3683	Drakensbergprinie	7/23	South Africa
3684	Rotkopf-Laubsänger	7/23	South Africa
3685	Goldrückenspecht	7/23	South Africa
3686	Wachtelastrild	7/23	South Africa
3687	Geierrabe	7/23	South Africa
3688	Kafferntrappe	7/23	South Africa
3689	Veldschmätzer	7/23	South Africa
3690	Trauercistensänger	7/23	South Africa
3691	Klippenrötel	7/23	South Africa
3692	Basutogirlitz	7/23	Lesotho
3693	Orangebrust-Felsenspringer	7/23	Lesotho
3694	Kapammer	7/23	Lesotho
3695	Dickschnabellerche	7/23	Lesotho
3696	Afrika-Graseule	7/23	South Africa
3697	Grünastrild	7/24	South Africa
3698	Sternrötel	7/24	South Africa
3699	Barrattbuschsänger	7/24	South Africa
3700	Olivwürger	7/24	South Africa
3701	Kaptschagra	7/24	South Africa
3702	Shelleyfrankolin	7/24	South Africa

3703	Rotbrustralle	7/24	South Africa
3704	Sumpfbuschsänger	7/24	South Africa
3705	Wahlberglaubpicker	7/24	South Africa
3706	Weißrückenente	7/24	South Africa
3707	Afrikanischer Strauß	7/24	South Africa
3708	Weißkopflachmöwe	7/24	South Africa
3709	Hottentottengirlitz	7/25	South Africa
3710	Malachitnektarvogel	7/25	South Africa
3711	Kapbülbül	7/25	South Africa
3712	Kaphonigfresser	7/25	South Africa
3713	Fleckenprinie	7/25	South Africa
3714	Goldbrust-Nektarvogel	7/25	South Africa
3715	Dickichtbuschsänger	7/25	South Africa
3716	Kapfelsenspringer	7/25	South Africa
3717	Bergcistensänger	7/25	South Africa
3718	Schwarzer Austernfischer	7/25	South Africa
3719	Küstenscharbe	7/25	South Africa
3720	Kapscharbe	7/25	South Africa
3721	Kaptölpel	7/25	South Africa
3722	Brillenpinguin	7/25	South Africa
3723	Kapfrankolin	7/25	South Africa
3724	Eilseeschwalbe	7/25	South Africa
3725	Kaptriel	7/25	South Africa
3726	Afrikanische Ruderente	7/25	South Africa
3727	Weißkappenalbatros	7/26	South Africa
3728	Gelbnasenalbatros	7/26	South Africa
3729	Kronenscharbe	7/26	South Africa
3730	Fleckenuhu	7/27	South Africa
3731	Gelbbauchgirlitz	7/27	South Africa
3732	Agulhas-Langschnabellerche	7/27	South Africa
3733	Karroheckensänger	7/27	South Africa
3734	Knysnaspecht	7/27	South Africa
3735	Weißkehlgirlitz	7/27	South Africa
3736	Dambocistensänger	7/27	South Africa
3737	Schwarzbauchtrappe	7/27	South Africa
3738	Knarrtrappe	7/27	South Africa
3739	Weißflügelgirlitz	7/27	South Africa
3740	Namaprinie	7/27	South Africa
3741	Bleichschmätzer	7/28	South Africa
3742	Zimtbrustsänger	7/28	South Africa
3743	Elfensänger	7/28	South Africa
3744	Priritschnäpper	7/28	South Africa
3745	Meisengrasmücke	7/28	South Africa
3746	Langschwanzeremomela	7/28	South Africa
3747	Rotohrsänger	7/28	South Africa
3748	Großer Singhabicht	7/28	South Africa
3749	Oranjeschmätzer	7/28	South Africa
3750	Karrulerche	7/28	South Africa
3751	Rostrennvogel	7/28	South Africa
3752	Ludwigstrappe	7/28	South Africa
3753	Langschnabellerche	7/29	South Africa
3754	Layardmeisensänger	7/29	South Africa
3755	Kapbeutelmeise	7/29	South Africa
3756	Kapmeise	7/29	South Africa
3757	Kleiner Honiganzeiger	7/29	South Africa
3758	Weißrücken-Mausvogel	7/29	South Africa
3759	Zwergflamingo	7/29	South Africa
3760	Rotband-Regenpfeifer	7/29	South Africa
3761	Zwergelsterchen	7/30	Madagascar
3762	Madagaskarcistensänger	7/31	Madagascar
3763	Madagarskarweber	7/31	Madagascar
3764	Malegassennektarvogel	7/31	Madagascar
3765	Madagaskardajal	7/31	Madagascar
3766	Graunackentimalie	7/31	Madagascar
3767	Langschnabel-Bernieria	7/31	Madagascar
3768	Madagassischer Bulbul	7/31	Madagascar
3769	Rotbrust-Paradiesschnäpper	7/31	Madagascar
3770	Gabeldrongo	7/31	Madagascar
3771	Madagaskarraupenfänger	7/31	Madagascar
3772	Van-Dam-Vanga	7/31	Madagascar
3773	Rotvanga	7/31	Madagascar
3774	Blauvanga	7/31	Madagascar
3775	Elstervanga	7/31	Madagascar
3776	Rostbauchnewtonie	7/31	Madagascar
3777	Grauköpfchen	7/31	Madagascar
3778	Rabenpapagei/Kleiner Vasapapagei	7/31	Madagascar
3779	Madagaskarfalke	7/31	Madagascar
3780	Madagarskarwiedehopf	7/31	Madagascar
3781	Madagaskarspint	7/31	Madagascar
3782	Malegassenzwergfischer	7/31	Madagascar
3783	Madagaskar-Nachtschwalbe	7/31	Madagascar
3784	Tulukuckuck	7/31	Madagascar
3785	Spitzschopf-Seidenkuckuck	7/31	Madagascar
3786	Weißkehl-Seidenkuckuck	7/31	Madagascar
3787	Coquerel-Seidenkuckuck	7/31	Madagascar
3788	Madagaskarturteltaube	7/31	Madagascar
3789	Schwarkehl-Laufhühnchen	7/31	Madagascar
3790	Madagarskarbussard	7/31	Madagascar
3791	Madagarsarseeadler	7/31	Madagascar
3792	Echsenhabicht	7/31	Madagascar
3793	Dickschnabelreiher	7/31	Madagascar
3794	Madagarskarblatthühnchen	7/31	Madagascar
3795	Malegassennektarvogel	8/1	Madagascar
3796	Weißkopfvanga	8/1	Madagascar
3797	Sichelvanga	8/1	Madagascar
3798	Hakenschnabelvanga	8/1	Madagascar
3799	Gelbbauchjala	8/1	Madagascar
3800	Kurol	8/1	Madagascar
3801	Torotoroka-Zwergohreule	8/1	Madagascar
3802	Madagaskar-Grüntaube	8/1	Madagascar
3803	Cuiverralle	8/1	Madagascar
3804	Kurzfuß-Stelzenralle	8/1	Madagascar
3805	Madagaskarstelze	8/2	Madagascar
3806	Hovalerche	8/2	Madagascar
3807	Grünweber	8/3	Madagascar
3808	Madagaskarbrillenvogel	8/3	Madagascar
3809	Weißkehlfoditany	8/3	Madagascar

3810	Tsikiritybuschsänger	8/3	Madagascar
3811	Wardschnäpper	8/3	Madagascar
3812	Crossleytimalie	8/3	Madagascar
3813	Kleibervanga	8/3	Madagascar
3814	Rotschwanzvanga	8/3	Madagascar
3815	Bülbülvanga	8/3	Madagascar
3816	Olivbauchnewtonie	8/3	Madagascar
3817	Langschnabel-Nektarjala	8/3	Madagascar
3818	Seidenjala	8/3	Madagascar
3819	Madagaskarsegler	8/3	Madagascar
3820	Halsband-Nachtschwalbe	8/3	Madagascar
3821	Madagaskarohreule	8/3	Madagascar
3822	Madagaskar-Zwergohreule	8/3	Madagascar
3823	Blau-Seidenkuckuck	8/3	Madagascar
3824	Rotstirn-Seidenkuckuck	8/3	Madagascar
3825	Madagaskarfruchttaube	8/3	Madagascar
3826	Hovaralle	8/3	Madagascar
3827	Graukehlralle	8/3	Madagascar
3828	Schopfibis	8/3	Madagascar
3829	Großer Vasapapagei	8/4	Madagascar
3830	Rothschildweber	8/4	Madagascar
3831	Kurzschnabelbülbül	8/4	Madagascar
3832	Schuppenerdracke	8/4	Madagascar
3833	Malegassensegler	8/4	Madagascar
3834	Madagaskarzwergtaucher	8/4	Madagascar
3835	Madagaskarente	8/4	Madagascar
3836	Grauscheitelbülbül	8/5	Madagascar
3837	Glanzente	8/6	Madagascar
3838	Dreifarben-Glanzstar	8/7	Kenya
3839	Langschwanzwürger	8/7	Kenya
3840	Weißbauch-Lärmvogel	8/7	Kenya
3841	Zügelastrild	8/7	Kenya
3842	Weißbrust-Brillenvogel	8/7	Kenya
3843	Augenbrauenweber	8/7	Kenya
3844	Fischerglanzstar	8/7	Kenya
3845	Blaukopfastrild	8/7	Kenya
3846	Starweber	8/7	Kenya
3847	Gelbkehlsperling	8/7	Kenya
3848	Papageischnabelsperling	8/7	Kenya
3849	Königsglanzstar	8/7	Kenya
3850	Brillendrossel	8/7	Kenya
3851	Grauer Fliegenschnäpper	8/7	Kenya
3852	Somalibindensänger	8/7	Kenya
3853	Rotstirnprinie	8/7	Kenya
3854	Rüppellwürger	8/7	Kenya
3855	Somalitschagra	8/7	Kenya
3856	Rotbauchpapagei	8/7	Kenya
3857	Schwarzkehl-Bartvogel	8/7	Kenya
3858	Ohrfleck-Bartvogel	8/7	Kenya
3859	Flammenkopf-Bartvogel	8/7	Kenya
3860	Von-der-Decken-Toko	8/7	Kenya
3861	Östlicher Gelbschnabeltoko	8/7	Kenya
3862	Rotschnabeltoko	8/7	Kenya
3863	Goldschnabelhopf	8/7	Kenya
3864	Maskenflughuhn	8/7	Kenya
3865	Östlich singender Habicht	8/7	Kenya
3866	Schwalbennektarvogel	8/8	Kenya
3867	Trauerwürger	8/8	Kenya
3868	Nubierspecht	8/8	Kenya
3869	Tränenbartvogel	8/8	Kenya
3870	Somaliammer	8/8	Kenya
3871	Purpurbürzel-Glanzköpfchen	8/8	Kenya
3872	Fahlbrustlerche	8/8	Kenya
3873	Riesenlerche	8/8	Kenya
3874	Taitawürger	8/8	Kenya
3875	Halsband-Zwergfalke	8/8	Kenya
3876	Blaunacken-Mausvogel	8/8	Kenya
3877	Schwarzschopfkiebitz	8/8	Kenya
3878	Saviletrappe	8/8	Kenya
3879	Somalistrauß	8/8	Kenya
3880	Tsavonektarvogel	8/8	Kenya
3881	Harlekinlerche	8/8	Kenya
3882	Rosenwürger	8/8	Kenya
3883	Somalirennvogel	8/8	Kenya
3884	Panganiepieper	8/8	Kenya
3885	Pygmäenbati	8/8	Kenya
3886	Somalischer Bienenfresser	8/8	Kenya
3887	Sperbergeier	8/8	Kenya
3888	Gelbkehlfrankolin	8/8	Kenya
3889	Schillings-Bülbül	8/9	Kenya
3890	Glanzkrähe	8/9	Kenya
3891	Gelbbauchastrild	8/9	Kenya
3892	Graubrustgirlitz	8/9	Kenya
3893	Streifenpieper	8/9	Kenya
3894	Taitadrossel	8/9	Kenya
3895	Heuglin-Brillenvogel	8/9	Kenya
3896	Schwarkopf Feinsänger	8/9	Kenya
3897	Olivbrustbülbül	8/9	Kenya
3898	Hartlaubturako	8/9	Kenya
3899	Augurbussard	8/9	Kenya
3900	Scharlachweber	8/9	Kenya
3901	Weißbauchmeise	8/9	Kenya
3902	Sokokepieper	8/10	Kenya
3903	Malindipieper	8/10	Kenya
3904	Amaninektarvogel	8/10	Kenya
3905	Blaukehl-Nektarvogel	8/10	Kenya
3906	Blauflügelrötel	8/10	Kenya
3907	Goldrücken-Spreizschwanz	8/10	Kenya
3908	Schlankbülbül	8/10	Kenya
3909	Fischerbülbül	8/10	Kenya
3910	Schwarer Kuckuckshrike	8/10	Kenya
3911	Sansibarwürger	8/10	Kenya
3912	Braunstirn-Brillenwürger	8/10	Kenya
3913	Dreifarb-Brillenwürger	8/10	Kenya
3914	Kinnfleckschnäpper	8/10	Kenya
3915	Kurzschwanzschnäpper	8/10	Kenya
3916	Mombasaspecht	8/10	Kenya
3917	Schlichtbartvogel	8/10	Kenya

3918	Olivbartvogel	8/10	Kenya
3919	Mangrovefischer	8/10	Kenya
3920	Narinatrogon	8/10	Kenya
3921	Kap-Sperlingskauz	8/10	Kenya
3922	Sokoeeule	8/10	Kenya
3923	Fischerturako	8/10	Kenya
3924	Palmenweber	8/10	Kenya
3925	Golandweber	8/11	Kenya
3926	Schwarzkopfdrossling	8/11	Kenya
3927	Schwarzohrpirol	8/11	Kenya
3928	Kapkuckuck	8/11	Kenya
3929	Reiherläufer	8/11	Kenya
3930	Zwergstrandläufer	8/11	Kenya
3931	Silberadler	8/11	Kenya
3932	Bronzenektarvogel	8/12	Kenya
3933	Gmelindrossel	8/12	Kenya
3934	Bronzedrossling	8/12	Kenya
3935	Dünnschnabelgirlitz	8/12	Kenya
3936	Veilchenastrild	8/12	Kenya
3937	Tropfenrötel	8/12	Kenya
3938	Tavetahoniganzeiger	8/12	Kenya
3939	Weißkopf-Bartvogel	8/12	Kenya
3940	Schwarzbrustspint	8/12	Kenya
3941	Langzehenkiebitz	8/12	Kenya
3942	Rotfuß-Atlaswitwe	8/12	Kenya
3943	Strichelgirlitz	8/12	Kenya
3944	Füllebornnektarvogel	8/12	Kenya
3945	Tacazzenektarvogel	8/12	Kenya
3946	Bergdrongoschnäpper	8/12	Kenya
3947	Gebirgscistensänger	8/12	Kenya
3948	Bergfeinsänger	8/12	Kenya
3949	Umbralaubsänger	8/12	Kenya
3950	Cabanis-Bülbül	8/12	Kenya
3951	Bergwaldbülbül	8/12	Kenya
3952	Berghaubenschnäpper	8/12	Kenya
3953	Bergpirol	8/12	Kenya
3954	Kelhbindenspecht	8/12	Kenya
3955	Bergbartvogel	8/12	Kenya
3956	Silberwangenhornvogel	8/12	Kenya
3957	Kandts Wachsschnabel	8/13	Kenya
3958	Schwarzkehl-Feinsänger	8/13	Kenya
3959	Zimtbuschsänger	8/13	Kenya
3960	Rotstirn-Würger	8/13	Kenya
3961	Höhennachtschwalbe	8/13	Kenya
3962	Bergbussard	8/13	Kenya
3963	Keniasperling	8/13	Kenya
3964	Somaliweber	8/13	Kenya
3965	Kapuhu	8/13	Kenya
3966	Leierschwanzwidah	8/13	Kenya
3967	Goldschwingen-Nektarvogel	8/14	Kenya
3968	Emnie	8/14	Kenya
3969	Trauerturteltaube	8/14	Kenya
3970	Ameisenschmätzer	8/14	Kenya
3971	Jackson-Weber	8/14	Kenya

3972	Schweifglanzstar	8/14	Kenya
3973	Akaziensänger	8/14	Kenya
3974	Schuppensegler	8/14	Kenya
3975	Goldmantelweber	8/14	Kenya
3976	Helmstar	8/14	Kenya
3977	Jackson-Toko	8/14	Kenya
3978	Dotterweber	8/14	Kenya
3979	Alektoweber	8/14	Kenya
3980	Braunschwanz	8/14	Kenya
3981	Heuglingdrossling	8/14	Kenya
3982	Somaliprinie	8/14	Kenya
3983	Borstenrabe	8/14	Kenya
3984	Kurzschleppen-Nachtschwalbe	8/14	Kenya
3985	Nordbüscheleule	8/14	Kenya
3986	Bindenrennvogel	8/14	Kenya
3987	Blassuhu	8/15	Kenya
3988	Diadembartvogel	8/15	Kenya
3989	Hemprich-Toko	8/15	Kenya
3990	Weißbauchgirlitz	8/15	Kenya
3991	Rotzügelsylvietta	8/15	Kenya
3992	Somalimeise	8/15	Kenya
3993	Maronenweber	8/16	Kenya
3994	Graumantelwürger	8/16	Kenya
3995	Silberschnäpper	8/16	Kenya
3996	Zitronenpieper	8/16	Kenya
3997	Hildebrandtglanzstar	8/17	Tanzania
3998	Rüppel-Steinschmätzer	8/17	Tanzania
3999	Beesleylerche	8/17	Tanzania
4000	Graukopfspecht	8/17	Tanzania
4001	Bischofsweber	8/17	Tanzania
4002	Schuppenköpfchen	8/17	Tanzania
4003	Grauglanzstar	8/17	Tanzania
4004	Band-Meisensänger	8/17	Tanzania
4005	Schwarzköpfchen	8/17	Tanzania
4006	Rotkehlfrankolin	8/17	Tanzania
4007	Rotschwanzweber	8/17	Tanzania
4008	Suahelisperling	8/18	Tanzania
4009	Fuchslehre	8/18	Tanzania
4010	Großer Honiganzeiger	8/18	Tanzania
4011	Gelbkehl-Flughuhn	8/18	Tanzania
4012	Coquifrankolin	8/18	Tanzania
4013	Nacktkehl-Lärmvogel	8/18	Tanzania
4014	Braunbauchflughuhn	8/18	Tanzania
4015	Doppelband-Rennvogel	8/18	Tanzania
4016	Goldbugpapagei	8/18	Tanzania
4017	Bunt-Goldschnepfe	8/18	Tanzania
4018	Braunscheitellerche	8/18	Tanzania
4019	Braunkopf-Feinsänger	8/19	Tanzania
4020	Schwarzzügeldrossling	8/19	Tanzania
4021	Graubrustfrankolin	8/19	Tanzania
4022	Kampfläufer	8/19	Tanzania
4023	Amharacistensänger	8/20	Tanzania
4024	Pfirsischköpfchen	8/20	Tanzania

4025	Temminckrennvogel	8/20	Tanzania
4026	Rostkehlmeise	8/20	Tanzania
4027	Marmorspätzling	8/20	Tanzania
4028	Karamojafeinsänger	8/20	Tanzania
4029	Tansania-Rotschnabeltoko	8/20	Tanzania
4030	Kalaharicistensänger	8/21	Tanzania
4031	Schalow-Turaco	8/22	Tanzania
4032	Serinus hyposticta	8/22	Tanzania
4033	Braunrückenrötel	8/22	Tanzania
4034	Weißschwanz-Blauschnäpper	8/22	Tanzania
4035	Graubauch-Laubpicker	8/22	Tanzania
4036	Genickbandweber	8/23	Tanzania
4037	Gartenrohrsänger	8/23	Tanzania
4038	Brandweber	8/23	Tanzania
4039	Südlicher Grosbeak-Kanarienvogel	8/23	Tanzania
4040	Weißflügelseeschwalbe	8/23	Tanzania
4041	Teichwasserläufer	8/23	Tanzania
4042	Graukopfelsterchen	8/23	Tanzania
4043	Bandamadine	8/23	Tanzania
4044	Schuppenbrustdrossling	8/23	Tanzania
4045	Dornbusch-Cistensänger	8/23	Tanzania
4046	Graubeutelmeise	8/23	Tanzania
4047	Zwerg-Schneeballwürger	8/23	Tanzania
4048	Weißkopf-Mausvogel	8/23	Tanzania
4049	Spitzschwanz-Paradieswitwe	8/24	Tanzania
4050	Bergammer	8/24	Tanzania
4051	Menningbrust-Nektarvogel	8/24	Tanzania
4052	Kongoschnäpper	8/24	Tanzania
4053	Hildebrandtfrankolin	8/24	Tanzania
4054	Braunsegler	8/24	Tanzania
4055	Usambara-Buschviper	8/25	Tanzania
4056	Braunbrust-Bratvogel	8/25	Tanzania
4057	Kenrickstar	8/25	Tanzania
4058	Roehldrossel	8/25	Tanzania
4059	Weißbrustalethe	8/25	Tanzania
4060	Fleckenkehlchen	8/25	Tanzania
4061	Rotkappensänger	8/25	Tanzania
4062	Shelleybülbül	8/25	Tanzania
4063	Graustirnwürger	8/25	Tanzania
4064	Füllebornwürger	8/25	Tanzania
4065	Nicollweber	8/25	Tanzania
4066	Gelbstreifenbülbül	8/25	Tanzania
4067	Ulugurunektarvogel	8/26	Tanzania
4068	Rotschwanz-Fuchsdrossel	8/26	Tanzania
4069	Grünkopfpirol	8/26	Tanzania
4070	Rotband-Nektarvogel	8/27	Tanzania
4071	Langschnabel-Waldsänger	8/27	Tanzania
4072	Kapbreitrachen	8/27	Tanzania
4073	Kobalteisvogel	8/27	Tanzania
4074	Maussegler	8/27	Tanzania
4075	Usambara-Uhu	8/27	Tanzania
4076	Usambara-Hyliota	8/28	Tanzania

4077	Brauner Lärmvogel	8/29	Uganda
4078	Hadesschmätzer	8/29	Uganda
4079	Weißkopfschwalbe	8/29	Uganda
4080	Angolaschwalbe	8/29	Uganda
4081	Schwarzkopfweber	8/29	Uganda
4082	Riedweber	8/29	Uganda
4083	Mönchsweber	8/29	Uganda
4084	Schmucknektarvogel	8/29	Uganda
4085	Blaubrustspint	8/29	Uganda
4086	Zwergblatthühnchen	8/29	Uganda
4087	Schuhschnabel	8/29	Uganda
4088	Weiß-geflügelter Sumpf-Trällerer	8/29	Uganda
4089	Afrikanischer Baumfalke	8/29	Uganda
4090	Rossturako	8/30	Uganda
4091	Scharlachwürger	8/30	Uganda
4092	Band-Schlangenadler	8/30	Uganda
4093	Messingglanzstar	8/30	Uganda
4094	Afrikanerkuckuck	8/30	Uganda
4095	Weißhaubenturako	8/30	Uganda
4096	Monteiroastrild	8/31	Uganda
4097	Samtglanzstar	8/31	Uganda
4098	Gelbbauch-Bülbülgrasmücke	8/31	Uganda
4099	Schuppenstirnbülbül	8/31	Uganda
4100	Weißbürzel-Lappenschnäpper	8/31	Uganda
4101	Scheitelfleckspecht	8/31	Uganda
4102	Dickschnabel-Honiganzeiger	8/31	Uganda
4103	Babali-Hornvogel	8/31	Uganda
4104	Schweißfkuckuck	8/31	Uganda
4105	Schwarzschnabelturako	8/31	Uganda
4106	Kongotaube	8/31	Uganda
4107	Nördlicher Hornrabe	8/31	Uganda
4108	Sumpfastrild	8/31	Uganda
4109	Rotschwingensänger	8/31	Uganda
4110	Fledermausaar	8/31	Uganda
4111	Schwarzkinn-Wachtelastrild	9/1	Uganda
4112	Shelleys Spatz	9/1	Uganda
4113	Grünrückeneremomela	9/1	Uganda
4114	Fuchscistensänger	9/1	Uganda
4115	Papyruswürger	9/1	Uganda
4116	Rothalsfalke	9/1	Uganda
4117	Purpurmasken-Bartvogel	9/1	Uganda
4118	Karminspint	9/1	Uganda
4119	Schwalbenschwanzspint	9/1	Uganda
4120	Gelbschnabelfrankolin	9/1	Uganda
4121	Flaggennachtschwalbe	9/1	Uganda
4122	Uferdrossling	9/2	Uganda
4123	Weißbürzelgirlitz	9/2	Uganda
4124	Rotkopf-Samenknacker	9/2	Uganda
4125	Stuhlmannstar	9/2	Uganda
4126	Blauschulterrötel	9/2	Uganda
4127	Maskenfeinsänger	9/2	Uganda
4128	Einfarbmeise	9/2	Uganda

4129	Kongoraupenfresser	9/2	Uganda
4130	Trauerbartvogel	9/2	Uganda
4131	Papyruscistensänger	9/2	Uganda
4132	Stutzschwanz-Nektarvogel	9/3	Uganda
4133	Weißschwanz-Fuchsdrossel	9/3	Uganda
4134	Schuppenburst-Buschdrossling	9/3	Uganda
4135	Braunbauch-Buschdrossling	9/3	Uganda
4136	Weißbauch-Feinsänger	9/3	Uganda
4137	Schnäpperwürger	9/3	Uganda
4138	Grünbrustpitta	9/3	Uganda
4139	Purpurspint	9/3	Uganda
4140	Rotbrust-Sperlingskauz	9/3	Uganda
4141	Hartlaubheckensänger	9/3	Uganda
4142	Augenbrauenweber	9/4	Uganda
4143	Schillereisvogel	9/4	Uganda
4144	Dotterbülbü	9/4	Uganda
4145	Miombocistensänger	9/4	Uganda
4146	Viereckschwanz-Nachtschwärmer	9/4	Uganda
4147	Savannenralle	9/4	Uganda
4148	Afrikanischer Scherenschnabel	9/4	Uganda
4149	Breitschwanzsänger	9/5	Uganda
4150	Rotbrustschwalbe	9/5	Uganda
4151	Rostkehl-Kampfwachtel	9/5	Uganda
4152	Grauköpfiger Sonnenvogel	9/5	Uganda
4153	Rotfuß-Schneeballwürger	9/5	Uganda
4154	Grünkehl-Glanzköpfchen	9/6	Uganda
4155	Graugeflügeltes Rotkehlchen	9/6	Uganda
4156	Ruwenzorinektarvogel	9/6	Uganda
4157	Oberländerdrossel	9/6	Uganda
4158	Ugandarötel	9/6	Uganda
4159	Rotkehlalethe	9/6	Uganda
4160	Lenduschnäpper	9/6	Uganda
4161	Bergbuschdrossling	9/6	Uganda
4162	Kivufeinsänger	9/6	Uganda
4163	Braunwangen-Laubsänger	9/6	Uganda
4164	Trugtesia	9/6	Uganda
4165	Sperberbrustsänger	9/6	Uganda
4166	Weißbrauensylvietta	9/6	Uganda
4167	Ansorgebülbül	9/6	Uganda
4168	Grauaugenwürger	9/6	Uganda
4169	Guineahoniganzeiger	9/6	Uganda
4170	Weißmaskenhopf	9/6	Uganda
4171	Bergtrogon	9/6	Uganda
4172	Olivkuckuck	9/6	Uganda
4173	Diademgirlitz	9/7	Uganda
4174	Schieferastrild	9/7	Uganda
4175	Gelbscheitelgirlitz	9/7	Uganda
4176	Ruwenzorifeinsänger	9/7	Uganda
4177	Schwarzbrustmeise	9/7	Uganda
4178	Ruwenzorischnäpper	9/7	Uganda
4179	Meisenweber	9/7	Uganda
4180	Ruwenzorirötel	9/7	Uganda
4181	Bambusrohrsänger	9/7	Uganda
4182	Höhennachtschwalbe	9/7	Uganda
4183	Edelfrankolin	9/7	Uganda
4184	Königsnektarvogel	9/7	Uganda
4185	Blaukehl-Breitrachen	9/7	Uganda
4186	Jacksons Bergastrild	9/8	Uganda
4187	Zimtflügelstar	9/8	Uganda
4188	Gelbaugen-Drongoschnäpper	9/8	Uganda
4189	Kivubuschsänger	9/8	Uganda
4190	Kurzschnabel-Honiganzeiger	9/8	Uganda
4191	Bergkuckuck	9/8	Uganda
4192	Papyrusgirlitz	9/9	Uganda
4193	Rotgesicht-Bartvogel	9/9	Uganda
4194	Rotbrustkiebitz	9/9	Uganda
4195	Rüpellmeise	9/9	Uganda
4196	Natalnachtschwalbe	9/9	Uganda
4197	Schwarzschulter-Nachtschwalbe	9/9	Uganda
4198	Afrikanische Binsenralle	9/9	Uganda
4199	Graukappeneremomela	9/10	Uganda
4200	Taboracistensänger	9/10	Uganda
4201	Fleckennachtschwalbe	9/10	Uganda
4202	Weißrückenreiher	9/10	Uganda
4203	Rotbauchreiher	9/10	Uganda
4204	Weynsweber	9/11	Uganda
4205	Weißstirnlerche	9/12	UAE
4206	Wüstenrabe	9/12	UAE
4207	Rennvogel	9/12	UAE
4208	Wachtelfrankolin	9/12	UAE
4209	Indischer Silberschnabel	9/12	UAE
4210	Zitronenstelze	9/12	UAE
4211	Purpurnektarvogel	9/12	UAE
4212	Graudrossling	9/12	UAE
4213	Stentohrrohrsänger	9/12	UAE
4214	Kotilangbülbül	9/12	UAE
4215	Mongolenregenpfeifer	9/12	UAE
4216	Rotlappenkiebitz	9/12	UAE
4217	Wacholderlaubsänger	9/12	UAE
4218	Smaragdspint	9/12	UAE
4219	Weißschwanzkiebitz	9/12	UAE
4220	Wüsten-Steinschmätzer	9/12	UAE
4221	Wüstengrasmücke	9/12	UAE
4222	Großer Knutt	9/12	UAE
4223	Terekwasserläufer	9/12	UAE
4224	Wüstenregenpfeifer	9/12	UAE
4225	Hinduracke	9/12	UAE
4226	Wermutregenpfeifer	9/12	UAE
4227	Sibirischer Goldregenpfeifer	9/12	UAE
4228	Rüppelseeschwalbe	9/12	UAE
4229	Weißwangenseeschwalbe	9/12	UAE
4230	Orientseeschwalbe	9/12	UAE
4231	Zügelseeschwalbe	9/12	UAE

4232	Sokotrakormoran	9/12	UAE
4233	Hausammer	9/12	UAE
4234	Schwarzkopf-Steinschmätzer	9/12	UAE
4235	Wüstenprinie	9/12	UAE
4236	Steinlerche	9/12	UAE
4237	Wellenflughuhn	9/12	UAE
4238	Arabisches Sandhuhn	9/12	UAE
4239	Ufermaina	9/12	UAE
4240	Elstersteinschmätzer	9/12	UAE
4241	Kleine Feldlerche	9/12	UAE
4242	Rotschwanzwürger	9/12	UAE
4243	Spießbekassine	9/12	UAE
4244	Lotusnektarvogel	9/13	India
4245	Ceylonnektarvogel	9/13	India
4246	Lachsschnabel-Mistelfresser	9/13	India
4247	Königsdrongo	9/13	India
4248	Paddyreiher	9/13	India
4249	Zwergpfeifgans	9/13	India
4250	Goldbrauen-Bülbü	9/13	India
4251	Frühlingspapageichen	9/13	India
4252	Kleiner Beo	9/13	India
4253	Dschungeldrossling	9/13	India
4254	Rotohrbülbül	9/13	India
4255	Wanderbaumelster	9/13	India
4256	Flaggendrongo	9/13	India
4257	Taubensittich	9/13	India
4258	Großer Feuerrückenspecht	9/13	India
4259	Grünbartvogel	9/13	India
4260	Storchschnabelliest	9/13	India
4261	Heckenkuckuck	9/13	India
4262	Wechselkuckuck	9/13	India
4263	Graustirn-Drosslin	9/13	India
4264	Malabarsalangane	9/13	India
4265	Einfarbschwalbe	9/13	India
4266	Dschungel-Sperlingskauz	9/13	India
4267	Goldstirnblattvogel	9/14	India
4268	Malabarpfeifdrossel	9/14	India
4269	Dajaldrossel	9/14	India
4270	Horsfieldsäbler	9/14	India
4271	Rotstirn-Schneidervogel	9/14	India
4272	Indien-Rotschnabelbülbül	9/14	India
4273	Einfarb-Mistelfresser	9/14	India
4274	Schachwürger	9/14	India
4275	Pflaumenkopfsittich	9/14	India
4276	Orangespecht	9/14	India
4277	Hindugrünspecht	9/14	India
4278	Perlhalstaube	9/14	India
4279	Mohrenschwarzkehlchen	9/14	India
4280	Hütteschwalbe	9/14	India
4281	Dickschnabelkrähe	9/14	India
4282	Mamulastelze	9/14	India
4283	Däumlingsnektarvogel	9/14	India
4284	Nilghirischnäpper	9/14	India
4285	Ganges-Brillenvogel	9/14	India
4286	Graubrustprinie	9/14	India
4287	Indien-Kronenmeise	9/14	India
4288	Graukopfschnäpper	9/14	India
4289	Scharlachmennigvogel	9/14	India
4290	Tüpfelzwergspecht	9/14	India
4291	Nilghiripieper	9/14	India
4292	Indienamsel	9/14	India
4293	Weißbauch-Kurzflügel	9/14	India
4294	Graubrusthäherling	9/14	India
4295	Schlichtprinie	9/14	India
4296	Malaienadler	9/14	India
4297	Orangeschnäpper	9/14	India
4298	Samtstirnkleiber	9/14	India
4299	Elsterraupenschmätzer	9/14	India
4300	Dschungelmaina	9/14	India
4301	Rostbauchprinie	9/14	India
4302	Mohrenscharbe	9/14	India
4303	Emeraldtaube	9/15	India
4304	Nilgiritaube	9/15	India
4305	Sonnerathuhn	9/15	India
4306	Rundschwanzsänger	9/15	India
4307	Grünlaubsänger	9/15	India
4308	Brahminenweih	9/15	India
4309	Schopfhabicht	9/15	India
4310	Graukopfalcippe	9/15	India
4311	Streifenbrusttimalie	9/15	India
4312	Malabar-Schmiedbartvogel	9/15	India
4313	Buntwachtel	9/15	India
4314	Bergbronzemännchen	9/16	India
4315	Braunschwanz-Seeadler	9/16	India
4316	Malabar-Grautoko	9/16	India
4317	Bengalensegler	9/16	India
4318	Grauschwalbenstar	9/16	India
4319	Altwelt-Schlangenhalsvogel	9/16	India
4320	Schwarzkopfpirol	9/16	India
4321	Rotes Spornhuhn	9/16	India
4322	Bronzefruchttaube	9/16	India
4323	Malabar Star	9/16	India
4324	Keralablauschnäpper	9/16	India
4325	Kapuzentimalie	9/16	India
4326	Orangekehlbülbül	9/16	India
4327	Parus cinereus (Kohlmeise)	9/16	India
4328	Weißbauch-Baumelster	9/16	India
4329	Schwarzgenickschnäpper	9/16	India
4330	Bronzedrongo	9/16	India
4331	Zwergmennigvogel	9/16	India
4332	Rundschwanzspecht	9/16	India
4333	Gelbhaubenspecht	9/16	India
4334	Braunscheitelspecht	9/16	India
4335	Malabartrogon	9/16	India
4336	Eilsegler	9/16	India
4337	Hindusegler	9/16	India
4338	Spitzschwanz-Bronzemännchen	9/16	India

4339	Weißbrust-Kielralle	9/16	India
4340	Graustirn-Pompadourtaube	9/16	India
4341	Schwarzflügel-Iora	9/16	India
4342	Ceylonfroschmaul	9/16	India
4343	Braunkopfspint	9/17	India
4344	Schlangenweihe	9/17	India
4345	Falkenkauz	9/17	India
4346	Braunschnäpper	9/17	India
4347	Maskenraupenfänger	9/17	India
4348	Maharadschanachtschwalbe	9/17	India
4349	Streifenohreule	9/17	India
4350	Hindu-Halsbandeule	9/17	India
4351	Mangokauz	9/17	India
4352	Malabar-Schnapper	9/17	India
4353	Ceylonadler	9/17	India
4354	Haubenadler	9/17	India
4355	Türkisracke	9/17	India
4356	Weißkehl-Spinnenjäger	9/17	India
4357	Sonneratkuckuck	9/17	India
4358	Tickellblauschnäpper	9/17	India
4359	Rötelspecht	9/17	India
4360	Baumsegler	9/17	India
4361	Schopfwespenbussard	9/17	India
4362	Gelbschnabeldrossling	9/18	India
4363	Rußbülbül	9/18	India
4364	Elfenblauvogel	9/18	India
4365	Damadrossel	9/18	India
4366	Doppelhornvogel	9/18	India
4367	Gebirgsfruchttaube	9/18	India
4368	Blauer Pfau	9/19	India
4369	Jerdonblattvogel	9/19	India
4370	Weissbrauenbülbül	9/19	India
4371	Goldkehlbülbül	9/19	India
4372	Braunkopf-Bartvogel	9/19	India
4373	Besrasperber	9/19	India
4374	Strauchschmätzer	9/19	India
4375	Jerdonlerche	9/19	India
4376	Graubrustdrongo	9/19	India
4377	Kleiner Raupenwürger	9/19	India
4378	Kupferschmied	9/19	India
4379	Kleiner Grünschnabelkuckuck	9/19	India
4380	Indientriel	9/19	India
4381	Malcolm-Drossling	9/19	India
4382	Indischer Koel	9/19	India
4383	Weißaugenteesa	9/19	India
4384	Madraswachtel	9/19	India
4385	Pagodenstar	9/19	India
4386	Grauscheitellerche	9/19	India
4387	Bengalenuhu	9/19	India
4388	Steppenspötter	9/19	India
4389	Buschlerche	9/19	India
4390	Rotschulterwürger	9/19	India
4391	Hindunachtschwalbe	9/19	India
4392	Brahmanen-Kauz	9/19	India
4393	Bindenlaufhühnchen	9/19	India
4394	Braunwangenscharbe	9/19	India
4395	Fleckschnabelente	9/19	India
4396	Zimtbrusthäherling	9/20	India
4397	Schamadrossel	9/20	India
4398	Graukopfbülbül	9/20	India
4399	Malaienkauz	9/20	India
4400	Rotbauchtimalie	9/20	India
4401	Goldaugentimalie	9/20	India
4402	Kastanienkleiber	9/20	India
4403	Malabarlerche	9/20	India
4404	Weißbauch-Mennigvogel	9/20	India
4405	Bengalgeier	9/20	India
4406	Dschungelwachtel	9/20	India
4407	Weißstirn-Fächerschwanz	9/20	India
4408	Dschungelnachtschwalbe	9/20	India
4409	Weißbauchspecht	9/21	India
4410	Fleckenbrust-Fächerschwanz	9/21	India
4411	Goldschulterspecht	9/21	India
4412	Gelbscheitelspecht	9/21	India
4413	Kahlkopfgeier	9/21	India
4414	Blauschwanzspint	9/21	India
4415	Indischer Grautoko	9/21	India
4416	Rotschulter-Grüntaube	9/21	India
4417	Warzenibis	9/21	India
4418	Schwarzkopfibis	9/21	India
4419	Silberklaffschnabel	9/21	India
4420	Graupelikan	9/21	India
4421	Buntstorch	9/21	India
4422	Hindublatthühnchen	9/21	India
4423	Graukopf-Purpurhuhn	9/21	India
4424	Malabarkiebitz	9/22	India
4425	Elsterstar	9/22	India
4426	Braunkehl-Uferschwalbe	9/22	India
4427	Isabellwürger	9/22	India
4428	Fasanblatthühnchen	9/22	India
4429	Bengalenweber	9/22	India
4430	Bajaweber	9/22	India
4431	Streifen-Drossling	9/22	India
4432	Gelbbauch-Prinie	9/22	India
4433	Saruskranich	9/22	India
4434	Tigerfink	9/23	India
4435	Dschungelsperling	9/23	India
4436	Orientspornpieper	9/23	India
4437	Braunschmätzer	9/23	India
4438	Sibirisches Schwarzkehlchen	9/23	India
4439	Langschwanzdrossling	9/23	India
4440	Tienshanlaubsänger	9/23	India
4441	Kehlstreifenschlüpfer	9/23	India
4442	Koromandeluhu	9/23	India
4443	Wüstenbraunkehlchen	9/23	India
4444	Rotscheitelprinie	9/23	India
4445	Rotschwanzlerche	9/23	India

4446	Rotflügellerche	9/23	India
4447	Laggarfalke	9/23	India
4448	Rotnacken-Laufhühnchen	9/23	India
4449	Steppenweihe	9/23	India
4450	Steppenadler	9/23	India
4451	Eibischgrasmücke	9/24	India
4452	Indienpirol	9/24	India
4453	Weinrote Halsringtaube	9/24	India
4454	Raubadler	9/24	India
4455	Regenwachtel	9/24	India
4456	Hinduseeschwalbe	9/24	India
4457	Kronammer	9/24	India
4458	Steinortolan	9/24	India
4459	Bindenflughuhn	9/24	India
4460	Schluchtenlaubsänger	9/24	India
4461	Asiatischer Paradiesschnäpper	9/25	India
4462	Schwarzdommel	9/25	India
4463	Coromandel-Zwergente	9/25	India
4464	Indiengeier	9/25	India
4465	Sandbrachschwalbe	9/25	India
4466	Schwarzbauchnonne	9/26	India
4467	Fischmöwe	9/26	India
4468	Flusskiebitz	9/26	India
4469	Manyarweber	9/26	India
4470	Bengalenlerche	9/26	India
4471	(Großer) Alexandersittic	9/26	India
4472	Dschungelprinie	9/26	India
4473	Bergprinie	9/27	India
4474	Karmesinnektarvogel	9/27	India
4475	Schwarzkappentimalie	9/27	India
4476	Himalajabülbül	9/27	India
4477	Graubrustbaumelster	9/27	India
4478	Fuchseule	9/27	India
4479	Schwarzkehl-Nektarvogel	9/27	India
4480	Einfarbdrossel	9/27	India
4481	Bergrötel	9/27	India
4482	Brauenschnäpper	9/27	India
4483	Purpurpfeifdrossel	9/27	India
4484	Lazulischnäpper	9/27	India
4485	Blauflügelsiva	9/27	India
4486	Sonnenvogel	9/27	India
4487	Strichelhäherling	9/27	India
4488	Graukopf-Laubsänger	9/27	India
4489	Grünflügelbülbül	9/27	India
4490	Braunohrbülbül	9/27	India
4491	Madagaskar-Fluchtvogel	9/27	India
4492	Himalayabaumläufer	9/27	India
4493	Zimtbauchkleiber	9/27	India
4494	Rostkappen-Schwanzmeise	9/27	India
4495	Kronenmeise	9/27	India
4496	Bergkohlmeise	9/27	India
4497	Rotschnabelkitta	9/27	India
4498	Weißkehl-Fächerschwanz	9/27	India
4499	Graudrongo	9/27	India
4500	Blutpirol	9/27	India
4501	Himalayawurzelschwätzer	9/27	India
4502	Schwarzkopfsittich	9/27	India
4503	Grauspecht	9/27	India
4504	Braunstirnspecht	9/27	India
4505	Blauwangen-Bartvogel	9/27	India
4506	Blaukopf-Bartvogel	9/27	India
4507	Rotkehlwaldrebhuhn	9/27	India
4508	Weißkehlhäherling	9/27	India
4509	Rostkinnhäherling	9/27	India
4510	Rotwangensäbler	9/27	India
4511	Kalifasan	9/27	India
4512	Wasserrotschwanz	9/27	India
4513	Fleckenscherenschwanz	9/27	India
4514	Streifenhäherling	9/27	India
4515	Trauerfischer	9/27	India
4516	Himalayagrünfink	9/27	India
4517	Grauschmätzer	9/27	India
4518	Flusswasseramsel	9/27	India
4519	Bergturteltaube	9/27	India
4520	Rötelsperling	9/27	India
4521	Strichelhäher	9/27	India
4522	Gelbnackenyuhina	9/28	India
4523	Schwarzkinntimalie	9/28	India
4524	Langschwanz-Mennigvogel	9/28	India
4525	Kuckuckstrillerkauz	9/28	India
4526	Borneomistelfresser	9/28	India
4527	Bülbülamsel	9/28	India
4528	Felserddrossel	9/28	India
4529	Rotkopfhäherling	9/28	India
4530	Weißschwanzkleiber	9/28	India
4531	Fukien-Waldrebhuhn	9/28	India
4532	Braunkehlspecht	9/28	India
4533	Rötelmerle	9/28	India
4534	Dachskopf-Laubsänger	9/28	India
4535	Schieferkopf-Laubsänger	9/28	India
4536	Laubmeise	9/28	India
4537	Himalayaspecht	9/28	India
4538	Himalaya-Waldkauz	9/28	India
4539	Wachtel-Sperlingskauz	9/28	India
4540	Mattenpieper	9/28	India
4541	Sumatrablauschnäpper	9/28	India
4542	Koklasfasan	9/28	India
4543	Schopffasan	9/29	India
4544	Goldbrustbülbül	9/29	India
4545	Scharlachmennigvogel	9/29	India
4546	Blaukehlschnäpper	9/29	India
4547	Weißhaubenhäherling	9/29	India
4548	Braunhalsspecht	9/29	India
4549	Streifenbartvogel	9/29	India
4550	Rußschnäpper	9/30	India
4551	Streifenkopf-Laubsänger	9/30	India
4552	Sichuanlaubsänger	9/30	India

4553	Jagdelster	9/30	India
4554	Haarbuschdrongo	9/30	India
4555	Trauerraupenfänger	9/30	India
4556	Rosenmennigvogel	9/30	India
4557	Rotkehlfälkchen	9/30	India
4558	Isabellbrustspecht	9/30	India
4559	Grauscheitelspecht	9/30	India
4560	Geradschwanzdrongo	9/30	India
4561	Bankivahuhn	9/30	India
4562	Bindenseeadler	9/30	India
4563	Haubenadler	9/30	India
4564	Gelbbauchsperling	10/2	Myanmar
4565	Spornpieper	10/2	Myanmar
4566	Burmamaina	10/2	Myanmar
4567	Weikehldrossling	10/2	Myanmar
4568	Malaienprinie	10/2	Myanmar
4569	Chinarohrsänger	10/2	Myanmar
4570	Blanfordbülbül	10/2	Myanmar
4571	Burmalerche	10/2	Myanmar
4572	Burmawürger	10/2	Myanmar
4573	Perlfrankolin	10/2	Myanmar
4574	Malaiensegler	10/2	Myanmar
4575	Klagekuckuck	10/2	Myanmar
4576	Gackelkuckuck	10/2	Myanmar
4577	Bacchusreiher	10/2	Myanmar
4578	Taigazwergschnäpper	10/2	Myanmar
4579	Dunkellaubsänger	10/2	Myanmar
4580	Spateschwanzelster	10/2	Myanmar
4581	Amurfalke	10/2	Myanmar
4582	Froschsperber	10/2	Myanmar
4583	Scharlachmistelfresser	10/3	Myanmar
4584	Schwarznackenpirol	10/3	Myanmar
4585	Himalayasalangane	10/3	Myanmar
4586	Waldpieper	10/3	Myanmar
4587	Elsterschnäpper	10/3	Myanmar
4588	Graurücken-Dschungelschnäpper	10/3	Myanmar
4589	Blaubrustschnäpper	10/3	Myanmar
4590	Drosselsäbler	10/3	Myanmar
4591	Assam-Zaunkönigstimalie	10/3	Myanmar
4592	Gelbbrauenlaubsänger	10/3	Myanmar
4593	Moosschuppentimalie	10/3	Myanmar
4594	Gelbwangenbülbül	10/3	Myanmar
4595	Finkenbülbül	10/3	Myanmar
4596	Manipurbaumläufer	10/3	Myanmar
4597	Rostflankenkleiber	10/3	Myanmar
4598	Goldbauch-Fächerschwanz	10/3	Myanmar
4599	Kurzschnabel-Mennigvogel	10/3	Myanmar
4600	Burmagrünspecht	10/3	Myanmar
4601	Rotbrustspecht	10/3	Myanmar
4602	Langschwanz-Froschmaul	10/4	Myanmar
4603	Nepalgimpel	10/4	Myanmar
4604	Feuerschwanz-Nektarvogel	10/4	Myanmar
4605	Zimtkehlschnäpper	10/4	Myanmar
4606	Dreifarbenschnäpper	10/4	Myanmar
4607	Bändersiva	10/4	Myanmar
4608	Yünnansibia	10/4	Myanmar
4609	Rotschwanzsiva	10/4	Myanmar
4610	Grautimalie	10/4	Myanmar
4611	Assam-Lachstrauch	10/4	Myanmar
4612	Braunkappenhäherling	10/4	Myanmar
4613	Streifenbabax	10/4	Myanmar
4614	Weißbauchcutia	10/4	Myanmar
4615	Kastanienalcippe	10/4	Myanmar
4616	Rothalssäbler	10/4	Myanmar
4617	Kehlstreifenyuhina	10/4	Myanmar
4618	Grauohr-Papageimeise	10/4	Myanmar
4619	Weißbrauenalcippe	10/4	Myanmar
4620	Graukronensänger	10/4	Myanmar
4621	Graukehl-Laubsänger	10/4	Myanmar
4622	Goldbinden-Laubsänger	10/4	Myanmar
4623	Olivbuschsänger	10/4	Myanmar
4624	Rotkopftesia	10/4	Myanmar
4625	Streifenbülbül	10/4	Myanmar
4626	Weißbrauenkleiber	10/4	Myanmar
4627	Rostschwangen-Schwanzmeise	10/4	Myanmar
4628	Schwarzkragenmeise	10/4	Myanmar
4629	Gelbschnabelkitta	10/4	Myanmar
4630	Vireowürgertimalie	10/4	Myanmar
4631	Rostflügel-Würgervireo	10/4	Myanmar
4632	Rotbauch-Würgertimalie	10/4	Myanmar
4633	Rotohrspecht	10/4	Myanmar
4634	Darjeelingspecht	10/4	Myanmar
4635	Goldkehl-Bartvogel	10/4	Myanmar
4636	Apus cooki	10/4	Myanmar
4637	Himalayataube	10/4	Myanmar
4638	Grünschwanz-Nektarvogel	10/4	Myanmar
4639	Schwarzrücken-Scherenschwanz	10/4	Myanmar
4640	Rotstirnsibia	10/4	Myanmar
4641	Braunkappenalcippe	10/4	Myanmar
4642	Fleckenbrust-Zaunkönigstimalie	10/4	Myanmar
4643	Olivscheiteltesia	10/4	Myanmar
4644	Kobaltniltava	10/5	Myanmar
4645	Karminflügelhäherling	10/5	Myanmar
4646	Silberohr-Sonnenvogel	10/5	Myanmar
4647	Strichelhäherling	10/5	Myanmar
4648	Rotkopf-Laubsänger	10/5	Myanmar
4649	Grünlaubsänger	10/5	Myanmar
4650	Bergschneidervogel	10/5	Myanmar
4651	Brustbandhäherling	10/5	Myanmar
4652	Spateldrongo	10/5	Myanmar
4653	Bergadler	10/5	Myanmar
4654	Horsfieldkuckuck	10/5	Myanmar
4655	Braunwürger	10/6	Myanmar

4656	Graukopfstar	10/6	Myanmar
4657	Himalayasäbler	10/6	Myanmar
4658	Japanmeise	10/6	Myanmar
4659	Schwarzkopf-Grünfink	10/6	Myanmar
4660	Schwarzhalsstar	10/6	Myanmar
4661	Schwarzbrustdrossel	10/6	Myanmar
4662	Brillensibia	10/6	Myanmar
4663	Tickelltimalie	10/6	Myanmar
4664	Weißwangenhäherling	10/6	Myanmar
4665	Rotstirntimalie	10/6	Myanmar
4666	Goldkopftimalie	10/6	Myanmar
4667	Brustflecken-Papageimeise	10/6	Myanmar
4668	Weißbrustprinie	10/6	Myanmar
4669	Strichelkopf-Schilfsteiger	10/6	Myanmar
4670	Weißschwanz-Laubsänger	10/6	Myanmar
4671	Grünrückentimalie	10/6	Myanmar
4672	Veraguasittich	10/6	Myanmar
4673	Blaubartspint	10/6	Myanmar
4674	Zweifarben-Kielralle	10/6	Myanmar
4675	Gelbsteiß-Mistelfresser	10/7	Myanmar
4676	Orangebauch-Blattvogel	10/7	Myanmar
4677	Bergblauschnäpper	10/7	Myanmar
4678	Diamantschnäpper	10/7	Myanmar
4679	Karminflügelhäherling	10/7	Myanmar
4680	Silberohrhäherling	10/7	Myanmar
4681	Graunackenyuhina	10/7	Myanmar
4682	Goldscheitel-Tesia	10/7	Myanmar
4683	Königsmeise	10/7	Myanmar
4684	Dünnschnabelpirol	10/7	Myanmar
4685	Tibetwürger	10/7	Myanmar
4686	Graukehl-Mennigvogel	10/7	Myanmar
4687	Feuerrückenspecht	10/7	Myanmar
4688	Rotkopf-Trogon	10/7	Myanmar
4689	Diardkuckuck	10/7	Myanmar
4690	Spitzschwanzgrüntaube	10/7	Myanmar
4691	Baumstelze	10/8	Myanmar
4692	Grünrücken-Nektarvogel	10/8	Myanmar
4693	Rubinwangen-Nektarvogel	10/8	Myanmar
4694	Lätzchenhäherling	10/8	Myanmar
4695	Weißwangen-Maustimalie	10/8	Myanmar
4696	Strichelschneidervogel	10/8	Myanmar
4697	Streifenkehlbülbül	10/8	Myanmar
4698	Rakettschwanzelster	10/8	Myanmar
4699	Ährenträgerpfau	10/8	Myanmar
4700	Gebirgsgimpel	10/9	China
4701	Chinesischer Weißbrauen-Gimpel	10/9	China
4702	Auroragimpel	10/9	China
4703	Waldschneegimpel	10/9	China
4704	Rosenpieper	10/9	China
4705	Strichelbraunelle	10/9	China
4706	Weißscheitel-Rotschwanz	10/9	China
4707	Himalayarotschwanz	10/9	China
4708	Goldschwanz	10/9	China
4709	Blauschwanz	10/9	China
4710	Grandala	10/9	China
4711	Elliothäherling	10/9	China
4712	Riesenhäherling	10/9	China
4713	Bergalcippe	10/9	China
4714	Hügellaubsänger	10/9	China
4715	Alpenblattsänger	10/9	China
4716	Gelbbauch-Buschsänger	10/9	China
4717	Purpurhähnchen	10/9	China
4718	Weidenmeise	10/9	China
4719	Himalayageier	10/9	China
4720	Blauer Ohrfasan	10/9	China
4721	Tibet-Königshuhn	10/9	China
4722	Spiegelrotschwanz	10/9	China
4723	Yunnanlaubsänger	10/9	China
4724	Davidlaubsänger	10/9	China
4725	Grauhaubenmeise	10/9	China
4726	Rotbrustmeise	10/9	China
4727	Wacholderkernbeißer	10/9	China
4728	Gelbschenkel-Kernbeißer	10/9	China
4729	Burgundergimpel	10/9	China
4730	Maskengimpel	10/9	China
4731	Steppenpieper	10/9	China
4732	Kastaniendrossel	10/9	China
4733	Wellenhäherling	10/9	China
4734	Riesenpapageimeise	10/9	China
4735	Himalayalaubsänger	10/9	China
4736	Östlicher Mäusebussard	10/9	China
4737	Graugesichtbussard	10/9	China
4738	Blutfasan	10/9	China
4739	Bindengimpel	10/10	China
4740	Rhododendrongimpel	10/10	China
4741	Rhododendrondrossel	10/10	China
4742	Weißkehl-Rotschwanz	10/10	China
4743	Schopfhähnchen	10/10	China
4744	Himalaya-Bussard	10/10	China
4745	Zwergammer	10/10	China
4746	Davidhäherling	10/10	China
4747	Weißbrauenmeise	10/10	China
4748	Tibetmeise	10/10	China
4749	Keilschwanzwürger	10/10	China
4750	Schwarzhalskranich	10/10	China
4751	Hochlandbussard	10/10	China
4752	Seeadler	10/10	China
4753	Blauelster	10/10	China
4754	Braunkopfmöwe	10/10	China
4755	Rothals-Schneefink	10/10	China
4756	Weißbürzel-Schneefink	10/10	China
4757	Berghänfling	10/10	China
4758	Ascherstar	10/10	China
4759	Saker	10/10	China
4760	Orient Zippammer	10/11	China
4761	Blauer Ohrfasan	10/11	China
4762	Rostbrustbraunelle	10/11	China

4763	Feldrotschwanz	10/11	China
4764	Kansuhäherling	10/11	China
4765	Kaschmirbaumläufer	10/11	China
4766	Przewalskikleiber	10/11	China
4767	Elsterdohle	10/11	China
4768	Asiatische Mehlschwalbe	10/11	China
4769	Drosselsäbler	10/11	China
4770	Weißschwanz-Laubsänger	10/11	China
4771	Graukopf-Schwanzmeise	10/11	China
4772	Blauammer	10/12	China
4773	Bergkurzflügel	10/12	China
4774	Waldhäherling	10/12	China
4775	Grauhäherling	10/12	China
4776	Augenbrauenhäherling	10/12	China
4777	Alcippe davidi	10/12	China
4778	Rotkopftimalie	10/12	China
4779	Braunkopf-Papageimeise	10/12	China
4780	Rotscheitelalcippe	10/12	China
4781	Sichuanlaubsänger	10/12	China
4782	Bergbuschsänger	10/12	China
4783	Rostwangen-Laubsänger	10/12	China
4784	Braunbrustbülbül	10/12	China
4785	Halsbandbülbül	10/12	China
4786	Schmuckmeise	10/12	China
4787	Tannenhäher	10/12	China
4788	Goldfasan	10/12	China
4789	Halsbandkrähe	10/12	China
4790	Chinabülbül	10/12	China
4791	Mandarinamsel	10/12	China
4792	Chinesische Fleckschnabelente	10/12	China
4793	Chinagrünling	10/12	China
4794	Zimtflügelstar	10/12	China
4795	Weißhand-Kernbeißer	10/12	China
4796	Omeihäherling	10/13	China
4797	Prachthäherling	10/13	China
4798	Diademyuhina	10/13	China
4799	Braunkopfalcippe	10/13	China
4800	Japanbrillenvogel	10/13	China
4801	Goldalcippe	10/13	China
4802	Schwarzschnabel-Oliventaube	10/13	China
4803	Graurücken-Scherenschwanz	10/13	China
4804	Stummelscherenschwanz	10/13	China
4805	Graukehl-Papageimeise	10/13	China
4806	Hainannektarvogel	10/13	China
4807	Tickelltimalie	10/13	China
4808	Graubrauen-Bambushuhn	10/13	China
4809	Haubenmaina	10/13	China
4810	Weißscheitel-Scherenschwanz	10/13	China
4811	Weißbrauen-Blauschwanz	10/14	China
4812	Schwarzscheitelhäherling	10/14	China
4813	Graukopf-Papageimeise	10/14	China
4814	Rhododendronbuschsänger	10/14	China
4815	Flammenstirnchen	10/14	China
4816	Chathamregenpfeifer	10/14	China
4817	Kuckuckskauz	10/14	China
4818	Halsbandeule	10/14	China
4819	Rotkopfalcippe	10/15	China
4820	Pnoepyga mutica	10/15	China
4821	Savannennachtschwalbe	10/15	Taiwan
4822	Schattenschmätzer	10/16	Taiwan
4823	Taiwanpfeifdrossel	10/16	Taiwan
4824	Swinhoe-Niltava	10/16	Taiwan
4825	Formosahäherling	10/16	Taiwan
4826	Weißohrtimalie	10/16	Taiwan
4827	Drosselsäbler	10/16	Taiwan
4828	Taiwanschuppentimalie	10/16	Taiwan
4829	Taiwanmeise	10/16	Taiwan
4830	Swinhoefasan	10/16	Taiwan
4831	Taiwanbuschwachtel	10/16	Taiwan
4832	Braunkopfyuhina	10/16	Taiwan
4833	Taiwanrötel	10/16	Taiwan
4834	Weißbarthäherling	10/16	Taiwan
4835	Rosthalshäherling	10/16	Taiwan
4836	Grauwangenalcippe	10/16	Taiwan
4837	Taiwanalcippe	10/16	Taiwan
4838	Formosagoldhähnchen	10/16	Taiwan
4839	Rubin-Gimpel	10/16	Taiwan
4840	Taiwanbuschsänger	10/16	Taiwan
4841	Strichelschwalbe	10/16	Taiwan
4842	Mikadofasan	10/16	Taiwan
4843	Graukehlsegler	10/16	Taiwan
4844	Formosasibia	10/17	Taiwan
4845	Rotbrust-Grundschnäpper	10/17	Taiwan
4846	Taiwan-Augenbrauenhäherling	10/17	Taiwan
4847	Buntmeise	10/17	Taiwan
4848	Taiwan-Weißbauchratte	10/17	Taiwan
4849	Taiwanbartvogel	10/17	Taiwan
4850	Taiwansäbler	10/17	Taiwan
4851	Japanschnäpper	10/17	Taiwan
4852	Dickschnabelkitta	10/17	Taiwan
4853	Wellenreiher	10/17	Taiwan
4854	Taiwanbambushuhn	10/17	Taiwan
4855	Wander-Laubsänger	10/18	Taiwan
4856	Schwarzstirnlöffler	10/18	Taiwan
4857	Schwarzstirnlöffler	10/18	Taiwan
4858	Rotkehlstrandläufer	10/18	Taiwan
4859	Zwergsperber	10/18	Taiwan
4860	Maskenschafstelze	10/18	Taiwan
4861	Orientbrachschwalbe	10/18	Taiwan
4862	Mangroveweihe	10/18	Taiwan
4863	Sibirischer Kranich / Schneekranich	10/18	Taiwan
4864	Schwirrnachtigall	10/18	Taiwan
4865	Riffreiher	10/18	Taiwan

4866	Halsbandliest	10/19	Philippines
4867	Grauschwanzwasserläufer	10/19	Philippines
4868	Malaienfächerschwanz	10/19	Philippines
4869	Brillenspinnenjäger	10/19	Philippines
4870	Goldkehl-Nektarvogel	10/19	Philippines
4871	Palawanmistelfresser	10/19	Philippines
4872	Beo	10/19	Philippines
4873	Mohrendajal	10/19	Philippines
4874	Fleckenschnäpper	10/19	Philippines
4875	Strichelmeisentimalie	10/19	Philippines
4876	Rotschwanz-Schneidervogel	10/19	Philippines
4877	Goldaugenbülbül	10/19	Philippines
4878	Bergwaldbülbül	10/19	Philippines
4879	Kapuzenmeise	10/19	Philippines
4880	Feuermennigvogel	10/19	Philippines
4881	Blaunackenpapagei	10/19	Philippines
4882	Salangane	10/19	Philippines
4883	Glanzkopfsalangane	10/19	Philippines
4884	Schimmerkuckuck	10/19	Philippines
4885	Amethystkuckuck	10/19	Philippines
4886	Weißbauch-Seeadler	10/19	Philippines
4887	Rotsteißkakadu	10/19	Philippines
4888	Puderspecht	10/19	Philippines
4889	Palawanhornvogel	10/19	Philippines
4890	Zwergsalangane	10/19	Philippines
4891	Bengalenkuckuck	10/19	Philippines
4892	Sperbertäubchen	10/19	Philippines
4893	Kappenpitta	10/19	Philippines
4894	Batrachostomus chaseni	10/19	Philippines
4895	Feuerliest	10/20	Philippines
4896	Pagodenkauz	10/20	Philippines
4897	Weißbauch-Bronzemännchen	10/20	Philippines
4898	Malaienstar	10/20	Philippines
4899	Palawanblauschnäpper	10/20	Philippines
4900	Graukopf-Maustimalie	10/20	Philippines
4901	Sundakrähe	10/20	Philippines
4902	Silberparadiesschnäpper	10/20	Philippines
4903	Gelbmantelpirol	10/20	Philippines
4904	Schnäpperdickkopf	10/20	Philippines
4905	Palawan-Spatelschwanzpapagei	10/20	Philippines
4906	Rotkopf-Sultanspecht	10/20	Philippines
4907	Oustaletsalangane	10/20	Philippines
4908	Palawan-Pfaufasan	10/20	Philippines
4909	Philippinenhuhn	10/20	Philippines
4910	Weißstirnlalage	10/20	Philippines
4911	Philippinenkauz	10/21	Philippines
4912	Schokoladenkauz	10/21	Philippines
4913	Philippinen-Halsbandeule	10/21	Philippines
4914	Tropfenliest	10/21	Philippines
4915	Paradiesliest	10/21	Philippines
4916	Kahlkopfstar	10/21	Philippines
4917	Streifenkopf-Baumläufer	10/21	Philippines
4918	Rotbrustbülbül	10/21	Philippines
4919	Augenstreifbülbül	10/21	Philippines
4920	Philippinendrongo	10/21	Philippines
4921	Stahlraupenfänger	10/21	Philippines
4922	Bindenraupenfänger	10/21	Philippines
4923	Stummelschwanzpapagei	10/21	Philippines
4924	Luzon-Spatelschwanzpapagei	10/21	Philippines
4925	Luzonsultanspecht	10/21	Philippines
4926	Ohrensegler	10/21	Philippines
4927	Philippinenkuckuck	10/21	Philippines
4928	Rotbrauenkuckuck	10/21	Philippines
4929	Ohrstreiftaube	10/21	Philippines
4930	Philippinenkielralle	10/21	Philippines
4931	Philippinenadler	10/21	Philippines
4932	Brauenschama	10/21	Philippines
4933	Luzonschneidervogel	10/21	Philippines
4934	Weißbauch-Schwalbenstar	10/21	Philippines
4935	Philippinenspecht	10/21	Philippines
4936	Weißkehlspint	10/21	Philippines
4937	Luzon-Hornvogel	10/21	Philippines
4938	Bambuskuckuck	10/21	Philippines
4939	Philippinen-Schlangenweihe	10/21	Philippines
4940	Philippinenpapageichen	10/21	Philippines
4941	Petschorapieper	10/22	Philippines
4942	Zwerg-Mistelfresser	10/22	Philippines
4943	Weißbauch-Mistelfresser	10/22	Philippines
4944	Rostschnäpper	10/22	Philippines
4945	Kobaltirene	10/22	Philippines
4946	Philippinenbrillenvogel	10/22	Philippines
4947	Luzonschneidervogel	10/22	Philippines
4948	Panthermeise	10/22	Philippines
4949	Zimtparadiesschnäpper	10/22	Philippines
4950	Blaukopf-Fächerschwanz	10/22	Philippines
4951	Philippinendickkopf	10/22	Philippines
4952	Philippinentrogon	10/22	Philippines
4953	Schuppenhalskuckuck	10/22	Philippines
4954	Amethysttaube	10/22	Philippines
4955	Luzon-Dolchstichtaube	10/22	Philippines
4956	Philippinentaube	10/22	Philippines
4957	Luzonbrillenvogel	10/22	Philippines
4958	Scopolispecht	10/22	Philippines
4959	Feuerbrust-Nektarvogel	10/22	Philippines
4960	Rostbauch-Mistelfresser	10/22	Philippines
4961	Graumennigvogel	10/22	Philippines
4962	Blaubrustfischer	10/22	Philippines
4963	Riesenlaufhühnchen	10/22	Philippines
4964	Philippinenlaubsänger	10/23	Philippines
4965	Wallaceeule	10/23	Philippines
4966	Silberfischer	10/23	Philippines
4967	Purpurbrustkotinga	10/23	Philippines
4968	Philippinenwolltimalie	10/23	Philippines
4969	Samaraschneidervogel	10/23	Philippines

4970	Rotschwanz-Schneidervogel	10/23	Philippines
4971	Samar-Hornvogel	10/23	Philippines
4972	Riesennachtschwalbe	10/23	Philippines
4973	Philippinenfroschmaul	10/23	Philippines
4974	Maskenkuckuck	10/23	Philippines
4975	Drongokuckuck	10/23	Philippines
4976	Zebraralle	10/23	Philippines
4977	Aethopyga decorosa	10/24	Philippines
4978	Rotschwanz-Dschungelschnäpper	10/24	Philippines
4979	Streifenkopf-Meisentimalie	10/24	Philippines
4980	Gelbkehl-Buschtimalie	10/24	Philippines
4981	Gelbbrillenbülbül	10/24	Philippines
4982	Samarfächerschwanz	10/24	Philippines
4983	Philippinenpirol	10/24	Philippines
4984	Blaubauchpitta	10/24	Philippines
4985	Rotnackenliest	10/24	Philippines
4986	Gelbbrust-Fruchttaube	10/24	Philippines
4987	Schwarzkopfnonne	10/24	Philippines
4988	Prachtreiher	10/24	Philippines
4989	Mindanaoeule	10/25	Philippines
4990	Rotohreule	10/25	Philippines
4991	Zimtbrillenvogel	10/26	Philippines
4992	Graukehl-Nektarvogel	10/26	Philippines
4993	Zweifarben-Mistelfresser	10/26	Philippines
4994	Olivkopf-Mistelfresser	10/26	Philippines
4995	Braunkopf-Trugbaumläufer	10/26	Philippines
4996	Gebirgsbrillenvogel	10/26	Philippines
4997	Gebirgsbrillenvogel	10/26	Philippines
4998	Rostkopf-Schilfsteiger	10/26	Philippines
4999	Bambusrohrsänger	10/26	Philippines
5000	Goldkronen-Mistelfresser	10/26	Philippines
5001	Rotschwanz-Schneidervogel	10/26	Philippines
5002	Kleibervanga	10/26	Philippine
5003	Mindanaofächerschwanz	10/26	Philippines
5004	Spitzschwanz-Raupenfänger	10/26	Philippines
5005	Mindanao-Spatelschwanzpapagei	10/26	Philippines
5006	Zweifarbenfälkchen	10/26	Philippines
5007	Sultanspecht	10/26	Philippines
5008	Mindanaoliest	10/26	Philippines
5009	Mindanao-Tariktikhornvogel	10/26	Philippines
5010	Grausalangane	10/26	Philippines
5011	Buschkuckuck	10/26	Philippines
5012	Mindanaohaubenadler	10/26	Philippines
5013	Dickichtschnäpper	10/27	Philippines
5014	Langschwanz-Buschsänger	10/27	Philippines
5015	Mindorodrossel	10/28	Philippines
5016	Mangroveblauschnäpper	10/28	Philippines
5017	Philippinenschama	10/28	Philippines
5018	Goldbrustgerygone	10/28	Philippines
5019	Philippinennachtschwalbe	10/28	Philippines
5020	Blatthühnchenralle	10/28	Philippines
5021	Purpurkehl-Nektarvogel	10/29	Thailand
5022	Blauflügel-Blattvogel	10/29	Thailand
5023	Hainanblauschnäpper	10/29	Thailand
5024	Rotschwanz-Maustimalie	10/29	Thailand
5025	Ussurilaubsänger	10/29	Thailand
5026	Blassbauch-Haubenbülbül	10/29	Thailand
5027	Langschnabel-Aegithina	10/29	Thailand
5028	Purpurkopf-Breitrachen	10/29	Thailand
5029	Wellenliest	10/29	Thailand
5030	Orienthornvogel	10/29	Thailand
5031	Dickschnabel-Grüntaube	10/29	Thailand
5032	Grünfuß-Buschwachtel	10/29	Thailand
5033	Goldkopf-Zistensänger	10/29	Thailand
5034	Goldscheitel-Laubsänger	10/29	Thailand
5035	Grauaugen-Bülbül	10/29	Thailand
5036	Grünscheitel-Bartvogel	10/29	Thailand
5037	Grünohr-Bartvogel	10/29	Thailand
5038	Schwarzohr-Bartvogel	10/29	Thailand
5039	Einfarb-Mistelfresser	10/29	Thailand
5040	Blaunachtigall	10/29	Thailand
5041	Langschopfmaina	10/29	Thailand
5042	Rosenbrustbartsittich	10/29	Thailand
5043	Netzbauchspecht	10/30	Thailand
5044	Weißohrhäherling	10/30	Thailand
5045	Riesensäbler	10/30	Thailand
5046	Orangebrust-Trogon	10/30	Thailand
5047	Renauldkuckuck	10/30	Thailand
5048	Kalksteintimalie	10/30	Thailand
5049	Malaienfächerschwanz	10/30	Thailand
5050	Kotilangbülbül	10/30	Thailand
5051	Reisfink	10/30	Thailand
5052	Kappenliest	10/31	Thailand
5053	Steppenschlammläufer	10/31	Thailand
5054	Braunkehl-Nektarvogel	10/31	Thailand
5055	Langzehenstrandläufer	10/31	Thailand
5056	Graukopfkiebitz	10/31	Thailand
5057	Malaienregenpfeifer	10/31	Thailand
5058	Schneereiher	10/31	Thailand
5059	Tüpfelgrünschenkel	10/31	Thailand
5060	Milchstorch	10/31	Thailand
5061	Chinadommel	10/31	Thailand
5062	Brauenrohrsänger	11/1	Thailand
5063	Kernbeisserweber	11/1	Thailand
5064	Ohrenpitta	11/1	Thailand
5065	Schwarzkopfbülbül	11/1	Thailand
5066	Malaienralle	11/1	Thailand
5067	Rotkappentimalie	11/1	Thailand
5068	Langschwanz-Nachtschwalbe	11/1	Thailand
5069	Gelbwangen-Spinnenjäger	11/2	Thailand
5070	Dickschnabel-Mistelfresser	11/2	Thailand
5071	Sultansmeise	11/2	Thailand
5072	Gelbnackenspecht	11/2	Thailand
5073	Weißstirneule	11/2	Thailand

5074	Gabelschwanz-Drongokuckuck	11/2	Thailand
5075	Rotbauchadler	11/2	Thailand
5076	Brustbandtimalie	11/2	Thailand
5077	Leiterschwanzelster	11/2	Thailand
5078	Strichel-Spinnenjäger	11/2	Thailand
5079	Schlicht-Nektarvogel	11/2	Thailand
5080	Orangenbauch-Mistelfresser	11/2	Thailand
5081	Dickschnabel-Blattvogel	11/2	Thailand
5082	Roststirnschnäpper	11/2	Thailand
5083	Fleckenhals-Buschtimalie	11/2	Thailand
5084	Everettbrillenvogel	11/2	Thailand
5085	Thailaubsänger	11/2	Thailand
5086	Bambuslaubsänger	11/2	Thailand
5087	Rostbauch-Bülbül	11/2	Thailand
5088	Hain-Paradiesschnäpper	11/2	Thailand
5089	Rosenmennigvogel	11/2	Thailand
5090	Kastanienbrustschnäpper	11/2	Thailand
5091	Halsband-Breitrachen	11/2	Thailand
5092	Papageibreitrachen	11/2	Thailand
5093	Dommelspecht	11/2	Thailand
5094	Rötelmausspecht	11/2	Thailand
5095	Rotbartspint	11/2	Thailand
5096	Rotbauchkuckuck	11/2	Thailand
5097	Hinduweih	11/2	Thailand
5098	Grauer Pfaufasan	11/2	Thailand
5099	Braunbrust-Buschwachtel	11/2	Thailand
5100	Kellenschnabel-Breitrachen	11/3	Thailand
5101	Finkenfälkchen	11/3	Thailand
5102	Haubensegler	11/3	Thailand
5103	Löffelstrandläufer	11/3	Thailand
5104	Indochinalerche	11/3	Thailand
5105	Ceylondrossel	11/4	Sri Lanka
5106	Bambusschnäpper	11/4	Sri Lanka
5107	Ceylondrossling	11/4	Sri Lanka
5108	Ceylonbrillenvogel	11/4	Sri Lanka
5109	Sri Lanka-Goldbrustbülbül	11/4	Sri Lanka
5110	Rostbauch-Rötelschwalbe	11/4	Sri Lanka
5111	Regendrongo	11/4	Sri Lanka
5112	Bengalenpitta	11/4	Sri Lanka
5113	Ceylonpapageichen	11/4	Sri Lanka
5114	Blauschwanzsittich	11/4	Sri Lanka
5115	Ceylonsultanspecht	11/4	Sri Lanka
5116	Goldstirn-Bartvogel	11/4	Sri Lanka
5117	Dschungelzwergfischer	11/4	Sri Lanka
5118	Ceylon-Grautoko	11/4	Sri Lanka
5119	Kastanienmantel-Zwergkauz	11/4	Sri Lanka
5120	Serendib-Zwergohreule	11/4	Sri Lanka
5121	Ceylonkuckuck	11/4	Sri Lanka
5122	Andamanen-Grüntaube	11/4	Sri Lanka
5123	Ceylonhuhn	11/4	Sri Lanka
5124	Weißkehl-Mistelfresser	11/5	Sri Lanka
5125	Orangenachtigall	11/5	Sri Lanka
5126	Graustirnhäherling	11/5	Sri Lanka

5127	Braunkappen-Erdtimalie	11/5	Sri Lanka
5128	Schwarzschwanzsäbler	11/5	Sri Lanka
5129	Schmuckkitta	11/5	Sri Lanka
5130	Greisenstar	11/6	Sri Lanka
5131	Dschungelatzel	11/6	Sri Lanka
5132	Ceylonerddrossel	11/6	Sri Lanka
5133	Schwarzkopf-Raupenfänger	11/6	Sri Lanka
5134	Rotgesicht-Malkoha	11/6	Sri Lanka
5135	Ceylonspornhuhn	11/6	Sri Lanka
5136	Rostschulterhäherling	11/7	Malaysia
5137	Spiegelhäherling	11/7	Malaysia
5138	Stutzschwanztimalie	11/7	Malaysia
5139	Schweiftimalie	11/7	Malaysia
5140	Malaienalcippe	11/7	Malaysia
5141	Graukehl-Buschtimalie	11/7	Malaysia
5142	Malaien-Braunbartvogel	11/7	Malaysia
5143	Maskenbülbül	11/7	Malaysia
5144	Schuppenbülbül	11/7	Malaysia
5145	Traueradler	11/7	Malaysia
5146	Frühlingstaube	11/7	Malaysia
5147	Runzelhornvogel	11/8	Malaysia
5148	Tigerwürger	11/8	Malaysia
5149	Schwarzbrauen-Bartvogel	11/8	Malaysia
5150	Goldwangen-Bartvogel	11/8	Malaysia
5151	Rhinozerosvogel	11/8	Malaysia
5152	Augenwachtel	11/8	Malaysia
5153	Streifennektarvogel	11/8	Malaysia
5154	Langschnabel-Spinnenjäger	11/8	Malaysia
5155	Rotkehl-Nektarvogel	11/8	Malaysia
5156	Rotbürzeltimalie	11/8	Malaysia
5157	Salvadoribülbül	11/8	Malaysia
5158	Weißaugenbülbül	11/8	Malaysia
5159	Malaiische Bindenpitta	11/8	Malaysia
5160	Tukkispecht	11/8	Malaysia
5161	Malaienhornvogel	11/8	Malaysia
5162	Bubukuckuck	11/8	Malaysia
5163	Jambufruchttaube	11/8	Malaysia
5164	Brillenspinnenjäger	11/9	Malaysia
5165	Mennigbrust-Mistelfresser	11/9	Malaysia
5166	Schwarzkappen-Erdtimalie	11/9	Malaysia
5167	Schwarzscheitel-Zweigtimalie	11/9	Malaysia
5168	Rotflügeltimalie	11/9	Malaysia
5169	Braunbauchbülbül	11/9	Malaysia
5170	Borstenmantelbülbül	11/9	Malaysia
5171	Malaienbülbül	11/9	Malaysia
5172	Blythparadiesschnäpper	11/9	Malaysia
5173	Kastanienflügelschnäpper	11/9	Malaysia
5174	Schwarzflügel-Raupenschmätzer	11/9	Malaysia
5175	Granatpitta	11/9	Malaysia
5176	Riesenbreitrachen	11/9	Malaysia
5177	Reinwardtspecht	11/9	Malaysia
5178	Braunbürzelspecht	11/9	Malaysia
5179	Tropfenkehlspecht	11/9	Malaysia

5180	Rotflügelspecht	11/9	Malaysia
5181	Vielfarben-Bartvogel	11/9	Malaysia
5182	Malaienspint	11/9	Malaysia
5183	Malaienliest	11/9	Malaysia
5184	Rotbürzeltrogon	11/9	Malaysia
5185	Kastanienbauchkuckuck	11/9	Malaysia
5186	Graukopf-Seeadler	11/9	Malaysia
5187	Mausschwalbe	11/10	Malaysia
5188	Blaukrönchen	11/10	Malaysia
5189	Kurzschopf-Hornvogel	11/10	Malaysia
5190	Silberbürzelsegler	11/10	Malaysia
5191	Temminсknachtschwalbe	11/10	Malaysia
5192	Rotmanteltaube	11/10	Malaysia
5193	Sperberkuckuck	11/10	Malaysia
5194	Goldhähnchen-Blauschnäpper	11/10	Malaysia
5195	Zwergkurzflügel	11/10	Malaysia
5196	Rotbrustpirol	11/10	Malaysia
5197	Zimtkehl-Würgertimalie	11/10	Malaysia
5198	Rotbüschel-Bartvogel	11/10	Malaysia
5199	Rostbrust-Erdtimalie	11/10	Malaysia
5200	Rostprinie	11/10	Malaysia
5201	Kurzflügelkuckuck	11/10	Malaysia
5202	Trauerhäherling	11/11	Malaysia
5203	Sumatrawaldrebhuhn	11/11	Malaysia
5204	Sunda-Marabu	11/11	Malaysia
5205	Grauschneidervogel	11/11	Malaysia
5206	Braunscheitelspecht	11/11	Malaysia
5207	Goldschnäpper	11/11	Malaysia
5208	Dreifarbenweih	11/11	Malaysia
5209	Weißkopfnonne	11/11	Malaysia
5210	Elsterweihe	11/11	Malaysia
5211	Zimtdommel	11/11	Malaysia
5212	Kupferkehl-Nektarvogel	11/12	Malaysia
5213	Mongolenstar	11/12	Malaysia
5214	Lauchgrüne Papageiamadine	11/13	Malaysia
5215	Goldbrust-Mistelfresser	11/13	Malaysia
5216	Spiegelschnäpper	11/13	Malaysia
5217	Weißkehl-Dschungelschnäpper	11/13	Malaysia
5218	Rotrückenfischer	11/13	Malaysia
5219	Brustbandeisvogel	11/13	Malaysia
5220	Rotnackentrogon	11/13	Malaysia
5221	Menintingeisvogel	11/14	Malaysia
5222	Grauwangenbülbül	11/14	Malaysia
5223	Weißscheitelfälkchen	11/14	Malaysia
5224	Diardkuckuck	11/14	Malaysia
5225	Dschungeladler	11/14	Malaysia
5226	Borneobronzemännchen	11/15	Malaysia
5227	Blaubart-Blattvogel	11/15	Malaysia
5228	Braunschwanzalcippe	11/15	Malaysia
5229	Schwarzkehl-Buschtimalie	11/15	Malaysia
5230	Stachelrücken-Meisentimalie	11/15	Malaysia
5231	Strichelbrustbülbül	11/15	Malaysia
5232	Schwefel-Bülbül	11/15	Malaysia
5233	Smaragd-Iora	11/15	Malaysia
5234	Schwarzrote Pitta	11/15	Malaysia
5235	Kurzschwanzspecht	11/15	Malaysia
5236	Mennigspecht	11/15	Malaysia
5237	Malaienmausspecht	11/15	Malaysia
5238	Wollrückenbülbül	11/15	Malaysia
5239	Langschopf-Hornvogel	11/15	Malaysia
5240	Koromandelkuckuck	11/15	Malaysia
5241	Sunda-Fischuhu	11/15	Malaysia
5242	Malayen-Uhu	11/15	Malaysia
5243	Maskeneule	11/15	Malaysia
5244	Gelbbürzel-Mistelfresser	11/16	Malaysia
5245	Malaienblauschnäpper	11/16	Malaysia
5246	Goldzügeltimalie	11/16	Malaysia
5247	Mangrovemaustimalie	11/16	Malaysia
5248	Fleckenmeisentimalie	11/16	Malaysia
5249	Trauerelster	11/16	Malaysia
5250	Braunbartvogel	11/16	Malaysia
5251	Bartkuckuck	11/16	Malaysia
5252	Höckerstorch	11/16	Malaysia
5253	Charltonbuschwachtel	11/16	Malaysia
5254	Rotstirn-Zweigtimalie	11/16	Malaysia
5255	Weißnestsalangane	11/16	Malaysia
5256	Schwarznestsalangane	11/16	Malaysia
5257	Moosnestsalangane	11/16	Malaysia
5258	Langschwanzsittich	11/17	Malaysia
5259	Kleine Grüntaube	11/17	Malaysia
5260	Everett-Spinnenjäger	11/17	Malaysia
5261	Weißschwanzniltava	11/17	Malaysia
5262	Graukopf-Buschtimalie	11/17	Malaysia
5263	Psilopogon chrysopsis	11/17	Malaysia
5264	Gelbscheitel-Bartvogel	11/17	Malaysia
5265	Harlekinbartvogel	11/17	Malaysia
5266	Fluchtkuckuck	11/17	Malaysia
5267	Bergspinnenjäger	11/18	Malaysia
5268	Temminck-Nektarvogel	11/18	Malaysia
5269	Borneomistelfresser	11/18	Malaysia
5270	Mugimakischnäpper	11/18	Malaysia
5271	Borneopfeifdrossel	11/18	Malaysia
5272	Kinabaludschungelschnäpper	11/18	Malaysia
5273	Indigoschnäpper	11/18	Malaysia
5274	Kastanienkappenhäherling	11/18	Malaysia
5275	Schieferhäherling	11/18	Malaysia
5276	Blasskehltimalie	11/18	Malaysia
5277	Rostwangen-Maustimalie	11/18	Malaysia
5278	Schwarzstirn-Brillenvogel	11/18	Malaysia
5279	Schwarzäugiger Brillenvogel	11/18	Malaysia
5280	Rotschopfyuhina	11/18	Malaysia
5281	Gelbbauch-Laubsänger	11/18	Malaysia
5282	Müllerbuschsänger	11/18	Malaysia
5283	Borneostutzschwanz	11/18	Malaysia
5284	Borneobaumelster	11/18	Malaysia
5285	Kinabaluelster	11/18	Malaysia

5286	Borneodickkopf	11/18	Malaysia
5287	Larven-Raupenfänger	11/18	Malaysia
5288	Schwarzkehl-Breitrachen	11/18	Malaysia
5289	Prachtbartvogel	11/18	Malaysia
5290	Furchenhornvogel	11/18	Malaysia
5291	Graubrusttrogon	11/18	Malaysia
5292	Linchisalangane	11/18	Malaysia
5293	Rotkopfwachtel	11/18	Malaysia
5294	Mandelli-Buschwachtel	11/18	Malaysia
5295	Kinabalublattvogel	11/19	Malaysia
5296	Fruchtpicker	11/19	Malaysia
5297	Zwergbrillenvogel	11/19	Malaysia
5298	Borneobülbül	11/19	Malaysia
5299	Borneobartvogel	11/19	Malaysia
5300	Schwarzkehl-Bartvogel	11/19	Malaysia
5301	Olivrücken-Dschungelschnäpper	11/19	Malaysia
5302	Bindenralle	11/19	Malaysia
5303	Wasserhahn	11/20	Malaysia
5304	Wanderpfeifgans	11/20	Malaysia
5305	Kurzschwanz-Maustimalie	11/20	Malaysia
5306	Maronenspecht	11/20	Malaysia
5307	Diardtrogon	11/20	Malaysia
5308	Rotrückenreiher	11/20	Malaysia
5309	Molukkenbrillenvogel	11/21	Indonesia
5310	Weißflügellalage	11/21	Indonesia
5311	Einfarbsalangane	11/21	Indonesia
5312	Schwarzwangen-Mistelfresser	11/21	Indonesia
5313	Weißkehl-Maustimalie	11/21	Indonesia
5314	Makassarbrillenvogel	11/21	Indonesia
5315	Pazifik-Schnäpper	11/21	Indonesia
5316	Blasskopfnonne	11/21	Indonesia
5317	Fleckenlaufhühnchen	11/21	Indonesia
5318	Olivflanken-Dickkopf	11/22	Indonesia
5319	Minahassamistelfresser	11/22	Indonesia
5320	Finkenschnabelstar	11/22	Indonesia
5321	Rotbrauenstar	11/22	Indonesia
5322	Schwarzbrauendrossel	11/22	Indonesia
5323	Sulawesiblauschnäpper	11/22	Indonesia
5324	Celebesblauschnäpper	11/22	Indonesia
5325	Muscicapa sodhii	11/22	Indonesia
5326	Nehrkornbrillenvogel	11/22	Indonesia
5327	Celebesbrillenvogel	11/22	Indonesia
5328	Schuppenkopf-Brillenvogel	11/22	Indonesia
5329	Molukkenbuschsänger	11/22	Indonesia
5330	Malia	11/22	Indonesia
5331	Celebes-Laubsänger	11/22	Indonesia
5332	Grünkopf-Kanarienschnäpper	11/22	Indonesia
5333	Celebesfächerschwanz	11/22	Indonesia
5334	Bergdrongo	11/22	Indonesia
5335	Celebesdickkopf	11/22	Indonesia
5336	Rotrücken-Dickkopf	11/22	Indonesia
5337	Abott Raupenfänger	11/22	Indonesia
5338	Weißrücken-Schwalbenstar	11/22	Indonesia
5339	Sulawesihonigfresser	11/22	Indonesia
5340	Celebeshonigfresser	11/22	Indonesia
5341	Celebeslori	11/22	Indonesia
5342	Goldmantelpapagei	11/22	Indonesia
5343	Molukkenfalke	11/22	Indonesia
5344	Celebesspecht	11/22	Indonesia
5345	Temminckspecht	11/22	Indonesia
5346	Purpursegler	11/22	Indonesia
5347	Buntschnabelkuckuck	11/22	Indonesia
5348	Fischerfruchttaube	11/22	Indonesia
5349	Rosabrust-Kuckuckstaube	11/22	Indonesia
5350	Graukopfhabicht	11/22	Indonesia
5351	Celebeshaubenadler	11/22	Indonesia
5352	Sunda-Weißkehlente	11/22	Indonesia
5353	Augenbrauenente	11/22	Indonesia
5354	Morioraupenfänger	11/23	Indonesia
5355	Temminck-Raupenfänger	11/23	Indonesia
5356	Rotplättchen	11/23	Indonesia
5357	Helmhornvogel	11/23	Indonesia
5358	Celebesschlangenweihe	11/23	Indonesia
5359	Seidennektarvogel	11/23	Indonesia
5360	Wellenbauch-Bronzemännchen	11/23	Indonesia
5361	Everett-Papagei	11/24	Indonesia
5362	Sulawesi-Hornvogel	11/24	Indonesia
5363	Schwarzschnabelkoel	11/24	Indonesia
5364	Schwarznacken-Fruchttaube	11/24	Indonesia
5365	Hammerhuhn	11/24	Indonesia
5366	Schmucklori	11/25	Indonesia
5367	Motmotpapagei	11/25	Indonesia
5368	Blauohrliest	11/25	Indonesia
5369	Aerodramus sororum	11/25	Indonesia
5370	Püntchenkauz	11/25	Indonesia
5371	Celebeskuckuck	11/25	Indonesia
5372	Dunkelkinn-Fruchttaube	11/25	Indonesia
5373	Isabellkielralle	11/25	Indonesia
5374	Manado-Zwergohreule	11/25	Indonesia
5375	Königs-Atzel	11/26	Indonesia
5376	Celebesracke	11/26	Indonesia
5377	Elsterfruchttaube	11/26	Indonesia
5378	Große Celebes-Fruchttaube	11/26	Indonesia
5379	Graumasken-Grüntaube	11/26	Indonesia
5380	Weisshals-Atzel	11/26	Indonesia
5381	Rotrückendrossel	11/26	Indonesia
5382	Schmuckpitta	11/26	Indonesia
5383	Einsiedlerliest	11/26	Indonesia
5384	Sulawesinachtschwalbe	11/26	Indonesia
5385	Braunrücken-Grünflügeltaube	11/26	Indonesia
5386	Arielfregattvogel	11/26	Indonesia
5387	Weißbürzel-Raupenfänger	11/26	Indonesia
5388	Schwarzschnabelliest	11/26	Indonesia

5389	Sulawesilalage	11/27	Indonesia
5390	Rostfischer	11/27	Indonesia
5391	Prachtfruchttaube	11/27	Indonesia
5392	Fleckschwanzsperber	11/27	Indonesia
5393	Manadotaube	11/27	Indonesia
5394	Prinzenliest	11/27	Indonesia
5395	Papua-Teichhuhn	11/28	Indonesia
5396	Purpurhuhn	11/28	Indonesia
5397	Purpurmistelfresser	11/29	Indonesia
5398	Sundapfeifdrossel	11/29	Indonesia
5399	Rostwangen-Schneidervogel	11/29	Indonesia
5400	Maskenraupenfänger	11/29	Indonesia
5401	Elfenpapageichen	11/29	Indonesia
5402	Isabellbrustspecht	11/29	Indonesia
5403	Temminckbartvogel	11/29	Indonesia
5404	Sundastar	11/29	Indonesia
5405	Perlwangentimalie	11/29	Indonesia
5406	Javabrillenvogel	11/29	Indonesia
5407	Sundaprinie	11/29	Indonesia
5408	Linchisalangane	11/29	Indonesia
5409	Trillerzwergkauz	11/29	Indonesia
5410	Javabronzemännchen	11/29	Indonesia
5411	Javaliest	11/29	Indonesia
5412	Feuerkopf-Mistelfresser	11/29	Indonesia
5413	Eisvogel	11/29	Indonesia
5414	Javaregenpfeifer	11/29	Indonesia
5415	Rifftriel	11/29	Indonesia
5416	Australische Zwergscharbe	11/29	Indonesia
5417	Kichertaube	11/29	Indonesia
5418	Schwarzscharbe	11/29	Indonesia
5419	Glücksschwalbe	11/30	Australia
5420	Molukkenibis	11/30	Australia
5421	Rotkappen-Mistelfresser	12/1	Papua New Guinea
5422	Neuguineabrillenvogel	12/1	Papua New Guinea
5423	Papuadrosselschnäpper	12/1	Papua New Guinea
5424	Weissgesicht-Schnäpper	12/1	Papua New Guinea
5425	Gelbbrustschnäpper	12/1	Papua New Guinea
5426	Raggi-Paradiesvogel	12/1	Papua New Guinea
5427	Prachtparadiesvogel	12/1	Papua New Guinea
5428	Glanzparadieskrähe	12/1	Papua New Guinea
5429	Salvadorikrähe	12/1	Papua New Guinea
5430	Silbermyiagra	12/1	Papua New Guinea
5431	Krausenmonarch	12/1	Papua New Guinea
5432	Maskenmonarch	12/1	Papua New Guinea
5433	Braunbauch-Fächerschwanz	12/1	Papua New Guinea
5434	Glanzfleckdrongo	12/1	Papua New Guinea
5435	Grant-Pirol	12/1	Papua New Guinea
5436	Ocker-Pitohui	12/1	Papua New Guinea
5437	Zweifarbenpitohui	12/1	Papua New Guinea
5438	Walddickkopf	12/1	Papua New Guinea
5439	Einfarbpitohui	12/1	Papua New Guinea
5440	Philippinenraupenfänger	12/1	Papua New Guinea
5441	Weißbauch-Raupenfänger	12/1	Papua New Guinea
5442	Schwarzgesicht-Raupenfänger	12/1	Papua New Guinea
5443	Rostachsel-Raupenfänger	12/1	Papua New Guinea
5444	Streifenraupenfänger	12/1	Papua New Guinea
5445	Dickschnabel-Raupenfresser	12/1	Papua New Guinea
5446	Mangrovekrähenwürger	12/1	Papua New Guinea
5447	Papuakrähenwürger	12/1	Papua New Guinea
5448	Zwergpfriemschnabel	12/1	Papua New Guinea
5449	Weißbüschel-Beerenpicker	12/1	Papua New Guinea
5450	Grünrückengerygone	12/1	Papua New Guinea
5451	Fahlschnabel-Sericornis	12/1	Papua New Guinea
5452	Braunrücken-Waldhuscher	12/1	Papua New Guinea
5453	Helmlederkopf	12/1	Papua New Guinea
5454	Weißkinn-Honigschmecker	12/1	Papua New Guinea
5455	Weißschulter-Staffelschwanz	12/1	Papua New Guinea
5456	Allfarblori	12/1	Papua New Guinea
5457	Frauenlori	12/1	Papua New Guinea
5458	Rotkopfpapagei	12/1	Papua New Guinea
5459	Edelpapagei	12/1	Papua New Guinea
5460	Papuasittich	12/1	Papua New Guinea
5461	Paradiesliest	12/1	Papua New Guinea
5462	Braunmantelliest	12/1	Papua New Guinea
5463	Gelbschnabelliest	12/1	Papua New Guinea
5464	Rotbauchliest	12/1	Papua New Guinea
5465	Azurfischer	12/1	Papua New Guinea
5466	Bennettschwalm	12/1	Papua New Guinea
5467	Fasanspornkuckuck	12/1	Papua New Guinea
5468	Weißscheitelkoel	12/1	Papua New Guinea
5469	Albertistaube	12/1	Papua New Guinea
5470	Gebänderte Fruchttaube	12/1	Papua New Guinea
5471	Zwergfruchttaube	12/1	Papua New Guinea
5472	Rotkappen-Fruchttaube	12/1	Papua New Guinea
5473	Perlenfruchttaube	12/1	Papua New Guinea
5474	Langschwanz-Fruchttaube	12/1	Papua New Guinea
5475	Rotbraune Reinwardttaube	12/1	Papua New Guinea
5476	Bänderhabicht	12/1	Papua New Guinea
5477	Papuaweih	12/1	Papua New Guinea
5478	Bindenreiher	12/1	Papua New Guinea
5479	Tasmanienwachtel	12/1	Papua New Guinea
5480	Reinwardthuhn	12/1	Papua New Guinea
5481	Schwarzschnabeltalegalla	12/1	Papua New Guinea
5482	Graukopfnonne	12/1	Papua New Guinea
5483	Papuaatzel	12/1	Papua New Guinea
5484	Schwarzrücken-Krähenwürger	12/1	Papua New Guinea
5485	Orangebauch-Fruchttaube	12/1	Papua New Guinea
5486	Friedenstäubchen	12/1	Papua New Guinea
5487	Langschwanzweih	12/1	Papua New Guinea
5488	Gartenfächerschwanz	12/1	Papua New Guinea
5489	Australischer Feigenpirol	12/1	Papua New Guinea
5490	Rostband-Honigfresser	12/1	Papua New Guinea
5491	Braunbauch-Laubenvogel	12/1	Papua New Guinea
5492	Regenbogenspint	12/1	Papua New Guinea
5493	Elsterreiher	12/1	Papua New Guinea

5494	Fleckenfruchttaube	12/1	Papua New Guinea
5495	Kupfernackentaube	12/1	Papua New Guinea
5496	Kammblatthühnchen	12/1	Papua New Guinea
5497	Maskenkiebitz	12/1	Papua New Guinea
5498	Pukeko	12/1	Papua New Guinea
5499	Papuaschwalm	12/1	Papua New Guinea
5500	Australischer Zwergtaucher	12/1	Papua New Guinea
5501	Australische Moorente	12/1	Papua New Guinea
5502	Prachtnonne	12/2	Papua New Guinea
5503	Graubauch-Dickichtschnäpper	12/2	Papua New Guinea
5504	Stephanie-Paradieselster	12/2	Papua New Guinea
5505	Kragenparadiesvogel	12/2	Papua New Guinea
5506	Blaunacken-Paradiesvogel	12/2	Papua New Guinea
5507	Riesen-Schwalbenstar	12/2	Papua New Guinea
5508	Loria-Paradiesvogel	12/2	Papua New Guinea
5509	Brillensericornis	12/2	Papua New Guinea
5510	Rosenberghonigfresser	12/2	Papua New Guinea
5511	Aschbrust-Honigfresser	12/2	Papua New Guinea
5512	Reichenow-Honigfresser	12/2	Papua New Guinea
5513	Archboldnachtschwalbe	12/2	Papua New Guinea
5514	Einfarbkauz	12/2	Papua New Guinea
5515	Kastanientaube	12/2	Papua New Guinea
5516	Weißbrauen-Farnschnäpper	12/2	Papua New Guinea
5517	Spielegdickichtschnäpper	12/2	Papua New Guinea
5518	Schmalschwanz-Paradieselster	12/2	Papua New Guinea
5519	Blaukappenflöter	12/2	Papua New Guinea
5520	Graubauch-Fächerschwanz	12/2	Papua New Guinea
5521	Schlegeldickkopf	12/2	Papua New Guinea
5522	Brustfleck-Flachschnabel	12/2	Papua New Guinea
5523	Bergwaldflöter	12/2	Papua New Guinea
5524	Gelbbauch-Beerenpicker	12/2	Papua New Guinea
5525	Papuasericornis	12/2	Papua New Guinea
5526	Bergsericornis	12/2	Papua New Guinea
5527	Braunbauch-Waldhuscher	12/2	Papua New Guinea
5528	Streifen-Honigfresser	12/2	Papua New Guinea
5529	Rotrücken-Honigfresser	12/2	Papua New Guinea
5530	Belford-Honigfresser	12/2	Papua New Guinea
5531	Goldstreif-Honigfresser	12/2	Papua New Guinea
5532	Archboldlaubenvogel	12/2	Papua New Guinea
5533	Veilchenlori	12/2	Papua New Guinea
5534	Papualori	12/2	Papua New Guinea
5535	Merrillfruchttaube	12/2	Papua New Guinea
5536	Kastanienralle	12/2	Papua New Guinea
5537	Halsfleckenschnäpper	12/2	Papua New Guinea
5538	Schmalschwanz-Paradieshopf	12/2	Papua New Guinea
5539	Wimpelträger	12/2	Papua New Guinea
5540	Wellendickkopf	12/2	Papua New Guinea
5541	Breitschwanz-Paradieshopf	12/3	Papua New Guinea
5542	Rotnacken-Dickkopf	12/3	Papua New Guinea
5543	Fächerschwanz-Beerenpicker	12/3	Papua New Guinea
5544	Baumfarngerygone	12/3	Papua New Guinea
5545	Bergsalangane	12/3	Papua New Guinea
5546	Rothals-Bronzekuckuck	12/3	Papua New Guinea
5547	Glanzflöter	12/3	Papua New Guinea
5548	Papuakleiber	12/3	Papua New Guinea
5549	Philippinenraupenfänger	12/3	Papua New Guinea
5550	Schopfbeerenfresser	12/3	Papua New Guinea
5551	Gelbbüschel-Beerenpicker	12/3	Papua New Guinea
5552	Arfakalori	12/3	Papua New Guinea
5553	Gualori	12/3	Papua New Guinea
5554	Brehmpapagei	12/3	Papua New Guinea
5555	Weißbürzelgerygone	12/3	Papua New Guinea
5556	Rotkopf-Honigfresser	12/3	Papua New Guinea
5557	Rotkopf-Staffelschwanz	12/3	Papua New Guinea
5558	Goldhaubengärtner	12/3	Papua New Guinea
5559	Grünnacken-Dickkopf	12/4	Papua New Guinea
5560	Graukinn-Pfriemschnabel	12/4	Papua New Guinea
5561	Papuapapageiamadine	12/5	Papua New Guinea
5562	Papuabrillenvogel	12/5	Papua New Guinea
5563	Papualaubsänger	12/5	Papua New Guinea
5564	Kleine Pittadrossel	12/5	Papua New Guinea
5565	Fächerschwanzmonarch	12/5	Papua New Guinea
5566	Zweiphasen-Fächerschwanz	12/5	Papua New Guinea
5567	Mohrenfächerschwanz	12/5	Papua New Guinea
5568	Spiegelkleiber	12/5	Papua New Guinea
5569	Gelbbauch-Pfriemschnabel	12/5	Papua New Guinea
5570	Zimtbrust-Honigfresser	12/5	Papua New Guinea
5571	Bergwaldhonigfresser	12/5	Papua New Guinea
5572	Dreigang-Laubenvogel	12/5	Papua New Guinea
5573	Fächerschwanzkuckuck	12/5	Papua New Guinea
5574	Bronzerücken-Fruchttaube	12/5	Papua New Guinea
5575	Lappendickkopf	12/6	Papua New Guinea
5576	Heinrothkrähe	12/6	Papua New Guinea
5577	Schwarzsteißlori	12/6	Papua New Guinea
5578	Rothöcker-Fruchttaube	12/6	Papua New Guinea
5579	Weberstar	12/7	Papua New Guinea
5580	Glanzmyiagra	12/7	Papua New Guinea
5581	Dickkopfnonne	12/7	Papua New Guinea
5582	Japanbekassine	12/7	Papua New Guinea
5583	Bismarckmistelfresser	12/7	Papua New Guinea
5584	Bismarckatzel	12/7	Papua New Guinea
5585	Weißbrauen-Lalage	12/7	Papua New Guinea
5586	Cockerell-Lederkopf	12/7	Papua New Guinea
5587	Schlichthonigfresser	12/7	Papua New Guinea
5588	Schönlori	12/7	Papua New Guinea
5589	Bismarckpapagei	12/7	Papua New Guinea
5590	Braunstirn-Spechtpapagei	12/7	Papua New Guinea
5591	Brillenkakadu	12/7	Papua New Guinea
5592	Weißrückenliest	12/7	Papua New Guinea
5593	Neubritannien-Zwergfischer	12/7	Papua New Guinea
5594	Papuahornvogel	12/7	Papua New Guinea
5595	Weißkopfkuckuck	12/7	Papua New Guinea
5596	Purpurkuckuck	12/7	Papua New Guinea
5597	Fratzenkuckuck	12/7	Papua New Guinea
5598	Finsch-Fruchttaube	12/7	Papua New Guinea

5599	Knopffruchttaube	12/7	Papua New Guinea
5600	Inselhabicht	12/7	Papua New Guinea
5601	Bismarckweih	12/7	Papua New Guinea
5602	Bismarckhuhn	12/7	Papua New Guinea
5603	Australrohrsänger	12/7	Papua New Guinea
5604	Tüpfelbaumente	12/7	Papua New Guinea
5605	Goldeule	12/7	Papua New Guinea
5606	Haubenbaumsegler	12/8	Papua New Guinea
5607	Weißrückenmonarch	12/8	Papua New Guinea
5608	Mangrovedickkopf	12/8	Papua New Guinea
5609	Palakuruhonigfresser	12/8	Papua New Guinea
5610	Echsenliest	12/8	Papua New Guinea
5611	Nelkenfruchttaube	12/8	Papua New Guinea
5612	Kragentaube	12/8	Papua New Guinea
5613	Schwarznacken-Seeschwalbe	12/8	Papua New Guinea
5614	Weißkopfnoddi	12/8	Papua New Guinea
5615	Neubritannienkauz	12/8	Papua New Guinea
5616	Spitzschwanzstrandläufer	12/8	Papua New Guinea
5617	Götzenliest	12/8	Papua New Guinea
5618	Witwen-Fächerschwanz	12/8	Papua New Guinea
5619	Pirolhonigfresser	12/9	Australia
5620	Südseesalangane	12/9	Australia
5621	Silberkopfmöwe	12/9	Australia
5622	Isabellbrachvogel	12/9	Australia
5623	Brillenpelikan	12/9	Australia
5624	Stelzenmonarch	12/9	Australia
5625	Braun-Honigfresser	12/9	Australia
5626	Maskenzwergpapagei	12/9	Australia
5627	Langschwanztriele	12/9	Australia
5628	Stachelibis	12/9	Australia
5629	Spaltfußgans	12/9	Australia
5630	Weißbrauenhabicht	12/9	Australia
5631	Rotsteiß-Mistelfresser	12/9	Australia
5632	Mangroveschnäpper	12/9	Australia
5633	Todiramphus sordidus	12/9	Australia
5634	Königsfruchttaube	12/9	Australia
5635	Mongrovepirol	12/9	Australia
5636	Braunbrustnonne	12/9	Australia
5637	Sonnenastrild	12/9	Australia
5638	Gelbhaubenkakadu	12/9	Australia
5639	Blauohr-Honigfresser	12/9	Australia
5640	Graubartfalke	12/9	Australia
5641	Weißgesicht-Stelzenläufer	12/9	Australia
5642	Königslöffler	12/9	Australia
5643	Australischer Schlangenhalsvogel	12/9	Australia
5644	Australische Zwergente	12/9	Australia
5645	Radjahgans	12/9	Australia
5646	Spiegelliest	12/9	Australia
5647	Jägerliest	12/9	Australia
5648	Fahlgesichtschnäpper	12/9	Australia
5649	Fahlstirn-Sericornis	12/9	Australia
5650	Feenhonigfresser	12/9	Australia
5651	Lärmpitta	12/9	Australia
5652	Buschhuhn	12/9	Australia
5653	Flötenvogel	12/10	Australia
5654	Graulaubenvogel	12/10	Australia
5655	Blasskopfrosella	12/10	Australia
5656	Rosakakadu	12/10	Australia
5657	Eulenschwalm	12/10	Australia
5658	Australischer Baumfalke	12/10	Australia
5659	Schwarzkehl-Krähenwürger	12/10	Australia
5660	Banks-Rabenkakadu	12/10	Australia
5661	Haubenliest	12/10	Australia
5662	Gimpelhäher	12/10	Australia
5663	Streifenpirol	12/10	Australia
5664	Schlichtmantel-Dickkopf	12/10	Australia
5665	Weißflügellalage	12/10	Australia
5666	Grauscheitelsäbler	12/10	Australia
5667	Weißkehlgerygone	12/10	Australia
5668	Stutzschnabel	12/10	Australia
5669	Glattstirn-Lederkopf	12/10	Australia
5670	Braunbaumrutscher	12/10	Australia
5671	Blaubrillentaube	12/10	Australia
5672	Ringelastrild	12/10	Australia
5673	Lärmlederkopf	12/10	Australia
5674	Scharlach-Honigfresser	12/10	Australia
5675	Wulsthonigfresser	12/10	Australia
5676	Zitronenhonigfresser	12/10	Australia
5677	Rotflügelsittic	12/10	Australia
5678	Pazifikkoel	12/10	Australia
5679	Kleiner Bronzekuckuck	12/10	Australia
5680	Weißwangenreiher	12/10	Australia
5681	Habichtfalke	12/10	Australia
5682	Schwarzstirnregenpfeifer	12/10	Australia
5683	Schwarzbrustregenpfeifer	12/10	Australia
5684	Wammentrappe	12/10	Australia
5685	Mähnengans	12/10	Australia
5686	Brustband-Honigfresser	12/10	Australia
5687	Rostkehl-Honigfresser	12/10	Australia
5688	Wellenbrust-Honigfresser	12/10	Australia
5689	Rotrücken-Staffelschwanz	12/10	Australia
5690	Spitzschopftaube	12/10	Australia
5691	Australische Weißkehlente	12/10	Australia
5692	Stornpieper	12/10	Australia
5693	Keilschwanzweih	12/10	Australia
5694	Goldbauchschnäpper	12/10	Australia
5695	Elfengerygone	12/10	Australia
5696	Weißbauch-Staffelschwanz	12/10	Australia
5697	Westbrillenvogel	12/10	Australia
5698	Augenstreifschnäpper	12/10	Australia
5699	Brillenmonarch	12/10	Australia
5700	Kappenhonigfresser	12/10	Australia
5701	Rußhonigfresser	12/10	Australia
5702	Sumpfhonigfresser	12/10	Australia
5703	Rotohramadine	12/10	Australia
5704	Graudickkopf	12/10	Australia
5705	Australischer Gleitaar	12/10	Australia

5706	Dreifarbenralle	12/10	Australia
5707	Stachelschwanzsegler	12/10	Australia
5708	Dreifarben-Papageiamadine	12/11	Australia
5709	Graufächerschwanz	12/11	Australia
5710	Buntschnabel-Honigfresser	12/11	Australia
5711	Dreistreifen-Honigfresser	12/11	Australia
5712	Schuppenlori	12/11	Australia
5713	Victoriaparadiesvogel	12/11	Australia
5714	orreshonigfresser	12/11	Australia
5715	Schwarzohr-Laubenvogel	12/11	Australia
5716	Maronentaube	12/11	Australia
5717	Gelbbauch-Flachschnabel	12/11	Australia
5718	Grauwangengerygone	12/11	Australia
5719	Großstorch	12/11	Australia
5720	Schwarzer Schwan	12/11	Australia
5721	Emu	2/11	Australia
5722	Brolgakranich	12/11	Australia
5723	Gelbschnabellöffler	12/11	Australia
5724	Rosenohrente	12/11	Australia
5725	Sichelpfeifgans	12/11	Australia
5726	Graukopfbleda	12/11	Australia
5727	Schwarzschopf-Wippflöter	12/11	Australia
5728	Rotstirnsericornis	12/11	Australia
5729	Gelbkehlsericornis	12/11	Australia
5730	Zahnlaubenvogel	12/11	Australia
5731	Weißhalsreiher	12/11	Australia
5732	Mönchs-Raupenfänger	12/12	Australia
5733	Dickschnabel-Würgerkrähe	12/12	Australia
5734	Schwarzkopfflöter	12/12	Australia
5735	Weißbrauen-Sericornis	12/12	Australia
5736	Weißohr-Honigfresser	12/12	Australia
5737	Goldohr-Honigfresser	12/12	Australia
5738	Rotnacken-Honigfresser	12/12	Australia
5739	Königssittich	12/12	Australia
5740	Hauben-Fruchttaube	12/12	Australia
5741	Isabellkielralle	12/12	Australia
5742	Fuchsfächerschwanz	12/12	Australia
5743	Gelbbauch-Dickkopf	12/12	Australia
5744	Graurücken-Dickkopf	12/12	Australia
5745	Bergdornschnabel	12/12	Australia
5746	Farnhuscher	12/12	Australia
5747	Weißbrauen-Baumrutscher	12/12	Australia
5748	Seidenlaubenvogel	12/12	Australia
5749	Säulengärtner	12/12	Australia
5750	Bronzekuckuck	12/12	Australia
5751	Graubrust-Dickkopf	12/12	Australia
5752	Mondstreif-Honigschmecker	12/12	Australia
5753	Olivkehl-Honigfresser	12/12	Australia
5754	Graurücken-Krähenwürger	12/12	Australia
5755	Rußschwalbenstar	12/12	Australia
5756	Weißstirn-Schwatzvogel	12/12	Australia
5757	Elstermonarch	12/13	Australia
5758	Rostbauchkuckuck	12/13	Australia
5759	Baumschwalbe	12/13	Australia
5760	Sumpfgerygone	12/13	Australia
5761	Arielschwalbe	12/13	Australia
5762	Helmkasuar	12/13	Australia
5763	Australischer Austernfischer	12/13	Australia
5764	Weißschwanzschnäpper	12/14	Australia
5765	Gelbbauch-Dornschnabel	12/14	Australia
5766	Goldhähnchen-Dornschnabel	12/14	Australia
5767	Stelzschwanz-Dornschnabel	12/14	Australia
5768	Braunkehl-Honigfresser	12/14	Australia
5769	Gelbstirn-Schwatzvogel	12/14	Australia
5770	Prachtstaffelschwanz	12/14	Australia
5771	Singsittich	12/14	Australia
5772	Blutbauchsittich	12/14	Australia
5773	Nymphensittich	12/14	Australia
5774	Nacktaugenkakadu	12/14	Australia
5775	Rotschwanzkuckuck	12/14	Australia
5776	Zebrafink	12/14	Australia
5777	Horsfieldlerche	12/14	Australia
5778	Weißflügel-Staffelschwanz	12/14	Australia
5779	Zeresamadine	12/14	Australia
5780	Diamantfink	12/14	Australia
5781	Rostbürzel-Lerchensänger	12/14	Australia
5782	Schwarzkopf-Schnäpper	12/14	Australia
5783	Neuhollandkrähe	12/14	Australia
5784	Weißkehl-Monarch	12/14	Australia
5785	Zwergschwalbenstar	12/14	Australia
5786	Weißbauch-Schwalbenstar	12/14	Australia
5787	Masken-Schwalbenstar	12/14	Australia
5788	Weißbürzel-Honigfresser	12/14	Australia
5789	Zwergmoschuslori	12/14	Australia
5790	Keilschwanzadler	12/14	Australia
5791	Grundhuscher	12/14	Australia
5792	Rosellasittich	12/14	Australia
5793	Weißschwanz-Gerygone	12/14	Australia
5794	Fleckenpanthervogel	12/14	Australia
5795	Schwarzkinn-Honigschmecker	12/14	Australia
5796	Braunkopf-Honigschmecker	12/14	Australia
5797	Gelbstirn-Honigfresser	12/14	Australia
5798	Drosselkrähe	12/14	Australia
5799	Granthonigfresser	12/14	Australia
5800	Strichelhonigfresser	12/14	Australia
5801	Rotkopf-Säbelschnäbler	12/14	Australia
5802	Haarschopftaucher	12/14	Australia
5803	Kastanienente	12/14	Australia
5804	Fleckenweihe	12/14	Australia
5805	Australische Löffelente	12/14	Australia
5806	Rotstirn-Dornschnabel	12/14	Australia
5807	Glocken-Honigfresser	12/14	Australia
5808	Weißbauch-Staffelschwanz	12/14	Australia
5809	Wongataube	12/14	Australia
5810	Neuhollandeule	12/14	Australia
5811	Marmorschwalm	12/14	Australia

5812	Baumschwalm	12/14	Australia
5813	Kuckuckskauz	12/14	Australia
5814	Heineerddrossel	12/15	Australia
5815	Rosenschnäpper	12/15	Australia
5816	Schild-Paradiesvogel	12/15	Australia
5817	Australien-Stachelschwanzflöter	12/15	Australia
5818	Gelbnacken-Laubenvogel	12/15	Australia
5819	Grünlaubenvogel	12/15	Australia
5820	Braunrücken-Leierschwanz	12/15	Australia
5821	Pennantsittich	12/15	Australia
5822	Weißbrusttaube	12/15	Australia
5823	Rostbrauen-Baumrutscher	12/15	Australia
5824	Gelbohr-Rabenkakadu	12/15	Australia
5825	Goldhähnchen-Dornschnabel	12/15	Australia
5826	Zimtflügel-Honigfresser	12/15	Australia
5827	Rotkopf-Regenpfeifer	12/15	Australia
5828	Elsterscharbe	12/15	Australia
5829	Sydneysperber	12/15	Australia
5830	Mangrovegerygone	12/15	Australia
5831	Mangrovehonigfresser	12/15	Australia
5832	Südsee-Sumpfhuhn	12/15	Australia
5833	Bronzeflügeltaube	12/15	Australia
5834	Östliche Graseule	12/15	Australia
5835	Gesellschaftskrähe	12/16	Australia
5836	Weißaugen-Honigfresser	12/16	Australia
5837	Rotlappen-Honigfresser	12/16	Australia
5838	Blauscheitellori	12/16	Australia
5839	Rotfuß-Pfuhlhuhn	12/16	Australia
5840	Hühnergans	12/16	Australia
5841	Scharlachschnäpper	12/16	Australia
5842	Stricheldornschnabel	12/16	Australia
5843	Streifen-Panthervogel	12/16	Australia
5844	Nasenkakadu	12/16	Australia
5845	Buschtaube	12/16	Australia
5846	Moschuslori	12/16	Australia
5847	Schwarzbandkiebitz	12/16	Australia
5848	Zwergschilfsteiger	12/16	Australia
5849	Strichel-Feldhuscher	12/16	Australia
5850	Weissgesicht-Trugschmätzer	12/16	Australia
5851	Australseeschwalbe	12/16	Australia
5852	Schlammstelzer	12/16	Australia
5853	Flusssumpfhuhn	12/16	Australia
5854	Zwergsumpfhuhn	12/16	Australia
5855	Sumpfweihe	12/16	Australia
5856	Australischer Tölpel	12/16	Australia
5857	Schwarzbrustwachtel	12/16	Australia
5858	Lappenente	12/16	Australia
5859	Australische Ruderente	12/16	Australia
5860	Australische Kasarka	12/16	Australia
5861	Affenente	12/16	Australia
5862	Dickschnabelmöwe	12/16	Australia
5863	Zwergpinguin	12/16	Australia
5864	Rußwürgerkrähe	12/17	Australia
5865	Rotkopf-Lackvogel	12/17	Australia
5866	Schwarzkehl-Honigfresser	12/17	Australia
5867	Rotstirn-Borstenschwanz	12/17	Australia
5868	Pfeifhonigfresser	12/17	Australia
5869	Kappenregenpfeifer	12/17	Australia
5870	Braunbürzel-Dornschnabel	12/17	Australia
5871	Feinsittich	12/17	Australia
5872	Schwarzgesichtscharbe	12/17	Australia
5873	Goldflügel-Honigfresser	12/17	Australia
5874	Tasmankrähe	12/17	Australia
5875	Seidenmyiagra	12/17	Australia
5876	Buchendickkopf	12/17	Australia
5877	Helmkakadu	12/17	Australia
5878	Kaninchenadler	12/18	Australia
5879	Schwarzzügel-Dickkopf	12/18	Australia
5880	Brauensäbler	12/18	Australia
5881	Sandhuscher	12/18	Australia
5882	Rotstirnschnäpper	12/18	Australia
5883	Braunbürzel-Dornschnabel	12/18	Australia
5884	Haubendickkopf	12/18	Australia
5885	Riesenkauz	12/18	Australia
5886	Schwarzbauch-Lerchensänger	12/18	Australia
5887	Tasmanerddrossel	12/19	Australia
5888	Flammenbrustschnäpper	12/19	Australia
5889	Leierschwanzlakai	12/19	Australia
5890	Graurücken-Leierschwanz	12/19	Australia
5891	Rosenbrustschnäpper	12/20	Australia
5892	Tasmanwürgerkrähe	12/20	Australia
5893	Tasmandornschnabel	12/20	Australia
5894	Tasmanien Weißbrauen-Sericornis	12/20	Australia
5895	Savohonigfresser	12/20	Australia
5896	Gelblappen-Honigfresser	12/20	Australia
5897	Gelbbauchsittich	12/20	Australia
5898	Grünfuß-Pfuhlhuhn	12/20	Australia
5899	Schwalbensittich	12/20	Australia
5900	Tasmanpanthervogel	12/20	Australia
5901	Starkschnabel-Honigschmecker	12/20	Australia
5902	Gelbkehl-Honigfresser	12/20	Australia
5903	Blasskuckuck	12/20	Australia
5904	Feuerschwanzamadine	12/20	Australia
5905	Tasmanschnäpper	12/20	Australia
5906	Stammhuscher	12/20	Australia
5907	Erdsittich	12/20	Australia
5908	Ruß-Austernfischer	12/20	Australia
5909	Neuseelandfächerschwanz	12/21	New Zealand
5910	Maorigerygone	12/21	New Zealand
5911	Tuiparasittich	12/21	New Zealand
5912	Neuseeland-Fruchttaube	12/21	New Zealand
5913	Rotschnabelmöwe	12/21	New Zealand
5914	Rotkopf-Regenpfeifer	12/21	New Zealand

5915	Neuseeländischer Austernfischer	12/21	New Zealand
5916	Südinsel-Austernfischer	12/21	New Zealand
5917	Taraseeschwalbe	12/21	New Zealand
5918	Neuseeländische Sturmschwalbe	12/21	New Zealand
5919	Fregattensturmschwalbe	12/21	New Zealand
5920	Flattersturmtaucher	12/21	New Zealand
5921	Graumantel-Sturmtaucher	12/21	New Zealand
5922	Blassfuß-Sturmtaucher	12/21	New Zealand
5923	Parkinson-Sturmvogel	12/21	New Zealand
5924	Feensturmvogel	12/21	New Zealand
5925	Cooksturmvogel	12/21	New Zealand
5926	Ziegensittich	12/21	New Zealand
5927	Blaunoddi	12/21	New Zealand
5928	Kleiner Sturmtaucher	12/21	New Zealand
5929	Nordinsel-Sattelvogel	12/21	New Zealand
5930	Maori-Glockenhonigfresser	12/21	New Zealand
5931	Kaka	12/21	New Zealand
5932	Wekaralle	12/21	New Zealand
5933	Südinseltakahe	12/21	New Zealand
5934	Grünohrente	12/21	New Zealand
5935	Paradieskasarka	12/21	New Zealand
5936	Brauner Kiwi	12/21	New Zealand
5937	Maorimöwe	12/22	New Zealand
5938	Schiefschnabel	12/22	New Zealand
5939	Doppelband-Regenpfeifer	12/22	New Zealand
5940	Nordafrikanische Lachtaube	12/22	New Zealand
5941	Maoritaucher	12/22	New Zealand
5942	Maori-Ente	12/22	New Zealand
5943	Maorischnäpper	12/22	New Zealand
5944	Farnsteiger	12/23	New Zealand
5945	Langbeinschnäpper	12/23	New Zealand
5946	Stichvogel	12/23	New Zealand
5947	Graulappenvogel	12/23	New Zealand
5948	Weißköpfchen	12/23	New Zealand
5949	Grünschlüpfer	12/23	New Zealand
5950	Wühlerkakadu	12/24	Australia
5951	Ringsittich	12/24	Australia
5952	Schwarzgesicht-Schwalbenstar	12/24	Australia
5953	Rötel-Feldhuscher	12/24	Australia
5954	Dornhuscher	12/24	Australia
5955	Rostbauch-Baumrutscher	12/24	Australia
5956	Graurücken-Dornschnabel	12/25	Australia
5957	Weißbrauen-Baumrutscher	12/25	Australia
5958	Bennettkrähe	12/25	Australia
5959	Glockenflöter	12/25	Australia
5960	Scharlachtrugschmätzer	12/25	Australia
5961	Türkisstaffelschwanz	12/25	Australia
5962	Vielfarbensittich	12/25	Australia
5963	Bourkesittich	12/25	Australia
5964	Diademhonigfresser	12/25	Australia
5965	Fahlrücken-Weißstirnchen	12/25	Australia
5966	Weißrückenschwalbe	12/25	Australia
5967	Schmucksittich	12/26	Australia
5968	Bergsittich	12/26	Australia
5969	Carnabys Weißohr-Rabenkakadu	12/26	Australia
5970	Graumantelschnäpper	12/26	Australia
5971	Buntkopf-Honigfresser	12/26	Australia
5972	Mondstreif-Honigschmecker	12/26	Australia
5973	audins Weißohr-Rabenkakadu	12/26	Australia
5974	Walddornschnabel	12/26	Australia
5975	Gelbscheitel-Honigfresser	12/26	Australia
5976	Blaubrust-Staffelschwanz	12/26	Australia
5977	Kappensittich	12/26	Australia
5978	Stanleysittich	12/26	Australia
5979	Rotohramadine	12/26	Australia
5980	Weißbrust-Schnäpper	12/26	Australia
5981	Zwerghonigfresser	12/26	Australia
5982	Silberkopf-Staffelschwanz	12/26	Australia
5983	Meisendickkopf	12/26	Australia
5984	Buntlaufhühnchen	12/26	Australia
5985	Goldscheitel-Honigfresser	12/27	Australia
5986	Gelbscheitelbülbül	12/27	Singapore
5987	Dschungelnachtschwalbe	12/27	Singapore
5988	Zimtsumpfhuhn	12/27	Singapore
5989	Goffinkakadu	12/27	Singapore
5990	Dünnschnabelgeier	12/28	India
5991	Edwardsgimpel	12/29	India
5992	Rostbrust-Blauschwanz	12/29	India
5993	Braunohralcippe	12/29	India
5994	Rotsteißyuhina	12/29	India
5995	Braunkopfalcippe	12/29	India
5996	Blaukopftimalie	12/29	India
5997	Gelbkehlalcippe	12/29	India
5998	Mishmi-Zaunkönigstimalie	12/29	India
5999	Rotkopfyuhina	12/29	India
6000	Gelbbürzel-Honiganzeiger	12/29	India
6001	Grauwangen-Laubsänger	12/29	India
6002	Schuppentimalie	12/29	India
6003	Nepalschwalbe	12/29	India
6004	Dünnschnabelsäbler	12/29	India
6005	Ost-Keilschnabeltimalie	12/29	India
6006	Rotohryuhina	12/29	India
6007	Keilschwanz-Grüntaube	12/29	India
6008	Maskenammer	12/30	India
6009	Bergrubinkehlchen	12/30	India
6010	Sumpf-Timalie	12/30	India
6011	Jerdon-Timalie	12/30	India
6012	Davidbuschsänger	12/30	India
6013	Fleckenbuschsänger	12/30	India
6014	Streifenschwirl	12/30	India
6015	Feldrohrsänger	12/30	India
6016	Himalajalaubsänger	12/30	India
6017	Rußlaubsänger	12/30	India

6018 Rotkopf-Buschsänger 12/30 India
6019 Asienwasserralle 12/30 India
6020 Sumpffrankolin 12/30 India
6021 Baikalente 12/30 India
6022 Sichelente 12/30 India
6023 Streifengans 12/30 India
6024 Rubinkehlchen 12/30 India
6025 Dickschnabel-Rohrsänger 12/30 India
6026 Whistlerlaubsänger 12/30 India
6027 Marmorstar 12/30 India
6028 Saphirschnäpper 12/30 India
6029 Rostbauch-Kurzflügel 12/30 India
6030 Feenniltava 12/30 India
6031 Weißkehlbülbül 12/30 India
6032 Bunt-Erddrossel 12/31 India
6033 Rotrückenhäherling 12/31 India
6034 Rothalshäherling 12/31 India
6035 Nepalalcippe 12/31 India
6036 Kropfbandalcippe 12/31 India
6037 Weißkopftimalie 12/31 India
6038 Haringtontimalie 12/31 India
6039 Großer Raupenwürger 12/31 India
6040 Weißwangenwaldrebhuhn 12/31 India
6041 Malaienente 12/31 India
6042 Würgerbreitrachen 12/31 India

Danksagung

Als ich meinen Literaturagenten Russell Galen von der Scovil Galen Ghosh Literary Agency zum ersten Mal für die abgedrehte Idee zu gewinnen suchte, ein Jahr lang auf Vogelsuche um die Welt zu reisen, zog er sich nicht verschreckt zurück. Russ ist eine seltene Spezies, denn er kennt sich mit Wörtern ebenso gut aus wie mit Vögeln, und die Idee zu diesem Buch hat Russ mit seiner visionären Kraft und ermutigenden Worten ausgebrütet. Für diesen wahr gewordenen Traum werde ich Russ immer dankbar sein.

Mein besonderer Dank gilt Lisa White, meiner Lektorin bei Houghton Mifflin Harcourt, für ihren nie nachlassenden Enthusiasmus und die Konsequenz, die sie in allen Phasen des Projekts an den Tag gelegt hat. Ohne ihren Einsatz hätte das World Big Year womöglich nicht stattgefunden, und mit ihrem Können und harter Arbeit hat sie dazu beigetragen, dass diesem Buch Flügel wuchsen. Ich danke auch der Lektoratsassistentin Emily Snyder sowie Martha Kennedy, die den Umschlag entwarf, und der für die Produktion verantwortlichen Redakteurin Beth Burleigh Fuller, der Pressesprecherin Taryn Roeder, den Vertriebsleiterinnen Katrina Kruse und Liz Anderson, der Korrektorin Loma Huh und der Fahnenkorrektorin Diana Coe, der Rechtsberaterin Loren Isenberg, den Gestalterinnen Eugenie Delaney und Chloe Foster, der Setzerin Margaret Rosewitz sowie Sheila Ryan, die das Stichwortverzeichnis erstellt und Wertvolles zu dem Buch beigetragen hat.

Susan Matthews, die frühere leitende Onlineredakteurin bei der National Audubon Society, und der ehemalige beratende Audubon-Redakteur Will Bourne richteten für den Blog *Birding Without Borders* eine sehr schöne Seite auf Audubon.org ein. Während meines Big Year lektorierte Susan meine täglichen Text- und Bildlieferungen, die oft zu unmöglichen Uhrzeiten eingingen, mit großer Sorgfalt und machte Werbung dafür, während die Bildredakteurin Camilla Cerea die Fotos sichtete. Ich danke dem gesamten Website-Team bei Audubon, dass es diese Geschichte in Echtzeit für die interessierten Leser erschlossen hat. Mein Dank gilt auch Jennie Duberstein, Koordinatorin von Sonoran Joint Venture, für ihre Hilfe bei meinen Twitter-Updates.

Das Wichtigste für einen Birder ist die Optikausrüstung. Meine Leicas haben einen sehr anspruchsvollen Praxistest mit Bravour bestanden. Jeff Bouton, Marketing-Manager bei Leica Sport Optics, stellte mir großzügigerweise ein Fernglas, ein Spektiv und eine Kamera zur Verfügung, die mir einen kristallklaren Blick auf Tausende von Vögeln in freier Wildbahn und gestochen scharfe Fotos ermöglichten.

Wer als Birder die ganze Welt bereist, wird ohne Flugticket und Visa nicht weit kommen. Darum danke ich allen Mitarbeiterinnen und Mitarbeitern von AirTreks, die für mich den jeweils besten Weg von A nach B herausgefunden haben: Adam Seper, Daniel Gamber, Kristina Ketelsen, Becky Kiner, Nai Piangjai, Valerie Depeyrot, Anthy Kapsalis und Barbara Segria. Und dem Team von VisaHQ zolle ich meinen Respekt, weil sie sich durch einen unvorstellbaren Dschungel von Visafragen gekämpft haben: Trevin Barker, Yulla-May Nicolas, Tom Schrandt, Keith Lamphier, Christopher Wizda und Claire Malekian.

Meine Eltern Lisa Strycker und Bob Keefer mussten ein paar Mal tief durchatmen, als ich ihnen eröffnete, dass ich vorhatte, ein Jahr an extrem weit auseinanderliegenden Orten dieser Welt zu verbringen. Anschließend sagten sie mit einem Lächeln: „Mach's!" Von ihren raffinierten Care-Paketen bis zur Bereitschaft, nachts um zwei ans Telefon zu gehen, wenn ich aufgelöst aus Peru anrief, weil ich mit Fieber darniederlag – ich schätze mich glücklich, ihr Sohn zu sein. Elternsein muss eine der undankbarsten Aufgaben überhaupt sein. Ihre immerwährende Unterstützung und Ermutigung haben mir geholfen, meinem Traum bis ans Ende der Welt und zurück zu folgen.

All das wäre nicht ansatzweise möglich gewesen ohne die vielen, vielen Birder, die mich in meinem Big Year als Gastgeber an die Hand genommen und mich begleitet haben. Die Freundlichkeit der internationalen Birding-Community hat mich schlicht und einfach umgehauen. Ich bin überwältigt von der Großzügigkeit dieser vielen Menschen; für diese Großzügigkeit werde ich mich den Rest meines Lebens revanchieren. Leider kann ich nicht alle Menschen namentlich erwähnen, die unterstützend an diesem Abenteuer mitgewirkt haben – Hotelpersonal, Fahrer, Freunde, Tischgenossen, Kommentar- und Ratgeber, Blog- und Buchleser. Doch die Birder, die ich unterwegs getroffen habe, liste ich im Folgenden hier in der alphabetischen Reihenfolge ihrer jeweiligen Länder auf. Mein tief empfundener Dank gilt jedem Einzelnen und jeder Einzelnen von ihnen. Ebenso bitte ich von Herzen um Verzeihung, falls ich jemanden vergessen haben sollte.

Antarktis: One Ocean Expeditions, Steve Bailey. **Argentinien:** Esteban Daniels, Rogelio „Roger“ Espinosa, Freddy Burgos, Claudia Martin, Yoshitharo Kuroki, Fabricio „Fabri“ Gorleri, Jose Segovia, Guy Cox, Patricio Ramirez Llorens, Marcelo Gavensky, Sergio Castedo, Martin Farina, Norbert Fratt, Kate Rooney, die Bauern von Cerro Negro. **Australien:** Del Richards, John und Peta Nott, Mark Christiansen, Perry Marshall, Jeremy Ringma, Megan Barnes, Nick Leseberg, Richard Nowotny, Simon Starr, Sean Dooley, Dave Torr, Ian Denham, Mark Buckby, Michael Ramsey, Philip Peel, Frank O'Connor. **Australien – Tasmanien:** Mona Loofs-Samorzewski, Els Wakefield, Nicole Sommer, Rob Hamilton. **Brasilien:** Guto Carvalho, Marco und Patricia Antonio, Luis Avelino, Rene Santos, Jonas d'Abronzo, Giuliano Bernardon, Eloir Bernardon, Bianca Bernardon, Mario M. S. Timiraos, Fabiano Oliveira, Alex Lees, Nargila Gomes De Moura, Leonardo Patrial. **Chile:** Fred Homer, Fernando Diaz Segovia, Rodrigo Silva. **China:** Geraint „Sid“ Francis. **Costa Rica:** Roy Orozco, Johan Fernandez, Lisa Erb, Adrian Arroyo. **Deutschland:** Peter und Kimberly Kaestner. **Ecuador:** Xavier Munoz, Mercedes Rivadeneira, Manuel Sanchez, Jose Gallardo, Forrest Rowland, Edison Buenano, Angel Paz, Sergio Bastantes, Jarol Fernando Vaca, Renato Espinosa. **Ghana:** Kalu Afasi, Ziblim Illiasu, Jonathan Tsey, Robert Tindana, Cobby Kwabena Tawiah, Yaw Boateng. **Guatemala:** John Cahill, Rob Cahill, Tara Cahill, Carlos Aguilar, Pablo Chumil, Juan Chocoy, Max Noack. **Indien:** Harsha Jayaramaiah, Junis F. S., Manoj Balraj, Sanu Sasi, Dhanesh Ayyappan, Eldhose K. V., Siddha Kuruvi, Ramit Singal, Dinesh Singal, Rakesh Ahlawat, Surat Singh Poonia, Abhishek Gulshan, Rohit Chakravarty, Sudhir Oswal, Pankaj Gupta, Taksh Sangwan, Hari Lama, Swati Sidhu, Hari Krishnan, Bishop H. G. Kuriakose Mor Eusebius, Bidyut Gogoi, Binanda Hathibaruah, Deborshee Gogoi, Pritam Baruah, Ranjan Kumar Das, Shashank Dalvi, Anish Aravind, Divya Mudappa, Kalyan Varma, Panchapakesan Jeganathan, Prashanth N. S., T. R. Shankar Raman, Tanya Seshadri, Raphy Kallettumkara, Sheeba Nanjan, Abhijith Surendran, Premchand Reghuvaran, Shah Jahan, Sumesh B., Arun Lal, Renjus Box, Vaisakh George, Ezhupunna Birders. **Indonesien – Bali:** Pak Yudi. **Indonesien – Sulawesi:** Mohamad Naliko (Monal Capellone), Adrianus Sampali, Yarsen Keba, Anes Pianaung. **Island:** Yann Kolbeinsson. **Jamaika:** Elizabeth Ames, Barbara Heindl, Jay Wright, Tom Ryan. **Kamerun:** Benjamin „Benji" Jayin Jomi, Ntomnifor Richard Fru, Albert Aloebade, Sangale Guidjelie Merveille. **Kenia:** Joseph Aengwo, Alan Grenon, David Ngala, Wilson Tiren, Justus Mwangi, Lazarus Kariuki, Eunice Thairu. **Kolumbien:** Jim Danzenbaker, Bruce LaBar, Ryan Shaw, Luis Arturo Gomez, Leonor Pardo, Juan Ortiz, Juan Pablo Lopez Ordonez, Juan Diego Castillo Ramirez, Oswaldo Cortes, Giovanni Alberto Chaves Portilla, Lorenzo Bautista, Gabo Utria, Jose Luis Pushaina, Christopher Calonje, Juan Jose Arango, Anabel Vanin, Jose Luna, David Bancroft, Jeffrey Cooper, Albeiro Uribe, Diego Calderon-Franco, Gleison Fernando Guarin Largo. **Madagaskar:** Genot Andriamihaja, Jacky Ratiantsihoarana, Luc Rajarisoa. **Malaysia – Borneo:** Gary Albert, John Bakar, Cede Prudente, Robert Ong, Noredah Othman, Andrew Siani, Denis Degullacion, Kenneth Tizon, Ali Suffri, Ron Pudin, Winston Pudin, Jason Azahari Reyes, Andy Lee, Borneo Bird Club. **Malaysia – Westmalaysia:** Cheong Weng Chun, Azlina Mokhtar, Mohd Hazhman, Woei Ong. **Mexiko:** Eric Antonio Martinez, Jilly Rodriguez Mendez, Rene Valdes, Phil Hansbro, Francisco Garcia, Bryan Sharp, Viviana Sofia, Fernanda Garcia-Triana, Durango Bird Club. **Myanmar:** Gideon Dun, Thiri Htin Hla. **Neuseeland:** Harry Boorman, Chris Gaskin. **Norwegen:** Bjorn Olav Tveit. **Panama:** Guido Berguido, Linda Harrison, Jerry Harrison, Panama Audubon Society, Rosabel Miro, Yenifer Diaz, Stephany Carty. **Papua-Neuguinea:** Leonard Vaieke, Walter North, Joseph Tano, Joseph Ando, Joseph Yenmoro, David Dau, Cheyne Benjamin. **Peru:** Gunnar Engblom, Alejandro Tello, Carlos Altamirano, Glenn Sibbald, Juan Julca, Francisco Vasquez, Noam Shany, Jose Luis

Avendano, Percy Avendano, Silverio Duri, Julio Benites, Jeff Woodman. **Philippinen:** Nicky Icarangal, Cristy Burlace, Emiliano „Blackie“ Lumiston, Ramil Lumiston, Adrian Constantino. **Singapur:** Con Foley. **Spanien:** Gorka Gorospe, Farran Lopez, Ricard Gutierrez, Nacho Dies. **Sri Lanka:** Ashoka, Chandima Jayaweera. **Südafrika und Lesotho:** Wayne Jones, Adam Riley, Callan Cohen, Mike Buckham, Jean Buckham, Tommy Buckham, Adam Buckham, Jack Buckham, Emma Buckham, Ethan Kistler, Billi Krochuk, Klas Magnus Karlsson, Brian Rapoza, Alan Mitchnick, Martha Miller, Janine Gregory, Cliff Dorse, Greg de Klerk, Nelis Wolmarans. **Taiwan:** Wayne Hsu, Kuan-Chieh „Chuck“ Hung, Tsai-Yu Wu, Da-Li Lin, Richard Foster, Jo-Szu „Ross“ Tsai, Yukun Chen, Cynthia Su, Rodney Yang, Scott Lin. **Tansania:** Anthony Raphael, Roger Msengi, Harv Schubothe, Kelle Herrick, David Heath. **Thailand:** Panuwat „Par“ Sasirat, Kampol „Tui“ Sukhumalind, Udorn „Nang“ Jantboworn. **Türkei:** Emin Yogurtcuoglu, Ahmet Karatas, Mustafa Culcuoglu. **Uganda:** Livingstone Kalema, Rolf de By, Amos Monday. **USA:** Michael Retter, John Yerger, Scott Olmstead, Erin Olmstead, Jake Mohlmann, Dave Bell, Lance Benner, Frank Gilliland, Susan Gilliland, Dessi Sieburth, Luke Tiller, Anne Heyerly, Dan Heyerly, Peter Thiemann, Marshall Iliff, Tim Spahr, Tim Lenz, Tom Schulenberg, Bob Behrstock, Mary Gustafson, Tom Ford-Hutchinson. **Vereinigte Arabische Emirate:** Oscar Campbell, Mark Smiles.

Published in agreement with the author, c/o BAROR INTERNATIONAL INC.,
Armonk, New York, USA

Projektkoordination: Dr. Marten Brandt
Lektorat: Dorit Aurich | lektoratplus
Übersetzung: Andreas Bredenfeld
Layout und Satz: Datagrafix GSP GmbH
Umschlaggestaltung: Groothuis. Gesellschaft der Ideen und Passionen mbH |
www.groothuis.de

Druck und Bindung: optimal media GmbH, Glienholzweg 7, 17207 Röbel / Müritz

Printed in Germany

ISBN 978-3-8419-0614-4